YBM
ENGLISH
Basics
Plus

YBM
ENGLISH
Basics
Plus

발행인   허문호
발행처   YBM

편집   윤경림, 허유정
디자인   DOTS, 정한샘, 김혜경
마케팅   전경진, 정연철, 박천산, 고영노, 박찬경, 김동진, 김윤하

초판발행   2019년 7월 5일
9쇄발행   2024년 7월 1일

신고일자   1964년 3월 28일
신고번호   제 300-1964-3호
주소   서울시 종로구 종로 104
전화   (02) 2000-0515 [구입문의] / (02) 2000-0345 [내용문의]
팩스   (02) 2285-1523
홈페이지   www.ybmbooks.com

ISBN 978-89-17-23114-4

YBM ENGLISH Basics Plus

영어교육 전문기업 YBM이 제시하는 초보자를 위한 맞춤 학습서

1 가장 쉽고 빠르게 영어와 토익의 기본기를 잡아줍니다!

〈YBM English Basics Plus〉는 〈YBM English Basics〉에서 한 단계 난이도를 높인 교재로서, 영어와 토익 입문자가 꼭 알아야 할 필수 학습 포인트만을 모아 제시하였습니다. 간결하고 핵심적인 설명으로 가장 쉽고 빠르게 영어 듣기와 문법, 독해의 기본기를 다져줄 것입니다.

2 청취, 문법, 독해 및 어휘에 이르기까지 원스톱 대비서!

〈YBM English Basics Plus〉는 이 한 권에 모두 담았습니다. 듣기부터 문법, 독해, 어휘에 이르기까지 한 권으로 끝나는 토익 입문자용 맞춤 학습! 학습 부담은 적게, 기본기를 확실하게 잡아주는 〈YBM English Basics Plus〉로 실력을 한 단계 업그레이드 하세요.

3 다양하게 활용 가능한 부가 자료 무료 제공!

Test Yourself _ 본 책 뒷부분에 마련된 Test Yourself는 복습용 또는 테스트용으로 다양하게 활용 가능합니다. 한 unit이 끝난 후에 꼭 활용하여 모든 내용을 본인의 것으로 만드세요.

MP3 음원 _ LC 전체와 RC의 어휘까지 MP3 음원이 준비되어 있습니다. www.ybmbooks.com에서 다운로드 가능합니다.

강의용 PPT _ 학교나 학원 등 단체 수업에 활용할 수 있는 강의용 PPT 파일도 제공해 드립니다.

Contents

RC

Warm Up

Warm Up

> ## 미국 발음? 영국 발음? 이젠 어렵지 않아요! 🎧 W-01

토익 시험의 듣기는 미국식(미국, 캐나다) 발음과 영국식(영국, 호주) 발음이 주로 등장합니다. 가장 두드러지게 차이가 나는 발음들을 따라 읽으면서 정확한 발음을 익혀보세요.

1 r 발음

미국 영어에서는 [r]을 발음하지만, 영국 영어에서는 모음 뒤에 오는 [r]은 발음하지 않습니다.

| enter | 들어가다 | 🇺🇸 [엔터r] | 🇬🇧 [엔터] |
| park | 공원, 주차하다 | 🇺🇸 [파-r크] | 🇬🇧 [파-크] |

Several cars are parked in a row. 차 여러 대가 일렬로 주차되어 있다.

2 t와 d 발음

| letter | 편지 | 🇺🇸 [레러r] | 🇬🇧 [레터] |
| ladder | 사다리 | 🇺🇸 [래러r] | 🇬🇧 [래더] |

Some ladders are leaning against a building. 사다리 몇 개가 건물에 기대어 있다.

3 a 발음

| afternoon | 오후 | 🇺🇸 [애프터눈] | 🇬🇧 [아프터눈] |
| class | 수업 | 🇺🇸 [클래쓰] | 🇬🇧 [클라쓰] |

Why was the computer class canceled? 컴퓨터 수업이 왜 취소되었죠?

4 o 발음

| job | 일, 일자리 | 🇺🇸 [잡] | 🇬🇧 [좁] |
| box | 박스 | 🇺🇸 [박스] | 🇬🇧 [복스] |

A man is loading boxes onto a cart. 남자가 카트에 상자를 싣고 있다.

5 특이한 발음

schedule	일정	🇺🇸 [스께쥴]	🇬🇧 [쉐쥴]
garage	차고	🇺🇸 [거롸지]	🇬🇧 [개라지]
advertisement	광고	🇺🇸 [애드버타이즈먼트]	🇬🇧 [어드버-티스먼트]
vase	꽃병	🇺🇸 [베이스]	🇬🇧 [바-즈]

The train departs for London on schedule. 열차는 예정대로 런던으로 출발해요.
Briefcases are piled up in a garage. 서류 가방들이 차고 안에 무더기로 쌓여 있다.

뭉쳐 들리는 연음 이젠 구분할 수 있어요! 🎧 W-02

영어 문장을 듣다 보면 두 단어 이상의 발음이 연결되어 마치 한 단어처럼 들리는 경우가 종종 있습니다. 이런 연음이 종종 청취를 방해하곤 하죠. 규칙을 파악하면 연음도 잘 들을 수 있답니다.

1 끝자음 + 첫모음

앞 단어가 자음으로 끝나고 뒤에 오는 단어가 모음으로 시작하는 경우 연결하여 발음합니다.

	각 단어의 소리	연음
half an hour	[해프 언 아워]	[해퍼나워]
can afford	[캔 어포드]	[캐너포드]
ask about	[애스크 어바웃]	[애스커바웃]

I'll be back in half an hour. 30분 후에 돌아오겠습니다.
I'm calling to ask about business hours. 영업 시간에 대해 여쭤보려고 전화 드렸습니다.

2 동일/유사 자음

동일하거나 유사한 자음이 연달아 오는 경우 편의상 앞 자음을 발음하지 않고 뒤의 자음 하나만 발음합니다.

	각 단어의 소리	연음
next time	[넥스트 타임]	[넥스타임]
bus stop	[버스 스땁]	[버스땁]
glad to	[글래드 투]	[글래투]

Where is the nearest bus stop? 가장 가까운 버스정류장이 어디인가요?
I am so glad to have you here. 당신을 여기 모시게 되어 매우 기쁩니다.

3 d와 t + y

d나 t가 y[j]를 만나면 서로 영향을 주어 같거나 비슷한 소리로 바뀌어 발음합니다.

		각 단어의 소리	연음
[d] + [j] → [dʒ]	need you	[니드 유]	[니쥬]
[t] + [j] → [tʃ]	meet you	[미트 유]	[미츄]

I need you to go there instead. 당신이 대신 가줘야겠어요.
Nice to meet you, Sandra. 만나서 반가워요, 산드라.

PART 1
인물 사진

1인 또는 2명 이상의 사람이 등장하는 사진으로 Part 1에서 가장 많이 출제됩니다. 주요 동작을 묘사하는 동사를 잘 듣는 것이 중요하며 이때 동사는 ⟨is[are] + 동사-ing⟩ 형태의 현재 진행형으로 주로 표현됩니다.

풀이 전략 🎧 P1-01

인물 사진은 우선 등장 인물의 주요 동작, 인상착의 상태와 장소를 잘 관찰한 다음, 들으면서 오답을 하나하나 소거해 가는 '소거법'으로 문제를 푸는 것이 좋습니다.

1) 사진 파악하기

1. 등장 인물의 주요 동작을 파악한다.
- standing at a counter 카운터에 서 있다
- talking on the phone 통화 중이다

2. 인상착의 상태에 유의한다.
- wearing a suit 정장을 입고 있다
- have a badge on 명찰을 착용하고 있다

3. 장소 / 위치를 파악하자.
- indoors 실내
- in an office 사무실
- in front of the cabinet 캐비닛 앞
- next to the monitor 모니터 옆

2) 문제 들으며 오답 소거하기

(A) She is <u>wiping</u> the counter. 카운터를 닦고 있다. → '카운터를 닦는 것'이 아니라 옆에 서 있으므로 오답
(B) She is <u>putting on</u> a badge. 명찰을 달고 있다. → 'putting on'은 '착용 중인 동작'을 나타내므로 오답
(C) She is using the phone. 전화기를 사용 중이다. → 정답
(D) She is working <u>outdoors</u>. 밖에서 일하고 있다. → '밖'이 아니라 사무실 '안'이므로 오답

Check Up
🎧 P1-02 / 해설 p.3

사진을 가장 잘 묘사한 문장을 고르세요.

(A) He's holding a pen.
(B) He's talking on the phone.
(C) He's putting on his glasses.
(D) He's working at a computer.

어휘 put on ~을 쓰다, 입다 (동작) glasses 몡 안경

핵심 어휘 🎧 P1-03

1) 주요 동작 표현

holding
잡고 있다

carrying
나르고 있다

pointing
가리키고 있다

reaching for
손을 뻗고 있다

riding
타고 있다

leaning
기대어 있다

bending
구부리고 있다

stacking
쌓고 있다

loading
싣고 있다

watering
물을 주고 있다

2) 기타 동작 표현

boarding[getting on] a bus 버스에 오르고 있다
choosing[selecting] some items
물건을 고르고 있다
crossing a road 길을 건너고 있다
examining the equipment 장비를 살펴보고 있다
exiting[getting off] the train 기차에서 내리고 있다
facing each other 서로 마주보고 있다
handing a cup 컵을 건네고 있다
handing out tickets 티켓을 나눠주고 있다
looking in a drawer 서랍 안을 들여다 보고 있다
raising a hand 손을 들고 있다
painting a wall 벽에 페인트를 칠하고 있다
paying for baked goods 빵값을 지불하고 있다
performing on the stage 무대에서 공연하고 있다
playing an instrument 악기를 연주하고 있다

pouring a beverage 음료수를 따르고 있다
pushing a wheelbarrow 손수레를 밀고 있다
putting on an apron 앞치마를 착용하고 있다
repairing a motorcycle 오토바이를 수리하고 있다
resting[relaxing] on a bench 벤치에서 쉬고 있다
searching in a bag 가방 안을 뒤지고 있다
serving a meal 음식을 내오고 있다
setting up a tent 텐트를 설치하고 있다
shopping for clothes 옷을 사고 있다
sweeping a walkway 보도를 쓸고 있다
taking notes 메모를 하고 있다
trying on some glasses 안경을 써 보고 있다
unloading a truck 트럭에서 짐을 내리고 있다
waiting in line 줄을 서서 기다리고 있다
wiping a floor 바닥을 닦고 있다

Check Up

🎧 P1-04/ 해설 p.3

녹음을 잘 들으면서 빈칸을 채우세요.

1. He's _____ a display case.

2. A woman is _____ the counter.

3. Pedestrians are _____ an intersection.

4. A man is _____ over a table.

5. One of the men is _____ a shirt.

6. They're _____ the aircraft.

7. Passengers are _____ a train.

8. The man is _____ some safety glasses.

9. Some musicians are _____ outdoors.

10. A man is _____ luggage into the truck.

2인 이상의 인물 사진은 등장 인물들의 공통 동작, 개별 동작, 장소를 잘 관찰하는 것이 중요합니다.

1) 사무실 / 회의

They are **attending a meeting in the office.**
사람들이 사무실에서 회의 중이다.

The men are **wearing a suit and tie.**
남자들이 정장과 타이를 하고 있다.

A man is **pointing at something** on the computer screen.
남자 한 명이 컴퓨터 화면 위의 무엇인가를 가리키고 있다.

2) 상점 / 쇼핑

The couple is **shopping for groceries.**
두 사람이 식료품을 사고 있다.

Customers are **examining some produce.**
고객들이 농산물을 살펴보고 있다.

The man is **holding some vegetables.**
남자가 채소를 손에 쥐고 있다.

3) 교통 / 이동

People are **waiting in line for the bus.**
사람들이 버스를 타려고 줄을 서서 기다리고 있다.

Some people are **boarding a vehicle.**
일부 사람들이 차량에 오르고 있다.

Some passengers are **carrying their luggage.**
일부 승객들은 짐을 들고 있다.

4) 식당 / 주문

Diners are **sitting at the table.**
식당 손님들이 테이블에 앉아 있다.

A waiter is **serving some patrons.**
종업원이 손님들을 시중들고 있다.

A server is **wearing an apron.**
종업원이 앞치마를 두르고 있다.

5) 공공장소 / 전시

Visitors are **watching the artwork.**
방문객들이 미술품을 보고 있다.

Women are **standing in front of a painting.**
여자들이 그림 앞에 서 있다.

People are **facing the same direction.**
사람들이 같은 쪽을 향하고 있다.

정답 찾기 요령 🎧 P1-06

1) 통칭 명사를 외워두세요!

The woman is wearing a <u>headset</u>. (○) → 구체적인 사물
여자가 헤드셋을 끼고 있다.

The woman is using a <u>device</u>. (○) → 통칭
여자가 기기를 사용하고 있다.

구체적인 명사와 마찬가지로 통칭 명사도 자주 출제되기에 외워 두는 것이 좋습니다.

통칭 명사		구체적인 사물 명사	
device	기기	**computer** 컴퓨터	**laptop** 노트북 컴퓨터
tool	연장, 도구	**shovel** 삽	**hammer** 망치
artwork	예술품	**picture/painting** 그림	
instrument	악기	**guitar** 기타	**drum** 드럼
supplies	물품	**folder** 폴더	**paper** 종이
vehicle	차량	**truck** 트럭	**van** 밴

2) 다의어를 주의하세요!

He's <u>boarding</u> on a bus. (×)
남자가 버스에 오르고 있다.

He's writing on the <u>board</u>. (○)
남자가 칠판에 쓰고 있다.

board는 동사 '탑승하다'와 명사 '칠판, 게시판'의 의미를 가진 다의어입니다. 오답으로 혼동을 줄 수 있으니 주의하세요.

board	몡 칠판, 게시판	동 탑승하다	row	몡 줄, 열	동 노를 젓다
exit	몡 출구	동 나가다	step	몡 계단	동 발을 내디디다
face	몡 얼굴	동 마주보다, 향하다	stock	몡 재고품	동 채우다
hand	몡 손	동 건네다	store	몡 상점	동 보관하다
plant	몡 식물	동 심다	rest	동 쉬다	동 얹다
post	몡 기둥	동 게시하다, 공고하다	take off	동 벗다	동 이륙하다

Check Up
🎧 P1-07 / 해설 p. 3

녹음을 잘 들으면서 빈칸을 채우세요.

1. A man is parking a _____.

2. The woman is _____ notices.

3. One man is _____ the other a folder.

4. He's searching for _____ in a cabinet.

5. Some _____ is hanging on the wall.

6. Some people are entering the _____.

13

토익 감잡기

STEP 1

다음 사진을 잘 묘사한 문장을 모두 고르세요. 🎧 P1-08/ 해설 p.3

1

· She is taking off her shirt. (○, ×)

· She is reaching for an item. (○, ×)

· The woman is trying on some products. (○, ×)

· A shopper is selecting some clothes. (○, ×)

· A customer is examining some merchandise. (○, ×)

> **어휘** product 뗭 상품 shopper 뗭 쇼핑객 select 됭 고르다, 선택하다
> merchandise 뗭 상품

2

· They're using a tool. (○, ×)

· They're painting a wall. (○, ×)

· The couple is greeting each other. (○, ×)

· The woman is wearing sunglasses. (○, ×)

· The man is standing on a ladder. (○, ×)

> **어휘** couple 뗭 두 사람 greet 됭 인사하다 ladder 뗭 사다리

3

· A woman is raising her hand. (○, ×)

· One of them is making a speech. (○, ×)

· An audience is listening to music. (○, ×)

· The presenter is speaking into a device. (○, ×)

· A woman is addressing a small group of people. (○, ×)

> **어휘** raise 됭 올리다 audience 뗭 청중 presenter 뗭 발표자
> address 됭 연설하다

STEP 2

녹음을 듣고 사진을 잘 묘사한 문장을 고른 후, 다시 들으면서 빈칸을 채우세요. 🎧 P1-09/ 해설 p.4

1

(A) He's opening a _____.

(B) He's _____ a file drawer.

(C) The man's _____ some papers in a file.

drawer 명 서랍

(A)　　　(B)　　　(C)

2

(A) The men are _____ a hard hat.

(B) They're setting up a _____.

(C) The workers are _____ near each other.

set up 설치하다

(A)　　　(B)　　　(C)

3

(A) Musicians are performing _____.

(B) One of them is _____ a microphone.

(C) An audience is _____ a performance.

microphone 명 마이크 audience 명 청중

(A)　　　(B)　　　(C)

4

(A) People are _____ a walkway.

(B) Pedestrians are walking _____.

(C) A man is _____ a stroller.

walkway 명 보도, 통로 pedestrian 명 보행자 stroller 명 유모차

(A)　　　(B)　　　(C)

1

(A)   (B)   (C)   (D)

4

(A)   (B)   (C)   (D)

2

(A)   (B)   (C)   (D)

5

(A)   (B)   (C)   (D)

3

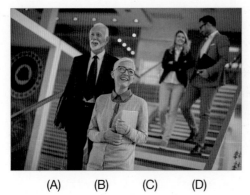

(A)   (B)   (C)   (D)

6

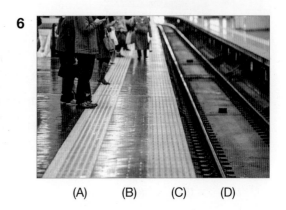

(A)   (B)   (C)   (D)

어휘로 마무리

이번 Unit에 나온 어휘 중 반드시 기억해야 할 것들만 모았습니다.
우리말 뜻을 가리고 체크해 본 후, 꼭 외워 두세요.

P1-11

□ badge	몡 명찰	□ attend	통 참석하다
□ indoors	뮈 실내에	□ produce	몡 농산물
□ outdoors	뮈 실외에	□ in line	줄을 서서
□ wipe	통 닦다	□ vehicle	몡 차량
□ put on	입고 있다(동작)	□ passenger	몡 승객
□ glasses	몡 안경	□ patio	몡 테라스
□ lean	통 기대다	□ patron	몡 손님
□ bend	통 구부리다	□ artwork	몡 미술품
□ stack	통 쌓다	□ direction	몡 방향
□ load	통 싣다(↔ unload 내리다)	□ shovel	몡 삽
□ board	통 오르다, 타다	□ post	몡 기둥 통 게시하다, 공고하다
□ browse	통 둘러보다	□ row	몡 줄, 열 통 노를 젓다
□ examine	통 살펴보다	□ stock	몡 재고품 통 채우다
□ hand out	나눠주다	□ notice	몡 안내문
□ perform	통 공연하다	□ shopper	몡 쇼핑객
□ instrument	몡 악기	□ merchandise	몡 상품
□ pour	통 붓다	□ greet	통 인사하다
□ beverage	몡 음료수	□ ladder	몡 사다리
□ wheelbarrow	몡 손수레	□ audience	몡 청중
□ apron	몡 앞치마	□ presenter	몡 발표자
□ sweep	통 쓸다(sweep-swept-swept)	□ address	통 연설하다
□ walkway	몡 보도	□ drawer	몡 서랍
□ vest	몡 조끼	□ stroller	몡 유모차
□ pedestrian	몡 보행자	□ construction	몡 건설, 공사
□ intersection	몡 교차로	□ scarf	몡 스카프
□ aircraft	몡 항공기(= airplane)	□ side by side	나란히
□ safety glasses	보안경	□ edge	몡 끝, 가장자리
□ luggage	몡 짐	□ platform	몡 (기차역의) 플랫폼

PART 1
사물·풍경 사진

사물·풍경 사진은 특정 사물과 장소를 묘사하는 사진으로, 매 시험마다 1~2문제씩 출제됩니다. 사람과 사물·풍경이 섞인 사진이 나오기도 합니다. 사물·풍경 사진에는 '~되어 있다'라는 상태를 나타내는 표현이 많이 나오며, 주로 ⟨be동사 + -ing / p.p.⟩, ⟨have been + p.p.⟩의 형태로 표현됩니다.

풀이 전략 🎧 P1-12

사물·풍경 사진은 사물의 명칭이 정확히 들린다 하더라도 위치 관계나 상태 표현을 틀리게 하여 오답을 만드는 경우가 많으니 소거법으로 문제를 푸는 것이 가장 바람직합니다.

1) 사진 파악하기

사진 속 사물들의 위치 관계와 상태를 파악한다.

light (fixture) 조명 (기구)	be turned[switched] on 켜져 있다 be hanging from the ceiling 천장에 매달려 있다 be reflected in the mirror 거울에 비치다
mirror 거울	be hanging on the wall 벽에 걸려 있다
chair 의자	be arranged in a circle 원형으로 배치되어 있다 be unoccupied 비어 있다
table 식탁	be set for a meal 식사를 위해 세팅되어 있다 be surrounded by chairs 의자에 둘러싸여 있다

2) 문제 들으며 오답 소거하기

(A) The doors are left open. 문이 열려져 있다. → 문이 닫혀 있음
(B) The light has been turned off. 전등이 꺼져 있다 → 전등이 켜져 있음
(C) The seats are unoccupied. 좌석들이 비어 있다. → 정답
(D) They are enjoying dinner. 그들은 저녁식사를 즐기고 있다. → 사진 속에 사람이 없음

Check Up
🎧 P1-13/ 해설 p.6

사진을 가장 잘 묘사한 문장을 고르세요.

(A) The shelves are empty.

(B) The benches are occupied.

(C) Some merchandise is on display.

(D) Customers are shopping for shoes.

어휘 shelf 몡 선반 merchandise 몡 상품 on display 진열[전시]된

1) 위치 표현

on the floor[ground]
바닥에

on the shelves[racks]
선반에

in the corner
구석에

between the chairs
의자들 사이에

along the road
길을 따라

from the ceiling
천장에

against the wall
벽에 기대어

under the bridge
다리 아래에

2) 상태 표현

be arranged 정렬되어 있다
be attached 붙어 있다
be covered 덮여 있다
be displayed 전시되어 있다(= be on display)
be divided[separated] 분리되어 있다
be docked 정박해 있다
be exhibited 전시되어 있다
be filled with ~로 채워져 있다
be hanging 걸려 있다
be lined up 줄지어 있다
be loaded 실려 있다
be occupied 사용 중이다

be planted 심어져 있다
be placed[sitting, lying] 놓여 있다
be positioned 위치해 있다
be pushed 밀어져 있다
be reflected 비치다
be sailing 항해하고 있다
be surrounded 둘러싸여 있다
be stacked[piled] 쌓여 있다
be stocked 채워져 있다
be tied 묶여 있다
overlook 내려다보다
lead to ~로 이어지다

Check Up

🎧 P1-15/ 해설 p.6

녹음을 잘 들으면서 빈칸을 채우세요.

1. The furniture is _____.

2. Most of the seats are _____.

3. Some trees _____ the benches.

4. A cart is being _____ with fruit.

5. A lamp has been placed _____.

6. Cars are _____ along the _____.

7. A plant is _____ from the _____.

8. Some posts are _____ on the water.

9. Plates are _____ on multiple _____.

10. Some boxes are _____ on the _____.

어휘 furniture 명 가구 post 명 기둥 plate 명 접시 multiple 형 다수의

1) 집 안

Some lights **have been turned on**.
일부 전등들이 켜져 있다.
Suitcases **have been left** on the floor.
여행 가방들이 바닥 위에 남겨져 있다.
Curtains **are hanging** by the window.
커튼들이 창문 옆에 걸려 있다.

2) 사무실

An office **is being occupied**.
사무실이 사용 중이다.
Some identical clocks **are attached** to the wall. 벽에 똑같은 시계들이 붙어 있다.
A lamp **has been set** on top of the table.
전등이 테이블 위에 놓여 있다.

3) 상점

Some baked goods **are on display**.
구운 제품들이 진열되어 있다.
The shelf **is filled with** items.
선반이 물품들로 차 있다.
Some bread **has been arranged** in a display case. 빵들이 진열장에 정리되어 있다.

4) 거리

Cars **are lined up** in both directions.
차들이 양 방향으로 줄지어 있다.
Vehicles **have stopped** in front of the traffic lights. 차량들이 신호등 앞에서 멈춰 서 있다.
There are **multiple lanes** on the street.
도로에 여러 개의 차선이 있다.

5) 물가

The dock **has been decorated** with flowers.
부두가 꽃으로 장식되어 있다.
A boat **is sailing** on the water.
배 한 척이 물 위에서 항해하고 있다.
There are some **clouds** in the sky.
하늘에 구름이 있다.

정답 찾기 요령 🎧 P1-17

1) 다양한 사물 명사 어휘들을 알아 두세요!

Stairs lead to the **entrance**. (○)
Steps lead to a **doorway**. (○)
계단이 입구까지 이어져 있다.

같은 의미의 사물 명사라도 다양한 어휘로 표현이 가능합니다.

사물 명사

stairs/stairway/staircase/steps 계단	car/vehicle/automobile 차
rail/railing/handrail 난간	walkway/sidewalk/pavement 보도
doorway/entryway/entrance/exit/gate 출입구	refreshments 다과; beverage/drinks 음료

2) 동작을 나타내는 수동태 진행형 〈be being + p.p.〉 오답에 주의하세요!

[수동태 현재형] Trees **are planted** along the road. (○)
[수동태 완료형] Trees **have been planted** along the road. (○)
나무들이 길을 따라 심어져 있다.
[수동태 진행형] Trees **are being planted** along the road. (×)
나무들이 길을 따라 심어지고 있는 중이다.

사람이 없는 사물·풍경 사진에서 수동태 진행형, 즉 '(무엇이) ~해지고 있는 중이다'의 의미로 동작을 나타내는 오답 함정이 많으니 주의하세요.

예외적 정답
일부 동사의 경우 상태를 강조할 때 예외로 정답이 될 수도 있습니다.

Books **are being displayed** on the shelves.	책들이 선반에 진열되어 있다.
Some artwork **is being exhibited**.	일부 예술품이 전시되어 있다.
A table **is being decorated** with flowers.	테이블이 꽃들로 장식되어 있다.

Check Up

🎧 P1-18/ 해설 p.6

녹음을 잘 들으면서 빈칸을 채우세요.

1. A ______________ is being swept.
2. ______________ are parked in the lot.
3. Various items are ______________.
4. A bicycle is attached to the ______________.
5. A wall is ______________ with pictures.
6. A door is being installed in the ______________.

[어휘] sweep [동] 쓸다 lot [명] (토지의) 한 구획, 부지 various [형] 다양한 install [동] 설치하다

토익 감잡기

STEP 1

다음 사진을 잘 묘사한 문장을 모두 고르세요. 🎧 P1-19 / 해설 p.6

1

- Some shelves are being cleaned. (○, ×)
- A shop assistant is writing on a chart. (○, ×)
- Some produce is on display in a store. (○, ×)
- Some items have been placed in a cart. (○, ×)
- The racks have been stocked with vegetables. (○, ×)

어휘 shop assistant 점원 chart 몡 차트, 기록표 produce 몡 농산물

2

- All the seats are unoccupied. (○, ×)
- The tables are being rearranged. (○, ×)
- Some windows are being closed. (○, ×)
- An awning is attached to the building. (○, ×)
- All tables are covered with tablecloths. (○, ×)

어휘 rearrange 동 재배열하다 awning 몡 차양 tablecloth 몡 식탁보

3

- A boat is tied to a pier. (○, ×)
- A man is diving off a boat. (○, ×)
- A boat is floating on the water. (○, ×)
- The water is surrounded by trees. (○, ×)
- The scenery is reflected in the water. (○, ×)

어휘 pier 몡 부두 dive 동 다이빙하다 scenery 몡 경치, 풍경

STEP 2

녹음을 듣고 사진을 잘 묘사한 문장을 고른 후, 다시 들으면서 빈칸을 채우세요. 🎧 P1-20/ 해설 p.7

1

(A) Some grass is _____.

(B) A staircase _____ the porch.

(C) A sign is _____ from the ceiling.

porch 몡 현관   ceiling 몡 천장

(A)   (B)   (C)

2

(A) A plant is _____ on a windowsill.

(B) The woman is _____ in a vase.

(C) Some plants are _____ on the shelves.

windowsill 몡 창턱 vase 몡 꽃병

(A)   (B)   (C)

3

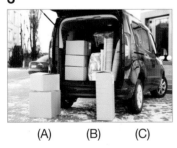

(A) A vehicle is _____.

(B) Some boxes are _____.

(C) Some cartons are _____ into a cart.

carton 몡 판지 상자

(A)   (B)   (C)

4

(A) They're _____.

(B) All the windows are _____.

(C) A window is _____.

(A)   (B)   (C)

1

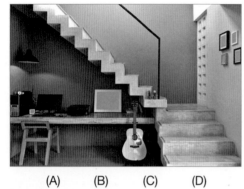

(A)　　(B)　　(C)　　(D)

4

(A)　　(B)　　(C)　　(D)

2

(A)　　(B)　　(C)　　(D)

5

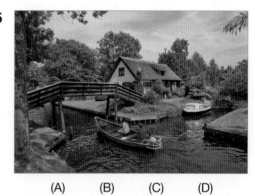

(A)　　(B)　　(C)　　(D)

3

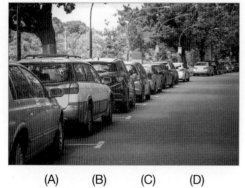

(A)　　(B)　　(C)　　(D)

6

(A)　　(B)　　(C)　　(D)

이번 Unit에 나온 어휘 중 반드시 기억해야 할 것들만 모았습니다.
우리말 뜻을 가리고 체크해 본 후, 꼭 외워 두세요.

P1-22

UNIT 2

☐ light fixture	조명 기구	☐ rail	몡 난간(= railing)
☐ hang	통 걸다(hang-hung-hung)	☐ automobile	몡 차
☐ ceiling	몡 천장	☐ sidewalk	몡 보도(= walkway)
☐ reflect	통 반사되다	☐ refreshments	몡 다과
☐ in a circle	원형으로	☐ lot	몡 (토지의) 한 구획, 부지
☐ unoccupied	혱 비어 있는	☐ various	혱 다양한
☐ be surrounded	둘러싸여 있다	☐ install	통 설치하다
☐ shelf	몡 선반(pl. shelves 선반들)	☐ shop assistant	점원
☐ in the corner	구석에	☐ chart	몡 차트, 기록표
☐ be attached	붙어 있다	☐ rearrange	통 재배열하다
☐ on display	전시 중이다	☐ awning	몡 차양
☐ occupied	혱 이용 중인	☐ tablecloth	몡 식탁보
☐ position	통 위치시키다	☐ pier	몡 부두(= dock)
☐ sail	통 항해하다	☐ dive	통 다이빙하다
☐ tie	통 묶다	☐ float	통 (물에) 뜨다
☐ overlook	통 내려다보다	☐ scenery	몡 경치, 풍경
☐ lead to	~로 이어지다	☐ grass	몡 잔디(= lawn)
☐ furniture	몡 가구	☐ porch	몡 현관
☐ multiple	혱 다수의	☐ sign	몡 간판
☐ suitcase	몡 여행 가방	☐ windowsill	몡 창턱
☐ identical	혱 똑같은	☐ vase	몡 꽃병
☐ display case	진열장	☐ carton	몡 판지 상자
☐ traffic lights	신호등	☐ frame	몡 액자 통 틀[액자]에 넣다
☐ lane	몡 차선	☐ hallway	몡 복도(= corridor)
☐ dock	몡 부두 통 부두에 대다	☐ cyclist	몡 자전거 타는 사람
☐ decorate	통 장식하다	☐ path	몡 길, 좁은 보도
☐ entrance	몡 입구(= doorway)	☐ backpack	몡 배낭
☐ staircase	몡 계단(= stairway)	☐ photograph	몡 사진

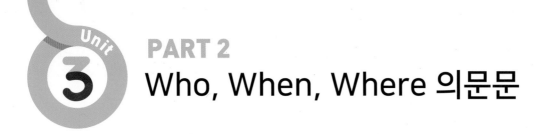

PART 2
Who, When, Where 의문문

Who 의문문 🎧 P2-01

Who 의문문은 행위의 주체를 묻는 질문으로, 사람 이름, 인칭대명사, 직책 / 직업, 부서명 / 회사명 등으로 답변할 수 있습니다. 하지만 다양한 우회적 답변도 시험에 자주 등장하니 유의해야 합니다. Who 의문문에는 Yes / No로 답변이 불가능하며, 발음이 비슷한 어휘를 활용한 답변은 오답일 확률이 높습니다.

Q	**Who** will lead the training session on Friday? 금요일 교육은 누가 진행할 것인가요?

직접적 답변 **Jeff, the managing director.** 전무이사인 제프요.

Someone from the Boston branch. 보스톤 지점에서 온 사람이요.

The personnel department is in charge of that. 인사부가 담당하고 있어요.

우회적 답변 It hasn't been decided yet. 아직 결정되지 않았어요.

I'll check the schedule. 일정을 확인해 볼게요.

Why don't you ask the manager? 부장님께 여쭤 보는 게 어때요?

■ **주요 표현** 🎧 P2-02

직위/직책	부서
accountant 회계사	accounting department 회계부
assistant 조수, 보조	customer service department 고객 서비스부
board of directors 이사회	finance department 재무부
receptionist 접수 담당자	human resources[personnel] department 인사부
representative 대표, 직원	maintenance department 시설 관리부
security officer 경비원	payroll department 경리부
supervisor 관리자	shipping department 배송부
coworker 동료(= colleague)	headquarters 본사(= head office, main office)
vice president 부사장, 부서장	branch office 지점, 지사

오답 함정

accounting 몡회계 account 몡 계좌, 고객	presentation 몡 발표 present 동 제시하다 몡 선물
closet 몡 벽장 close 동 닫다 혱 가까운	prototype 몡 원형, 견본 type 동 타자 치다
contract 몡 계약서 contact 동 연락하다	training 몡 교육, 훈련 train 동 교육시키다 몡 기차

1) 사람 이름 / 인칭대명사

Q **Who**'s in charge of ordering office supplies?
사무용품 주문은 누가 담당하나요?

A1 **Mr. Bates** in the purchasing department.
구매 부서의 베이츠 씨요.

A2 I handle that. 제가 담당하고 있어요.

오답 That's a surprise. 뜻밖이네요.
→ 유사 발음 어휘 오답 [supplies → surprise]

2) 직책 / 직업 / 부서명

Q **Who**'s going to attend the upcoming seminar?
다가오는 세미나에는 누가 참석할 예정이죠?

A1 **All managers** except Mr. Smith.
스미스 씨를 제외한 모든 부장님들요.

A2 It is mandatory, so **everyone** will be there.
필수 참석이라 누구나 다 올 겁니다.

오답 No, she won't be coming.
아니요, 그녀는 오지 않을 거예요.
→ 의문사 의문문은 Yes / No로 답변 불가

3) 우회적 답변

Q **Who** has the user manual for our new printer?
새 프린터의 사용자 설명서를 누가 가지고 있나요?

A1 I haven't seen it. 전 그걸 본 적이 없어요.

A2 It didn't come with a manual. 설명서가 없었어요.

오답 It's printed in black and white.
그것은 흑백으로 인쇄됩니다.
→ 파생어 오답 [printer → print(ed)]

U N I T 3

Check Up

🎧 P2-04 / 해설 p.9

다음 질문에 대해 알맞은 응답에는 ○, 알맞지 않은 응답에는 ×를 표시하세요.

Q. Who should I talk to about booking the meeting room?

(A) A table for twenty. (   )

(B) I can help you with that. (   )

(C) The books are out of stock. (   )

(D) Mateo is in charge of that. (   )

(E) The maintenance department. (   )

(F) Sure, I'll reschedule it right away. (   )

(G) Just call Mr. Garbutt. (   )

어휘 out of stock 품절인 reschedule ⑧ 일정을 다시 잡다 right away 당장

When 의문문 🎧 P2-05

When 의문문은 시점을 묻는 질문으로, When 뒤에 다양한 시제를 나타내는 동사가 등장합니다. 따라서 When과 함께 is / do / can / should / will(현재 또는 미래), was / were / did(과거), will / are you going to(미래) 등의 표현을 잘 듣는 것이 중요합니다. Yes / No로 답변하거나 '(For) about three days'와 같이 기간으로 답하는 보기는 오답입니다.

Q	**When** is the financial report due?
	재무 보고서 마감은 언제로 예정되어 있나요?

직접적 답변
By the end of today. 오늘까지예요.
Friday at the latest. 늦어도 금요일까지요.
You can hand it in **anytime this week**. 이번 주 아무 때나 제출하면 돼요.

우회적 답변
You should ask Ms. Lin. 린 씨에게 물어봐야 할 것 같아요.
Do you need more time? 시간이 더 필요하세요?
I haven't been informed yet. 아직 통보 받지 못했어요.

■ 주요 표현 🎧 P2-06

시간을 나타내는 표현

미래	현재	과거
in an hour 한 시간 후에	today 오늘	already 이미
by next Friday 다음 주 금요일까지	right away[now] 지금 당장	yesterday 어제
at the end of the year 올해 말	for now 지금으로서는	last year 지난해에
not until December	at the moment 현재	two weeks ago 2주 전에
12월이 되어야	every month 매달	at our last gathering
later today 이따가	sometimes 때때로	지난 모임에서
no later than Friday	on a regular basis	after we left
늦어도 금요일까지	정기적으로	우리가 퇴근한 후에

오답 함정

report 동 보고하다 명 보고서	stop 동 머무르다 명 정거장
copy 동 복사하다 명 한 부 coffee 명 커피	book 동 예약하다 명 책
start 동 시작하다 명 시작	free 형 한가한, 무료의

■ 빈출 질문 및 답변 유형 🎧 P2-07

1) 미래의 시점

Q When will the shipment arrive? 배송품이 언제 도착하나요?	**A1** It will be here **on Monday.** 월요일에 도착할 겁니다. **A2** Probably **this afternoon.** 아마 오늘 오후에요. 오답 For two weeks. 2주 동안이요. → 다른 의문사(How long)에 대한 응답 활용 오답

2) 과거의 시점

Q When did the sales meeting start? 영업 회의는 언제 시작했나요?	**A1** We began **at nine.** 우리는 9시에 시작했어요. **A2** **Twenty minutes ago.** 20분 전에요. 오답 That's a good start. 좋은 시작이네요. → 다의어 오답 [start 시작하다 / 시작]

3) 우회적 답변

Q When will the copier be repaired? 복사기가 언제 수리될까요?	**A1** I just called a technician. 제가 방금 기술자에게 전화했어요. **A2** It depends on the extent of the damage. 손상 정도에 따라 달라요. 오답 Ten copies, please. 10부 부탁드립니다. → 유사 발음 어휘 오답 [copier 복사기 / copies (몇) 부]

Check Up

🎧 P2-08/ 해설 p.9

다음 질문에 대해 알맞은 응답에는 ○, 알맞지 않은 응답에는 ×를 표시하세요.

Q. When will the new security system be installed?

(A) For about three hours. ( )

(B) By the end of the month. ( )

(C) Reinstall the software. ( )

(D) Gary is my new assistant. ( )

(E) They're working on it right now. ( )

(F) Not until next Thursday afternoon. ( )

(G) It's been delayed for some repair work. ( )

[어휘] security system 보안 시스템 reinstall [동] 재설치하다 assistant [명] 조수, 비서 be delayed 지연되다 repair [명] 수리

Where 의문문 🎧 P2-09

Where 의문문은 장소나 위치를 묻는 의문문으로 동사와 목적어를 잘 들어야 합니다. 위치나 장소를 나타내는 직접적인 답변이 자주 등장하지만, 다양한 우회적 답변에도 유의해야 합니다. Yes/No로 시작하는 답변은 오답이며, Where를 When으로 착각했을 때 고를 수 있는 오답 유형이 종종 등장합니다.

Q   **Where** shall we meet the new client tomorrow?
내일 어디서 새로운 고객을 만날까요?

직접적 답변

In conference room 301. 301호 회의실에서요.
At the Grand Hotel in the city center. 시내 중심에 있는 그랜드 호텔에서요.
She will visit **our office**. 그녀가 우리 사무실로 올 겁니다.

우회적 답변

I decided last time. 지난번에 제가 결정했어요.
He just canceled the meeting. 그가 방금 그 회의를 취소했어요.
I'm considering a couple of locations. 두어 군데 고려 중에 있습니다.

■ **주요 표현** 🎧 P2-10

장소 / 위치

in the file cabinet 파일 보관함 안에	near the post office 우체국 근처에
in front of the lobby 로비 앞에서	next to the printer 프린터 옆에
on the table 책상 위에	over there 저쪽에
on the third floor 3층에	across the street 길 건너에
on our Web site 우리의 웹사이트에서	right around the corner 모퉁이를 돌아서 바로
at the end of the hall 복도 맨 끝에	downtown 시내에
at the corner of the street 길 모퉁이에	down the street 길을 따라
at a law firm in Tokyo 도쿄에 있는 법률 사무소에서	down the hall and to the right
to the airport 공항으로	복도를 따라 가다가 오른쪽에
to the address below 아래의 주소로	downstairs in the lobby 아래층 로비에서
from the printing company 인쇄소로부터	two blocks away 두 블록 떨어진 곳에

오답 함정

lunch (명) 점심	launch (동) 출시하다	retreat (명) 휴양지, 야유회	treat (명) 한턱내기
shipment (명) 선적(품)	shipping (명) 배송	receive (동) 받다	receipt (명) 영수증
expect (동) 예상하다	inspect (동) 점검하다	repair (동) 고치다	prepare (동) 준비하다

■ 빈출 질문 및 답변 유형 🎧 P2-11

1) 장소 / 위치

Q	A
Q Where will the company retreat be held this year? 올해 회사 야유회는 어디에서 열리나요?	**A1** It's always **at the Franklin Hotel.** 항상 프랭클린 호텔에서요. **A2** **At Oceanview Park.** 오션뷰 공원에서요. 오답 On April fifteenth. 4월 15일이요. → 다른 의문사(When)에 대한 응답 활용 오답

2) 사람 / 출처

Q	A
Q Where is the list of new products? 신제품 목록이 어디에 있나요?	**A1** **Jim** has a copy. 짐이 한 부 가지고 있어요. **A2** You can download it **through our intranet.** 회사의 내부 전산망을 통해서 다운로드 가능해요. 오답 They are listed alphabetically. 알파벳 순서로 열거되어 있어요. → 다의어 오답 [list 목록 / 열거하다]

3) 우회적 답변

Q	A
Q Where can I try this skirt on? 이 치마를 어디서 입어 볼 수 있나요?	**A1** Let me show you. (어디인지) 안내해 드릴게요. **A2** Sorry, but we don't have any dressing rooms. 죄송하지만, 저희는 탈의실이 없습니다. 오답 It comes in several colors. 여러 색으로 나옵니다. → 연상 어휘 오답 [skirt → colors]

UNIT 3

Check Up

🎧 P2-12 / 해설 p.9

다음 질문에 대해 알맞은 응답에는 ○, 알맞지 않은 응답에는 ×를 표시하세요.

Q. Where can I donate some used books?

(A) I love doughnuts. (　　)

(B) They are on my desk. (　　)

(C) From a bookstore. (　　)

(D) I'll ask one of my colleagues. (　　)

(E) What kind of books are they? (　　)

(F) I booked a flight to London. (　　)

(G) Danford Library might take them. (　　)

[어휘] donate [동] 기부하다 used [형] 중고의 colleague [명] 동료 flight [명] 항공편, 비행

토익 감잡기

STEP 1

질문을 듣고 빈칸을 채운 후 알맞은 응답을 고르세요. 질문은 두 번 들려줍니다. 🎧 P2-13 / 해설 p.9

1 _____ is the new employee _____?

(A) On the second floor.

(B) It was very useful.

(C) Next Friday.
employee 명 직원

2 _____ can I find the table _____ _____?

(A) That offer ended last week.

(B) In the file cabinet.

(C) It's a furniture company.
offer 명 할인 동 제공하다 furniture 명 가구

3 _____ _____ the advertising campaign?

(A) About marketing.

(B) Yes, it's on the calendar.

(C) Let me ask Mr. Yoon.
advertising 명 광고

4 _____ can we expect the new _____?

(A) It's in the top drawer.

(B) Not until next Monday.

(C) We inspect the facilities every week.
drawer 명 서랍 inspect 동 검사하다 facility 명 시설

5 _____ is the _____ in this office?

(A) The store usually opens at seven.

(B) At the post office.

(C) It's built into the ceiling.
ceiling 명 천장

STEP 2

질문을 듣고 알맞은 응답을 고르세요. 그런 다음, 다시 들으면서 빈칸을 채우세요.   🎧 P2-14 / 해설 p.10

1 Mark your answer.

(A)　　(B)　　(C)

_____ is the legal team expected to _____?

(A) He's _____ late.

(B) They should be here _____.

(C) They're coming by _____.

legal 형 법과 관련된

2 Mark your answer.

(A)　　(B)　　(C)

_____ are you _____ to the party?

(A) A _____ of mine.

(B) It's _____ for next Wednesday.

(C) I baked some _____ to bring along.

3 Mark your answer.

(A)　　(B)　　(C)

_____ do we _____ all the old reports?

(A) I _____ them twice.

(B) We keep the data _____ _____.

(C) In the fourth-floor _____ _____.

4 Mark your answer.

(A)　　(B)　　(C)

_____ did you _____ the sound system in the room?

(A) We did it _____ _____.

(B) No, it comes with a _____ control.

(C) They _____ the rooms yesterday.

5 Mark your answer.

(A)　　(B)　　(C)

_____ sent us these _____?

(A) _____ _____ o'clock, if possible.

(B) Here's a _____ question.

(C) Central Street _____, I think.

if possible 가능하면

6 Mark your answer.

(A)　　(B)　　(C)

_____ would you like to _____ the new staff?

(A) In about _____ _____.

(B) In the _____ _____.

(C) Usually, the _____ leaves at nine.

1. Mark your answer.   (A)   (B)   (C)

2. Mark your answer.   (A)   (B)   (C)

3. Mark your answer.   (A)   (B)   (C)

4. Mark your answer.   (A)   (B)   (C)

5. Mark your answer.   (A)   (B)   (C)

6. Mark your answer.   (A)   (B)   (C)

7. Mark your answer.   (A)   (B)   (C)

8. Mark your answer.   (A)   (B)   (C)

9. Mark your answer.   (A)   (B)   (C)

10. Mark your answer.   (A)   (B)   (C)

11. Mark your answer.   (A)   (B)   (C)

12. Mark your answer.   (A)   (B)   (C)

13. Mark your answer.   (A)   (B)   (C)

14. Mark your answer.   (A)   (B)   (C)

15. Mark your answer.   (A)   (B)   (C)

16. Mark your answer.   (A)   (B)   (C)

17. Mark your answer.   (A)   (B)   (C)

18. Mark your answer.   (A)   (B)   (C)

19. Mark your answer.   (A)   (B)   (C)

20. Mark your answer.   (A)   (B)   (C)

이번 Unit에 나온 어휘 중 반드시 기억해야 할 것들만 모았습니다.
우리말 뜻을 가리고 체크해 본 후, 꼭 외워 두세요.

🎧 P2-16

☐ training session	교육	☐ security system	보안 시스템
☐ director	몡 이사	☐ reinstall	동 재설치하다
☐ in charge of	~을 담당하다	☐ delay	동 지연시키다
☐ accountant	몡 회계사	☐ client	몡 고객
☐ assistant	몡 조수, 보조	☐ launch	몡 출시, 시작 동 출시하다
☐ board of directors	이사회	☐ expect	동 예상하다, 기대하다
☐ receptionist	몡 접수 담당자	☐ inspect	동 점검하다
☐ representative	몡 대표, 직원	☐ retreat	몡 휴양지, 야유회
☐ supervisor	몡 관리자	☐ alphabetically	뮈 알파벳 순서로
☐ coworker	몡 동료(= colleague)	☐ donate	동 기부하다
☐ finance department	재무부	☐ offer	몡 할인 동 제공하다
☐ human resources department	인사부	☐ advertising	몡 광고
☐ headquarters	몡 본사(= main office)	☐ drawer	몡 서랍
☐ prototype	몡 원형, 견본	☐ facility	몡 시설
☐ office supplies	사무용품	☐ legal	혱 법과 관련된
☐ mandatory	혱 의무적인	☐ storage room	보관실, 창고
☐ manual	몡 설명서	☐ come with	~이 딸려 있다
☐ out of stock	품절인	☐ remote control	리모컨
☐ reschedule	동 일정을 다시 잡다	☐ repair person	수리공
☐ due	혱 지불 기일이 된	☐ reception desk	접수처
☐ at the latest	늦어도	☐ lost-and-found box	분실물 상자
☐ inform	동 통보하다	☐ package	몡 소포
☐ shipment	몡 선적(품)	☐ be away	부재 중이다
☐ probably	뮈 아마	☐ tech support team	기술 지원팀
☐ technician	몡 기술자	☐ stationery	몡 문구류
☐ depend on	~에 달려 있다	☐ travel expense	출장 경비
☐ conference	몡 회의	☐ invoice	몡 송장, 청구서
☐ location	몡 장소	☐ caterer	몡 출장 연회 업체

UNIT 3

PART 2
What/Which, Why, How 의문문

What/Which 의문문 🎧 P2-17

What 의문문은 시간, 가격, 주제, 의견, 방법 등 다양한 정보를 묻는 질문으로, 뒤에 오는 명사와 동사에
따라 묻는 내용이 달라집니다. Which 의문문은 선택 사항이 주어지는 질문으로, 이 중 하나를 선택하는
응답이 자주 출제됩니다. Yes/No로 답변하거나 질문 속 단어를 반복하여 사용한 오답에 유의하세요.

Q	**What time** does the shuttle bus come? 셔틀버스는 몇 시에 오나요?

직접적 답변	Usually **at eight-thirty** in the morning. 보통 아침 8시 30분에요. It should be here **soon**. 곧 도착할 겁니다. It comes **every two hours**. 두 시간마다 와요.
우회적 답변	Here's a copy of the bus schedule. 여기 버스 시간표 한 부가 있어요. You'd better ask at the front desk. 프런트 데스크에서 물어보세요. It depends on the traffic downtown. 시내 교통량에 따라 달라요.

■ 주요 표현 🎧 P2-18

What[Which]+명사

What color 어떤 색깔	What date 며칠	Which caterer 어떤 출장 연회 업체
What floor 몇 층	What brand 어떤 브랜드	Which room 어느 방[객실]
What kind[type] 어떤 종류	Which department 어느 부서	Which part 어느 부분[구역]
What product 어떤 제품	Which restaurant 어느 식당	Which program 어떤 프로그램

What[Which]+동사

[의　견] What do you think of/about ~? ~에 대해 어떻게 생각합니까?
[가　격] What is the price/cost of ~? ~의 가격/비용이 얼마인가요?
[주　제] What is ~ about? ~은 무엇에 관한 것인가요?
[방　법] What's the best way ~? 무엇이 최선의 방법인가요?
[행　동] What should I do with ~? ~을 어떻게 할까요?
[문제점] What's wrong with ~? / What's the problem with ~? ~에 무슨 문제가 있나요?

1) What[Which] + 명사

Q What[Which] floor is Prime
Publishing on?
프라임 출판사는 몇 층에 있나요?

A1 **The fourth.** 4층이요.

A2 It's on the **second floor**. 2층에 있어요.

오답 I want the updated floor plan.
업데이트된 평면도를 원해요.
→ 반복 어휘 오답 [floor]

2) What + 동사

Q What do you think of the annual
report?
연례 보고서에 대해 어떻게 생각하나요?

A1 It looks **very good**. 아주 좋아 보여요.

A2 I wish it were **more specific**.
좀 더 구체적이었으면 좋겠어요.

오답 No, it was last month. 아니요, 그건 지난달이었어요.
→ 의문사 의문문은 Yes / No로 답변 불가

3) 우회적 답변

Q Which of these caterers do you
recommend?
이 출장 연회 업체들 중에 어떤 곳을 추천하시나
요?

A1 I haven't hired any of them.
그중에 고용해 본 업체가 없네요.

A2 Mr. Brian should know. 브라이언 씨가 알 거예요.

오답 I liked that caterer, too.
나도 그 출장 연회 업체가 마음에 들었어요.
→ 반복 어휘 오답 [caterer]

Check Up

🎧 P2-20/ 해설 p.14

다음 질문에 대해 알맞은 응답에는 ○, 알맞지 않은 응답에는 ×를 표시하세요.

Q. Which laptop did you buy?

(A) It's handy to use. 　　　　　(　)

(B) The cheapest one. 　　　　　(　)

(C) I think it's out of order. 　　　　(　)

(D) The same one I used last year. 　(　)

(E) I ordered the TP505 model. 　　(　)

(F) I prefer the one on the top shelf. 　(　)

(G) Are you thinking of buying one, too? 　(　)

어휘 handy 휑 편리한　out of order 고장 난　order 동 주문하다　prefer 동 ~을 선호하다

37

Why 의문문 🎧 P2-21

Why 의문문은 이유나 목적을 묻는 질문으로, because (of) / due to, for / to부정사와 같은 표현이 정답으로 주로 출제됩니다. 하지만 Because가 생략된 문장과 우회적인 답변도 정답이 될 수 있으며, 오히려 이유나 목적을 가장한 오답이 나올 수 있으니 주의해야 합니다.

Q	**Why** is our company Web site not working?
	왜 회사 웹사이트가 안 되는 거죠?

직접적 답변
It's under maintenance. 점검 중이에요.
Because the main server is down. 메인 서버가 다운되어서요.
It's being updated. 업데이트되고 있어서요.

우회적 답변
It's working for me. 저는 되거든요.
You can log in now. 지금은 로그인할 수 있어요.
I'll call the IT department and find out. 제가 IT 부서에 전화해서 알아볼게요.
Haven't you read the memo? 회람을 보지 못했나요?

■ **주요 표현** 🎧 P2-22

이유 / 목적 표현

이유	목적
due to heavy traffic 교통 체증 때문에	**to** discuss ~을 논의하기 위해
due to road construction 도로 공사 때문에	**to** display ~을 전시하기 위해
due to a scheduling conflict 일정이 겹쳐서	**to** finish ~을 끝내기 위해
because of a missing item 빠진 물품 때문에	**to** handle ~을 처리하기 위해
because of the bad weather 악천후 때문에	**to** reserve ~을 예약하기 위해
(because) she is on vacation 그녀가 휴가 중이라서	**to** welcome ~을 환영하기 위해
(because) there are technical problems	**for** some renovations 수리를 위해
기술적인 문제가 있어서	**for** safety 안전을 위해
(because) they postponed the launch	**so that** I could meet a client
출시를 연기해서	내가 고객을 만날 수 있도록
(because) my car broke down 내 차가 고장 나서	**so that** they can meet the deadline
(because) it's being repaired 수리 중이라서	그들이 마감일을 맞출 수 있도록

■ 빈출 질문 및 답변 유형 P2-23

1) 이유

Q Why was the restaurant closed early yesterday? 왜 어제 그 식당이 일찍 닫았나요?	**A1 Because of** some repairs. 보수 공사 때문에요. **A2** It had to be thoroughly cleaned. 철저히 청소해야 했어서요. 오답 To visit some friends. 친구들을 방문하기 위해서요. → 목적을 가장한 오답

2) 목적

Q Why are you rearranging the tables in the break room? 왜 휴게실에 있는 테이블을 재배치하고 있나요?	**A1 To make** more space. 공간을 더 만들려고요. **A2 So that we can** throw a party for Mr. Park. 박 씨를 위한 파티를 열 수 있도록 하려고요. 오답 Because I like the color. 색깔이 마음에 들어서요. → 이유를 가장한 오답

3) 우회적 답변

Q Why have our ticket sales decreased? 왜 티켓 판매량이 하락했죠?	**A1** I'm trying to find out. 제가 알아보고 있어요. **A2** The management is looking into that. 경영진이 조사하고 있어요. 오답 Some items are on sale. 일부 품목들은 할인 중입니다. → 다의어 오답 [sales 판매량/sale 할인]

UNIT 4

Check Up

P2-24/ 해설 p. 14

다음 질문에 대해 알맞은 응답에는 ○, 알맞지 않은 응답에는 ×를 표시하세요.

Q. Why are you leaving the office early today?

(A) To the fifth floor. ( )

(B) Generally at six o'clock. ( )

(C) I have an urgent matter. ( )

(D) Because it costs too much. ( )

(E) This afternoon would be best. ( )

(F) I have a dental appointment. ( )

(G) To pick up a client from Hong Kong. ( )

어휘 generally 부 보통 urgent 형 긴급한 dental 형 치과의 appointment 명 예약, 약속 pick up ~을 태우러 가다

How 의문문 🎧 P2-25

How 의문문은 many, much, long, often 등과 함께 쓰여 수량, 가격, 기간, 빈도 등을 묻는 형태로 자주 출제됩니다. How가 단독으로 쓰이는 경우에는 수단, 방법, 의견 등을 제시한 답변이 정답일 확률이 높습니다. Yes / No로 시작하는 답변은 오답이며, 다른 의문사에 어울리는 응답으로 혼동을 주는 오답에 유의해야 합니다.

Q **How** should we send these samples to our customers?
어떻게 우리 고객들에게 이 견본품을 보내야 하죠?

직접적 답변 **By courier.** 택배로요.
We'd better **send them express**. 속달로 보내는 게 낫겠어요..
I requested **expedited shipping**. 제가 긴급 배송을 신청했어요.

우회적 답변 Mr. Kim takes care of that. 김 씨가 그 일을 맡고 있어요.
Try asking the supervisor. 관리자님께 문의해 보세요.
When do you want them to arrive? 그것들이 언제 도착하길 바라나요?

■ 주요 표현 🎧 P2-26

How + 형용사 / 부사

How many 몇 개의 (수치)	How often 얼마나 자주 (빈도)	How early 얼마나 일찍 (시간)
How much 얼마나 많은 (금액)	How soon 얼마나 빨리 (시간)	How late 얼마나 늦게 (시간)
How long 얼마 동안 (기간)	How far 얼마나 먼 (거리)	How large 얼마나 큰 (크기)

How + 동사
How do you like your coffee? 커피를 어떻게 해 드릴까요?
How do you like the seminar? 그 세미나 어때요?
How did the meeting go? 회의 어땠나요?
How is the project going? 그 프로젝트는 어떻게 진행되고 있나요?

주제별 응답 표현

기간 (how long)
(for) about five days 약 5일
a few more days 며칠 더

빈도 (how often)
once 한 번 / twice 두 번
a few times a day 하루 몇 번

수단 / 방법 (how)
in person 직접
by subway 지하철로
by[with, in] cash 현금으로
by express mail 빠른우편으로
through the intranet
내부 전산망을 통해

상태 / 의견 (how)
in progress 진행 중인
behind schedule 예정보다 늦게
out of order 고장 난
helpful 도움이 되는
informative 유익한

■ 빈출 질문 및 답변 유형 🎧 P2-27

1) How+형용사/부사

질문	응답
Q How long do you need to review the contract? 계약서를 검토하는 데 시간이 얼마나 필요하나요?	**A1 A few more hours.** 몇 시간 더요. **A2 Two or three days.** 이삼일이요. 오답 Sometime next month. 다음 달 언젠가요. → 다른 의문사(When)에 대한 응답 활용 오답

2) 수단/방법

질문	응답
Q How do I change my account password? 제 계정 비밀번호를 어떻게 바꾸나요?	**A1 Select** the 'Users' tab first. 먼저 '사용자' 탭을 선택하세요. **A2 I can show you** how to do that. 어떻게 하는 건지 제가 보여 줄게요. 오답 Yes, I change it every month. 네, 저는 매달 변경해요. → 의문사 의문문은 Yes/No로 답변 불가

3) 우회적 답변

질문	응답
Q How is the new intern **doing** at her job? 새로 온 인턴사원은 업무를 잘 하고 있나요?	**A1** She's only been here two days. 그녀는 여기 온 지 이틀밖에 되지 않았어요. **A2** She's working with Laura. 그녀는 로라와 함께 일해요. 오답 The pay is good. 급여가 높아요. → 다른 의문사(Why)에 대한 응답 활용 오답

UNIT 4

Check Up

🎧 P2-28/ 해설 p. 14

다음 질문에 대해 알맞은 응답에는 ○, 알맞지 않은 응답에는 ×를 표시하세요.

Q. How was the concert last night?

(A) It was fantastic. ( )

(B) It will be very fun. ( )

(C) I'll watch it with you. ( )

(D) I worked late last night. ( )

(E) I've already booked a venue. ( )

(F) Actually, I couldn't attend it. ( )

(G) I'm looking forward to seeing you. ( )

[어휘] venue [명] 장소 attend [동] 참석하다 look forward to -ing ~하기를 고대하다

토익 감잡기

STEP 1

질문을 듣고 빈칸을 채운 후 알맞은 응답을 고르세요. 질문은 두 번 들려줍니다. 🎧 P2-29/ 해설 p.15

1

______________ ______________ plants will be delivered?

(A) Fifty dollars each.

(B) At least five.

(C) It will take two more days.

deliver [동] 배달하다 at least 적어도, 최소

2

______________ ______________ does Lisa work in?

(A) She's in customer service.

(B) Either is fine.

(C) The department store is across the street.

customer service 고객 관리(부)

3

______________ didn't you ______________ for the position?

(A) Your résumé was impressive.

(B) I found a job in Boston.

(C) I had the same idea.

position [명] 자리, 직위 résumé [명] 이력서
impressive [형] 인상적인

4

______________ do you ______________ ______________ work every day?

(A) A few times a day.

(B) I go to work at 9 A.M.

(C) I take the bus and transfer once.

transfer [동] 환승하다

5

______________ is causing the shipping ______________?

(A) Let me call the delivery company again.

(B) Sorry, I have other plans.

(C) Shipping is free.

cause [동] 야기하다 shipping [명] 배송

STEP 2

질문을 듣고 알맞은 응답을 고르세요. 그런 다음, 다시 들으면서 빈칸을 채우세요. 🎧 P2-30/ 해설 p.15

1 Mark your answer.

(A)　　(B)　　(C)

_____ _____ do we update our Web site?

(A) _____ _____ a year.

(B) Usually _____ quarter.

(C) Click on the _____.

quarter 몡 4분의 1, 분기

2 Mark your answer.

(A)　　(B)　　(C)

_____ is the restaurant so _____ today?

(A) Due to bad _____.

(B) No, I didn't try that _____.

(C) They're _____ a big _____.

3 Mark your answer.

(A)　　(B)　　(C)

What is the _____ _____ to get into the city?

(A) It's just _____ the city.

(B) No, _____ is faster.

(C) You should take the _____.

4 Mark your answer.

(A)　　(B)　　(C)

Which _____ did you _____ for the job?

(A) At least two meters _____.

(B) I'm still _____.

(C) How _____ are they?

5 Mark your answer.

(A)　　(B)　　(C)

_____ did the marketing team _____ that memo?

(A) To the Eastern _____.

(B) Oh, I haven't _____ it yet.

(C) Because she _____ her bus.

6 Mark your answer.

(A)　　(B)　　(C)

_____ do you _____ the new brochures?

(A) They are better than I _____.

(B) Yes, I'll _____ it soon.

(C) _____ the new design program.　brochure 몡 안내 책자

1. Mark your answer.   (A)   (B)   (C)

2. Mark your answer.   (A)   (B)   (C)

3. Mark your answer.   (A)   (B)   (C)

4. Mark your answer.   (A)   (B)   (C)

5. Mark your answer.   (A)   (B)   (C)

6. Mark your answer.   (A)   (B)   (C)

7. Mark your answer.   (A)   (B)   (C)

8. Mark your answer.   (A)   (B)   (C)

9. Mark your answer.   (A)   (B)   (C)

10. Mark your answer.   (A)   (B)   (C)

11. Mark your answer.   (A)   (B)   (C)

12. Mark your answer.   (A)   (B)   (C)

13. Mark your answer.   (A)   (B)   (C)

14. Mark your answer.   (A)   (B)   (C)

15. Mark your answer.   (A)   (B)   (C)

16. Mark your answer.   (A)   (B)   (C)

17. Mark your answer.   (A)   (B)   (C)

18. Mark your answer.   (A)   (B)   (C)

19. Mark your answer.   (A)   (B)   (C)

20. Mark your answer.   (A)   (B)   (C)

어휘로 마무리

이번 Unit에 나온 어휘 중 반드시 기억해야 할 것들만 모았습니다.
우리말 뜻을 가리고 체크해 본 후, 꼭 외워 두세요.　　　　🎧 P2-32

☐ schedule	몡 일정표	☐ look forward to	~을 고대하다
☐ traffic	몡 교통(량)	☐ résumé	몡 이력서
☐ downtown	뿐 시내에	☐ impressive	혱 인상적인
☐ annual	혱 연례의	☐ transfer	뚱 환승하다, 전근 가다
☐ specific	혱 구체적인	☐ cause	뚱 야기하다
☐ handy	혱 편리한	☐ shipping	몡 배송
☐ prefer	뚱 ~을 더 선호하다	☐ quarter	몡 1/4, 분기
☐ regular	혱 정기적인, 보통의	☐ host	뚱 주최하다
☐ scheduling conflict	일정 겹침	☐ brochure	몡 (안내용) 책자
☐ postpone	뚱 연기하다	☐ replace	뚱 교체하다
☐ renovation	몡 수리	☐ adult	몡 성인
☐ meet the deadline	마감일을 맞추다	☐ merger	몡 합병
☐ thoroughly	뿐 철저히	☐ complaint	몡 불만사항
☐ decrease	뚱 하락하다	☐ release	뚱 출시하다
☐ management	몡 경영진	☐ household appliance	가전 기기
☐ look into	조사하다	☐ application	몡 지원서
☐ on sale	할인 중인	☐ last	뚱 지속되다
☐ generally	뿐 보통	☐ attendance	몡 출석, 참석자 수
☐ urgent	혱 긴급한	☐ free of charge	무료로
☐ dental	혱 치과의	☐ shift	몡 근무 교대
☐ appointment	몡 예약, 약속	☐ preference	몡 선호(도)
☐ express	몡 속달	☐ sales quota	판매 할당량
☐ expedite shipping	긴급 배송	☐ make room	공간을 내주다
☐ in person	직접	☐ opening ceremony	개회식
☐ through the intranet	내부 전산망을 통해	☐ checklist	몡 점검표
☐ behind schedule	예정보다 늦게	☐ be open to	~에 공개되다
☐ informative	혱 유익한	☐ public	몡 대중
☐ venue	몡 장소	☐ vacancy	몡 공석

PART 2
일반의문문, 간접의문문, 선택의문문

일반의문문 🎧 P2-33

일반의문문은 Be동사 또는 Do, Have, Will과 같은 조동사로 시작되는 질문으로, 주어 뒤에 오는 형용사나 동사 부분을 잘 듣는 것이 중요합니다. 일반의문문에는 Yes / No 응답이 가능하며, Yes / No의 대체 표현을 활용한 답변이나 Yes / No가 생략된 우회적인 답변이 정답이 되기도 합니다.

Q	**Did you** update the employee handbook? 직원 매뉴얼을 수정했나요?

직접적 답변	**Yes**, of course. 네, 물론이죠.
	Sure, I can show you right now. 네, 지금 보여 드릴 수 있어요.
	Not yet, I'll do it after I finish this. 아직 못했어요, 이것을 끝내고 할게요.

우회적 답변	I've been very busy. 제가 굉장히 바빴어요.
	I thought you did it. 전 당신이 한 줄 알았는데요.
	Luke will take care of that. 그건 루크가 할 거예요.

■ 주요 표현 🎧 P2-34

일반의문문 빈출 표현

Be동사
Are you ready for[to] ~? ~할 준비가 되었나요?
Are you available for[to] ~? ~할 시간 되세요?
Are you going[planning] to ~? ~할 계획인가요?

Do 조동사
Do you think ~? ~라고 생각하세요?
Do you want[need] ~? ~을 원하세요[필요하세요]?
Do you have ~? ~을 가지고 있나요?

Have 조동사
Have you met ~? ~을 만난 적이 있나요?
Have you finished ~? ~을 끝냈나요?
Have you thought about/considered ~?
~을 고려해 보았나요?

Will/Would 조동사
Will you contact ~? ~에게 연락할 건가요?
Would you like to ~? ~하기를 원하시나요?

Yes / No 대체 표현

Sure. / Of course. / Absolutely. 그럼요./물론이죠.	I'm afraid not. 유감이지만 아닙니다.
I think so. / I believe so. 그런 것 같아요.	I don't think so. 아닐 것 같아요.
Okay. / All right. 알았어요.	Not really. 꼭 그렇지는 않아요.

■ 빈출 질문 및 답변 유형　🎧 P2-35

1) Be(Is/Are/Was/Were) 동사 의문문

Q Are you **going to attend** the workshop tomorrow?
내일 워크숍에 참석할 건가요?

A1 Yes, how about you? 네, 당신은요?

A2 No, I have meetings all day.
아니요, 전 하루 종일 회의가 있어요.

오답 It was very useful. 그건 굉장히 유용했어요.
→ 연상 어휘 오답 [workshop → useful]

2) Do(Does/Did)동사 의문문

Q Do you **have** the conference schedule?
회의 일정표를 가지고 있나요?

A1 Sure, I have it right here. 그럼요, 여기 있어요.

A2 I'm afraid I forgot to bring it.
가져오는 걸 잊은 거 같아요.

오답 I'll reschedule the event. 제가 행사 일정을 조정할게요.
→ 파생어 오답 [schedule 동, 명 → reschedule 동]

3) 우회적 답변

Q Have you **finished** the assignment?
과제를 끝마쳤나요?

A1 I just got back from the conference today.
회의 갔다가 오늘 막 돌아왔어요.

A2 It isn't due until the end of this month.
기한이 이번 달 말이에요.

오답 He's been assigned to the Berlin office.
그는 베를린 지사로 파견되었어요.
→ 파생어 오답 [assignment 명 → assign 동]

U N I T 5

Check Up　🎧 P2-36/ 해설 p.20

다음 질문에 대해 알맞은 응답에는 ○, 알맞지 않은 응답에는 ×를 표시하세요.

Q. Will the new model be released this month?

(A) I hope so. 　　　　　　　　　　(　)

(B) We didn't hire anyone yet. 　　(　)

(C) It hasn't been decided yet. 　　(　)

(D) That sounds like a good idea. 　(　)

(E) I hope the launch goes well, too. (　)

(F) Sales figures have been updated. (　)

(G) Absolutely, we're right on schedule. (　)

어휘 release 동 출시하다 launch 명 출시 (행사) figure 명 수치 absolutely 부 물론 on schedule 일정대로

47

간접의문문 🎧 P2-37

간접의문문은 일반의문문이나 평서문 안에서 〈의문사＋주어＋동사〉, 혹은 〈if / whether＋주어＋동사〉의 형태를 띠는 의문문입니다. 간접의문문이 포함된 일반의문문에는 Yes / No로 답변이 가능하며, 의문사가 있을 경우 해당 의문사를 정확히 들어야 정답을 찾을 수 있습니다. 시험에는 〈Do you know＋의문사 ~?〉 유형이 많이 출제됩니다.

Q	Do you know **when** the reception starts? 환영회가 언제 시작하는지 아세요?

직접적 답변
> **At five o'clock.** 다섯 시에요.
> **Yes, right after the awards ceremony.** 네, 시상식 바로 직후에요.
> **No,** I'm not sure when it is. 아니요, 언제인지 잘 모르겠네요.

우회적 답변
> Let me check the notice. 제가 공지를 확인해 볼게요.
> Oh, are you going, too? 아, 당신도 참석하나요?
> The invitation has all the details. 초대장에 자세한 내용들이 있어요.
> Didn't you receive any messages? 메시지를 못 받았나요?

■ 주요 표현 🎧 P2-38

간접의문문 질문 표현

Can[Could] you tell me + 의문사/if ~? ~을 말씀해 주시겠어요?

Can[Could] you show me how ~? ~하는 방법을 알려주시겠어요?

Do you know + 의문사/if ~? ~을 아시나요?

Do you happen to know + 의문사/if ~? 혹시 ~을 아시나요?

Do you remember + 의문사/if/(that) ~? ~을 기억하세요?

Do you think (that) ~? ~라고 생각하세요?

Did you hear + 의문사 ~? ~을 들었어요?

May I ask + 의문사 ~? ~을 물어봐도 될까요?

1) Can[Could] you tell me + 의문사 ~?

Q Could you tell me **why** there's an extra charge on my bill?

왜 제 청구서에 추가 요금이 붙었는지 말씀해 주시 겠어요?

A1 That's for next-day delivery. 익일 배송 때문이에요.

A2 Sorry, there must have been some error.
죄송합니다, 뭔가 오류가 있었던 것 같습니다.

오답 It's available at no extra cost.
추가 비용 없이도 이용 가능합니다.
　→ 반복 어휘 오답 [extra]

2) Do you know + 의문사 / if ~?

Q Do you know **if** the packages have arrived?

소포들이 도착했는지 아세요?

A1 Yes, they're in the supply room. 네, 비품실에 있어요.

A2 Joe received them in the morning.
조가 아침에 받았어요.

오답 To buy some packing supplies.
포장용품을 사려고요.
　→ 파생어 오답 [package 명 → packing 명]

3) 우회적 답변

Q Can you show me **how** to make pancakes?

팬케이크 만드는 방법을 보여 줄 수 있나요?

A1 It's not that difficult. 그리 어렵지 않아요.

A2 The recipe is on the back of this box.
조리법이 이 상자 뒷면에 있어요.

오답 They were delicious. 맛있었어요.
　→ 연상 어휘 오답 [pancakes → delicious]

UNIT 5

Check Up　🎧 P2-40/ 해설 p.20

다음 질문에 대해 알맞은 응답에는 ○, 알맞지 않은 응답에는 ×를 표시하세요.

Q. Could you tell me where my seat is?

(A)	They're sold out.	(	)
(B)	Yes, of course.	(	)
(C)	I left it at home.	(	)
(D)	He's in seat 25-B.	(	)
(E)	Sure, let's see your ticket.	(	)
(F)	It's in the middle of the third row.	(	)
(G)	The theater can seat two hundred people.	(	)

어휘 seat 명 좌석 동 ~을 수용하다　row 명 줄, 열

선택의문문 🎧 P2-41

선택의문문은 'A or B'의 형태로 두 가지 사항 중 어느 것을 선택할지 묻는 질문입니다. 질문에 사용된 표현을 그대로 사용하거나 변경해 하나를 선택하는 응답이 정답일 확률이 높지만, 둘 다 선택하거나 제3의 것을 선택하는 등 다양한 답변이 출제될 수도 있습니다. 선택 사항과 발음이 유사한 단어를 활용한 오답 보기에 주의하세요.

> **Q** Should we begin production **this week or next week**?
> 생산을 이번 주에 시작할까요, 아니면 다음 주에 시작할까요?

직접적 답변
We can start **this Friday**. 이번 주 금요일에 시작할 수 있어요.
Next week would be better. 다음 주가 더 나을 것 같아요.
Let's start **in two weeks**. 2주 후에 시작합시다.

우회적 답변
It's not urgent. 급하지 않아요.
It's still being discussed. 여전히 논의 중입니다.
We need to get approval first. 우선 승인을 받아야 해요.

■ 주요 표현 🎧 P2-42

선택의문문 응답 표현

둘 중 하나 선택	상관 없음
I prefer A. A를 선호해요.	Either is fine. 뭐든 괜찮아요.
I would rather A. 차라리 A를 하겠어요.	Whichever you prefer. 당신이 선호하는 거요.
A would be better. A가 더 좋겠어요.	I don't care. 저는 상관 없어요.
I would like B. B가 좋아요.	It doesn't matter. 상관 없어요.
	Anything is fine. 아무것이나 좋아요.
둘 다 선택/거절	Anytime next week. 다음 주 중 아무 때나요.
Neither, thanks. 둘 다 아니에요.	Whenever he is available. 그가 가능한 때 언제든지요.
Both of them. 둘 다 좋아요.	
	기타
제3의 선택	It depends on ~. ~에 달려 있어요.
How about C? C는 어때요?	I'll let you decide. 당신이 결정하세요.
Do you have C? C는 있나요?	It's up to you. 당신에게 달려 있어요.
I'd rather use C. 차라리 C를 이용하겠습니다.	I'm still deciding. 여전히 결정 중이에요.
I want something else. 다른 것으로요.	It's still being discussed. 여전히 논의 중이에요.
What kind[size] ~ do you have?	What would you recommend? 무엇을 추천하세요?
어떤 종류[크기]가 있으세요?	

1) 둘 중 하나 선택

Q Will you have **coffee or tea** with dessert?
디저트와 함께 커피를 드시겠어요, 아니면 차를 드시겠어요?

A1 I'll have **tea**, thank you. 차를 마실게요, 감사해요.

A2 I'm quite full, so just **coffee** for me.
전 배가 꽤 불러서요, 그냥 커피만 부탁해요.

오답 A copy of the recipe. 레시피 한 부요.
→ 유사 발음 어휘 오답 [coffee → copy]

2) 제3의 선택 / 상관 없음

Q Should we **drive to the bank or take a bus**?
은행에 운전해서 갈까요, 아니면 버스 타고 갈까요?

A1 Let's take **the subway**. 지하철을 탑시다.

A2 **Either** is fine with me. 전 아무 쪽이나 괜찮아요.

오답 He took a taxi. 그는 택시를 탔어요.
→ 인칭대명사의 사용 오류 [we → He]

3) 우회적 답변

Q Would you like to eat **indoors or outdoors**?
안에서 드실래요, 아니면 밖에서 드실래요?

A1 Isn't it too noisy outside?
바깥은 너무 시끄럽지 않으세요?

A2 I heard it's supposed to rain.
비가 내릴 거라고 들었어요.

오답 Table for two, please. 2명이 앉을 테이블로 주세요.
→ 연상 어휘 오답 [eat → table]

UNIT 5

Check Up

🎧 P2-44/ 해설 p.20

다음 질문에 대해 알맞은 응답에는 ○, 알맞지 않은 응답에는 ×를 표시하세요.

Q. Should I make copies of the article or e-mail it to everyone?

(A) Either is fine.   (   )

(B) The deadline has passed.   (   )

(C) Not everyone needs a copy.   (   )

(D) Can you just share the link?   (   )

(E) There was an e-mail update.   (   )

(F) I sent it by overnight mail.   (   )

(G) Can I take a look at it before you make copies? (   )

어휘 article 명 기사 deadline 명 마감일, 기한 share 동 공유하다 overnight mail 익일 속달

토익 감잡기

STEP 1

질문을 듣고 빈칸을 채운 후 알맞은 응답을 고르세요. 질문은 두 번 들려줍니다. 🎧 P2-45/ 해설 p.20

1

> Are you going to the _____ _____ next week?

(A) It's a perfect day for an outing.

(B) They're bringing their lunch.

(C) Why? Aren't you going?   outing 몡 야유회

2

> Would you rather have _____ or _____?

(A) Italian sounds great.

(B) At the restaurant.

(C) No, I've never been to Europe.

3

> Do you know _____ _____ get to the train station?

(A) He could train my team.

(B) Sorry, I'm new around here.

(C) It'll take two or three hours.   train 몡 기차 통 교육하다

4

> Has Robert _____ to you about our _____?

(A) Any time after two.

(B) I have a meeting tomorrow.

(C) Yes, he told me a moment ago.

5

> Are you _____ to order, or do you _____ more time?

(A) We'll be ready in a couple of minutes.

(B) He just canceled his order.

(C) We'll need more space.

STEP 2

질문을 듣고 알맞은 응답을 고르세요. 그런 다음, 다시 들으면서 빈칸을 채우세요. 🎧 P2-46/ 해설 p.21

1 Mark your answer.

   (A)   (B)   (C)

Did you _____ the _____ to the vendors yet?
(A) In the top _____.
(B) I'm _____ to do that now.
(C) _____ it to her later.

vendor 영 판매자[사]

2 Mark your answer.

   (A)   (B)   (C)

Should we _____ now, or can we _____ a bit?
(A) I _____ with my family.
(B) We still have _____ _____.
(C) _____ the door open, please.

3 Mark your answer.

   (A)   (B)   (C)

Do you know _____ will be _____ to the Tokyo branch?
(A) Mr. Sato _____ it.
(B) I _____ it's Jason.
(C) _____ May the first.

branch 영 지점, 지사

4 Mark your answer.

   (A)   (B)   (C)

Have all the new computers been _____?
(A) I'll check with the _____.
(B) No, it's an old _____ program.
(C) He may be in the _____ _____.

5 Mark your answer.

   (A)   (B)   (C)

Do you think _____ _____ any foods our clients can't eat?
(A) The _____ did a great job.
(B) Oh, you can _____ _____ if you want.
(C) I'm _____ _____, but some may be vegetarians.

vegetarian 영 채식주의자

6 Mark your answer.

   (A)   (B)   (C)

Should we pay _____ _____ or with a _____ _____?
(A) We _____ _____ every Friday.
(B) Well, there's a discount for _____ purchases.
(C) Can I have your _____ card?

purchase 영 구매

1. Mark your answer.   (A)   (B)   (C)

2. Mark your answer.   (A)   (B)   (C)

3. Mark your answer.   (A)   (B)   (C)

4. Mark your answer.   (A)   (B)   (C)

5. Mark your answer.   (A)   (B)   (C)

6. Mark your answer.   (A)   (B)   (C)

7. Mark your answer.   (A)   (B)   (C)

8. Mark your answer.   (A)   (B)   (C)

9. Mark your answer.   (A)   (B)   (C)

10. Mark your answer.   (A)   (B)   (C)

11. Mark your answer.   (A)   (B)   (C)

12. Mark your answer.   (A)   (B)   (C)

13. Mark your answer.   (A)   (B)   (C)

14. Mark your answer.   (A)   (B)   (C)

15. Mark your answer.   (A)   (B)   (C)

16. Mark your answer.   (A)   (B)   (C)

17. Mark your answer.   (A)   (B)   (C)

18. Mark your answer.   (A)   (B)   (C)

19. Mark your answer.   (A)   (B)   (C)

20. Mark your answer.   (A)   (B)   (C)

이번 Unit에 나온 어휘 중 반드시 기억해야 할 것들만 모았습니다.
우리말 뜻을 가리고 체크해 본 후, 꼭 외워 두세요.　　　　🎧 P2-48

☐ handbook	명 안내서	☐ branch	명 지점, 지사
☐ take care of	~을 돌보다, ~을 처리하다	☐ approve	동 승인하다
☐ absolutely	부 물론	☐ chef	명 주방장
☐ assignment	명 과제	☐ vegetarian	명 채식주의자
☐ assign	동 배정하다	☐ purchase	명 구매 동 구매하다
☐ model	명 (상품의) 모델	☐ take notes	적다, 메모하다
☐ sales figures	매출 실적	☐ budget	명 예산
☐ sell out	매진되다	☐ version	명 변형, 버전
☐ seat	명 좌석 동 ~을 수용하다	☐ wear out	(낡아서) 떨어지다
☐ reception	명 환영회	☐ terrible	형 끔찍한
☐ right after	직후에	☐ cleaner	명 청소부, 청소기
☐ awards ceremony	시상식	☐ oversee	동 감독하다
☐ invitation	명 초대(장)	☐ get a raise	급여 인상을 받다
☐ details	명 세부 사항	☐ useful	형 유용한
☐ extra charge	추가 비용	☐ renew	동 갱신하다, 연장하다
☐ next-day delivery	익일 배송	☐ right away	즉시
☐ at no extra cost	추가 비용 없이	☐ next to	~의 옆에
☐ supply room	비품실	☐ exact	형 정확한
☐ packing supplies	포장용품	☐ double check	동 재확인하다
☐ recipe	명 조리[요리]법	☐ increase	동 증가하다, 오르다
☐ delicious	형 맛있는	☐ inbox	명 (책상 위의) 미결 서류함
☐ approval	명 승인	☐ take time off	휴가를 내다
☐ article	명 기사	☐ on a part-time basis	시간급으로
☐ deadline	명 마감일(= due date)	☐ maintenance department	관리부
☐ overnight mail	익일 속달	☐ question-and-answer session	질의응답 시간
☐ outing	명 야유회(= picnic, retreat)	☐ immediately	부 즉시
☐ train	명 기차 동 교육하다	☐ be away on business	출장으로 자리를 비우다
☐ vendor	명 판매자[사]	☐ pretty	부 꽤, 아주

UNIT 5

PART 2
부정/부가의문문, 청유/제안문, 평서문

부정/부가의문문 🎧 P2-49

부정/부가의문문은 상대방에게 사실 여부를 확인하거나 동의를 구할 때 주로 사용되는 질문으로, 부정어 not을 무시하고 〈주어 + 동사〉 부분을 잘 듣는 것이 핵심입니다. 응답 내용이 긍정이면 Yes, 부정이면 No로 직접적인 답변을 하는 것이 일반적이지만, 이를 우회적으로 표현한 답변도 종종 출제됩니다.

Q	Matt starts work in our department today, **doesn't he**? 매트가 오늘부터 우리 부서에서 일하기 시작하죠, 그렇지 않나요?

직접적 답변	**Yes**, I saw him this morning. 네, 오늘 아침에 그를 봤어요. **No**, not until next week. 아니요, 다음 주나 되어야 해요. **No**, I think it's Mike. 아니요, 그건 마이크예요.

우회적 답변	Actually, he'll begin on Monday. 사실은 월요일에 시작할 거예요. He already started work last week. 지난주에 이미 일을 시작했어요. Julian might know when he starts. 그가 언제 시작하는지 줄리안이 알 거예요.

■ 주요 표현 🎧 P2-50

사실 확인 응답 표현

긍정	부정
Yes, it was. 네, 그랬어요.	No, not that I know of.
Yes, I think you're right.	아니요, 제가 알기로는 아니에요.
네, 당신이 맞는 것 같아요.	Unfortunately, it's not. 유감이지만, 그렇지 않아요.
Yes, I believe[think] so. 네, 그런 것 같아요.	That's not what I was told.
Yes, that's what I heard.	제가 들은 말과 달라요.
네, 제가 들은 바로는 그래요.	Not yet. 아직 아니에요. / 아직 안 했어요.
Yes, that's what I meant.	Not at the moment. 지금은 아니에요.
네, 그게 제가 말한 거예요.	No, not until June. 아니요, 6월이나 되어야 해요.
That's correct[right]. 정확해요/맞아요.	No, I'm still waiting. 아니요, 아직 기다리고 있어요.
I'm sure it does. 그럴 거라고 확신해요.	No, I was on vacation. 아니요, 휴가 중이었어요.
Yes, by twenty percent. 네, 20퍼센트요.	No, it's been postponed.
Yes, I looked it over twice. 네, 두 번 이상 봤어요.	아니요, 그건 연기되었어요.

1) Be동사 부정 / 부가의문문

Q Weren't you at Thursday's all-staff meeting?

Q You were at Thursday's all-staff meeting, **weren't you**?

목요일 전 직원 회의에 참석하지 않았나요?

A1 **Yes**, I was sitting next to Antonio.
네, 안토니오 옆에 앉아 있었어요.

A2 **No**, I was on a business trip.
아니요, 전 출장 중이었어요.

오답 Mr. Sato will lead the meeting.
사토 씨가 회의를 이끌 거예요.
→ 반복 어휘 오답 [meeting]

2) Do동사 부정 / 부가의문문

Q We need to order more office supplies, **don't we**?

Q Don't we need to order more office supplies?

사무용품을 더 주문해야 하지 않나요?

A1 **Yes**, I'll do that right now. 네, 제가 바로 할게요.

A2 **No**, the supply closet is full.
아니요, 비품 창고가 가득 차 있어요.

오답 It's out of order. 그건 고장 났어요.
→ 다의어 오답 [order 주문하다 / out of order 고장 난]

3) 우회적 답변

Q Can't we make some changes to the book cover?

Q We can make some changes to the book cover, **can't we**?

책 표지를 약간 수정할 수 없을까요?

A1 I don't think it's necessary.
그럴 필요 없을 것 같아요.

A2 But it should be printed tomorrow.
그렇지만 내일 인쇄되어야 하잖아요.

오답 I can cover your shift.
제가 근무를 바꿔 줄 수 있어요.
→ 다의어 오답 [cover 표지 / 대신하다]

UNIT 6

Check Up

🎧 P2-52 / 해설 p.25

다음 질문에 대해 알맞은 응답에는 ○, 알맞지 않은 응답에는 ✕를 표시하세요.

Q. You gave a presentation at the last conference, didn't you?

(A) Yes, on Friday. (　　)

(B) Why? Has it been delayed? (　　)

(C) Actually, Dr. Thompson did. (　　)

(D) I'll give it to you right away. (　　)

(E) No, I think it was Mr. Garcia. (　　)

(F) Sorry, I can't attend the conference. (　　)

(G) Yes, but this time Eileen will do it. (　　)

청유/제안문 🎧 P2-53

청유문은 상대방에게 요청하거나 허락을 구할 때 사용되는 문장으로, 이에 대해 수락하거나 거절하는 응답이 주로 정답으로 출제됩니다. 제안문은 동의, 감사, 혹은 거절하는 답변이 자주 나옵니다. Why don't you ~? 같이 의문사로 시작하는 제안문에는 Yes / No로 답변할 수 있습니다.

Q	**Why don't we** paint the walls yellow? 벽을 노란색으로 페인트칠하는 것이 어떨까요?

직접적 답변	**Yes**, that's a good idea. 네, 좋은 생각이네요. **Well**, I think it's too bright. 음, 그 색은 너무 밝은 것 같아요. **OK**, I'll bring the paint. 알았어요, 페인트 가져올게요.
우회적 답변	We don't have time to do that. 우리는 그럴 시간이 없어요. Let's suggest it to the manager. 매니저에게 건의해 봅시다. How long do you think it will take? 시간이 얼마나 걸릴 것 같아요?

■ 주요 표현 🎧 P2-54

청유/제안문 표현

청유	제안
Can[Could] you ~? ~해 줄 수 있나요? Will[Would] you ~? ~해 줄래요? Do[Would] you mind ~? ~하길 꺼리시나요? (= ~해도 괜찮을까요?) May I ~? 제가 ~해도 될까요?	Would you like to ~? ~하실래요? Would you like me to ~? 제가 ~할까요? Why don't you[we, I] ~? ~하는 게 어때요? How[What] about ~? ~하는 게 어때요? Let's ~. ~합시다.

응답 표현

동의/수락	감사
That sounds like a good idea. 좋은 생각이네요. That sounds good to me. 저는 좋아요. I'd be glad[happy] to. 기꺼이 할게요. No problem. 그럼요. Okay, I'll do that right away. 네, 즉시 그렇게 할게요. Sure, go ahead. 물론이죠, 그렇게 하세요. Of course not./Not at all. 전혀 아닙니다. (Do[Would] you mind ~? 질문에)	Thanks, I appreciate it. 정말 감사합니다. Yes, that'd be helpful. 네, 도움이 될 거예요. It's very kind of you. 아주 친절하시네요. **부정/거절** Sorry, (but) ~/I'm afraid ~ 죄송하지만/유감스럽지만 No, thanks. 고맙지만 됐습니다. I can handle that. 제가 처리할 수 있어요. No, that won't be necessary. 아니요, 그럴 필요 없어요.

■ 빈출 질문 및 답변 유형 🎧 P2-55

1) 청유

Q **Can you** give me a ride to the subway station? 지하철역까지 태워 줄 수 있나요?	A1 Sure, no problem. 그럼요. A2 Sorry, I didn't bring my car today. 유감스럽지만 오늘 차를 안 가져왔어요. 오답 Thanks, I'd appreciate that. 그래 주시면 감사하겠습니다. → 청유문에 어울리지 않는 답변

2) 제안

Q **Let's** try that new seafood restaurant for lunch. 새로 생긴 해산물 식당에 점심 먹으러 갑시다.	A1 OK. I'll make a reservation. 좋아요. 제가 예약해 둘게요. A2 That's what I was planning to do. 저도 그러려고 했어요. 오답 The seafood dish was nice. 그 해산물 요리는 맛있었어요. → 반복 어휘 오답 [seafood]

3) 우회적 답변

Q **Would you mind** if I opened the window? 창문을 열어도 될까요?	A1 Oh, I'll turn on the air-conditioner. 아, 제가 에어컨을 켜 드릴게요. A2 Let me do that for you. 제가 해드릴게요. 오답 They close at 7. 그들은 7시에 닫아요. → 연상 어휘 오답 [open → close]

Check Up

🎧 P2-56/ 해설 p.25

다음 질문에 대해 알맞은 응답에는 ○, 알맞지 않은 응답에는 ×를 표시하세요.

Q. Would you like me to send out the invitations?

(A) Yes, that'd be helpful. (   )

(B) It's very kind of him. (   )

(C) Sure, I'd be happy to. (   )

(D) Thanks, I'd appreciate that. (   )

(E) Let's have a party for him. (   )

(F) Yes, please send them by express. (   )

(G) Leave it to me. I can handle that. (   )

[어휘] invitation [명] 초대(장) helpful [형] 도움이 되는 appreciate [동] 감사하다 by express 속달로 handle [동] 다루다, 처리하다

평서문 🎧 P2-57

평서문은 마침표로 끝나는 문장으로, 사실 진술, 정보 전달, 의견 제시, 감정 표현, 문제점 언급 등에 사용됩니다. Yes / No 답변이 가능하며, 동의, 반대, 해결책 / 제3의 의견 제시 등 다양한 응답이 나올 수 있는 가장 어려운 유형입니다. 문장의 내용 및 의도를 정확히 파악해야만 정답을 고를 수 있습니다.

Q	The oven seems to be broken again. 오븐이 또 고장 난 것 같아요.

가능한 답변

I'll have a look at it later. 제가 나중에 살펴볼게요.

The technician is on his way. 수리 기사가 오고 있어요.

Why don't you use the one upstairs? 위층에 있는 걸 쓰는 게 어때요?

Please contact the repair shop. 수리점에 연락해 주세요.

Are you sure it's plugged in? 전원이 연결된 게 확실해요?

That's the third time this week. 이번 주에 벌써 세 번째네요.

I think it's time to buy a new one. 새 것을 사야 할 때가 된 것 같아요.

■ 주요 표현 🎧 P2-58

다양한 평서문 표현

문제점/어려움	제안/도움
I can't ~. ~할 수가 없네요.	I can[could] ~. ~해 줄 수 있어요.
I can't seem to ~. ~할 수 없는 것 같아요.	We can offer you ~. ~를 제공해 줄 수 있어요.
I'm struggling to ~./ I'm having trouble	
-ing. ~하는 데 어려움을 겪고 있어요.	**계획/일정**
I forgot to ~. ~하는 것을 잊었어요.	I will[am going to] ~. ~할 거예요.
~ is broken[out of order]. ~가 고장 났어요.	I have a meeting[an appointment] ~.
	~에 회의[약속]가 있어요.
의견/생각	
We should[need to] ~. ~해야 합니다.	**요청/바람**
I think[thought] ~. ~라고 생각해요[했어요].	I want[would like] to ~. ~하고 싶어요.
I don't think ~. ~라고 생각하지 않아요.	I'd like you to ~. 당신이 ~해 주었으면 해요.
	I'd like your help with ~.
	~에 대해 당신의 도움이 필요해요.

1) 사실 또는 정보 전달

Q There is a workshop on the new software this Friday.
이번 주 금요일에 새 소프트웨어에 대한 워크숍이 있어요.

A1 I just read the memo about that.
그것에 대한 회람을 방금 읽었어요.

A2 I hope Mr. Delgado trains us.
델가도 씨가 교육하셨으면 해요.

오답 The shop closes on Sundays.
그 가게는 일요일에 문을 닫아요.
→ 유사 발음 어휘 오답 [workshop → shop]

2) 의견 또는 감정 제시

Q I thought the board would approve my proposal.
이사회가 저의 제안서를 승인할 거라고 생각했어요.

A1 So did I. 저도 그랬어요.

A2 I'm sorry that it wasn't accepted.
그게 승인되지 않았다니 유감이네요.

오답 At the next board meeting.
다음 이사회에서요.
→ 반복 어휘 오답 [board]

3) 문제점 언급

Q I can't open the file you sent me this morning.
오늘 오전에 보내 주신 파일을 열 수가 없네요.

A1 Sorry, I'll send it again.
죄송해요, 다시 보낼게요.

A2 Oh, I can print it for you.
아, 그럼 제가 인쇄를 해 드릴 수 있어요.

오답 An e-mail address. 이메일 주소예요.
→ 연상 어휘 오답 [file → e-mail]

Check Up
🎧 P2-60/ 해설 p.26

다음 질문에 대해 알맞은 응답에는 ○, 알맞지 않은 응답에는 ×를 표시하세요.

Q. Our sales for this quarter are higher than before.

(A) That's good news.   (   )

(B) Yes, we should be proud.   (   )

(C) I just received the report.   (   )

(D) They did well in the competition.   (   )

(E) Can I look at the results again?   (   )

(F) The spring sales start tomorrow.   (   )

(G) He was promoted to sales manager.   (   )

어휘 be proud 자랑스럽게 여기다 competition 圐 경쟁, 시합 be promoted to ~로 승진하다

UNIT 6

토익 감잡기

STEP 1

질문을 듣고 빈칸을 채운 후 알맞은 응답을 고르세요. 질문은 두 번 들려줍니다. 🎧 P2-61 / 해설 p.26

1

Should I make a _____ in advance?

(A) Yes, it's working fine now.

(B) She had a dentist appointment.

(C) No, you don't have to.

in advance 미리 dentist 몡 치과 의사 appointment 몡 예약

2

Ms. Rogan worked in _____, didn't she?

(A) From a local market.

(B) Let's check her résumé.

(C) No, I'm an accountant.

local 혱 현지의, 지역의 accountant 몡 회계사

3

I can't get the _____ to _____.

(A) The maintenance team suggested it.

(B) Let me call the technician.

(C) Not until after lunch.

maintenance 몡 유지 보수, 관리 technician 몡 기술자

4

Would you mind if we _____ this meeting _____?

(A) Not at all. I could use some fresh air.

(B) I put it next to the window.

(C) That meeting was held last week.

could use ~가 필요하다, ~를 원하다

5

Isn't the CEO going to _____ _____ tomorrow?

(A) Yes, we should clean up our workstation.

(B) We'll receive payment this week.

(C) I'm going to visit our client soon.

workstation 몡 작업장, 근무 장소 receive 통 받다

STEP 2

질문을 듣고 알맞은 응답을 고르세요. 그런 다음, 다시 들으면서 빈칸을 채우세요. 🎧 P2-62/ 해설 p.27

1 Mark your answer.

   (A)   (B)   (C)

That was the _____ _____, wasn't it?

(A) It was _____ last week.

(B) No, there's one _____ to process.

(C) At the _____ .

process ⑧ 처리하다

2 Mark your answer.

   (A)   (B)   (C)

Why don't you try the _____ _____?

(A) I already _____ .

(B) It _____ _____ on the 26th.

(C) It was _____ _____ for me.

3 Mark your answer.

   (A)   (B)   (C)

I missed my _____ to London.

(A) I've _____ _____ before.

(B) It was a long _____ .

(C) Can you catch the _____ _____?

4 Mark your answer.

   (A)   (B)   (C)

Could you please _____ _____ the heater?

(A) _____ , it's pretty _____ in here.

(B) No, I think it's _____ else.

(C) Make a _____ _____ at the theater.

5 Mark your answer.

   (A)   (B)   (C)

_____ you at the _____ this morning?

(A) In the _____ .

(B) She _____ _____ at around 10:15.

(C) No, I had an _____ with a client.

6 Mark your answer.

   (A)   (B)   (C)

There's an _____ for a research assistant.

(A) It's _____ to the public.

(B) You should _____ _____ it.

(C) She _____ in human resources.

research assistant
연구 조교

UNIT 6

1. Mark your answer.　　　(A)　　　(B)　　　(C)

2. Mark your answer.　　　(A)　　　(B)　　　(C)

3. Mark your answer.　　　(A)　　　(B)　　　(C)

4. Mark your answer.　　　(A)　　　(B)　　　(C)

5. Mark your answer.　　　(A)　　　(B)　　　(C)

6. Mark your answer.　　　(A)　　　(B)　　　(C)

7. Mark your answer.　　　(A)　　　(B)　　　(C)

8. Mark your answer.　　　(A)　　　(B)　　　(C)

9. Mark your answer.　　　(A)　　　(B)　　　(C)

10. Mark your answer.　　　(A)　　　(B)　　　(C)

11. Mark your answer.　　　(A)　　　(B)　　　(C)

12. Mark your answer.　　　(A)　　　(B)　　　(C)

13. Mark your answer.　　　(A)　　　(B)　　　(C)

14. Mark your answer.　　　(A)　　　(B)　　　(C)

15. Mark your answer.　　　(A)　　　(B)　　　(C)

16. Mark your answer.　　　(A)　　　(B)　　　(C)

17. Mark your answer.　　　(A)　　　(B)　　　(C)

18. Mark your answer.　　　(A)　　　(B)　　　(C)

19. Mark your answer.　　　(A)　　　(B)　　　(C)

20. Mark your answer.　　　(A)　　　(B)　　　(C)

이번 Unit에 나온 어휘 중 반드시 기억해야 할 것들만 모았습니다.
우리말 뜻을 가리고 체크해 본 후, 꼭 외워 두세요.   P2-64

□ not until	~이 되어서야 비로소	□ process	동 처리하다
□ actually	부 사실은, 실제로	□ turn on	켜다(↔ turn off)
□ unfortunately	부 유감스럽게도	□ research assistant	연구 조교
□ supply closet	비품 창고	□ apply for	~에 지원하다
□ full	형 가득 찬	□ overwork	명 초과 근무
□ out of order	고장 난	□ retirement	명 은퇴
□ cover	명 표지 동 대신하다	□ officer	명 경찰, 장교
□ make changes to	~에 변화를 만들다	□ review	명 평 동 검토하다
□ give a presentation	발표하다	□ turn down	낮추다(↔ turn up)
□ bright	형 밝은	□ volume	명 음량
□ appreciate	동 감사하다	□ change one's mind	마음을 바꾸다
□ give ~ a ride	~를 태워 주다	□ vacation	명 휴가
□ make a reservation	예약하다	□ pleasant	형 즐거운, 기분 좋은
□ send out	발송하다, 내보내다	□ accept	동 수락하다
□ by express	속달로	□ subscribe	동 구독하다
□ handle	동 다루다, 처리하다	□ subscriber	명 구독자
□ upstairs	부 위층에	□ editor	명 편집자, 편집장
□ the board	이사회	□ charge	동 충전하다, 청구하다
□ competition	명 경쟁, 시합	□ charger	명 충전기
□ be proud of	~을 자랑스럽게 여기다	□ license	명 면허증, 허가증
□ be promoted to	~로 승진하다	□ applicant	명 지원자
□ in advance	미리	□ candidate	명 후보자, 지원자
□ dentist	명 치과 의사	□ give a speech	연설하다
□ local	형 현지의, 지역의	□ emerging market	신흥 시장
□ suggest	동 제안하다	□ break	명 휴식 동 고장 내다
□ could use	~가 필요하다, ~를 원하다	□ hand in	제출하다(= submit)
□ workstation	명 작업장, 근무 장소	□ machine	명 기계
□ payment	명 지불, 지급	□ satisfied	형 만족하는

PART 3
회사 생활

행사

회사 야유회(company picnic / outing / retreat) 기념일 파티(anniversary party), 동료의 은퇴 (colleague's retirement), 환영 연회(welcome reception), 시상식(awards ceremony), 개회식(opening ceremony), 신입 사원 오리엔테이션(new hire / recruit orientation), 교육 과정(training session) 등의 회사 행사(work event) 준비 관련 대화가 자주 출제됩니다.

Step 1 우리말로 대화의 흐름을 보면서 질문의 요지를 미리 파악해 보세요.

남 안녕하세요, 수잔. 신규 채용 오리엔테이션 교육 매뉴얼은 어떻게 진행되고 있어요?	**1. 대화 주제** ▶ **Tip** 초반부에 유의
여 아직 할 일이 많아요.	
남 음, 저는 오늘 일을 끝냈어요. 뭐가 필요하신데요?	**2. 의도 파악 [추론 문제]** ▶ **Tip** 'I'm finished for today' 뒤에 이어지는 내용에 유의
여 경비실에 신입 사원 명찰에 대해 확인해 주시겠어요?	
남 물론이죠. 제가 바로 가서 가져올게요.	**3. 남자가 다음에 할 일 [추론 문제]** ▶ **Tip** 여자가 요청하는 대화에 유의

Step 2 대화를 영어로 들으면서 빈칸을 채운 후, 오른편 질문의 답을 찾아 보세요. 🎧 P3-01 / 해설 p.31

M Hi, Susan. How are the ⁽¹⁾_____ for the new hire orientation coming along?

W I still have a lot of work to do.

M Well, I'm finished for today. What do you ⁽²⁾_____?

W Could you check with the security office about the ⁽³⁾_____ for the new employees?

M Of course. I'll go ⁽⁴⁾_____ right away.

1. What are the speakers mainly discussing?
   (A) Training materials
   (B) A job interview

2. What does the man imply when he says, "I'm finished for today"?
   (A) He wants to leave for the day.
   (B) He wants to offer some assistance.

3. What will the man probably do next?
   (A) Get feedback from employees
   (B) Bring some name tags

어휘 assistance 몡 지원, 도움 name tag 이름표

paraphrasing training manuals → training materials 교육 매뉴얼 → 교육 자료
badges → name tags 명찰 → 이름표

출장

사업체(business), 회의(conference), 총회(convention), 무역 박람회(trade show), 취업 박람회(career / job fair) 참석 등의 목적으로 여행 일정(a travel itinerary), 출장비(travel expenses), 출장 경비 환급(travel reimbursement), 호텔 예약(hotel reservation), 숙박 시설(accommodations, lodging), 항공편 준비(flight arrangement) 등의 출장(business trip / travel) 관련 대화가 자주 출제됩니다.

Step 1 우리말로 대화의 흐름을 보면서 질문의 요지를 미리 파악해 보세요.

여 안녕하세요, 방금 기계에서 비행기 탑승 수속을 하려고 했는데, 직원과 통화하라는 안내를 받았습니다.

남 네, 확인해 드리겠습니다. 고객님의 비행편이 초과 예약된 것 같군요.

여 아, 저는 내일 아침 총회 때문에 댈러스에 가야 해요.

남 실은 비즈니스석에 자리가 있습니다. 추가 비용 없이 업그레이드해 드리겠습니다.

1. 대화 장소
   ▶ **Tip** 첫 대화에 유의
2. 세부 정보 찾기
   ▶ **Tip** 대화 중에서 'Dallas' 부분에 유의
3. 남자가 무료로 제공해 주겠다고 하는 것
   ▶ **Tip** 남자의 말에서 'I'll ~ at no extra charge' 부분에 유의

Step 2 대화를 영어로 들으면서 빈칸을 채운 후, 오른편 질문의 답을 찾아 보세요. 🎧 P3-02/ 해설 p.31

W Hello, I just tried to check in for my (1)__________ at the machine, but I was told to speak to a representative.

M OK. Let me see. It appears that your flight was overbooked.

W Oh, I need to be in Dallas for a (2)__________ tomorrow morning.

M Actually, there's a seat in business class. I'll (3)__________ you at no extra charge.

[어휘] representative [명] 직원, 대표자
extra charge 추가 요금

1. Where does the conversation take place?
   (A) At the airport
   (B) In the flight
2. Why is the woman going to Dallas?
   (A) To visit the head office
   (B) To attend a conference
3. What does the man offer for free?
   (A) A flight upgrade
   (B) A manual upgrade

paraphrasing a convention → a conference 총회 → 회의
at no extra charge → for free 추가 비용 없이 → 무료로

기타 사무실 대화

사규(company policy), 고용 계약(employment agreement / contract), 계약 조건(terms of a contract), 승진(promotion), 출근길 교통 정체(traffic jam / congestion), 회의 일정(schedule), 안건(agenda), 급여(salary), 급여 지급 절차(payroll procedures), 새로운 기기(new device), 사무 장비(office equipment) 고장 등에 관하여 동료(coworker / colleague) 또는 상사(supervisor)와 주고받는 대화가 자주 출제됩니다.

Step 1 우리말로 대화의 흐름을 보면서 질문의 요지를 미리 파악해 보세요.

남 헬렌, 내 컴퓨터에서 인쇄하는 데 문제가 있어요.

여 IT 부서에 연락해서 그들이 볼 수 있도록 할까요?

남 그게 좋겠군요. 하지만 30분 후에 영업 회의가 있어서 이 안건을 바로 인쇄해야 해요. 당신 컴퓨터로 인쇄해도 될까요?

1. 남자의 문제점
   ▶ **Tip** 남자의 대화 중 'have trouble ___'에 유의
2. 여자가 제공해 주겠다고 하는 것
   ▶ **Tip** 여자의 대화 중 'Shall I ___'에 유의
3. 영업 회의 시간 [추론 문제]
   ▶ **Tip** sales meeting에 이어지는 시간 표현에 유의

Step 2 대화를 영어로 들으면서 빈칸을 채운 후, 오른편 질문의 답을 찾아 보세요. 🎧 P3-03/ 해설 p.31

M Helen, I'm having trouble getting my computer to (1)____________.

W Shall I (2)____________ the IT department so they can have a look?

M That would be great. But I have a sales meeting in (3)____________, so I need to print this agenda right away. Would you mind if I printed it from your computer?

[어휘] agenda [명] 회의 안건, 의제

1. What problem does the man mention?
   (A) There are no projectors available.
   (B) A piece of equipment doesn't work.
2. What does the woman offer to do?
   (A) Look at a document
   (B) Contact another office
3. When will the sales meeting most likely take place?
   (A) In 30 minutes
   (B) In 60 minutes

[어휘] projector [명] 영사기 equipment [명] 장비 document [명] 서류

[paraphrasing] my computer → a piece of equipment 나의 컴퓨터 → 장비 하나
have trouble → not work 어려움이 있다 → 작동하지 않는다
call → contact 전화를 하다 → 연락하다
the IT department → another office IT 부서 → 다른 사무실
in half an hour → in 30 minutes 반시간 후에 → 30분 후에

빈출 어휘 및 표현 🎧 P3-04

행사

anniversary 기념일
assistance 지원, 도움(= help)
ahead of time 미리(= in advance, beforehand)
catering 출장 연회
celebrate 축하하다
company banquet 회사 연회

job fair 취업 박람회
luncheon 오찬
recommend 추천하다(= suggest)
release 출시; 출시하다
set up 준비하다(= arrange)
venue 장소(= location, place)

출장

accommodations 숙박 시설(= lodging)
be out of town 출장 중이다
business trip 출장(= business travel)
convention 총회(= conference)
get reimbursed 환급 받다

receipt 영수증
make a reservation 예약하다(= reserve, book)
make a flight arrangement 항공권을 준비하다
travel reimbursement 출장 경비 환급
headquarters 본사(= head office, main office)

기타 사무실 대화

agenda 회의 안건
commute 통근하다
complete 완성하다, 끝내다(= finish, wrap up)
contract 계약서(= agreement)
coworker 동료(= colleague)
office supplies 사무용품

appointment 약속
temporary worker 임시 직원
merger 합병, 통합
resign 사임하다(= leave, quit)
forward 전달하다(= send)
stop by 들르다(= visit, drop by)

Check Up

해설 p.31

우리말을 보고 빈칸을 채우세요.

1 He was on a business _____.
그는 출장 중이었다.

2 I'll _____ by your office.
당신 사무실에 들를게요

3 Do you need any office _____?
필요한 사무용품이 있으세요?

4 prepare for a _____ 합병을 준비하다

5 arrange the company _____
회사 연회를 준비하다

6 get _____ for travel expenses
출장비를 환급 받다

7 _____ to work on the train
기차를 타고 출근하다

8 offer hotel _____ 호텔 숙박을 제공하다

9 _____ the grand opening
대규모 개장을 축하하다

10 _____ a document to the man
남자에게 서류를 전달하다

11 change my _____ with Dr. Kato
카토 박사와의 내 진료 예약을 변경하다

12 introduce the man to a _____
남자를 동료에게 소개하다

토익 감잡기

STEP 1

대화를 들으며 빈칸을 채운 후 알맞은 응답을 고르세요. 대화는 두 번 들려줍니다. 🎧 P3-05/ 해설 p.32

[1-2]

W Justin, we'll have a new (1)__________ coming to work this afternoon.

M Okay. Is there anything I should do?

W Could you just (2)__________ his desk for now and give him a tour of the office?

M Sure. I'll get in touch with the IT Department now to open up a new e-mail (3)__________ too.

[어휘] give ~ a tour ~에게 견학을 시켜주다 get in touch with ~와 연락하다

1 What are the speakers mainly discussing?
(A) A planned tour for visitors
(B) A new employee's arrival

2 What does the woman ask the man to do?
(A) Arrange a new desk
(B) Open up a savings account savings [명] 저축

[3-4]

M Dana, you're going to next week's IT Fair in Chicago, aren't you?

W Yes, I'm supposed to attend the fair's (1)__________ on Tuesday.

M Oh, really? I fly to Minneapolis after the fair is over, so I thought maybe we could (2)__________ the fare of a taxi to the O'Hare Airport in Chicago.

[어휘] be supposed to ~하기로 예정되다 be over 끝나다 fare [명] 요금

3 On what day does the IT fair end?
(A) Tuesday
(B) Thursday

4 What does the man suggest?
(A) Taking a later return flight
(B) Sharing a taxi to the airport

STEP 2

대화를 듣고 질문에 알맞은 답을 고르세요. 그런 다음, 다시 들으면서 빈칸을 채우세요.   P3-06/ 해설 p.32

[1-3]

1 Which department do the speakers most likely work for?
(A) Sales
(B) Accounting
(C) Personnel

2 Where does the man suggest that the luncheon be held?
(A) At a city park
(B) At a neighboring restaurant
(C) In the building's food court

3 According to the woman, what is available at the Parkside Grill?
(A) Free delivery
(B) A meal voucher
(C) Advance ordering

어휘 neighboring 형 근처의, 인근의 advance 형 사전의

M Well, Debbie. I have some good news. Just last month, (1)_____ increased by thirty percent.

W Wow, that's great. How about having a luncheon next Friday to celebrate our success?

M Good, that would work. Let's try the Parkside Grill (2)_____.

W Perfect. We can (3)_____ our food online, (4)_____ time.

어휘 expect 동 기대하다, 예상하다

[4-6]

4 What problem does the woman mention?
(A) An unhelpful staff member
(B) A wrong address
(C) Failure to Internet access

5 What is the woman concerned about?
(A) Avoiding heavy traffic
(B) Missing an appointment
(C) Not having time to eat lunch

6 What does the man say he will do?
(A) Arrange a client luncheon
(B) Fix the woman's computer
(C) Give the woman a business card

어휘 unhelpful 형 도움이 안 되는 failure 명 실패 avoid 동 피하다

W Hi, Jeremy. Is your computer working? I think the Internet is (1)_____.

M I've already called the IT department, but they might not make it here until after lunch.

W Oh dear, what awful timing! Ms. Mills was supposed to confirm a lunch (2)_____ via e-mail.

M I have her (3)_____ at my desk. Let me (4)_____ for you.

어휘 awful 형 끔찍한 via 전 ~을 통해

1 What are the speakers discussing?
(A) Gardening techniques
(B) A board meeting
(C) Their commutes
(D) A staff outing

2 What time does the woman usually finish work on Thursdays?
(A) 6:00
(B) 6:30
(C) 7:00
(D) 7:30

3 Where does the woman live?
(A) In Sunnyvale
(B) Close to the office
(C) Near Sunnyvale Shopping Center
(D) Olive Garden Apartments

어휘 board meeting 이사회 commute 몡 통근

4 Where is the man going next week?
(A) To an awards ceremony
(B) To a vacation resort
(C) To a local IT convention
(D) To the company main office

5 According to the man, what is the CEO supposed to do next week?
(A) Visit a client
(B) Attend a trade show
(C) Sign a contract
(D) Train new hires

6 Who does the man say he will meet with?
(A) Branch managers
(B) A company executive
(C) Important clients
(D) System developers

어휘 contract 몡 계약(서) executive 몡 임원

7 What are the speakers mainly discussing?
(A) A new training program
(B) Finding staff for a project
(C) The results of a sales presentation
(D) A staff member's departure

8 What does the woman suggest?
(A) Hiring more staff
(B) Extending a deadline
(C) Consulting with a director
(D) Arranging for overtime work hours

9 What does the woman imply when she says, "He might be of help?
(A) Brian will join the team.
(B) Brian will be out of the office.
(C) Brian's opinion would be valuable.
(D) Brian will recruit some workers soon.

어휘 valuable 몡 소중한 recruit 통 채용하다

Eastside Design Conference (July 30)	
1:10 P.M.	Peter Forge
2:20 P.M.	Jake Stevenson
3:30 P.M.	Yuka Sataima
4:40 P.M.	Jeremy Upton

10 What does the woman ask the man to do?
(A) Show her his identification
(B) Give her information
(C) Buy something for her
(D) Attend a conference

11 Look at the graphic. Whose lecture are the speakers planning to listen to?
(A) Peter Forge   (B) Jake Stevenson
(C) Yuka Sataima   (D) Jeremy Upton

12 What is the woman concerned about?
(A) Seating   (B) The traffic
(C) A start time   (D) A scheduling conflict

어휘로 마무리

이번 Unit에 나온 어휘 중 반드시 기억해야 할 것들만 모았습니다.
우리말 뜻을 가리고 체크해 본 후, 꼭 외워 두세요.　🎧 P3-08

□ new hire	신입 사원(= new recruit)	□ temporary	형 임시의
□ training manual	교육 매뉴얼	□ resign	동 사임하다(= leave, quit)
□ assistance	명 도움, 지원(= help)	□ forward	동 전달하다(= send)
□ feedback	명 피드백, 조언(= comment)	□ stop by	들르다(= visit, drop by)
□ convention	명 총회(= conference)	□ savings	명 저축
□ itinerary	명 여행 일정표	□ closing address	폐회사
□ procedure	명 절차	□ split	동 나누다
□ agenda	명 회의 안건	□ fair	명 박람회
□ mention	동 언급하다	□ fare	명 요금
□ available	형 이용 가능한	□ share	동 나누다, 공유하다
□ anniversary	명 기념일	□ personnel	명 인원, 인사과
□ catering	명 출장 연회	□ neighboring	형 근처의
□ luncheon	명 오찬	□ advance	형 사전의
□ set up	준비하다(= arrange)	□ voucher	명 할인권, 상품권, 쿠폰
□ celebrate	동 축하하다	□ via	전 경유하여, 통하여
□ recommend	동 추천하다(= suggest)	□ awful	형 끔찍한
□ ahead of time	미리	□ unhelpful	형 도움이 안 되는
□ conflict	명 갈등, 마찰	□ failure	명 실패
□ accommodation	명 숙박 시설(= lodging)	□ executive	명 중역, 이사
□ be out of town	출장 중이다	□ departure	명 출발, 떠남
□ reimburse	동 상환하다, 환급하다	□ extend	동 연장하다
□ receipt	명 영수증	□ be of help	도움이 되다
□ expense	명 경비, 비용	□ short-term	형 단기의
□ gardening	명 조경	□ opinion	명 의견
□ technique	명 기술	□ valuable	형 소중한
□ commute	동 통근하다 명 통근	□ recruit	동 모집하다(= hire)
□ complete	동 완성하다, 끝내다(= finish)	□ identification	명 신원 확인, 신분증
□ contract	명 계약서(= agreement)	□ seating	명 좌석, 자리

Unit 8

PART 3
회사 업무

인사

신입 사원(new employees), 수습 직원(trainee), 인턴(intern)의 구직 면접(job interview), 채용 과정(hiring process), 공석(job opening), 전근(transfer, move, relocation), 사내 승진(promotion), 퇴직(retirement), 사무실 이전(office relocation) 등의 관련 대화가 자주 출제됩니다.

Step 1 우리말로 대화의 흐름을 보면서 질문의 요지를 미리 파악해 보세요.

여 데이비드, 인턴들의 업무 평가는 어떻게 되어 가고 있나요? 저는 방금 마지막 몇 개를 끝냈어요.

남 저도 거의 다 끝났어요. 우리 팀의 인턴들이 1년 동안 정말 큰 향상을 보였다고 생각해요.

여 그들은 환자들에게 매우 헌신적이었죠.

남 맞아요. 훌륭한 의사가 되기 위해서는 헌신이 가장 중요한 것이라고 생각해요.

1. 대화 주제
▶ Tip 초반부 'how are __ coming along'에 유의

2. 화자의 직업 [추론 문제]
▶ Tip 명사 어휘 'patients', 'a good doctor'에 유의

3. 남자가 가장 중요하다고 생각하는 것
▶ Tip 남자의 마지막 대화 중 '__ is the most important thing'에 유의

Step 2 대화를 영어로 들으면서 빈칸을 채운 후, 오른편 질문의 답을 찾아 보세요. 🎧 P3-09/ 해설 p.36

W David, how are the (1)____________ performance (2)____________ going? I just finished the last few.

M I'm nearly finished too. I think that the interns on my team really showed great improvement over the year.

W They were very dedicated to their (3)____________.

M I agree. I think (4)____________ is the most important thing to become a good doctor.

[어휘] improvement [명] 향상, 개선 be dedicated to ~에 헌신하다

1. What are they talking about?
(A) Completing employee evaluations
(B) Advertising new positions

2. Who most likely are the speakers?
(A) New interns
(B) Hospital employees

3. What does the man say is the most important thing?
(A) Dedication
(B) Patience

[어휘] dedication [명] 헌신 patience [명] 인내

paraphrasing interns → employees 인턴들 → 직원들
review → evaluation 평 → 평가
finish → complete 끝내다 → 완성하다

회의/업무 연락

회의 일정(schedule) 조정, 새로운 사무용품(office supplies)이나 사무기기(office equipment)의 주문, 새로운 급여 소프트웨어 프로그램(new payroll software program)의 소개, 제조 공장(manufacturing plant)에 가격 문의(price quote), 출장 연회 업체(catering company)에 메뉴 선택(menu options), 배송 업체(shipping company)의 배송 실수(delivery error), 공급 업체(supplier)와의 거래(deal) 등의 대화가 주로 출제됩니다.

Step 1 우리말로 대화의 흐름을 보면서 질문의 요지를 미리 파악해 보세요.

여 헤스티안 케이터링에 전화해 주셔서 감사합니다. 무엇을 도와 드릴까요? 남 안녕하세요. 텔레비전에서 광고를 보았는데요, 다음 주 금요일 저녁에 있을 저희 회사 창립 50주년 기념 저녁 식사를 위한 출장 연회 업체가 필요합니다. 초대 손님은 약 백여 분입니다. 여 문제 없습니다. 초대하신 분들에게 무엇을 대접하고 싶으신가요? 남 그리스와 터키 음식이 좋겠어요.	1. 대화 주제 ▶ Tip 초반부의 업체명 'Thanks for calling Hestian ___.'에 유의 2. 남자가 서비스를 알게 된 경로 ▶ Tip 남자의 대화에서 'I saw ___'에 이어지는 내용에 유의 3. 여자가 묻는 것 ▶ Tip 여자의 마지막 질문과 남자의 답변에 유의

Step 2 대화를 영어로 들으면서 빈칸을 채운 후, 오른편 질문의 답을 찾아 보세요. 🎧 P3-10/ 해설 p.36

W Thanks for calling Hestian (1)_____.
How can I help you?

M Hi. I saw your advertisement on
(2)_____, and I need a caterer for
my company's 50th anniversary dinner
next Friday night—for about a hundred
guests.

W Not a problem. What do you want to
(3)_____ your guests?

M Greek and Turkish (4)_____ would
be nice.

1. What are the speakers mainly
   discussing?
   (A) A delivery service
   (B) A catering service

2. How did the man learn about the
   service?
   (A) Through the Internet
   (B) Via a TV commercial

3. What is the woman asking about?
   (A) Food options
   (B) The number of the guests

어휘 via 전 ~을 경유하여, 통하여

paraphrasing Hestian Catering / I need a caterer ... → a catering service 헤스티안 케이터링 / 요리사가 필요하다 → 출장 요리 서비스
advertisement on television → a TV commercial 텔레비전 광고 → TV 광고
Greek and Turkish food → food options 그리스와 터키 음식 → 음식 선택 사항

마케팅/영업

제품 홍보 캠페인(advertising campaign, promotional event), 특가 제공(special offer) 행사, 신제품 출시(launch, release), 시장 조사를 위한 설문(survey), 매출 증가(sales increase), 사업 확장(expansion of a business), 제품 문의(inquire about a product), 온라인 광고(place an advertisement online), 의견 제공(provide feedback) 등의 관련 대화가 자주 출제됩니다.

Step 1   우리말로 대화의 흐름을 보면서 질문의 요지를 미리 파악해 보세요.

남 안녕하세요, 피어슨 씨! 북부 공항으로 가는 저희 회사의 밴 수송 서비스에 대한 피드백을 받고 싶어서 전화 드렸습니다.

여 교통 체증 때문에 조금 느리긴 했지만 전반적으로 기분 좋게 이용했습니다.

남 네. 저희 서비스에 얼마나 만족하셨나요?

여 귀사의 서비스를 여러 번 이용했는데, 운전자들이 항상 친절하고 도움을 줍니다.

1. 남자가 전화를 건 목적
   ▶ **Tip** 남자의 첫 대화 중 'We are calling you ___'에 유의

2. 여자에 따르면 지연의 이유
   ▶ **Tip** 여자의 대화 중에서 원인을 나타내는 표현에 유의

3. 여자가 van transport service에 대해 언급한 것
   ▶ **Tip** 여자의 마지막 대화에 유의

Step 2   대화를 영어로 들으면서 빈칸을 채운 후, 오른편 질문의 답을 찾아 보세요. 🎧 P3-11/ 해설 p.36

M Hi, Ms. Pearson! I'm calling you to get some (1)_____ on our van transport service to Northern Airport.

W It was a bit slow because of (2)_____ but overall, it was a pleasant ride.

M OK. How satisfied were you with our service?

W I've used your service several times, and the drivers are always (3)_____ and helpful.

어휘 overall ⊕ 대체적으로 pleasant ⊚ 즐거운

1. Why is the man calling?
   (A) To apologize for a delay
   (B) To ask for some feedback

2. According to the woman, what caused the delay?
   (A) Traffic conditions
   (B) Weather conditions

3. What does the woman say about the van transport service?
   (A) The drivers are friendly.
   (B) The vehicles are quite large.

paraphrasing traffic → traffic conditions 교통량 → 교통 상황
kind → friendly 친절한 → 상냥한

빈출 어휘 및 표현 🎧 P3-12

인사

applicant 지원자(= candidate)	position 직책
hiring process 채용 과정	promote 승진하다(= move up to)
job opening 공석	qualified 자격을 갖춘
job requirement 자격 요건	résumé 이력서
performance evaluation 업무 능력 평가	transfer 전근; 전근 가다(= move, relocate)

회의 / 업무 연락

account 계좌, 계정, 거래처	postpone 연기하다(= put off, delay)
deal with 처리하다(= take care of, handle)	proposal 제안서
deal 거래	put together 만들다, 준비하다
distribute 배부하다(= hand out)	supplier 공급업체(= vendor)
estimate 견적서(= quote)	work overtime 초과 근무하다

마케팅 / 영업

advertisement 광고	estimate 견적
advertising campaign 광고 캠페인	expand 확장하다
attract 끌어들이다(= draw)	feature 특징; 특징을 이루다
promotion 홍보(= public relations)	flyer 전단지
brochure (안내용) 책자(= pamphlet)	market research 시장 조사
commercial 상업 광고	patron 고객, 단골
conduct a survey 설문 조사를 하다	product launch 제품 출시
customer complaints 고객 불만	special offer 특가 제공(= sale, discount)

Check Up

해설 p. 37

우리말을 보고 빈칸을 채우세요.

1 _____ the branch in Tokyo
   도쿄 지점을 확장하다

2 _____ some flyers 전단지를 배부하다

3 _____ complimentary service
   무료 서비스를 제공하다

4 a delay in the new product _____
   신제품 출시 지연

5 review a project _____
   프로젝트 제안서를 검토하다

6 deserve a _____ 승진 자격을 갖추다

7 find a cheaper _____
   더 저렴한 공급 업체를 찾다

8 handle customer _____ 고객 불만을 다루다

9 improve public _____ 홍보 활동을 개선하다

10 inquire about _____ 구인에 대해 문의하다

11 speak with a _____ 상사와 대화하다

12 start a new _____ 새 직책을 맡다

토익 감잡기

STEP 1

대화를 들으며 빈칸을 채운 후 알맞은 응답을 고르세요. 대화는 두 번 들려줍니다. 🎧 P3-13/ 해설 p.37

[1-2]

M Look at all these boxes of Top Classic pants. The production workers here at (1) ____________ must be working overtime.

W Right. They've been busy all summer. Those pants are really popular thanks to all of our promotions during TV fashion shows.

M These pants are great. They're soft and (2) ____________. Plus, they're not that expensive.

[어휘] thanks to ~ 덕분에 promotion [명] 홍보, 촉진

1 Where most likely are the speakers?
(A) At a store
(B) In a factory

2 What does the man say about the Top Classic pants?
(A) They are expensive.
(B) They are comfortable.

[3-4]

M Hi, Diana. I'm calling about our meeting later today. I'll have to put if off because I need to get some emergency (1) ____________ work.

W Oh, I see. When are you coming back to the office?

M I should stay home today. Can we try for Friday?

W I will be out of town (2) ____________ on Friday, but Monday is fine with me.

[어휘] put off 연기하다 emergency [명] 긴급, 비상 out of town 출장 중인

3 Why does the man postpone the meeting?
(A) He has a dental appointment.
(B) He was unable to finish his work.

4 What is the woman supposed to do on Friday?
(A) Go on a business trip
(B) Meet with the man

STEP 2

대화를 듣고 질문에 알맞은 답을 고르세요. 그런 다음, 다시 들으면서 빈칸을 채우세요. 🎧 P3-14/ 해설 p.37

🎧 P3-14/ 해설 p.37

[1-3]

1 What is the man preparing for?
(A) A brochure
(B) A product review
(C) A student survey

2 What will the woman provide?
(A) A contract
(B) Some photographs
(C) An event schedule

3 What does the man suggest the woman do?
(A) Visit an office right away
(B) Take pictures of the students
(C) Get permission from a student

M Anita, I need some (1)_____ of the exchange students to update our (2)_____.

W A student sent in some photos from an event yesterday. Shall I forward them to you?

M Great. But make sure to ask for his or her (3)_____ before we publish the pamphlet.

W Of course. I'll ask him to visit our office immediately.

어휘 forward 동 보내다, 전송하다 immediately 부 즉시

[4-6]

4 What are the speakers mainly discussing?
(A) A sample document
(B) A potential applicant
(C) An office atmosphere

5 What does the man want to know about Ms. Tran?
(A) Her relationship with her colleagues
(B) Her educational background
(C) Her present salary

6 What will Leticia probably do next?
(A) Speak with a manager
(B) Contact the candidate
(C) Meet a supervisor

W¹ Hi, Leticia. I saw Ms. Tran's (1)_____ for the records manager position, and she looks like a very good fit.

W² Right. She looks (2)_____. Let's bring her in for a personal interview.

M I wonder how she (3)_____ other staff members in her current job.

W² OK. Let me (4)_____ her and set up an interview.

어휘 potential 형 잠재적인 atmosphere 형 분위기

어휘 fit 명 어울림, 조화 bring ~ in ~를 참여하게 하다

1 What problem does the woman mention?
(A) A missing receipt
(B) A delivery error
(C) A scheduling conflict
(D) An outstanding payment

2 By when will the man address the problem?
(A) By that afternoon
(B) By the next day
(C) Within two days
(D) In one week

3 What does the man say about his company?
(A) It's a small company.
(B) It recently hired new staff.
(C) It always pays on time.
(D) It expanded its business hours.

어휘 outstanding ⑱ 미결제의 address ⑧ 해결하다

4 What is the woman currently doing?
(A) Running a business
(B) Making some copies
(C) Using a software program
(D) Reviewing online materials

5 Who most likely is Mr. Colson?
(A) New team member
(B) Current coworker
(C) Business partner
(D) A client

6 What department do the speakers most likely work in?
(A) The Maintenance Department
(B) The Graphic Design Department
(C) The Customer Service Department
(D) The Technical Support Department

7 What are they talking about?
(A) Test results
(B) Some budget cuts
(C) A promotion at work
(D) An important presentation

8 Why does the man say, "I don't think you should worry"?
(A) To explain why she deserves the promotion
(B) To suggest hiring more staff members
(C) To ask for some advice
(D) To inquire about a job

9 How long has the woman worked for the company?
(A) 3 years   (B) 4 years
(C) 5 years   (D) 6 years

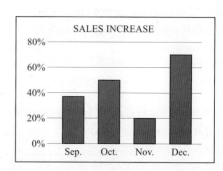

10 What does man want the woman to do?
(A) Explain a feature
(B) Review a document
(C) Set up an interview
(D) Go on vacation in September

11 Look at the graphic. What month does the man hope to discuss?
(A) September   (B) October
(C) November   (D) December

12 What does the woman suggest doing?
(A) Attending a workshop
(B) Ignoring some information
(C) Meeting later in the afternoon
(D) Examining the data the next day

어휘로 마무리

이번 Unit에 나온 어휘 중 반드시 기억해야 할 것들만 모았습니다.
우리말 뜻을 가리고 체크해 본 후, 꼭 외워 두세요. ∩ P3-16

☐ trainee	명 수습직원	☐ customer complaints	고객 불만
☐ performance	명 성과, 실적	☐ expand	동 확장하다
☐ evaluation	명 평가	☐ feature	명 특징 동 특징을 이루다
☐ improvement	명 향상, 개선	☐ flyer	명 전단지
☐ be dedicated to	~에 전념하다	☐ market research	시장 조사
☐ patient	명 환자	☐ product launch	제품 출시
☐ dedication	명 전념, 헌신	☐ promotion	명 홍보, 승진
☐ patience	명 인내	☐ comfortable	형 편안한
☐ caterer	명 출장 연회 업체	☐ pamphlet	명 소책자(= brochure)
☐ commercial	명 상업 광고	☐ permission	명 허락
☐ job requirement	자격 요건	☐ get along with	~와 지내다
☐ position	명 직책	☐ current	형 현재의(= present)
☐ promote	동 승진시키다(= move up to)	☐ potential	형 잠재적인
☐ qualified	형 자격을 갖춘	☐ atmosphere	명 분위기
☐ account	명 계좌, 계정, 거래처	☐ educational background	학력
☐ deal with	처리하다(= take care of)	☐ missing	형 분실된
☐ deal	명 거래	☐ outstanding	형 미결제의
☐ distribute	동 배부하다(= hand out)	☐ on time	제때에, 늦지 않게
☐ estimate	명 견적서(= quote)	☐ mentor	명 멘토, 조언자, 스승
☐ postpone	동 연기하다(= put off, delay)	☐ under consideration	고려 중인
☐ proposal	명 제안서	☐ amongst	전 ~ 중에, 사이에
☐ put together	만들다, 준비하다	☐ rating	명 평가, 등급
☐ supplier	명 공급 업체(= vendor)	☐ budget cut	예산 삭감
☐ work overtime	초과 근무하다	☐ deserve	동 ~를 받을 만하다
☐ advertising campaign	광고 캠페인	☐ inquire	동 묻다, 질문하다
☐ attract	동 끌어들이다(= draw)	☐ go over	검토하다(= review)
☐ special offer	특가 제공(= sale, discount)	☐ match up	일치하다
☐ conduct a survey	설문 조사를 하다	☐ ignore	동 무시하다

PART 3
일상생활

쇼핑

물품 구입하기(make a purchase), 주문하기(place an order), 지불하기(make a payment), 배송 상태 조회하기(track the status of delivery / shipping), 주문품 배송하기(ship an order), 배송 일정 확인하기(review a shipping schedule), 물품 교환하기(exchange an item), 반품하기(return some merchandise), 환불 받기(get a refund), 할인해 주기(offer a discount) 등의 내용을 주로 다룹니다.

Step 1 우리말로 대화의 흐름을 보면서 질문의 요지를 미리 파악해 보세요.

여 안녕하세요, 댄디 TX-10 노트북 컴퓨터에 대해 전화 드렸습니다. 어제 폴더를 열려고 하는데 작동이 멈췄어요.	1. 여자가 전화를 하는 목적 ▶ **Tip** 여자의 대화에서 'I'm calling about __'에 유의
남 저희는 최신 노트북 모델에 대한 전화 및 온라인 지원을 제공하고 있습니다. TX-10은 예전 모델이라 저희 수리 센터로 배송해 주셔야 할 것 같습니다.	2. 남자가 TX-10에 대해 말하는 것 ▶ **Tip** 남자의 대화에서 TX-10에 이어지는 표현에 유의
여 알겠습니다. 주소를 알 수 있을까요?	3. 여자의 요구사항 ▶ **Tip** 여자의 대화에서 'Can I __?'에 유의.

Step 2 대화를 영어로 들으면서 빈칸을 채운 후, 오른편 질문의 답을 찾아 보세요. 🎧 P3-17/ 해설 p.41

W Hi, I'm calling about my Dandy TX-10 laptop computer. When I tried opening the folder yesterday, it just (1)_____.

M Well, we do offer phone and online support for newer laptop models. The TX-10 is older, so I'm afraid you have to (2)_____ it to our (3)_____ center.

W OK. Can I have the (4)_____?

1. Why is the woman calling?
   (A) To inquire about a new product
   (B) To report a problem

2. What does the man say about the TX-10?
   (A) It has to be sent out for service.
   (B) It is a newer model of laptop.

3. What does the woman request?
   (A) The location of the repair shop
   (B) The number of the store

어휘 inquire about ~에 대해 문의하다 report ⑧ 알리다

paraphrasing ship it to our repair center → be sent out for service 수리 센터로 배송하다 → 서비스를 위해 보내지다
the address → the location 주소 → 위치
repair center → repair shop 수리 센터 → 수리점

편의 시설 / 여가

식당(restaurant / dining establishment)이나 카페(café / coffee shop)의 종업원(waiter / server), 약국(pharmacy / drugstore)의 약사(pharmacist), 병원(medical clinic / hospital)의 의사(doctor / physician), 도서관(library)의 사서(librarian), 호텔(hotel)의 접수 담당자(receptionist), 또는 옷 가게(clothing retailer / store / shop), 전자제품 수리점(electronic repair shop), 가구점(furniture store), 서점(bookstore), 우체국(post office), 공항(airport), 박물관(museum), 미술관(gallery / art museum)의 점원(clerk / staff)과의 관련 대화가 주로 출제됩니다.

Step 1　우리말로 대화의 흐름을 보면서 질문의 요지를 미리 파악해 보세요.

남 안녕하세요, 오늘 밤 댄스 얼라이브 공연 티켓 두 장을 찾으려고요. 성은 데이븐포트입니다. 어, 신용카드 받나요?
여 네, 받습니다. 티켓은 한 장에 20달러이니 총 40달러가 되겠네요.
남 클럽의 혜택을 설명하는 가이드북이 있습니까?
여 네. 여기 안내책자가 있습니다. 문의 사항이 있으시면 저희에게 전화 주세요.

1. 대화 장소 [추론 문제]
   ▶ **Tip** 첫 대화 중 명사 어휘들에 유의

2. 남자가 지급해야 할 금액
   ▶ **Tip** 여자의 대화에서 총 금액에 유의

3. 여자가 남자에게 제공하는 것
   ▶ **Tip** 여자의 마지막 대화 중 'Here's ___'에 유의

Step 2　대화를 영어로 들으면서 빈칸을 채운 후, 오른편 질문의 답을 찾아 보세요. ♪ P3-18 / 해설 p.41

M　Hi, I'd like to pick up my two
(1)_____ for tonight's Dance
Alive (2)_____. The last name
is Davenport. Uh, do you take credit
cards?

W　Yes, we do. The tickets are $20 each,
so that'll be a (3)_____ of
$ (4)_____.

M　Do you have a guidebook explaining the
club benefits?

W　OK. Here's the (5)_____. Please
call us if you have any questions.

어휘 benefit 명 혜택

1. Where is the conversation most likely
   taking place?
   (A) At a theater
   (B) In a parking lot

2. How much does the man have to pay?
   (A) $20
   (B) $40

3. What does the woman give to the
   man?
   (A) A receipt
   (B) A pamphlet

paraphrasing brochure → pamphlet 안내책자 → 팸플릿

주거/교통

부동산 중개업소(real estate agency/realty)의 중개인(real estate agent/realtor)을 통하여 아파트를 임대(rent/lease)하거나 비행기(plane/flight), 지하철(subway), 기차(train), 버스(bus) 등 대중교통 (public transportation) 수단 이용, 렌터카 회사(car rental agency)에서의 대화가 자주 출제됩니다.

Step 1 우리말로 대화의 흐름을 보면서 질문의 요지를 미리 파악해 보세요.

여 실례합니다. 항공사에서 제 짐을 잃어버렸는데, 아마 오늘밤에 호텔에 도착할 거예요.	1. 여자의 가방은 어떻게 되었는가 ▶ **Tip** 여자의 대화에서 가방[짐]에 유의
남 알겠습니다. 가방이 도착하는 대로 방으로 배달되도록 하겠습니다.	2. 대화 장소 ▶ **Tip** 장소를 유추할 수 있는 명사 어휘에 유의
여 감사합니다. 이 시간에도 저녁을 먹을 수 있는 곳이 어디 있을까요?	3. 남자가 여자에게 제공하는 것 ▶ **Tip** 남자의 마지막 대화 중 'Here's ___'에 유의
남 이 지역의 식당 목록이 여기 있습니다. 많은 식당들이 늦게까지 문을 엽니다.	

Step 2 대화를 영어로 들으면서 빈칸을 채운 후, 오른편 질문의 답을 찾아 보세요. 🎧 P3-19/ 해설 p.41

W Excuse me, sir. The (1)_____ my luggage, and it will probably arrive at the (2)_____ tonight.

M Not a problem. I will make sure the bags are delivered to (3)_____ as soon as they arrive.

W Thanks. Is there somewhere I can still get some dinner at this hour?

M Here's a list of (4)_____ in the area. Many are open late.

어휘 luggage 명 짐

1. According to the woman, what happened to the woman's bags?
   (A) The airline lost them.
   (B) She left them on the plane.

2. Where does the conversation take place?
   (A) At a restaurant
   (B) At a hotel

3. What does the man give to the woman?
   (A) A list of hotel services
   (B) A list of dining establishments

어휘 dining establishment 음식점

paraphrasing luggage → bags 짐 → 가방
restaurants → dining establishments 식당 → 음식점

쇼핑

a large selection of 다양한
appliance 가전기기
carry 취급하다
defective 결함 있는(= damaged)
delivery 배송(= shipping)
get a refund 환불 받다
gift certificate 상품

in bulk 대량으로
original receipt 원본 영수증
place an order 주문하다
under warranty 보증 기간 중인
update 갱신, 개정; 갱신하다
user manual 사용자 설명서
valid 유효한

편의 시설 / 여가

admission (fee) 입장(료)
bank statement 입출금 내역서
book a table 테이블을 예약하다
fill out 작성하다(= complete)
floor plan 평면도
late fee 연체료

make suggestions 제안하다(= recommend)
parcel 소포(= package)
preregistration 사전 등록(= advance registration)
record 기록하다
schedule an appointment 예약하다
under the name ~의 이름으로

주거 / 교통

boarding pass 탑승권
booked up 예약이 꽉 찬(= fully booked, overbooked)
destination 목적지
express train 급행 열차
gate 탑승구
parking pass 주차권

platform 플랫폼
public transportation 대중교통
real estate agent 부동산 중개인(= realtor)
realty 부동산(= real estate)
rental fee 임대료(= rent)
seating assignment 좌석 배정

Check Up

해설 p.42

우리말을 보고 빈칸을 채우세요.

1 _____ his travels 여행을 기록하다

2 receive a full _____ 전액 환불을 받다

3 turn off other _____
다른 기기들을 끄다

4 make _____ for changes
변경을 위해 제안하다

5 direct him to the boarding _____
그를 탑승구로 안내하다

6 _____ an order 주문을 수정하다

7 change an _____ 배정을 바꾸다

8 It includes _____ to a special event.
특별 행사 입장료가 포함되어 있습니다.

9 A parking _____ is required.
주차권이 필요합니다.

10 First _____ is free. 첫 배송은 무료입니다.

11 They're under _____. 보증 기간 중에 있습니다.

12 All flights are _____ up.
모든 항공편의 예약이 꽉 차 있습니다.

85

토익 감잡기

STEP 1

대화를 들으며 빈칸을 채운 후 알맞은 응답을 고르세요. 대화는 두 번 들려줍니다. 🎧 P3-21 / 해설 p.42

[1-2]

> W Hi, I bought this (1)_____ here for my son, but it's far too large. Is there anything that you can do to help me?
>
> M Yes. If you have the receipt, you can receive a (2)_____.
>
> W Actually, I've lost my receipt. Can I just (3)_____ it for a smaller size?
>
> M Sure! Just tell me what size you need.

어휘 far too 너무 receipt ⑱ 영수증

1 Where most likely are the speakers?
   (A) At a bookstore   (B) At a clothing store

2 What does the woman ask the man to do?
   (A) Exchange an item   (B) Return at a later time

[3-4]

> M Hello, City Air Express, how may I help you?
>
> W Hello, my two daughters and I need to get to the (1)_____ in time for a 2 P.M. flight. I'm on the corner of Cornwall Avenue and Breton Street.
>
> M Yes, ma'am. I can send a (2)_____ to take you to the airport for $85.
>
> W I see. Well, I just need to get there (3)_____.

3 Why is the woman calling?
   (A) To change her reservation
   (B) To request transportation

4 According to the woman, what is the most important factor?
   (A) Speed
   (B) Expense

STEP 2

대화를 듣고 질문에 알맞은 답을 고르세요. 그런 다음, 다시 들으면서 빈칸을 채우세요. P3-22/ 해설 p.42

[1-3]

1 Where is the conversation most likely taking place?
(A) At a furniture store
(B) At a repair shop
(C) At an appliance store

2 What information does the woman provide?
(A) A list of suppliers
(B) Product options
(C) A brochure

3 What will the man do next?
(A) Read a manual
(B) Visit another store
(C) Continue to shop on his own

M Hi, I'm looking for an HD (1)_____ that I can use both with my computer and as a television.

W Well, they will be slightly more expensive than the (2)_____ available for the computer alone. Also, the price will go up as you look at larger sizes.

M Thanks for the tip. I'll (3)_____ and let you know if I need any more help.

어휘 slightly ⊕ 약간, 조금 go up 오르다

[4-6]

4 What does the man want to do?
(A) Change to a later flight
(B) Change to an earlier flight
(C) Upgrade his seating assignment

5 Which departing flight will the man most likely take?
(A) The 12:30 flight
(B) The 2:30 flight
(C) The 4:30 flight

6 What will the woman do next?
(A) Go to the boarding gate
(B) Go to the information desk
(C) Direct the man to the boarding gate

M Hello, I'm on the 4:30 P.M. flight to Austin, but can I take an earlier flight?

W Let me see... We have available seats on a 2:30 flight.

M Is there one earlier than that?

W There's one leaving at (1)_____, but you'll have to hurry to make that one.

M I'll (2)_____ it. What's the fastest way to the (3)_____?

W Let me (4)_____ you the way.

1 What information does the woman provide?
(A) Her full name
(B) Her flight number
(C) Her travel dates
(D) Her passport number

2 Where does the man work?
(A) At a hotel
(B) At the airport
(C) At a travel agency
(D) At an advertising firm

3 What was the woman offered from Trans Airways?
(A) A free upgrade to business class
(B) A coupon for a free night's stay
(C) A discount for the next flight
(D) A discount on baggage

4 Why most likely is the man calling?
(A) To talk about an electricity problem
(B) To return the woman's call
(C) To explain how to operate an appliance
(D) To ask for directions to an office

5 What does the man suggest that the woman do?
(A) Turn off the other appliances
(B) Wait for him to arrive
(C) Request a warranty
(D) Phone a service center

6 What does the man imply when he says, "It's still under warranty"?
(A) The appliance is unable to be fixed.
(B) The appliance can be fixed for free.
(C) The woman needs more time to fix it.
(D) He is recommending an item.

어휘 appliance 명 가전기기 warranty 명 보증(서)

7 Where most likely is this conversation taking place?
(A) In a recording studio
(B) In an electronic store
(C) In a baggage claim area
(D) At a car rental company

8 What problem does the woman mention?
(A) A defective item
(B) A missing accessory
(C) An incorrect manual
(D) Lack of her self-control

9 What will the man most likely do next?
(A) Offer a refund
(B) Test the device
(C) Call a repair technician
(D) Print a discount voucher

10 What does the man ask about?
(A) The location of some books
(B) The due date of some books
(C) Check-in service
(D) A library card

11 What does the woman say about *Photography for Life*?
(A) It is displayed near the magazines.
(B) It may be borrowed for one week.
(C) It may not be removed from the library.
(D) It is on the shelf behind the photocopier.

12 Look at the graphic. Which area does the man intend to go to?
(A) A1   (B) A3
(C) B1   (D) B3

어휘로 마무리

이번 Unit에 나온 어휘 중 반드시 기억해야 할 것들만 모았습니다.
우리말 뜻을 가리고 체크해 본 후, 꼭 외워 두세요.

🎧 P3-24

☐ report	동 발표하다, 알리다	☐ express train	급행 열차
☐ pharmacy	명 약국	☐ gate	명 탑승구
☐ physician	명 의사, 내과 의사	☐ parking pass	주차권
☐ explain	동 설명하다, 이유를 대다	☐ public transportation	대중교통
☐ benefit	명 혜택	☐ real estate agent	부동산 중개인(= realtor)
☐ dining establishment	식당	☐ realty	명 부동산(= real estate)
☐ a large selection of	다양한	☐ rental fee	임대료(= rent)
☐ appliance	명 가전기기	☐ seating assignment	좌석 배정
☐ carry	동 취급하다	☐ far too	너무
☐ defective	형 결함 있는(= damaged)	☐ full refund	전액 환불
☐ delivery	명 배송(= shipping)	☐ exchange	동 교환하다
☐ refund	명 환불 동 환불하다	☐ return	동 반품하다
☐ gift certificate	상품권	☐ request	동 요청하다, 요구하다
☐ in bulk	대량으로	☐ slightly	부 약간, 조금
☐ original receipt	원본 영수증	☐ option	명 선택(권)
☐ place an order	주문하다	☐ look around	둘러보다
☐ warranty	명 품질 보증(서)	☐ direct	동 (길을) 안내하다
☐ update	명 갱신, 개정 동 갱신하다	☐ appliance store	가전제품 판매점
☐ user manual	사용자 설명서	☐ retailer	명 소매점
☐ valid	형 유효한	☐ on one's own	스스로
☐ admission (fee)	명 입장(료)	☐ credit	명 신용, (가게) 포인트
☐ bank statement	입출금 내역서	☐ travel agency	여행사
☐ fill out	작성하다(= complete)	☐ advertising firm	광고 회사
☐ floor plan	평면도	☐ leak	동 (물 등이) 새다
☐ late fee	연체료	☐ operate	동 작동하다
☐ boarding pass	탑승권	☐ electricity	명 전기
☐ booked up	예약이 꽉 찬	☐ reference	명 참고문헌
☐ destination	명 목적지	☐ remove	동 제거하다, 없애다

UNIT 9

89

Unit 10

PART 4

전화 메시지, 공지, 안내

전화 메시지

전화 메시지(telephone message)는 예약 일정 다시 잡기(reschedule an appointment), 일자리 제안하기(make a job offer), 주문 요청하기(request an order), 새로운 사무실 공간으로 이전하기(move to a new office space), 프로젝트 작업하기(work on a project) 등과 관련한 녹음 메시지(recorded message) 또는 관공서의 자동응답(ARS) 메시지가 출제됩니다.

Step 1 우리말로 담화의 흐름을 보면서 질문의 요지를 미리 파악해 보세요.

안녕하세요, 구즈만 고객님! 저는 빌링스 호텔의 매니저인 테런스 마이클슨입니다. 어제 고객님께서 저희 웹사이트에 접수하신 불만 사항 관련해서 전화 드렸습니다. 주문하신 식사가 늦게 나와서 죄송합니다. 이러한 불편을 겪으신 데 대한 보상으로, 저희 호텔에서의 주말 1박 무료 숙박을 제공해 드리고자 합니다. 예약을 위해 저희에게 전화만 주시면 됩니다.

Q1. 전화를 건 이유
▶ **Tip** 초반부 'I'm calling about ___'에 유의

Q2. 언급된 문제점
▶ **Tip** 담화 중 부정적인 표현 '___ late'에 유의

Q3. 청자에게 제공되는 것
▶ **Tip** 후반부 'offer you ___' 이하 내용에 유의

Step 2 담화를 영어로 들으면서 빈칸을 채운 후, 오른편 질문의 답을 찾아 보세요. 🎧 P4-01/ 해설 p. 46

Hi, Mr. Guzman! This is Terrance Michaelson, the manager of the Billings Hotel. I'm calling about the (1)__________ you filed on our Web site yesterday. I'm sorry that the meal you ordered was (2)__________ late. To make up for this inconvenience, I would like to offer you a (3)__________ at our hotel. Just call us to make a reservation.

[어휘] file [동] (문제·소송 등을) 제기하다 make up for 보상하다

1. Why is the speaker calling?
(A) To change a schedule
(B) To respond to a complaint

2. What problem is mentioned?
(A) A meal was delayed.
(B) An event was canceled.

3. What is being offered to the listener?
(A) A member discount
(B) Free accommodation

[어휘] accommodation [명] 숙박

paraphrasing delivered late → delayed 늦게 나오다 → 지연되다
a free weekend at our hotel → free accommodation 우리 호텔에서 무료 주말 1박 → 무료 숙박

공지

공지(announcement)는 주방용품(kitchen appliances), 가정용 가구(household furniture) 등의 특별 할인(special offer), 대중 교통수단(public transportation)의 출발 시간(departure time), 도착 시간(arrival time)의 지연(delay), 사규(company regulations)의 변경, 영업 시간(business hours) 마감 알림과 같은 주제가 많이 출제됩니다.

Step 1 우리말로 담화의 흐름을 보면서 질문의 요지를 미리 파악해 보세요.

폭설로 챔플레인 노선의 모든 열차가 지연되었습니다. 해당 열차의 승차권을 소지하신 승객들은 매표소로 가셔서 이후에 출발하는 열차의 승차권으로 교환하셔도 됩니다. 그렇지만 적어도 두 시간 동안은 선로가 정리되지 않을 것으로 예상됩니다. 이렇게 오래 기다릴 수 없으신 고객은 전액 환불 요청을 할 수 있습니다. 불편을 드리게 된 점에 대해 사과드립니다.

1. 지연의 이유
   ▶ **Tip** 이유를 나타내는 'due to __'에 유의
2. 승차권 소지자들을 위한 첫 번째 제안
   ▶ **Tip** 담화 중 'ticket holders'에 이어지는 동사구에 유의
3. 회사가 기다릴 수 없는 고객들에게 제공하는 것
   ▶ **Tip** 후반부 'If you are unable to wait this long' 이하 내용에 유의

Step 2 담화를 영어로 들으면서 빈칸을 채운 후, 오른편 질문의 답을 찾아 보세요. 🎧 P4-02/ 해설 p.46

Due to the (1)____________, all trains on the Champlain line have been delayed. Ticket holders for these trains may go to the ticket office to (2)____________ theirs for a later train. But we do not expect the rails to be clear for at least two hours. If you are unable to wait this long, customers can request a (3)____________. We apologize for the inconvenience.

[어휘] inconvenience [명] 불편

1. What has caused the delay?
   (A) Inclement weather
   (B) Heavy traffic
2. What is the first suggestion for ticket holders?
   (A) Exchange the ticket for a later one
   (B) Use other forms of transportation
3. What does the company offer customers who cannot wait?
   (A) A new ticket
   (B) A full refund

[어휘] inclement [형] 좋지 못한

paraphrasing heavy snow → inclement weather 폭설 → 악천후
exchange theirs for a later train → exchange the ticket for a later one
나중에 출발하는 열차로 교환하다 → 더 늦은 열차표로 교환하다

안내

안내(information)는 제조 공장(manufacturing plant / factory), 농장(farm), 미술관(art gallery), 박물관(museum), 지역 명소(tourist attractions) 등의 시설 견학(facility tour)에 대한 여행 정보(tour information), 또는 워크숍(workshop), 무역 박람회(trade show) 일정 안내, 신제품(new products) 소개 등의 관련 담화가 자주 출제됩니다.

Step 1   우리말로 담화의 흐름을 보면서 질문의 요지를 미리 파악해 보세요.

안녕하세요. 밀브룩 유제품 농장 투어에 참여해 주셔서 감사합니다. 밀브룩은 국내에서 가장 큰 유제품 회사 중 하나입니다. 이 회사의 제품군은 우유와 요구르트를 포함하며, 최근에 다른 맛의 아이스크림을 목록에 추가했습니다. 투어 후에는 제품 중 몇 가지를 시식하실 수 있습니다. 아, 그리고 투어 중에는 사진을 찍지 말아 주세요.	1. 화자의 신분 [추론 문제] 　▶ **Tip** 초반부 직업을 나타내는 단서 어휘에 유의 2. 투어 후에 청자들이 할 일 　▶ **Tip** 'after the tour'에 이어지는 동사 어휘에 유의 3. 투어 중에 허용되지 않는 것 　▶ **Tip** 후반부 'please don't ___'에 유의

Step 2   담화를 영어로 들으면서 빈칸을 채운 후, 오른편 질문의 답을 찾아 보세요. 🎧 P4-03/ 해설 p.46

Good morning, and thanks for joining the Millbrook Dairy Farm (1)_____. Millbrook is one of the largest dairy companies in the country. Their product line includes milk and yogurt, and they have recently added different flavors of (2)_____ to the list. After the tour, you will be able to (3)_____ some of them. Oh, and please don't (4)_____ during the tour. **어휘** dairy⑱ 유제품의 flavor⑱ 맛	1. Who most likely is the speaker? (A) A farmer (B) A tour guide 2. What can listeners do after the tour? (A) Make yogurt (B) Taste ice cream 3. What is not allowed during the tour? (A) Photography (B) Eating food

paraphrasing sample → taste 시식하다 → 맛보다
take pictures → photography 사진을 찍다 → 사진 촬영

빈출 어휘 및 표현 🎧 P4-04

전화 메시지

after the tone 신호음이 나온 후에
call back 전화에 회신하다(= return a call)
complaint 불만
dial 전화를 걸다(= call, phone)
extension 내선 번호
instruction 설명, 지시

management office 관리실
reach 연락하다, 전화를 걸다
regarding ~에 관하여
remind 상기시키다
repair person 수리공(= mechanic 정비공)
respond 응답하다

공지

alternative 대안; 대체 가능한
apologize 사과하다
captain 기장(= pilot)
connecting flight 연결 항공편
designated 지정된
guarantee 보장; 보장하다
inclement weather 악천후
inconvenience 불편

mechanical problem 기계적 결함
passenger 승객
refrain from ~을 삼가다(= avoid)
reminder 알림, 알릴 것
restriction 제한, 규제
temporarily 일시적으로
transfer 환승; 갈아타다
weather conditions 기상 상황

안내

during the tour 견학 중
demonstration 시연
exhibit 전시; 전시하다
host 주최하다
leading 선도하는, 가장 중요한

permit 허용하다(= allow)
photography 사진 촬영(= taking a picture)
souvenir shop 기념품 가게(= gift shop)
specialize in ~을 전문으로 하다
tour guide 여행 안내원

해설 p. 47

Check Up

우리말을 보고 빈칸을 채우세요.

1 file a _____ 불만을 제기하다

2 inquire about an _____
전시에 대해 문의하다

3 in a _____ area 지정된 구역에

4 claim a _____ 보장을 요구하다

5 view a product _____ 제품 시연을 보다

6 take _____ transportation
대체 교통수단을 이용하다

7 _____ unavailable 일시적으로 이용 불가능한

8 _____ to customer feedback
고객 의견에 응답하다

9 poor _____ conditions 악천후

10 take a _____ class 사진 강좌를 수강하다

11 Please dial _____ 320.
내선 번호 320으로 전화 주세요.

12 There are _____ on size.
크기 제한이 있습니다.

UNIT 10

토익 감잡기

STEP 1

담화를 들으며 빈칸을 채운 후 알맞은 응답을 고르세요. 담화는 두 번 들려줍니다. 🎧 P4-05 / 해설 p.47

[1-2]

> I just want to make this announcement before we head to the beach. As you might already know, there are no ⁽¹⁾_____ around there. So we will ⁽²⁾_____ again later. Now, the beach we're about to visit, Hamlin Beach, is a popular place for fishing. You can ⁽³⁾_____ the fishing ⁽⁴⁾_____, which I highly recommend, for 5 euros.

어휘 head to ~로 향하다 highly recommend 적극적으로 추천하다

1 Where most likely are the listeners?
   (A) At a beach
   (B) At a restaurant

2 What does the speaker recommend that listeners do?
   (A) Take a boat ride
   (B) Rent fishing equipment

fishing equipment 낚시 장비

[3-4]

> You have reached the Snow County's Department of Tourism. We are closed today, Friday and Monday for holidays, but we will be back on ⁽¹⁾_____. Please note that our regular hours are 8 A.M. to 5 P.M. Monday through Friday. For ⁽²⁾_____ about local events and festivals, press one. You can also ⁽³⁾_____ on our Web site at www.sncounty.gov. Thank you.

어휘 note 동 주의하다, 주목하다 through 전 ~까지

3 When will the office open again?
   (A) On Monday
   (B) On Tuesday

4 What can listeners do on the Web site?
   (A) Register for an event
   (B) Find some information

register for ~에 등록하다

STEP 2

담화를 듣고 질문에 알맞은 답을 고르세요. 그런 다음, 다시 들으면서 빈칸을 채우세요. 🎧 P4-06/ 해설 p.47

🎧 P4-06/ 해설 p.47

[1-3]

1 Who most likely is the speaker?
(A) A business owner
(B) A software designer
(C) A workshop organizer

2 What are the listeners advised to do?
(A) Seek professional advice
(B) Look at the options carefully
(C) Surf the Internet

3 What will the speaker probably do next?
(A) Read a document
(B) Print a registration form
(C) Distribute some documents

어휘 seek 통 구하다　distribute 통 나눠주다

Thank you for attending today's Business Success workshops. My name is Mary Murphy, and I (1)_____ a small mail-order (2)_____. In this session, I'll talk about how your choices in telecommunication services can affect your business. Before you make your decision, you should carefully (3)_____ the Internet service (4)_____. Now, I'll pass out some (5)_____ and tell you more about this.

어휘 affect 통 영향을 주다　pass out 나눠주다

[4-6]

4 What is the purpose of the announcement?
(A) To advertise a new ride
(B) To help visitors find their way
(C) To inform riders about safety rules

5 What is mentioned about the Tumbler?
(A) It has a height restriction for riders.
(B) It has been recently repainted.
(C) It will be temporarily closed next week.

6 What should listeners do with their personal items?
(A) Leave them in a locker
(B) Place them in the baskets
(C) Keep them in the car

어휘 safety 명 안전　height 명 키, 높이　restriction 명 제한

Welcome to the Tumbler! This ride is for those who are (1)_____ than 5 feet. So please check (2)_____ by the entrance before going on the ride. Also, please leave your personal (3)_____ in the (4)_____ here. You need to remain seated at all times and keep your arms inside the car. Remember, you will get wet, but we guarantee you will have fun!

어휘 personal 형 개인의　at all times 항상　guarantee 통 보장하다

1 What is the speaker mainly talking about?
(A) Baggage claim
(B) Building directory
(C) Hotel room service
(D) Directions to a place

2 Where most likely is the speaker?
(A) In a hotel lobby
(B) At a city hall
(C) At the airport
(D) At a subway station

3 What is mentioned about the City Hall?
(A) It is next to the library.
(B) It is under construction.
(C) It can be reached by subway.
(D) It has moved to a different location.

어휘 baggage claim 수화물 찾는 곳

4 Which department does John Singer most likely work in?
(A) Graphic Design
(B) Customer Service
(C) Human Resources
(D) Technical Support

5 What is mentioned about Moira Kelly?
(A) She is sick today.
(B) She is a trained programmer.
(C) She works in technical support.
(D) She is currently on vacation.

6 What is the purpose of the announcement?
(A) To discuss vacation planning
(B) To introduce a new staff member
(C) To explain a temporary replacement
(D) To ask for assistance with a project

어휘 trained ⑧ 훈련 받은 temporary ⑨ 임시의 replacement ⑨ 후임자

7 Which department does the speaker work in?
(A) Maintenance
(B) Customer Service
(C) Human Resources
(D) IT

8 What is scheduled to happen next week?
(A) Some repair work will be carried out.
(B) A training session will begin.
(C) New employee will be hired.
(D) Some staff will go on vacation.

9 What is Ms. Sanders asked to do?
(A) Contact a client immediately
(B) Conduct interviews in a different place
(C) Review a candidate's résumé
(D) Take a shorter lunch break

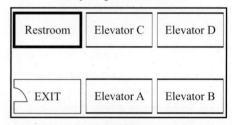

Holley Department Store

Restroom	Elevator C	Elevator D
EXIT	Elevator A	Elevator B

10 What floor is the sale on?
(A) Floor 7   (B) Floor 8
(C) Floor 9   (D) Floor 10

11 What problem does the speaker mention?
(A) Some items are out of stock.
(B) The store will be closing soon.
(C) Some elevators are not working.
(D) The store is installing a new elevator.

12 Look at the graphic. Which elevator are the listeners asked to use?
(A) Elevator A   (B) Elevator B
(C) Elevator C   (D) Elevator D

어휘로 마무리

이번 Unit에 나온 어휘 중 반드시 기억해야 할 것들만 모았습니다.
우리말 뜻을 가리고 체크해 본 후, 꼭 외워 두세요.

🎧 P4-08

□ file	[동] (문제·소송 등을) 제기하다
□ make up for	보상하다, 만회하다
□ respond	[동] 응답하다
□ apologize	[동] 사과하다
□ inconvenience	[명] 불편
□ inclement weather	악천후
□ dairy	[형] 유제품의
□ flavor	[명] 맛
□ photography	[명] 사진 촬영
□ after the tone	신호음이 나온 후에
□ call back	전화에 회신하다
□ dial	[동] 전화를 걸다(= call, phone)
□ extension	[명] 내선 번호
□ instruction	[명] 설명, 지시
□ management office	관리실
□ reach	[동] 연락하다, 전화를 걸다
□ regarding	[전] ~에 관하여
□ remind	[동] 상기시키다
□ repair person	수리공(= mechanic 정비공)
□ exhibit	[명] 전시 [동] 전시하다
□ leading	[형] 선도하는, 가장 중요한
□ demonstration	[명] 시연
□ alternative	[형] 대안 [형] 대체 가능한
□ captain	[명] 기장(= pilot)
□ connecting flight	연결 항공편
□ designated	[형] 지정된
□ guarantee	[명] 보장 [동] 보장하다
□ mechanical problem	기계적 결함
□ passenger	[명] 승객
□ refrain from	~을 삼가다(= avoid)
□ reminder	[명] 알림, 알릴 것
□ restriction	[명] 제한, 규제
□ temporarily	[부] 일시적으로
□ weather condition	기상 상황
□ local cuisine	향토 요리
□ permit	[동] 허용하다(= allow)
□ souvenir	[명] 기념품(= gift)
□ specialize in	~를 전문으로 하다
□ tour guide	여행 안내원
□ announcement	[명] 공지
□ head to	~로 향하다
□ highly	[부] 매우
□ tourism	[명] 관광업
□ telecommunication	[명] 통신
□ affect	[동] 영향을 주다
□ pass out	나눠주다(= distribute)
□ height	[명] 높이, 키
□ under construction	공사 중인
□ trained	[형] 훈련 받은
□ replacement	[명] 대체물, 후임자
□ concern	[명] 걱정, 우려
□ carry out	실행하다
□ unavailable	[형] 이용할 수 없는
□ at the moment	바로 지금
□ instead	[부] 대신
□ operational	[형] 가동 중인

PART 4
방송, 광고, 연설

방송

방송(broadcast)은 교통 방송(traffic report / traffic update), 일기 예보(weather report / weather update)가 자주 등장하며, 지역 소식(local news)으로 새로운 건물의 준공(construction work), 비즈니스 뉴스로 기업의 합병(merger), 초청 연사(guest speaker) 소개 담화들이 자주 출제됩니다.

Step 1 우리말로 담화의 흐름을 보면서 질문의 요지를 미리 파악해 보세요.

KLS 라디오 교통부의 리사 할스테드입니다. 네, 오늘 아침에는 차량 흐름이 원활합니다. 제프 데이비스 시 교통국장에 따르면, 일요일에 메이플 드라이브에서 가을 자전거 경주를 개최할 예정이라고 합니다. 따라서 메이플 드라이브 대신 쇼어 하이웨이를 이용해 주시기 바랍니다. 정확히 한 시간 후에 다음 교통 상황을 전해 드리겠습니다.

1. Jeff Davis의 직업 [추론 문제]
   ▶ **Tip** 'Jeff Davis'에 이어지는 직업명에 유의

2. 화자가 요청하는 것
   ▶ **Tip** 'please __'에 유의

3. 다음 교통 방송 시간
   ▶ **Tip** 후반부 시간 표현에 유의

Step 2 담화를 영어로 들으면서 빈칸을 채운 후, 오른편 질문의 답을 찾아 보세요. 🎧 P4-09 / 해설 p.51

This is Lisa Halsted from KLS radio's traffic desk. Well, traffic is running smoothly this morning. According to Jeff Davis, the (1)_____ of the city's (2)_____ Department, the city will host the Fall Bicycle Race on Maple Drive on Sunday. So, please use Shore Highway (3)_____ Maple Drive. We'll have the next traffic update in exactly (4)_____.

어휘 smoothly ⑨ 원활하게 host ⑧ 주최하다

1. Who most likely is Jeff Davis?
   (A) A weather forecaster
   (B) A transportation official

2. What does the speaker request that listeners do?
   (A) Avoid a certain route
   (B) Attend an upcoming cycling race

3. When will the next traffic report take place?
   (A) In half an hour
   (B) In an hour

어휘 weather forecaster 일기 예보관

paraphrasing the director of ... Transportation Department → a transportation official 교통 국장 → 교통 공무원
use Shore Highway instead of Maple Drive → avoid a certain route
메이플 드라이브 대신 쇼어 하이웨이를 이용하다 → 특정 노선을 피하다
in one hour → in an hour 한 시간 후에

광고

광고(advertisement)는 사무용품(office supplies) 및 가전제품(household appliances)의 할인 행사, 새로운 매장의 개점(grand opening), 피트니스 센터(fitness center, health club, gym) 회원 모집 광고, 채용 광고(job openings), 강좌 등록(sign up for a course) 등의 관련 담화가 많이 출제됩니다.

Step 1 우리말로 담화의 흐름을 보면서 질문의 요지를 미리 파악해 보세요.

리스 컴퓨터는 10주년 기념 특별 할인 판매를 실시합니다. 할인 판매는 7일 동안만 진행됩니다. 조립된 데스크톱 컴퓨터는 모두 20퍼센트, 부속품은 40퍼센트, 프린터 카트리지는 무려 50퍼센트가 할인됩니다. 저희 매장은 월요일부터 금요일까지는 오전 10시부터 오후 9시까지, 주말에는 오전 10시부터 자정까지 영업합니다.

1. 할인 판매 이유
   ▶ Tip 초반부 'We need to ~'에 유의

2. 컴퓨터 할인율
   ▶ Tip 'computers' 부분에서 할인 퍼센트에 유의

3. 매장 운영 시간에 대해 언급된 것
   ▶ Tip 마지막 부분의 시간 표현에 유의

Step 2 담화를 영어로 들으면서 빈칸을 채운 후, 오른편 질문의 답을 찾아 보세요. 🎧 P4-10/ 해설 p.51

Lee's Computers is (1)_____ its tenth (2)_____ with a special sale. The sale will take place for seven days only. All assembled desktop (3)_____ are (4)_____% off, accessories are all 40% off, and printer cartridges will be an amazing 50% off. We're open Monday through Friday from (5)_____ A.M. to 9 P.M. and on (6)_____ from 10 A.M. to midnight.

어휘 take place 열리다 assembled 형 조립된 amazing 형 놀라운 midnight 명 자정

1. Why is the store going to have a sale?
   (A) To celebrate its anniversary
   (B) To make room for new products

2. How much will computers be discounted?
   (A) By 20%
   (B) By 50%

3. What is mentioned about the store's operating hours?
   (A) It is closed on Sunday.
   (B) It always opens at 10 o'clock.

paraphrasing be discounted → ~ % off 할인되다 → ~ 퍼센트 할인
Monday through Friday … on weekends → always 월요일부터 금요일 … 주말에 → 항상

연설

연설(speech)은 회의 안건(agenda), 신입 직원 오리엔테이션(new employee orientation), 워크숍 (workshop), 교육(training session), 현장 연수(on-the-job training) 등의 관련 담화 내용들이 자주 출제됩니다.

Step 1 우리말로 담화의 흐름을 보면서 질문의 요지를 미리 파악해 보세요.

오리엔테이션 첫날에 오신 것을 환영합니다. 제 이름은 헤더 윈이고 인사부장입니다. 오늘 일정을 알려드리겠습니다. 먼저, 여러분은 이 회사의 역사에 대한 다큐멘터리를 보실 것입니다. 그런 다음, 시설을 견학하겠습니다. 마지막으로, 여러분은 앞으로 4주 동안 함께 훈련할 팀에 배정될 것입니다.

1. 화자의 직업
   ▶ **Tip** 초반부 이름 뒤에 오는 내용에 유의

2. 일정의 첫 번째 항목
   ▶ **Tip** 'first' 이하 내용에 유의

3. 교육 기간
   ▶ **Tip** 후반부 시간 표현에 유의

Step 2 담화를 영어로 들으면서 빈칸을 채운 후, 오른편 질문의 답을 찾아 보세요. 🎧 P4-11 / 해설 p.51

Welcome to the first day of your orientation. My name is Heather Wynne, and I'm the (1)_____ of the Human Resources (2)_____. Let me go over today's schedule. First, you will watch a (3)_____ on the history of this company. And then, you will tour the facility. Finally, you will all be assigned to the teams that you will spend the next (4)_____ training with.

어휘 go over 검토하다 be assigned to ~로 배정되다

1. Who is the speaker?
   (A) The company vice president
   (B) A department head

2. What is the first item on the schedule?
   (A) Watching a video
   (B) Touring the facility

3. How long will the training period be?
   (A) For a month
   (B) For four months

paraphrasing the director → A department head 부장
a documentary → a video 다큐멘터리 → 비디오
four weeks → a month 4주 → 한 달

빈출 어휘 및 표현 🎧 P4-12

방송

commercial break 광고 방송 시간
compliment 칭찬하다
go out of business 파산하다, 폐점하다
local news 지역 뉴스
mayor 시장
official 공무원

press conference 기자 회견
renovation work 보수 공사
smoothly 원활하게
spokesperson 대변인
traffic jam 교통 체증
volunteer 자원 봉사자

광고

annual event 연례 행사
complimentary 무료의(= free)
in time (for) 알맞은 시간에
lightweight 경량의
loyalty program 고객 보상 제도
previous 이전의
promotional event 홍보 행사
professional 직업적인, 전문적인

recommendation letter 추천서
launch 출시, 시작
regular customer 단골 고객(= patron)
sign up for ~에 등록하다(= register for)
successful candidate 합격자
take advantage of ~을 이용하다
up-to-date 최신의
warehouse sale 창고 세일

연설

conclude 끝내다, 마치다
documentary 다큐멘터리, 기록물
Employee of the Year 올해의 직원상
in honor of ~을 축하하여
on behalf of ~을 대표하여

present (상을) 주다, 소개하다
recipient 수상자
recognize 인정하다
spokesperson 대변인
strategy 전략

Check Up

해설 p. 52

우리말을 보고 빈칸을 채우세요.

1 the _____ of the commercial
광고의 시작

2 _____ an award 상을 수여하다

3 _____ parking 무료 주차

4 _____ work experience 이전 근무 경력

5 offer a customer a _____ program
고객 보상 제도를 제공하다

6 in time for a commercial _____
광고 방송 시간에 맞추어

7 take _____ of the sale 할인 판매를 이용하다

8 a business _____ 사업 전략

9 _____ for a training session
교육 과정에 등록하다

10 recruit local _____
지역 자원 봉사자들을 모집하다

11 attend a _____ conference
전문적인 학회에 참석하다

12 _____ our tour 여행을 마무리짓다

토익 감잡기

STEP 1

담화를 들으며 빈칸을 채운 후 알맞은 응답을 고르세요. 담화는 두 번 들려줍니다. 🎧 P4-13/ 해설 p.52

[1-2]

This is a WFS radio weather update. Well, our unusually warm and dry weather will stay with us until Thursday. Water usage may be restricted in some areas if it doesn't rain soon. For now, people in our area should (1)___________ watering their gardens. But on Friday, some areas along the (2)___________ will get a little bit of (3)___________.

[어휘] usage [명] 사용 restrict [동] 제한하다

1 What does the speaker recommend that the listeners do?
(A) Drink more bottled water
(B) Avoid watering their gardens

2 What will happen on Friday?
(A) It will rain in some coastal areas.
(B) Some people will go on a tour.

bottled water 병에 든 생수 coastal [형] 해안의

[3-4]

Are you looking for a light and up-to-date laptop computer? Medford Industries' new G-10 is the latest model of our laptop computers. The unique feature of this device is that it (1)___________ only 2 pounds. To learn more about the G-10, visit us at www.medford.org. Don't forget to get a (2)___________ at a Medford store. You'll (3)___________ 5% on all Medford products.

[어휘] up-to-date [형] 최신의 unique [형] 독특한, 특별한 feature [명] 특징 device [명] 기기, 장치

3 According to the advertisement, what is unique about the G-10?
(A) It is lightweight for its size.
(B) It is the cheapest device in its category.

4 How can buyers get a discount on the G-10?
(A) By visiting a Web site
(B) By obtaining the company's store card

lightweight [형] 경량의 obtain [동] 얻다, 획득하다

STEP 2

담화를 듣고 질문에 알맞은 답을 고르세요. 그런 다음, 다시 들으면서 빈칸을 채우세요. 🎧 P4-14 / 해설 p.52

[1-3]

1 What is the main purpose of the speech?
(A) To present an award
(B) To explain a new dress code
(C) To discuss a sales bonus program

2 According to the speaker, what has Ms. Swenson done?
(A) Created the company's Web site
(B) Designed an energy-use policy
(C) Developed a new gift card program

3 What will the listeners do next?
(A) Register for an event
(B) Meet a city official
(C) Hear a talk

어휘 dress code 복장 규정

Welcome to our annual Employee Recognition Banquet. Well, tonight I'd like to give out this year's (1)_____ to Ms. Nancy Swenson. She has devoted herself to (2)_____ a carefully-made (3)_____. We expect the policy will help to decrease our (4)_____ consumption. Now, I will hand the microphone over to Jack Telford, (5)_____ of our company. He will (6)_____ on Ms. Swenson's plan.

어휘 annual 형 연례의 devote 통 헌신하다 consumption 명 소비

[4-6]

4 Who most likely is Jason Readings?
(A) A book critic
(B) An author
(C) A radio host

5 What is mentioned about *Sparks*?
(A) It remains unpublished.
(B) The writer is in his twenties.
(C) It is very popular.

6 What will happen next?
(A) An interview
(B) A book reading
(C) A movie review

어휘 critic 명 평론가 author 명 작가

You're listening to *The Lunch Forum on National Public Radio*. I'm your host, Abigail Cutler. Today we have a special guest, Jason Readings. His recent (1)_____, *Sparks*, is on the *New York Daily Times* (2)_____ list at the moment. It covers today's lost "twenty-somethings" that many people have experienced. First, he will (3)_____ about how his personal experiences led him to write the novel, *Sparks*. So let's begin.

어휘 host 명 진행자. 주최자 at the moment 지금

1 According to the speaker, what will be constructed?
(A) A factory
(B) A baseball stadium
(C) A shopping mall
(D) A concert hall

2 What is mentioned about the aquarium?
(A) It's going to be built.
(B) It's far from the waterfront.
(C) It has been recently improved.
(D) It's not crowded.

3 What is expected to happen when construction is finished?
(A) The population will decrease.
(B) A new highway will be built.
(C) More people will visit the city.
(D) Some factories will close down.

어휘 waterfront 명 물가 decrease 동 감소하다

4 Who most likely is Ms. Kim?
(A) A product designer
(B) An educator
(C) A store owner
(D) A professional singer

5 What does the speaker imply when she says, "Your child will also be no exception"?
(A) She is pleased with its price.
(B) She believes the toy will benefit them.
(C) She wants to give a demonstration.
(D) She is recommending a camera.

6 How can listeners get a free digital camera?
(A) By purchasing early
(B) By ordering the product online
(C) By registering for a store gift card
(D) By ordering a certain amount of products

어휘 educator 명 교육자 exception 명 예외
benefit 동 이익을 주다 register for ~에 등록하다

7 What kind of products does MR Industries make?
(A) Office furniture
(B) Industrial machinery
(C) Gardening equipment
(D) Lighting products

8 What are the listeners requested to do?
(A) Turn off their cell phones
(B) Give self-introductions
(C) Complete a survey
(D) Enter another room

9 What will all of the listeners receive?
(A) A prize
(B) A brochure
(C) A registration form
(D) A discount coupon

Monday	Tuesday	Wednesday	Thursday
Rain	Clear	Cloudy	Rain

10 Look at the graphic. Which day will the repair work around the Stadium Avenue start?
(A) Monday　　　　(B) Tuesday
(C) Wednesday　　(D) Thursday

11 According to the speaker, what might affect the work schedule?
(A) An increase in traffic
(B) A change in weather
(C) A shortage of materials
(D) The number of workers available

12 What does the speaker say will take place next month?
(A) A conference　　(B) A road closure
(C) A store opening　(D) A sporting event

어휘 shortage 명 부족 closure 명 폐쇄

어휘로 마무리

이번 Unit에 나온 어휘 중 반드시 기억해야 할 것들만 모았습니다.
우리말 뜻을 가리고 체크해 본 후, 꼭 외워 두세요.   ♫ P4-16

□ smoothly	🖲 원활하게	□ take advantage of	~을 이용하다
□ official	🖲 공무원	□ up-to-date	🖲 최신의
□ route	🖲 노선	□ warehouse sale	창고 세일
□ upcoming	🖲 다가오는	□ conclude	🖲 끝내다, 마치다
□ assembled	🖲 조립된	□ Employee of the Year	올해의 직원상
□ documentary	🖲 다큐멘터리, 기록물	□ in honor of	~을 축하하여
□ commercial break	광고 방송 시간	□ on behalf of	~을 대표하여
□ compliment	🖲 칭찬하다	□ present	🖲 (상을) 주다, 소개하다
□ go out of business	파산하다, 폐점하다	□ recipient	🖲 수상자
□ local news	지역 뉴스	□ recognize	🖲 인정하다
□ mayor	🖲 시장	□ strategy	🖲 전략
□ press conference	기자 회견	□ unusually	🖲 평소와 달리, 몹시
□ renovation work	보수 공사	□ usage	🖲 사용(량)
□ spokesperson	🖲 대변인	□ restrict	🖲 제한하다
□ traffic jam	교통 체증	□ coastal	🖲 해안의
□ volunteer	🖲 자원 봉사자	□ weigh	🖲 무게가 ~이다
□ annual event	연례 행사	□ obtain	🖲 얻다
□ complimentary	🖲 무료의(= free)	□ dress code	복장 규정
□ in time (for)	알맞은 시간에	□ consumption	🖲 소비
□ lightweight	🖲 경량의	□ critic	🖲 비평가
□ loyalty program	고객 보상 제도	□ waterfront	🖲 해안가, 물가
□ previous	🖲 이전의	□ tourist	🖲 관광객
□ promotional event	홍보 행사	□ manufacturer	🖲 제조 업체
□ professional	🖲 직업의, 전문적인	□ energy-efficient	🖲 연료 효율이 좋은
□ recommendation letter	추천서	□ demonstrate	🖲 시연하다
□ regular customer	단골 고객(= patron)	□ region	🖲 지역(= area)
□ sign up for	~에 등록하다(= register for)	□ shortage	🖲 부족
□ successful candidate	합격자	□ closure	🖲 폐쇄, 봉쇄

UNIT 11

PART 4
회의록, 설명, 소개

Unit 12

회의록

회의록(excerpt from a meeting)은 신규 판매처(vendor), 공급 업체(supplier), 배급[유통] 업체(distributor)의 선택, 설문 조사 결과(survey results)에 따른 마케팅 캠페인(marketing campaign), 신제품 출시(launch of a new line of products)에 대하여 논의하거나 의견을 공유하는 담화가 많이 출제됩니다.

Step 1 우리말로 담화의 흐름을 보면서 질문의 요지를 미리 파악해 보세요.

> 좋은 소식으로 회의를 시작하려고 합니다. 우리는 최근에 새로운 신발 공장을 위해 토지를 구입했습니다. 두 달 후에 착공 예정이며, 내년 6월까지 완공할 예정입니다. 일단 완공되면, 새 공장은 우리의 생산율을 50퍼센트까지 높일 것으로 예상합니다.

1. 회사가 최근에 한 일
   ▶ **Tip** 초반부 'recently___'에 유의

2. 언급한 공장의 종류
   ▶ **Tip** 'factory'의 앞 부분 어휘에 유의

3. 공장에 대해 언급한 내용
   ▶ **Tip** 중반부부터 공장 관련 시간 표현에 유의

Step 2 담화를 영어로 들으면서 빈칸을 채운 후, 오른편 질문의 답을 찾아 보세요. 🎧 P4-17/ 해설 p.56

I'd like to start the meeting with some good news. We have recently (1)_____ some (2)_____ for our new (3)_____ factory. Construction is scheduled to begin in two months, and it should be completed by (4)_____ of (5)_____. Once completed, the new factory is expected to increase our production rate by 50%.

어휘 once 젭 일단 ~ 하면 production rate 생산율

1. What has the company recently done?
   (A) Purchased some equipment
   (B) Bought some land

2. What type of factory does the speaker mention?
   (A) Footwear
   (B) Kitchenware

3. What is indicated about the factory?
   (A) The construction will begin next month.
   (B) The facility should be finished next June.

paraphrasing purchased → bought 구매하다 → 사다
shoes → footwear 신발
be completed → be finished 완성되다 → 끝내다
June of next year → next June 내년 6월

설명

설명(talk)은 직원이나 고객들에게 제조 공정 설명하기(explain a manufacturing process), 신규 소프트웨어 교육 소개하기(introduce training on new software), 고객 보상 제도의 세부 사항 전달하기(provide details on a loyalty program), 박람회(convention)에서 특정 제품의 부스로 안내하기(direct to a booth) 등의 관련 담화가 자주 출제됩니다.

Step 1 우리말로 담화의 흐름을 보면서 질문의 요지를 미리 파악해 보세요.

지역 최고의 해산물 음식점인 포터스 비스트로에 오신 것을 환영합니다. 우리의 새로운 보너스 카드 프로그램에 대해 말씀드리겠습니다. 포터스 비스트로의 새 카드는 방문하실 때마다 스캔되며, 10회 방문 시 메인 요리가 무료입니다. 10월 1일부터 고객님의 구 종이 카드는 더 이상 받지 않습니다.

1. 청자들은 누구인가 [추론 문제]
   ▶ Tip 초반부에 유의

2. Potter's Bistro의 새로운 점
   ▶ Tip 'new'에 이어지는 내용에 유의

3. 10월 1일부터 Potter's Bistro에서 발생할 일
   ▶ Tip 'Starting on October 1' 이하 내용에 유의

Step 2 담화를 영어로 들으면서 빈칸을 채운 후, 오른편 질문의 답을 찾아 보세요. 🎧 P4-18 / 해설 p.57

Welcome to Potter's Bistro, the area's top seafood (1)_____. Let me tell you about our new (2)_____ program. The Potter's Bistro new card will be scanned during each of your visits, and every 10th main dish will be free. Please note that starting on October 1, we will no longer (3)_____ your (4)_____ paper cards.

어휘 scan ⑧ 스캔하다, 유심히 살피다 no longer 더 이상 ~않다

1. Who most likely are the listeners?
   (A) The restaurant's servers
   (B) The restaurant's diners

2. According to the talk, what is new at Potter's Bistro?
   (A) A loyalty program
   (B) A menu item

3. What will happen at Potter's Bistro beginning on October 1?
   (A) The restaurant will celebrate its birthday.
   (B) An old type of card will no longer be valid.

어휘 loyalty program 고객 보상 제도 valid ⑱ 유효한

paraphrasing regular diners → the restaurant's diners 단골 고객들 → 식당 고객들
new bonus card program … all of our loyal customers → A loyalty program
새로운 보너스 카드 프로그램 … 단골 고객 모두 → 고객 보상 제도
no longer accept → no longer be valid 더 이상 받지 않는다 → 더 이상 유효하지 않다

UNIT 12

소개

소개(introduction)는 초청 연사(guest speaker), 수상자(recipient), 작가(author / writer), 기업 강사(corporate trainer / instructor), 교수(professor), 신규 직원(new employee), 사업가(entrepreneur) 또는 경제학자(economist)와 같은 전문가(expert)를 소개하는 내용들이 자주 출제됩니다

Step 1 우리말로 담화의 흐름을 보면서 질문의 요지를 미리 파악해 보세요.

저명한 작가이자 경제학자이신 에밀 골드스타인과의 인터뷰에 참석해 주셔서 감사합니다. 골드스타인 씨는 〈데일리 비즈니스 리포트〉의 시장 분석가입니다. 또한, 그는 많은 책을 출판했습니다. 지난주 서점에서 판매되기 시작한 그의 아홉 번째 책의 제목은 〈제4세계 경제〉입니다. 골드스타인 씨에게 하실 질문이 있으시면 연설이 끝난 후에 손을 들어 주세요.

1. Emil Goldstein의 직업
   ▶ **Tip** 'Emil Goldstein' 이름 앞이나 뒤에 나오는 직업명에 유의
2. Emil Goldstein이 쓴 책 권수
   ▶ **Tip** 'book' 앞의 숫자에 유의
3. 청자들이 질문하는 방법
   ▶ **Tip** 'questions' 이하 내용 중 'please ___'에 유의

Step 2 담화를 영어로 들으면서 빈칸을 채운 후, 오른편 질문의 답을 찾아 보세요. 🎧 P4-19/ 해설 p.57

Thank you for joining us for an interview with famed author and (1) ____________, Emil Goldstein. Mr. Goldstein has been a market analyst for the *Daily Business Report*. Also, he has published many books. His (2) ____________ book, which began selling in bookstores last week, is titled *Fourth World Economies*. If you have any questions for Mr. Goldstein, please (3) ____________ your (4) ____________ after the speech.

[어휘] famed [형] 저명한 analyst [명] 분석가

1. According to the speaker, who is Emil Goldstein?
   (A) An economist
   (B) A TV show host
2. How many books has Emil Goldstein written in total?
   (A) 8
   (B) 9
3. What can listeners do if they have any questions?
   (A) Put their hands up
   (B) Submit them in writing

[어휘] economist [명] 경제학자 submit [동] 제출하다

paraphrasing raise your hands → put their hands up 손을 들다

빈출 어휘 및 표현 🎧 P4-20

회의록

anticipated costs 예상 비용
description 설명
familiar with ~에 익숙한
focus on ~에 집중하다
inventory 물품 목록

press release 언론 보도
production rate 생산율
profit estimates 수익 추정치
suggestion 제안
inspection 점검

설명

booth 부스, 작은 공간
creative 창의적인
discard 버리다, 폐기하다
environment 환경
exhibition hall 전시회장

opportunity 기회(= chance)
prefer 선호하다
emphasize 강조하다
innovative 혁신적인
competitor 경쟁자

소개

architect 건축가
author 작가(= writer)
bestselling 가장 많이 팔리는, 인기 있는
economist 경제학자
founder 설립자
graduate school 대학원
keynote speaker 기조연설자
market analyst 시장 분석가

major in ~을 전공하다
native (출신)인 사람, 토종인
noted 저명한(= famed)
novel 소설
professor 교수
psychology 심리학
publish 출판하다
varied 다양한(= various, a variety of)

UNIT 12

Check Up

해설 p.57

우리말을 보고 빈칸을 채우세요.

1 a _____ of Brazil 브라질 출신

2 a car with an _____ design
   혁신적인 디자인의 차

3 his _____ book 그의 인기 있는 책

4 a famed _____ 저명한 건축가

5 the latest data from market _____
   시장 분석가들의 최근 자료

6 major in _____ 심리학을 전공하다

7 make a _____ 제안을 하다

8 write a press _____ 언론 보도 자료를 쓰다

9 unlike its _____ 경쟁사들과 달리

10 complete the _____ review
   재고 조사를 끝내다

11 introduce our keynote _____
   기조연설자를 소개하다

12 perform a safety _____ 안전 점검을 실시하다

109

토익 감잡기

STEP 1

담화를 들으며 빈칸을 채운 후 알맞은 응답을 고르세요. 담화는 두 번 들려줍니다. 🎧 P4-21/ 해설 p.57

[1-2]

Welcome to the Summit Corporation. We are the leading provider of (1)__________ services for clients. Today you will test samples of three food products in our main lounge. Each test will take 15 minutes, and then you will be given 15 minutes to complete a follow-up survey. You are expected to spend roughly (2)__________ in total in the lounge testing area.

[어휘] leading [형] 선두적인 follow-up [형] 잇따른, 후속의 roughly [부] 대충

1 What kind of company is the Summit Corporation?
(A) A market research company
(B) A food manufacturer

2 How long will the listeners most likely stay in the lounge?
(A) About 15 minutes
(B) About one hour

[3-4]

OK, the next thing on our agenda is the promotion for Sue Larson's mystery detective novel. We're running a big advertising campaign, and in three weeks the (1)__________ will hit the bookstores. We have already published an article in the local newspaper advertising our book release (2)__________ at Mayfield's bookstore. Now I'm seeking (3)__________ to help out with this party. Any help would be great.

[어휘] agenda [명] 안건, 의제 detective novel 추리 소설 hit [동] ~에 이르다, 닿다 article [명] 기사

3 What does the speaker say will happen in three weeks?
(A) A novel will be released.
(B) A promotion will end.

4 What does the speaker ask for help with?
(A) Preparing for a party
(B) Creating a meeting agenda

STEP 2

담화를 듣고 질문에 알맞은 답을 고르세요. 그런 다음, 다시 들으면서 빈칸을 채우세요. 🎧 P4-22/ 해설 p.58

[1-3]

1 Who is Byron Gordon?
   (A) A professor
   (B) A graduate student
   (C) The president of the university

2 In what field did Byron Gordon get his Ph.D.?
   (A) Law
   (B) Psychology
   (C) Linguistics

3 What is mentioned about Byron Gordon?
   (A) He will be attending a convention.
   (B) He was recently in Switzerland.
   (C) He knows many computer languages.

어휘 psychology 명 심리학 linguistics 명 언어학

> Today I'd like to introduce (1)_____ Byron Gordon to you. He's one of the most famous alumni from our university. He obtained his Ph.D. in (2)_____, and has been the president of the American Linguistics League for 4 years. Tonight he will be speaking to us about his (3)_____ to the International Communication Council in Geneva, Switzerland.

어휘 alumni 명 졸업생들 obtain 동 획득하다, 얻다

[4-6]

4 What most likely is the software program used for?
   (A) Training new staff
   (B) Designing Web sites
   (C) Storing customer data

5 What will the Operations Department do?
   (A) Design a quiz
   (B) Offer a password
   (C) Run a training seminar

6 What will the listeners most likely do next?
   (A) Log into a computer
   (B) Install a software program
   (C) Write down their contact information

어휘 store 동 저장하다

> Welcome to today's training session. We will start with our new Power Recall software program. It is designed to store (1)_____ preferences and behavior (2)_____. To log into the program, the operations department will provide a user ID and (3)_____. Also, most of you are new here, so please write down your cell phone (4)_____ and e-mail (5)_____ on the form provided.

어휘 preference 명 선호(도) behavior 명 행동

1 Which field are the listeners probably interested in?
(A) Farming
(B) Pharmacy
(C) Gardening
(D) Computer programming

2 How long is the program?
(A) One month
(B) Two months
(C) Half a year
(D) One year

3 What is NOT listed as a requirement for the application?
(A) An essay
(B) Previous work experience
(C) Letters of recommendation
(D) An excellent academic record

어휘 pharmacy 명 약학, 약국 academic record 학업 성적

4 Who is this talk most likely for?
(A) Supervisors
(B) Salespeople
(C) Customers
(D) Journalists

5 What does the speaker mean when she says, "We're so close"?
(A) She expects to arrive early.
(B) She thinks they work close.
(C) She thinks they have enough room.
(D) She knows they can reach their target soon.

6 What incentive are the listeners being offered?
(A) Time off
(B) Gift cards
(C) Higher pay
(D) Company picnic

어휘 journalist 명 기자, 언론인 room 명 공간 target 명 목표

7 Who is Ms. Debbie Clark?
(A) An organizer
(B) An architect
(C) A hotel manager
(D) A performer

8 What does the speaker say about Ms. Clark?
(A) She rarely gives speeches.
(B) She is a professional golfer.
(C) Her company organizes conferences.
(D) Her designs are mixed with various styles.

9 Where does Ms. Clark live now?
(A) In Cape Town   (B) In New York
(C) In London   (D) In Singapore

Exhibition Map

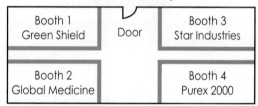

10 Who is the speaker?
(A) A hotel manager
(B) A factory manager
(C) A building manager
(D) A personnel executive

11 What does the speaker say is unique about the Purex 2000?
(A) It is made of plastic.
(B) The seal is adjustable.
(C) Shipping is free.
(D) The materials are recyclable.

12 Look at the graphic. At what booth can the brochures be found?
(A) Booth 1   (B) Booth 2
(C) Booth 3   (D) Booth 4

어휘 seal 명 봉인 adjustable 형 조절 가능한

이번 Unit에 나온 어휘 중 반드시 기억해야 할 것들만 모았습니다.
우리말 뜻을 가리고 체크해 본 후, 꼭 외워 두세요.   P4-24

□ footwear	명 신발	□ founder	명 설립자
□ kitchenware	명 주방용품	□ graduate school	대학원
□ diner	명 식당 손님	□ keynote speaker	기조연설자
□ famed	형 유명한(= noted)	□ major in	~을 전공하다
□ author	명 작가(= writer)	□ worldwide	형 전세계적인
□ economist	명 경제학자	□ organizer	명 조직자
□ market analyst	시장 분석가	□ native	명 (출신)인 사람, 토종인
□ anticipated costs	예상 비용	□ mixture	명 혼합
□ description	명 설명	□ novel	명 소설
□ familiar with	~에 익숙한	□ professor	명 교수
□ focus on	~에 집중하다	□ psychology	명 심리학
□ inventory	명 물품 목록	□ publish	동 출판하다
□ press release	언론 보도	□ varied	형 다양한(= various)
□ production rate	생산율	□ architectural	형 건축의
□ profit estimates	수익 추정치	□ provider	명 제공 업체
□ suggestion	명 제안	□ follow-up	형 잇따른, 후속의
□ inspection	명 점검	□ roughly	부 대략, 대충
□ booth	명 부스, 작은 공간	□ book release	책 출간
□ creative	형 창의적인	□ alumni	명 졸업생들
□ discard	동 버리다, 폐기하다	□ linguistics	명 언어학
□ environment	명 환경	□ behavior	명 행동
□ exhibition hall	전시회장	□ graduate	명 졸업생 동 졸업하다
□ opportunity	명 기회(= chance)	□ GPA(grade point average)	학점 평점
□ emphasize	동 강조하다	□ academic record	성적표
□ innovative	형 혁신적인	□ salesperson	명 영업사원
□ competitor	명 경쟁자	□ journalist	명 기자, 언론인
□ architect	명 건축가	□ tiny	형 작은
□ bestselling	형 가장 많이 팔리는, 인기 있는	□ adjustable	형 조절 가능한

UNIT 12

Warm Up

문장의 구조와 5형식

영어 문장의 구성 요소

주어: 우리말의 '~은/는/이/가'   **동사:** 우리말의 '~이다/~하다'

목적어: 우리말의 '~을/를'   **보어:** 주어나 목적어를 보충해 주는 말

1 주어와 동사

문장에서 주어와 동사는 한 쌍으로 항상 같이 다니는 가장 기본적인 요소입니다.

- **주어**

  주어는 문장의 주체로 '~은/는/이/가'로 해석됩니다. 주로 문장의 맨 앞부분에 위치하며, 주어 자리에는 명사(구), 명사를 대신하는 대명사, 동명사(구) 등 명사 역할을 하는 말이 옵니다.

  The items arrived yesterday. 물품들이 어제 도착했다.

  Ordering new items is necessary. 새로운 물품을 주문하는 것이 필요하다.

- **동사**

  동사는 주어의 동작이나 상태를 표현하는 말로 '~이다, ~하다'에 해당하는 말입니다. 대개 주어 뒤에 위치합니다.

  Mr. Lin is the CEO. 린 씨는 CEO(최고경영자)이다.

  He works hard. 그는 열심히 일한다.

2 목적어

목적어는 동작의 대상을 나타내며, '~을/를'로 해석됩니다. 주로 타동사나 전치사 뒤에 위치하며, 목적어 자리에는 명사(구), 대명사, 동명사(구), to부정사(구) 등 명사 역할을 하는 말이 옵니다.

I ordered a book. 나는 책 한 권을 주문했다.

I want to order another book. 나는 다른 책을 주문하기를 원한다.

3 보어

보어는 주어나 목적어를 보충하여 설명하는 말입니다. 보어 자리에는 형용사나 명사가 잘 쓰입니다.

- **주격 보어:** 주어의 상태나 성질에 대해 보충해서 설명하는 말입니다.

  Thomas is a writer. 토마스는 작가이다.

- **목적격 보어:** 목적어의 상태나 성질에 대해 보충 설명해 주는 말입니다.

  I found his books interesting. 나는 그의 책들이 재미있다는 것을 알았다.

문장의 5형식

영어 문장은 동사의 종류에 따라 문장의 구조가 달라지는데, 이것을 문장의 형식이라고 합니다.

1형식

〈주어＋동사〉만으로도 문장이 완성되는 가장 기본 문장 형식입니다. 수식어(구)가 붙는 경우가 많습니다.

She arrived. 그녀가 도착했다.
주어　동사

She arrived at the museum. 그녀가 박물관에 도착했다.
주어　동사　　수식어구

2형식

〈주어＋동사〉만으로는 문장이 완성되지 않고 주어를 설명해 주는 '(주격) 보어'가 붙는 문장 형식입니다.

Jane is busy. 제인은 바쁘다.
　　　보어

She became a manager. 그녀는 관리자가 되었다.
　　　　　　보어

3형식

〈주어＋동사〉 뒤에 동사의 대상이 되는 '목적어'가 필요한 문장 형식입니다. 영어에서 가장 흔한 문장 구조입니다.

I met the manager. 나는 그 관리자를 만났다.
　　　목적어

We attended the meeting. 우리는 회의에 참석했다.
　　　　　　목적어

4형식

'목적어'가 두 개인 문장으로 '～에게 …을/를'이라고 해석되는 문장 형식입니다. '～에게'에 해당하는 목적어를 간접목적어, '…을/를'에 해당하는 목적어를 직접목적어라고 부릅니다.

She gave me some advice. 그녀는 나에게 조언을 했다.
　　　간접목적어 직접목적어

We sent her a coupon. 우리는 그녀에게 쿠폰 한 장을 보냈다.
　　　간접목적어 직접목적어

5형식

'목적어'를 설명하는 '목적격 보어'까지 등장하는 문장 형식입니다.

She makes me happy. 그녀는 나를 행복하게 만든다.
　　　　목적어 목적격 보어

I found her advice helpful. 나는 그녀의 조언이 도움이 된다는 것을
　　　목적어　목적격 보어　알았다.

PART 5&6
명사와 대명사

I can't find my wallet. Did you see it?

내 **지갑**을 찾을 수가 없어요. **그것**을 보셨어요?

■ 모든 것의 이름인 명사

명사란 Riley(라일리-사람 이름), teacher(선생님), wallet(지갑)과 같이 사람이나 사물의 이름을 나타냅니다. 명사는 크게 셀 수 있는 '가산명사'와 셀 수 없는 '불가산명사'로 나뉩니다.

가산명사	employee 직원	product 제품	wallet 지갑
불가산명사	information 정보	advice 충고	equipment 장비

■ 명사를 대신하는 대명사

대명사는 she(그녀), that(저것), it(그것)과 같이 명사를 대신하는 말입니다. 대명사는 인칭대명사, 지시대명사, 부정대명사로 나뉩니다.

인칭대명사	I 나	you 당신	he 그	it 그것
지시대명사	this 이것	that 저것	these 이것들	
부정대명사	some 일부	another 또 하나	others 다른 것[사람]들	

1 명사의 역할과 자리

명사(구)는 문장 내에서 **주어**, **목적어**, **보어**의 역할을 합니다.

[주어] The shipment arrived ahead of time. 선적품이 미리 도착했다.
→ 동사(arrived) 앞

[목적어] The manager made a reservation. 관리자가 예약을 했다.
→ 동사(made) 뒤

[보어] Henry is an accountant. 헨리는 회계사이다.
→ be동사(is) 뒤

■ 명사 자리

관사 뒤 (a, an, the)	a customer 고객 the importance 중요성
소유격 뒤 (my, our, your, her, his, its, their)	your assistance 당신의 도움 Mr. Kim's decision 김 씨의 결정
형용사 뒤	a special discount 특별 할인 a secure investment 안정적인 투자
전치사 뒤 (in, on, at, for, by, during, about)	by bus 버스를 타고 as an accountant 회계사로

■ 복합명사

assembly line 조립 라인
customer loyalty 고객 충성도
sales representative 영업 사원
awards ceremony 시상식
safety inspections 안전 점검
training session 교육[연수] 시간

Check Up

해설 p.63

다음 괄호 안에서 알맞은 것을 고르세요.

1. (Employ, Employees) may leave early today.
2. The factory has strict (safety, safe) regulations.
3. The (direct, directors) organized a charity event.
4. I really appreciate your (consider, consideration).
5. The CEO announced the company's (decide, decision).
6. The store installed CCTV cameras for (secure, security).
7. Customer (satisfaction, satisfy) is key to the company's success.
8. Mr. Brooks postponed his (appointment, appoint) with the dentist.

점수: _____ /8점

[어휘] strict [형] 엄격한 regulation [명] 규정 charity [명] 자선 appreciate [동] 고마워하다 install [동] 설치하다 postpone [동] 연기하다

2 명사의 형태

일반 명사와 사람 명사는 대체로 동사에 다른 끝말을 붙여서 명사가 되어 그 의미가 다릅니다. 자주 쓰이는 끝말들을 외워두세요.

■ 일반 명사

-tion, -sion	information 정보	reservation 예약	permission 허가
-ance, -ence	assistance 도움, 지원	attendance 출석	conference 회의
-ment, -ness	appointment 약속	requirement 요건	awareness 인식
-ty	safety 안전	security 보안	variety 다양성
-al	approval 승인	proposal 제안서	rental 임대

■ 사람 명사

-er, -or, -ee	coworker 동료	inspector 감독관	employee 직원
-ant, -ent	assistant 조수	consultant 상담가	resident 거주자
-st	analyst 분석가	economist 경제학자	journalist 기자

Check Up
해설 p. 63

다음 괄호 안에서 알맞은 것을 고르세요.

1. Mr. White works as a (journal, journalist).
2. Diners will enjoy a (vary, variety) of food options.
3. The samples are ready for your (inspector, inspection).
4. The director will review all of the (proposals, proposes).
5. (Participant, Participation) in the orientation is required.
6. Job (applicants, application) should speak at least two languages.
7. The dessert menu attracts hundreds of (visitors, visits) every season.
8. For technical (assistance, assistant), contact our Customer Support team.

점수: _____/8점

어휘 diner 명 식당 손님 at least 적어도 require 동 필요로 하다 attract 동 끌어들이다

3 가산명사와 불가산명사

명사는 셀 수 있는 **가산명사**와 셀 수 없는 **불가산명사**로 구분되는데 대부분의 명사가 가산명사입니다.

■ 가산명사

가산명사는 셀 수 있는 명사로 단수와 복수의 형태가 있으며, 단수일 때는 명사 앞에 a / an을 쓰고, 복수일때는 명사에 -s를 붙입니다.

사람 / 직업	consumer 소비자	supervisor 감독관, 상사	attendant 종업원
금전	profit 이윤	fund 자금	discount 할인
서류	invitation 초대장	receipt 영수증	permit 허가증

Mr. Stevens is raising funds for local schools. 스티븐스 씨는 지역 학교들을 위해 모금하고 있다.
fund(×) school(×)

■ 불가산명사

일반 명사 중에서 통칭 명사나 추상적 의미를 나타내는 명사들은 대부분 불가산명사에 속하며, 불가산명사는 항상 단수로 취급합니다.

통칭 명사	equipment 장비	furniture 가구	merchandise 상품
추상 명사	access 접근, 이용	information 정보	advice 충고
-ing형 명사	shipping 배송	seating 좌석 배치	accounting 회계

불가산명사는 셀 수 없기 때문에 복수 형태가 없으며, 관사 a / an을 붙일 수 없습니다.

Today's customers have access to various information. 오늘날의 고객들은 다양한 정보를 이용할 수 있다.
accesses(×) / an access(×) informations(×) / an information(×)

Check Up

해설 p. 63

다음 괄호 안에서 알맞은 것을 고르세요.

1. Repair (cost, costs) are increasing every year.
2. Some (equipment, elevator) is out of service.
3. Office (furniture, table) was shipped to the clients.
4. A variety of (product, merchandise) is on sale now.
5. (Advice, Comments) on our dining service is welcome.
6. Cash (refund, refunds) are not available for some items.
7. The manager accepted (an invitation, invitation) to the party.
8. (Receipt, Receipts) should be submitted to Susie in accounting.

점수: ______ / 8점

[어휘] increase [동] 증가하다 out of service 작동하지 않는 dining [명] 식사 refund [명] 환불 available [형] 이용 가능한

4 인칭대명사

인칭대명사는 인칭, 수, 격에 따라 형태가 달라집니다.

격 인칭/수			주격 ~은/는/이/가	소유격 ~의	목적격 ~을/를/~에게	소유대명사 ~의 것	재귀대명사 자신/스스로
1인칭	단수(나)		I	my	me	mine	myself
	복수(우리)		we	our	us	ours	ourselves
2인칭	단수(너)		you	your	you	yours	yourself
	복수(너희)		you	your	you	yours	yourselves
3인칭	단수	남성(그)	he	his	him	his	himself
		여성(그녀)	she	her	her	hers	herself
		사물(그것)	it	its	it	–	itself
	복수(그들, 그것들)		they	their	them	theirs	themselves

주격   He retired as president of Mirae Technologies. 그는 미래 테크놀로지 사장으로 은퇴했다.
→ 주격: 동사 앞에 위치

소유격   All visitors should present their ID cards. 모든 방문객들은 자신들의 신분증을 제시하여야 한다.
→ 소유격: 명사 앞에 위치 〈소유격＋명사〉

목적격   The hotel offered me a room upgrade. 호텔에서는 나에게 방을 업그레이드해 주었다.
→ 목적격: 타동사 뒤에 위치 〈타동사＋목적격〉

소유대명사   The survey results are not ours. 그 설문 결과는 우리의 것이 아닙니다.
→ 소유대명사: 소유격과 명사를 합친 형태

재귀대명사   Ms. Kim has proven herself a competent employee. 김 씨는 본인이 유능한 직원임을 증명했다.
→ 재귀 용법: 목적어가 주어와 동일

The CEO welcomed the new hires (himself). CEO는 신입 직원들을 (직접) 환영했다.
→ 강조 용법: 주어를 강조할 때 사용 (생략 가능)

Check Up

해설 p.63

다음 괄호 안에서 알맞은 것을 고르세요.

1. We have received (your, yours) invoice.

2. Mr. Ryan devoted (him, himself) to raising funds.

3. Ms. Hall stated that the laptop was not (her, hers).

4. The car was well known for (its, it) creative design.

5. (Theirs, They) will organize a street festival in the spring.

6. We will inform (you, yours) of our decision next Monday.

7. Ms. Addler visited the store (hers, herself) to get a refund.

8. Customers can fill out the survey cards and submit (them, it).

점수: _____ /8점

어휘 invoice 몡 송장 devote 튕 헌신하다, 바치다 raise funds 모금하다 state 튕 진술하다 creative 혱 창의적인 inform 튕 알리다

5 지시대명사와 부정대명사

■ 지시대명사 that / those

같은 문장 안에서 앞부분의 비교 대상이 되는 명사가 단수이면 that, 복수이면 those가 쓰입니다.

The KG-3 model is more expensive than that of other manufacturers.
KG-3 모델은 다른 제조업체들의 것(모델)보다 더 비싸다

The prices of our product may be different from those in our catalogue.
우리 제품의 가격은 카탈로그에 나와 있는 가격과 다를 수 있다.

• those who : ~하는 사람들 (항상 복수)

These tables are for those who come late. 이 테이블들은 늦게 오는 사람들을 위한 것이다.

■ 부정대명사 one / another / others

부정대명사는 정해지지 않은 대상을 막연하게 가리킬 때 사용합니다.

one (정해지지 않은) 하나	the other 나머지 하나		one 하나	another 다른 하나	the other 나머지 하나
some 일부	others (나머지 중) 일부		one 하나	another 다른 하나	the others 나머지 전부

European tourists easily move from one country to another.
유럽 여행객들은 **한** 나라에서 **다른** 나라로 쉽게 이동한다.

Among the samples, some are pens, and the others are folders.
견본품들 중에서 **일부**는 펜이고 **나머지 전부**는 폴더이다.

Check Up

해설 p. 63

다음 괄호 안에서 알맞은 것을 고르세요.

1. Online sales surpassed (that, those) of last year.
2. If you'd like, you can exchange it for (another, the others).
3. Bonuses are paid to (anyone, those) who work the night shift.
4. This year's sales report is lengthier than (that, those) of last year.
5. One of the clients arrived early, but (the other, the others) were late.
6. Some employees prefer suits, but (other, others) prefer casual clothes.
7. One proposal has been accepted, but (the other, the others) were rejected.
8. John likes to do outdoor activities with (others, the others) on the weekends.

점수: _____ / 8점

[어휘] surpass [동] 초과하다 lengthy [형] 장황한, 너무 긴 suit [명] 정장 proposal [명] 제안서 reject [동] 거절하다

1 The goal of the seminar is to raise _____ of the work environment.

(A) aware   (B) awareness   environment 몝 환경

▶ 목적어 자리

2 Please make sure that all customer _____ is kept confidential.

(A) information   (B) informal   confidential 혱 기밀의

▶ 주어 자리

3 Sales team members consider Mr. Williams a qualified _____.

qualified 혱 자격을 갖춘

(A) direct   (B) director

▶ 보어 자리

4 Workers should always wear all necessary _____ equipment during work.

(A) safety   (B) safe

▶ 복합명사

5 Ms. Smith is looking for a new supplier for _____ new business in India.

(A) her   (B) hers   supplier 몝 공급업체

▶ 인칭대명사

6 Our product seems more effective than _____ of the leading competitor.

leading 혱 선도하는

(A) that   (B) those   competitor 몝 경쟁자

▶ 지시대명사

7 Some regulations on building _____ have led to better city planning.

regulation 몝 규정, 규제

(A) permits   (B) permit   lead to ~로 이어지다

▶ 가산/불가산명사

8 Management has finally reached an agreement on overseas _____.

(A) invests   (B) investments   management 몝 경영진

▶ 목적어 자리

9 All _____ in this survey will receive a complimentary gift card.

(A) participants   (B) participation   complimentary 혱 무료의

▶ 사람 명사/사물 명사

10 Weekend customers are _____ who visit the area for shopping and entertainment.

(A) these   (B) those   entertainment 몝 오락, 여흥

▶ 지시대명사

토익 실전 감각 익히기

1 Today's seminar will help _____ effectively communicate with their team members.

(A) manage

(B) manager

(C) managers

(D) managerial

effectively ⑨ 효과적으로
communicate
⑧ 의사소통하다

2 _____ who wish to participate in the leadership course are required to enroll in advance.

(A) This

(B) These

(C) Those

(D) Anyone

enroll ⑧ 등록하다
in advance 미리

3 The East Wing will be closed for _____ during the month of February.

(A) renovate

(B) renovates

(C) renovated

(D) renovations

4 The employees were pleased that _____ had been given a three-day weekend.

(A) they

(B) their

(C) theirs

(D) themselves

5 The customer _____ comes from the exceptional product quality and excellent service.

(A) loyal

(B) loyally

(C) loyalty

(D) loyalties

exceptional ⑩ 뛰어난

6 Gold's Electronics will move _____ head office to New York at the end of the year.

(A) its

(B) his

(C) her

(D) their

7 The _____ of the children's festival have decided to postpone the event.

(A) organize

(B) organizes

(C) organizers

(D) organization

postpone ⑧ 연기하다

8 Passengers of Northern Airlines can easily transfer from one flight to _____.

(A) one

(B) another

(C) the other

(D) others

transfer ⑧ 갈아타다

Questions 9-12 refer to the following memo.

Memorandum

To : All staff members
From: Jenny Mason, HR Director
Date: Wednesday, March 14
Subject: Laptop policy

Recently, I've received some questions regarding our policy on employee laptop computers. I hope this memo will answer some of ------- . Laptops will be offered to staff
9
after their managers' ------- . Each laptop will be fitted with all of the appropriate software.
10
------- . For more detailed information about employee laptops, please consult your -------
11   12
manual.

Regards,

Jenny

Director, Human Resources Department

Hendrix and Sons Machinery Fabricators

어휘 policy 옝 정책 offer 툉 제공하다 fit 통 적합하다 appropriate 옝 적절한 consult 통 참고하다

9 (A) it
(B) them
(C) your
(D) his

10 (A) approve
(B) approves
(C) approved
(D) approval

11 (A) The laptops must be returned to the company after work.
(B) The employee should update the laptop regularly to prevent against viruses.
(C) The company will inform you of all policy changes.
(D) You will receive the laptop of your choice.

12 (A) train
(B) trainer
(C) training
(D) trained

어휘로 마무리

이번 Unit에 나온 어휘 중 반드시 기억해야 할 것들만 모았습니다.
우리말 뜻을 가리고 체크해 본 후, 꼭 외워 두세요.   🎧 RC-01

□ shipment	몡 선적품	□ resident	몡 거주자
□ reservation	몡 예약	□ analyst	몡 분석가
□ accountant	몡 회계사	□ economist	몡 경제학자
□ assistance	몡 지원	□ journalist	몡 기자
□ investment	몡 투자	□ diner	몡 식당 손님
□ assembly	몡 조립	□ attract	동 끌어들이다(= draw)
□ loyalty	몡 충성도	□ invitation	몡 초대장
□ representative	몡 대표, 사원	□ receipt	몡 영수증
□ awards ceremony	시상식	□ permit	몡 허가증
□ safety inspection	안전 점검	□ equipment	몡 장비
□ training session	교육 시간	□ furniture	몡 가구
□ regulation	몡 규정, 규제	□ merchandise	몡 상품
□ charity	몡 자선	□ access	몡 접근, 이용
□ appreciate	동 고마워하다	□ shipping	몡 배송
□ install	동 설치하다	□ accounting	몡 회계
□ postpone	동 연기하다	□ out of service	작동하지 않는
□ dentist	몡 치과 의사	□ dining	몡 식사
□ permission	몡 허가	□ refund	몡 환불
□ attendance	몡 출석	□ available	몡 이용 가능한
□ requirement	몡 요건	□ invoice	몡 송장
□ awareness	몡 인식	□ devote	동 헌신하다, 바치다
□ security	몡 보안	□ inform	동 알리다
□ variety	몡 다양성	□ lengthy	몡 장황한, 너무 긴
□ approval	몡 승인	□ confidential	몡 기밀의
□ proposal	몡 제안서	□ supplier	몡 공급 업체
□ inspector	몡 감독관	□ management	몡 경영진
□ assistant	몡 조수	□ entertainment	몡 오락, 여흥
□ consultant	몡 상담가	□ consult	동 참고하다

PART 5 & 6
형용사와 부사

Riley is diligent. She works diligently.

라일리는 **부지런해요.** 그녀는 **부지런히** 일해요.

■ 명사만을 꾸며 주는 형용사

형용사는 명사를 설명하는 말입니다.

Riley is diligent. 라일리는 **부지런**합니다.

She is doing a good job. 그녀는 일을 **잘**하고 있어요.

■ 명사 외의 것들을 꾸며 주는 부사

부사는 명사를 제외한 동사, 형용사, 또 다른 부사, 문장 전체 등을 설명하는 말입니다.

She works diligently. 그녀는 **부지런히** 일합니다.

She works hard. 그녀는 **열심히** 일합니다.

1 형용사의 역할과 자리

형용사는 주로 명사의 앞에 쓰여 명사를 수식하거나, 보어 자리에 쓰여 주어 또는 목적어의 성질이나 상태를 보충 설명해 줍니다.

명사 수식		관사(a, an, the)/소유격(one's)+(형용사)+명사 a secure job 안정적인 직업 your personal information 당신의 개인 정보
보어 역할	주격 보어	2형식 동사(be, become, remain, seem)+형용사 Your information remains secure. 귀하의 정보는 안전하게 유지됩니다.
	목적격 보어	5형식 동사(make, leave, keep, consider, find)+목적어+형용사 We keep your information confidential. 우리는 귀하의 정보를 기밀로 유지합니다.

■ 빈출 형용사 표현

be aware of ~을 알다	be capable of ~을 할 수 있다
be famous for ~으로 유명하다	be eligible for[to+동사원형] ~할 자격이 있다
be accessible to+명사 ~이 접근[이용] 가능하다	be subject to+명사 ~의 대상이다, ~하기 쉽다
be likely to+동사원형 ~할 것 같다	be able[unable] to+동사원형 ~을 할 수 있다[없다]
be familiar with ~에 익숙하다	be available at[for] ~에서[가] 이용 가능하다

The schedule is subject to change without prior notice. 일정은 사전 통보 없이 변경될 수 있다.

The project is likely to be completed ahead of schedule. 그 프로젝트는 예정보다 빨리 끝날 것 같다.

Check Up

해설 p. 65

다음 괄호 안에서 알맞은 것을 고르세요.

1. Jane Karson has been (success, successful) as a chef.
2. The parking lot is (access, accessible) to all residents.
3. All employees are (eligible, subject) for a paid holiday.
4. The manager made the hiring process (simple, simply).
5. Plane tickets are now sold at (afford, affordable) prices.
6. Mr. Jason is an (idea, ideal) candidate for a sales position.
7. We are (unable, accessible) to put all the products on display.
8. Jeffery is (capable, familiar) with the features of our printers.

점수: _____/8점

어휘 chef 몡 주방장 parking lot 주차장 hiring process 채용 과정 candidate 몡 후보자 feature 몡 특징

2 형용사 한눈에 알아보기

많은 형용사는 명사 또는 동사 뒤에 끝말을 붙여서 만들기 때문에, 끝말로 형용사임을 쉽게 알 수 있습니다. 또는 부사 뒤의 -ly를 없애면 형용사가 되는 경우가 대부분입니다.

```
         ┌─── care ───┐                    ┌─── rely ───┐
         │   명 돌봄    │                    │   동 의지하다  │
         ▼            ▼                    ▼            ▼
      careful      careless             reliable      reliant
      조심스러운     조심성 없는             신뢰할 만한     의지하는
```

■ 형용사 어휘

-able / -ible	affordable 적절한	reasonable 합리적인	eligible 자격 있는
-ant / -ent	significant 상당한	relevant 관련 있는	efficient 효율적인
-tive / -sive	informative 유익한	defective 결함 있는	extensive 폭넓은
-ful / -ous	thoughtful 사려 깊은	useful 유용한	various 다양한
-al	operational 운영상의	essential 필수적인	exceptional 뛰어난
명사 + -y / -ly	lengthy 너무 긴	timely 시기 절절한	costly 비싼

■ 혼동하기 쉬운 형용사들

비슷해 보이지만 의미가 다른 형용사들입니다. 잘 구분해서 외워 둡시다.

considerable amount	상당한 수량	be considerate of / to	~을 배려하다
a confidential report	기밀 보고서	be confident + that절	~을 확신하다
dependable employees	믿을 수 있는 직원들	be dependent on / upon	~에 의존하다
be responsible for	~을 책임지다	be responsive to	~에 대응하다

Check Up

해설 p.66

다음 괄호 안에서 알맞은 것을 고르세요.

1. The new model comes in (various, variety) shapes and sizes.

2. All computers are available at (afford, affordable) prices online.

3. The candidate is (confident, confidential) that he will get the job.

4. Mr. James is always (considerable, considerate) to his employees.

5. Many automakers are (dependent, dependable) on foreign markets.

6. The offer is not (eligible, efficient) for discounts to VIP Card holders.

7. Humson Manufacturing experienced a (considerable, considerate) increase in sales.

8. Akita will be (responsible, responsive) for organizing the retirement party.

점수: _____ / 8점

어휘 come in (상품 등이) 들어오다 automaker 명 자동차 회사 holder 명 소지자 organize 동 준비하다, 정리하다 retirement 명 은퇴

3 명사와 함께 쓰이는 수량 형용사

수나 양을 나타내는 수량 형용사에 따라 뒤에 오는 명사의 형태가 달라질 수 있습니다. 단수/복수, 가산/불가산을 구분하여 기억해 두세요.

one, each, every, another 하나의, 각각의, 모든, 또 다른	**+ 단수 가산명사**
one location 한 장소 every effort 모든 노력	each job applicant 각각의 구직자 another novel 또 다른 소설
many, (a) few, several, both, a number of 많은, 약간의/거의 없는, 몇몇의, 둘 다, 수 많은	**+ 복수명사**
many problems 많은 문제들 several changes 몇 가지 변화들	a few markets 몇몇 시장들 a number of companies 수많은 회사들
much, (a) little, a great deal[amount] of 많은, 약간의/거의 없는, 다량의	**+ 불가산명사**
much damage 많은 피해 a great deal of trouble 아주 큰 어려움	little influence 거의 없는 영향 a large amount of time 많은 시간
all, most, other, some, any 모든, 대부분의, 다른, 약간의, 약간의	**+ 복수명사/불가산명사**
all employees/equipment 모든 고객들/장비 some complaints/traffic 약간의 불만들/교통량	most deals/information 대부분의 거래들/정보 any questions/assistance 약간의 문제들/도움

Check Up

해설 p.66

다음 괄호 안에서 알맞은 것을 고르세요.

1. Very (little, many) hiring is likely this quarter.
2. (Most, Little) hotels in the city are nearly full.
3. Our agents will be handling (each, all) type of work.
4. (Much, Some) seats are still available in the first row.
5. (Much, Many) information signs are printed in English.
6. The team makes (every, all) effort to win the contract.
7. Passengers will notice (little, several) difference in service.
8. (All, Each) performances will take place at the Main Theater.

점수: _____/8점

어휘 likely 휑 ~할 것 같은 nearly 휜 거의 agent 휑 중개인, 직원 handle 휌 다루다, 처리하다 win the contract 계약을 따내다
performance 휑 공연

4 부사의 역할과 자리

부사는 문장에서 명사 이외의 모든 요소(동사, 형용사, 다른 부사, 구, 절, 문장 전체)의 의미를 풍부하게 해주는 수식어입니다.

동사 수식	We urgently need volunteers during the festival. 우리는 축제 기간 동안 **급하게** 자원 봉사자들이 필요합니다.
형용사 수식	The project has been extremely successful. 그 프로젝트는 **매우** 성공적이었다.
다른 부사 수식	She published another novel very recently. 그녀는 **아주** 최근에 또 다른 소설을 출간했다.
구 수식	Mr. Chan returned to work right after his vacation. 찬 씨는 휴가 **직후**에 직장에 복귀했다.
문장 수식	Unfortunately, we cannot provide pricing information. **안타깝게도,** 우리는 가격 정보를 제공할 수 없습니다.

■ **쉽게 찾아가는 부사 자리**

be+부사+-ing/p.p.	We're currently recruiting sales personnel. 우리는 **현재** 영업사원들을 모집하고 있다.
have/has+부사+p.p.	Mr. Kim has already completed his internship. 김 씨는 **이미** 인턴과정을 마쳤다.
조동사+부사+동사원형	Electric cars would significantly reduce traffic noise. 전기 자동차는 교통 소음을 **상당히** 줄일 것이다.

Check Up

해설 p.66

다음 괄호 안에서 알맞은 것을 고르세요.

1. The city is (heavy, heavily) reliant on tourism.
2. The library has (just, recent) completed renovations.
3. All rugs are offered at an (extreme, extremely) low rate.
4. Please (careful, carefully) read all of the safety instructions.
5. (Hopefully, Hopeful), the hotel is located within walking distance.
6. All elevators will be closed (temporary, temporarily) for maintenance.
7. The windows are (special, specially) designed to prevent rain damage.
8. KL Industries' new investment pan will (shortly, shorten) be announced.

점수: _____ /8점

[어휘] tourism [명] 관광업 extreme [형] 극도의 within walking distance 걸을 수 있는 거리 내에 temporary [형] 일시적인 prevent [동] 방지하다 investment [명] 투자

5 부사 한눈에 알아보기

형용사 뒤에 -ly를 붙이면 부사가 되기 때문에 쉽게 알 수 있습니다. 하지만 그 외에도 다양한 형태가 있으니 유의해야 합니다.

형용사+-ly		finally 마침내	recently 최근에	especially 특히
그 외	시간	soon 곧	already 이미	now 지금
	빈도	always 항상	often 자주	usually 보통
	정도	very 아주	well 잘	quite 꽤, 상당히
	강조	even 심지어	just 막, 바로	right 바로
	숫자 앞	around/about 대략	almost 거의	at least 적어도

※ 주의 -ly로 끝나는 형용사: friendly(친절한), timely(시기 적절한), costly(값비싼)

■ 혼동하기 쉬운 부사들

형용사와 부사의 형태가 같은 경우도 있고, -ly를 붙여 새로운 의미를 갖는 부사 어휘들도 있습니다.

close	형 가까운 부 가까이	a close view 근경 live close 가까이에 살다	closely 부 긴밀히, 면밀히	work closely 긴밀히 일하다 closely examine 면밀히 조사하다
hard	형 힘든 부 열심히	hard work 힘든 일 work hard 열심히 일하다	hardly 부 거의 ~ 않다	hardly use 거의 사용하지 않는다 hardly believe 거의 믿을 수 없다
high	형 높은 부 높이	high price 높은 가격 fly high 높이 날다	highly 부 매우, 크게	highly recommend 적극 추천하다 highly qualified 충분히 자격을 갖춘
late	형 늦은 부 늦게	late payment 연체된 지불 open late 늦게까지 열다	lately 부 최근에	be released lately 최근에 공개되다 increased lately 최근에 증가했다
near	형 가까운 부 가까이	near future 가까운 미래 sit near 가까이 앉다	nearly 부 거의, 대략	nearly complete 거의 끝내다 nearly two years 대략 2년

Check Up

해설 p.66

다음 괄호 안에서 알맞은 것을 고르세요.

1. Building renovations will begin (soon, lately).

2. Several applicants were (high, highly) qualified.

3. Wireless Internet access is (always, only) free here.

4. I'm (especially, wide) interested in the new position.

5. Deliveries (usually, shortly) take at least three or four days.

6. The plant is able to employ (near, nearly) 1,300 personnel.

7. Emoticons are (increasingly, shortly) popular among adults.

8. The new system will (great, greatly) improve our energy efficiency.

점수: _____/8점

어휘 renovation 명 수리, 수선 plant 명 공장 personnel 명 인력, 직원 efficiency 명 효율성

133

1 Changdo Beverages offers a _____ selection of teas and fruit drinks.

(A) wide　　　　　　　(B) widely　　　　a selection of 엄선한

▶ 명사 수식

2 Online customers will _____ receive a confirmation page by e-mail.

(A) automatic　　　　(B) automatically　　confirmation 몡 확인

▶ 조동사와 동사 사이

3 Steam cleaning is an effective way to keep your carpets _____.

(A) clean　　　　　　(B) cleanly　　　effective 혱 효율적인

▶ 목적격 보어 자리

4 The Denver Art Museum holds a special exhibit _____ month.

(A) a few　　　　　　(B) every　　　　exhibit 몡 전시회

▶ 수량 형용사

5 The music show will start _____ at 10 a.m. tomorrow.

(A) prompt　　　　　(B) promptly

▶ 동사 수식

6 _____, we're unable to complete your order at this time.

(A) Regretful　　　　(B) Regretfully

▶ 문장 전체 수식

7 The new project requires a _____ amount of time and money.

(A) considerable　　(B) considerate

▶ 형용사 어휘

8 Maroon Constructions always tries to work _____ with its clients.

(A) close　　　　　　(B) closely

▶ 동사 수식

9 Detailed information is _____ at all our tourist information centers in the city.

(A) available　　　　(B) availability

▶ 주격 보어 자리

10 To get a new card, _____ present your driver's license or photo ID.

(A) simple　　　　　(B) simply　　　present 동 제시하다

▶ 동사 수식

1 When interviewing for a new job, it is important to dress _____.

(A) profession
(B) professional
(C) professionally
(D) professionalism

2 After a series of _____ negotiations, Ms. Kurosawa was promoted to team leader.

(A) succeed
(B) success
(C) successful
(D) successive

a series of 일련의
negotiation 명 협상

3 After waiting all day, she _____ got a call from the cable company.

(A) shortly
(B) finally
(C) always
(D) greatly

4 The laptop computers are _____ for patrons on a first-come, first-served basis.

(A) able
(B) aware
(C) familiar
(D) available

patron 명 고객
on a first-come, first-served
basis 선착순으로

5 Employees should be sure to turn off _____ electronic equipment after using it.

(A) each
(B) all
(C) many
(D) a few

turn off 끄다

6 Some staff members will demonstrate the _____ use of the device at the upcoming trade show.

(A) proper
(B) properly
(C) property
(D) properties

demonstrate 동 시연하다
upcoming 형 다가오는

7 Meyer Technology's products are distributed in _____ 20 countries worldwide.

(A) near
(B) nearby
(C) nearly
(D) nearest

distribute 동 배부하다
worldwide 부 전 세계적으로

8 The seminar will make your Web site _____ to anyone who wants to view it.

(A) access
(B) accessing
(C) accessible
(D) accessibility

view 동 보다

UNIT 2

Questions 9-12 refer to the following advertisement.

Kai National University is ------- looking for full-time records management clerks to work
with the records management team. The clerks will perform ------- duties related to the
management of student records. ------- candidates should have 1-3 years of electronic
records management experience. -------. Please visit www.knationaluniversity.com to
complete an online application. Qualified candidates will be contacted for an interview.

어휘 clerk 圀 점원 related to ~와 관련된 qualified 圀 적격의, 자격을 갖춘

9 (A) recently
(B) currently
(C) finally
(D) nearly

10 (A) each
(B) few
(C) much
(D) all

11 (A) Success
(B) Succeed
(C) Successful
(D) Successfully

12 (A) On the Membership page, please enter your information.
(B) The ability to work independently is essential.
(C) The selected applicant will start the job on April 1st.
(D) To sign up, we need your payment details.

independently 흭 독립적으로
essential 圀 필수적인

어휘로 마무리

이번 Unit에 나온 어휘 중 반드시 기억해야 할 것들만 모았습니다.
우리말 뜻을 가리고 체크해 본 후, 꼭 외워 두세요.

🎧 RC-02

☐ secure	형 안정적인	☐ performance	명 공연
☐ personal	형 개인적인	☐ urgently	부 급하게
☐ be aware of	~을 알다	☐ extremely	부 극도로, 매우
☐ be accessible to	~이 접근[이용] 가능하다	☐ unfortunately	부 안타깝게도
☐ be likely to + 동사원형	~일 것 같다	☐ currently	부 현재
☐ be familiar with	~에 익숙하다	☐ recently	부 최근에(= lately)
☐ be eligible for	~을 받을 자격이 있다	☐ significantly	부 상당히
☐ be subject to	~의 대상이다, ~하기 쉽다	☐ temporary	형 일시적인
☐ feature	명 특징	☐ prevent	동 방지하다
☐ affordable	형 적절한	☐ especially	부 특히
☐ reasonable	형 합리적인	☐ closely	부 긴밀히, 면밀히
☐ eligible	형 자격 있는	☐ highly	부 매우, 크게
☐ significant	형 상당한	☐ recommend	동 추천하다
☐ relevant	형 관련 있는	☐ nearly	부 거의, 대략
☐ efficient	형 효율적인	☐ renovation	명 수리, 수선
☐ informative	형 유익한	☐ personnel	명 인력, 직원
☐ defective	형 결함 있는	☐ efficiency	명 효율성
☐ extensive	형 폭넓은	☐ a selection of	엄선한, 다양한
☐ various	형 다양한	☐ effective	형 효율적인
☐ operational	형 운영상의	☐ a series of	일련의
☐ essential	형 필수적인	☐ negotiation	명 협상
☐ considerable	형 상당한	☐ patron	명 고객
☐ dependable	형 믿을 수 있는	☐ demonstrate	동 시연하다
☐ be responsible for	~을 책임지다	☐ upcoming	형 다가오는
☐ be considerate of	~를 배려하다	☐ distribute	동 배부하다
☐ be dependent on	~에 의존하다	☐ worldwide	부 전 세계적으로
☐ be responsive to	~에 대응하다	☐ qualified	형 적격의
☐ organize	동 준비하다, 정리하다	☐ independently	부 독립적으로

PART 5 & 6
동사의 형태·종류 및 수 일치

I go to work by bus. She goes by bus too. I met her on a bus this morning.

나는 직장에 버스를 타고 **다닌다**. 그녀도 버스를 타고 **다닌다**. 나는 오늘 아침 버스에서 그녀를 **만났다**.

■ 동사의 기본 형태

동사원형	3인칭 단수형	과거형	현재분사형 / 과거분사형
go	goes	went	going / gone
meet	meets	met	meeting / met

■ 자동사와 타동사

목적어를 가질 수 없는 동사는 자동사, 목적어와 함께 쓸 수 있으면 타동사입니다.

I go to work by bus.　나는 직장에 버스를 타고 다닌다.
　　→ 자동사: 뒤에 목적어(work)가 바로 오지 못하고 전치사의 도움을 받는다.

I met her on a bus this morning.　나는 오늘 아침 버스에서 그녀를 만났다.
　　→ 타동사: 동사 뒤에 목적어(her)가 바로 올 수 있다.

■ 수 일치

주어가 단수인지, 복수인지에 따라 동사도 각각 단수 동사, 복수 동사로 쓰입니다.

She goes to work by bus.　그녀는 직장에 버스를 타고 다닌다.
단수 주어 - 단수 동사

Many people go to work by bus.　많은 사람들이 직장에 버스를 타고 다닌다.
복수 주어 - 복수 동사

1 동사 한눈에 알아보기

■ 동사원형

3인칭 단수가 아닌 주어 뒤에서 현재 시제를 나타낼 때	Most workers commute to work by bus. 대부분의 근로자들은 버스로 **통근한다**.
조동사 뒤	The Willson Market will close early tonight. 윌슨 시장은 오늘밤 일찍 문을 **닫을** 것이다.
명령문	Please submit the registration form by Friday. 등록 양식을 금요일까지 **제출하십시오**.

■ 과거형: 대부분 〈동사원형＋-(e)d〉의 형태

The company received a prize last month. 그 회사는 지난달에 상을 받았다.

■ 현재분사형/과거분사형

be동사＋현재분사(-ing)	진행 중인 일을 나타낼 때 They are negotiating a contract. 그들은 계약을 **협상하고** 있다.
be동사＋과거분사(p.p.)	동작을 당하는 입장을 나타낼 때 The board meeting was postponed. 이사회는 **연기되었다**.
have동사＋과거분사(p.p.)	완료된 일을 나타낼 때 Management has approved the proposal. 경영진이 그 제안을 **승인했다**.

■ 3인칭 단수 현재형

주어가 3인칭 단수이고 현재시제를 나타낼 때 일반동사는 〈동사원형＋-(e)s〉 형태로 씁니다.

Mr. Chen organizes sales meetings every month. 첸 씨는 매달 영업 회의를 주관한다.

Check Up

해설 p.68

다음 괄호 안에서 알맞은 것을 고르세요.

1. Please (review, reviews) the repair estimate carefully.
2. The shareholders (agreed, agreeing) with the merger.
3. We recently (notices, noticed) errors in the user manual.
4. James Morrow's first novel was (release, released) last week.
5. We will (host, hosted) our awards ceremony at Grand Hotel.
6. The price of gold has (remains, remained) low for many years.
7. I'm (plan, planning) on purchasing the movie tickets tomorrow.
8. Ms. Jameson (request, requested) a prompt response to her e-mail.

점수: _____ /8점

어휘 estimate 몡 추정치, 견적서 shareholder 몡 주주 merger 몡 합병 release 동 출시하다 prompt 혱 즉각적인 response 몡 반응, 응답

2 자동사와 타동사

동사는 뒤에 목적어를 가질 수 있는지 없는지에 따라 자동사와 타동사로 나뉩니다.

■ 자동사와 타동사 비교

자동사	자동사는 목적어를 직접 취할 수 없으며, 목적어를 취할 때 뒤에 전치사가 필요 Many employees <u>participated</u> in the fundraising activities. 많은 직원들이 모금 활동에 참여했다. 　　　　　　　　자동사 + 목적어 없음 대표적인 자동사　arrive 도착하다　participate 참석하다　rise 오르다, 증가하다　expire 만료되다 　　　　　　　　work 일하다　occur 발생하다　exist 존재하다　stay 머무르다
타동사	타동사는 전치사 없이 뒤에 바로 목적어가 옴 Hundreds of people <u>attended</u> the banquet. 수백 명의 사람들이 연회에 참석했다. 　　　　　　　　타동사 + 목적어 있음 대표적인 타동사　reach ~에 도착하다　attend ~에 참석하다　raise ~을 올리다 　　　　　　　　recruit ~을 모집하다　provide ~을 제공하다　conduct ~을 실시하다

■ 전치사와 함께 쓰이는 자동사

자동사는 전치사와 함께 타동사처럼 쓰이기도 하기 때문에 전치사와 함께 외워 두세요. 괄호 안에 표기된 비슷한 의미의 타동사와 구별해서 사용하는 것이 중요합니다.

ask for ~을 요청하다(= request)	**look for** ~을 찾다(= seek)
result in ~을 초래하다(= cause)	**participate in** ~에 참석하다(= attend)
refer to ~을 참고하다(= consult)	**respond[reply] to** ~에 응답하다(= answer)
deal with ~을 다루다(= handle, address)	**talk about** ~에 대해 말하다(= mention)

We're <u>looking for</u> experienced applicants. 우리는 경험이 풍부한 지원자를 찾고 있다.
　　= seeking → 〈자동사 + 전치사〉는 타동사와 동일

Check Up

해설 p.68

다음 괄호 안에서 알맞은 것을 고르세요.

1. Please (reply, answer) to this e-mail within 24 hours.

2. The equipment should (arrive, reach) within three days.

3. For more information, please (refer, consult) to the schedule.

4. The number of museum visitors will (rise, raise) increasingly.

5. General questions are (dealt, handled) with by our service team.

6. I will (attend, participate) on-site consultations during the seminar.

7. The new laptop will (result, cause) in a considerable increase in sales.

8. The professor (talked, mentioned) his research findings during the lecture.

점수: _____ /8점

어휘 increasingly 튄 점점　general 휑 일반적인　on-site 휑 현장의　findings 휑 결과물

3 주어와 동사의 수 일치

단수 주어에는 단수 동사, 복수 주어에는 복수 동사가 오는데 이를 '수 일치'라고 합니다.

단수 주어	he, she, it, 단수명사, 불가산명사 to부정사(구), 동명사(구), 명사절	+ 단수 동사 (is, was, has, 일반동사 + -(e)s)
복수 주어	we, they, you, 복수명사	+ 복수 동사 (are, were, have, 동사원형)

The Grand Hotel provides a duty-free service. 그랜드 호텔은 면세 서비스를 제공한다.

주어와 동사 사이에 수식어구가 있는 경우, 그 부분을 빼고 주어와 동사만으로 판단해야 합니다.

Admission (to national parks) is free for local residents. 지역 주민들에게 (국립공원) 입장료는 무료이다.

■ 주의해야 할 수 일치

(1) 수량 대명사에 따라 단수 동사 또는 복수 동사를 쓰는 경우

each, one, a series	+ of the 복수명사	+ 단수 동사
many, several, a few	+ of the 복수명사	+ 복수 동사
much, a little	+ of the 불가산명사	+ 단수 동사

Each of the apartments overlooks the Bancroft River. 각각의 아파트는 뱅크로프트 강을 내려다보고 있다.

(2) of 뒤의 명사에 따라 단수 동사 또는 복수 동사를 쓰는 경우

all 모두 most 대부분 some 일부	+ of the 불가산명사	+ 단수 동사
none 아무도/아무것도	+ of the 복수명사	+ 복수 동사

Some of the merchandise is on sale for half price. 일부 상품은 반값에 할인 판매되고 있다.

Most of our tests last about an hour. 우리 시험의 대부분은 한 시간 정도 지속된다.

Check Up
해설 p. 68

다음 괄호 안에서 알맞은 것을 고르세요.

1. Sales this month (is, are) above average.

2. To make profits (seem, seems) impossible.

3. A budget review (was, were) conducted yesterday.

4. What the customer wants (is, are) to get a full refund.

5. The bank information on the brochure (is, are) incorrect.

6. Many of the local stores (provide, provides) technical support services.

7. All of our company's major investors (is, are) located in Southeast Asia.

8. The festival organizers (expect, expects) many local artists to participate.

점수: _____ /8점

1 Every product on display _____ available at reduced prices.

(A) is   (B) are   on display 진열 중인

▶ 수 일치

2 The meeting will _____ the preparations for our upcoming winter festival.

(A) deal   (B) address   upcoming 웹 다가오는

▶ 자동사/타동사

3 May is _____ to be a very good month for our swimwear sales.

(A) proved   (B) proving   swimwear 몡 수영복

▶ 동사의 형태

4 Running a successful company _____ a certain business skill.

(A) require   (B) requires   run 동 운영하다

▶ 수 일치

5 The lack of rain this year has _____ in poor harvests for many farmers.

(A) resulted   (B) caused   lack 몡 부족

▶ 자동사/타동사

6 All of the vacation requests _____ to be submitted at least one month in advance.

(A) has   (B) have   submit 동 제출하다

▶ 수 일치

7 A lot of people have _____ to the invitation at the last minute.

(A) answered   (B) responded   at the last minute 임박해서

▶ 자동사/타동사

8 Simply _____ out the coupon and leave it with the receptionist at the front desk.

(A) fill   (B) filled

▶ 명령문

9 The new delivery track system _____ online purchasers of a delay in delivery.

(A) inform   (B) informs

▶ 수 일치

10 Mr. Brooks is the only candidate that _____ all requirements for the manger position.

(A) meets   (B) meeting   requirement 몡 요건

▶ 동사의 형태

1. The new features in the device _____ a speech recognition system.

(A) include

(B) includes

(C) including

(D) inclusive

feature 명 특징
recognition 명 인식

2. The installation of robots will _____ production time by more than 30 percent.

(A) short

(B) shorter

(C) shortly

(D) shorten

installation 명 설치

3. We're sorry to hear that you haven't _____ one of the ties you ordered.

(A) receive

(B) received

(C) receiving

(D) receives

4. The Carolina Safety Institution _____ regular inspections of local factories every six weeks.

(A) conducting

(B) to conduct

(C) conduct

(D) conducts

inspection 명 검사

5. The event is _____ in the community center next to Harbor Park.

(A) take place

(B) takes place

(C) taking place

(D) took place

6. Each of the sales team members _____ a monthly progress report at the end of the month.

(A) submit

(B) to submit

(C) submitting

(D) submits

7. The organizers of the children's festival _____ decided to postpone the event until next Saturday.

(A) have

(B) has

(C) having

(D) to have

organizer 명 주최자, 조직자

8. The first day of the Dale Mud Festival _____ a number of visitors.

(A) responded

(B) attracted

(C) talked

(D) participated

Questions 9-12 refer to the following memo.

MEMO

From: Peter Dubinsky, HR Director

To: All Employees

Date: Wednesday, June 9

Re: Job Fair

I would like to offer my thanks to all of the people who have already ------- to help at the 9 job fair this weekend. I have spoken with the vice president of the company, and he has said that some compensation may be ------- for your efforts. -------. So far, 21 people are 10 11 supposed to give their help, but we need at least 19 more. If your schedule this weekend is still open, please join us. Register early to receive a(n) ------- schedule. Thank you. 12

어휘 job fair 취업 박람회 compensation 평 보상 so far 현재까지 be supposed to+동사원형 ~하기로 예정되다 register 통 등록하다

9 (A) volunteer
   (B) volunteers
   (C) volunteered
   (D) volunteering

10 (A) offer
   (B) offers
   (C) offering
   (D) offered

11 (A) Please get back to me at your earliest convenience.
   (B) However, we still need more volunteers.
   (C) Let me know if you need any directions.
   (D) Other processes will remain the same.

at your earliest convenience
당신이 가장 편한 때에

12 (A) extensive
   (B) desirable
   (C) potential
   (D) various

어휘로 마무리

이번 Unit에 나온 어휘 중 반드시 기억해야 할 것들만 모았습니다.
우리말 뜻을 가리고 체크해 본 후, 꼭 외워 두세요.

🎧 RC-03

□ commute	동 통근하다	□ respond to	~에 응답하다(= answer)
□ submit	동 제출하다(= turn in)	□ talk about	~에 대해 말하다(= mention)
□ registration	명 등록	□ experienced	형 경험이 풍부한, 능숙한
□ prize	명 상	□ increasingly	부 점점
□ negotiate	동 협상하다	□ general	형 일반적인
□ contract	명 계약	□ findings	명 결과물
□ the board	이사회	□ admission	명 입장(료)
□ postpone	동 연기하다	□ last	동 지속되다
□ estimate	명 추정치, 견적서	□ above	전 ~ 위의, ~ 이상
□ shareholder	명 주주	□ average	명 평균
□ merger	명 합병	□ conduct	동 실시하다
□ release	동 출시하다	□ incorrect	형 부정확한
□ purchase	동 구매하다 명 구입한 것	□ major	형 주요한
□ prompt	형 즉각적인	□ investor	명 투자자
□ response	명 반응, 응답	□ artist	명 예술가
□ participate	동 참가하다	□ run	동 운영하다
□ fundraising	명 모금	□ lack	명 부족
□ rise	동 오르다, 증가하다	□ at least	적어도
□ expire	동 만료되다	□ receptionist	명 접수 담당자
□ occur	동 발생하다	□ track	명 추적
□ exist	동 존재하다	□ delay	명 지연
□ raise	동 올리다	□ recognition	명 인식
□ recruit	동 모집하다	□ installation	명 설치
□ provide	동 제공하다	□ progress	명 진전
□ ask for	요청하다(= request)	□ job fair	취업 박람회
□ result in	~을 초래하다(= cause)	□ compensation	명 보상
□ refer to	~을 참고하다(= consult)	□ register	동 등록하다
□ deal with	다루다(= handle, address)	□ desirable	형 바람직한, 원하는

PART 5 & 6
동사의 시제 및 태

■ 동사의 시제

She will write a novel.

그녀는 소설을 쓸 것이다.

She is writing a novel.

그녀는 소설을 쓰고 있다.

She wrote a novel.

그녀는 소설을 썼다.

시제는 과거, 현재, 미래의 시간에 따라 변하는 동사의 형태를 말합니다.

■ 태

능동태 **Riley wrote a novel.** (소설을 쓴 주체 → 라일리)

라일리는 소설을 **썼다.**

수동태 **A novel was written by Riley.** (쓰여진 대상 → 소설)

소설이 라일리에 의해 **쓰여졌다.**

능동태는 '주어가 ~을 하다'의 의미로, 주어가 행위자가 되어 동작을 행하는 것입니다. 반면 수동태는 '주어가 ~되다'의 의미로, 주어가 동작을 당하는 대상이 되는 것이며 〈be동사+p.p.(과거분사)〉의 형태로 쓰입니다.

1 단순 시제

단순 시제는 현재, 과거, 미래의 시점에 일어난 일을 나타낼 때 사용합니다.

- **현재:** 현재의 상태, 습관, 일반적인 사실

  동사원형 / 동사원형+-(e)s

  Domestic airlines <u>usually</u> serve drinks to their travelers.
  국내선 항공사들은 보통 여행객들에게 음료수를 **제공한다**.

  The Dade Museum opens at 10 A.M. <u>each day</u>. 데이드 박물관은 매일 오전 10시에 문을 **연다**.

함께 쓰는 표현	always 항상	usually 보통	often 종종	frequently 자주	generally 일반적으로
	regularly 정기적으로		every week[month] 매주[달]		each year 매년

- **과거:** 과거에 일어난 일

  동사원형+-(e)d

  Construction began <u>two months ago</u>. 공사는 두 달 전에 **시작되었다**.

  The festival concluded <u>last week</u>. 축제는 지난주에 **종료되었다**.

함께 쓰는 표현	yesterday 어제	시간 표현+ago ~ 전에	last week[month] 지난주[달]
	recently 최근에	previously 이전에	then 그때	once 언젠가

- **미래:** 앞으로 일어날 일

  will+동사원형

  Mr. Paker will lead a training class <u>next Friday</u>. 페이커 씨는 다음 주 금요일에 연수반을 **이끌 것이다**.

함께 쓰는 표현	tomorrow 내일	shortly/soon 곧	next week[month] 다음 주[달]	upcoming 다가오는

Check Up

해설 p.70

다음 괄호 안에서 알맞은 것을 고르세요.

1. Tony (stays, stayed) at the Gardenside Hotel once.

2. Brent (does, will) not return until Thursday evening.

3. We usually (run, will run) three shifts at our factories.

4. The awards ceremony (took, will take) place tomorrow.

5. They (complete, will complete) their orders on Fridays.

6. We frequently (conduct, conducted) surveys for research.

7. Martina (receive, received) the product samples last week.

8. Jason (attended, will attend) an upcoming photography exhibition.

점수: _____/8점

UNIT 4

2 진행 시제

진행 시제는 현재, 과거, 미래의 구체적인 시점에 진행 중인 동작이나 사건을 나타낼 때 사용합니다.

- **현재 진행**: 현재 진행 중이거나 가까운 미래의 일

  is/am/are + 동사원형 + -ing

  The law firm is currently seeking a tax consultant. 그 법률 회사는 현재 세무사를 **구하고 있다.**

  Our district manager is coming back this afternoon. 우리 지역 관리자는 오늘 오후에 **돌아온다.**

  > 함께 쓰는 표현 (right) now 지금   at the moment 지금   currently/presently 현재

- **과거 진행**: 과거의 구체적인 시간에 진행되고 있던 일

  was/were + 동사원형 + -ing

  Mr. Lin was working at the headquarters at that time. 린 씨는 그때 본사에서 **일하고 있었다.**

  The manager was talking on the phone when I entered the office.
  내가 사무실에 들어갔을 때 매니저는 **통화를 하고 있었다.**

  > 함께 쓰는 표현 at 11 last night 어젯밤 11시에   at that time 그때
  > when + 주어 + 과거 시제 …가 ~했을 때

- **미래 진행**: 미래의 구체적 시점에 진행되고 있을 일

  will be + 동사원형 + -ing

  It will be raining at this time tomorrow. 내일 이맘때면 **비가 올 것이다.**

  > 함께 쓰는 표현 at 10 tomorrow 내일 10시에 next week 다음 주 at this time + 미래 시간 미래의 이때

Check Up
해설 p.70

다음 괄호 안에서 알맞은 것을 고르세요.

1. Ben (is, was) booking a flight to Rome at that time.
2. The employment rate (is, was) gradually increasing now.
3. Tom's Steak (was, will be) closing at the end of this year.
4. Joe (is, was) preparing the sales report when he got a call.
5. The sales manager (is, was) attending a reception tomorrow.
6. We (are, were) expanding to seven branches over the next year.
7. The managers (are, were) discussing the proposal at the moment.
8. The company (will be, was) promoting a new tablet PC next month.

점수: _____/8점

어휘 employment rate 취업률 gradually 倶 점점 reception 冏 환영회 expand 동 확장하다 promote 동 홍보하다

3 완료 시제

완료 시제는 일어난 일이 현재, 과거, 미래의 어느 시점까지인지를 나타냅니다.

- **현재완료**: 과거부터 지금까지 이어진 동작이나 상태

  | have/has + p.p. |

  Oil prices have increased steadily <u>over the last three years</u>. 지난 3년간 유가가 꾸준히 **올랐다**.

  We have <u>already</u> reviewed their application forms. 우리는 이미 그들의 지원서를 **검토했다**.

  > 함께 쓰는 표현　over[for, in] the last[past] five years 지난 5년간　for three years 3년 동안
  > since + 과거 시간 ~부터　just 방금　already 이미　yet 아직(부정문)
  > recently, lately 최근

- **과거완료**: 과거 시점 이전에 발생한 일이나 상태

  | had + p.p. |

  Ralph had already left for the airport <u>when I got to the hotel</u>.
  내가 호텔에 도착했을 때, 랄프는 이미 공항으로 **떠났었다**.

  > 함께 쓰는 표현　before[when, by the time] + 주어 + 과거 시제 ~하기 전에[~했을 때]

- **미래완료**: 미래의 시점에 어떤 일이 완료 예정인 것

  | will have + p.p. |

  Rachel will have completed the report <u>by the time I come back from my trip</u>.
  내가 출장에서 돌아올 때 쯤이면 레이첼은 보고서를 **완성했을 것이다**.

  > 함께 쓰는 표현　by next month 다음 달까지　by the time + 주어 + 현재 시제 ~할 때 쯤이면

Check Up

해설 p.71

다음 괄호 안에서 알맞은 것을 고르세요.

1. There (is, has been) a significant decrease in sales lately.

2. We (have, will have) moved to a new office by next month.

3. The stock prices (had, have) remained stable for two weeks.

4. The restaurant (has, had) recently gained popularity for its new menu.

5. When we arrived, the workers (has, had) already removed all the trees.

6. I (have, will have) refunded the discount to your account by next Monday.

7. Andy (has, had) been interested in economics before he entered college.

8. By the end of the month, we (have, will have) interviewed over 20 candidates.

점수: _____ /8점

4 능동태와 수동태

능동태는 주어가 동사의 행위를 직접 하며, 동사가 '~을 하다'로 해석됩니다. 하지만 수동태는 주어가 동사의 행위를 받는 대상으로 '~이 되다'로 해석되며 〈be동사＋p.p.(과거분사)〉의 형태로 표현합니다.

■ 능동태와 수동태

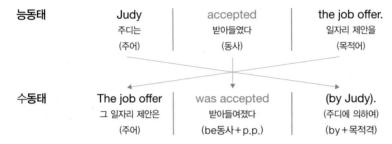

■ 문장 형식에 따른 수동태

3형식 | [능동태] I received your order this morning.
오늘 아침에 당신의 주문을 **받았습니다.**

[수동태] Your order was received this morning (by me).
당신의 주문은 (나에 의하여) 오늘 아침에 **받아졌습니다.**

4형식 | [능동태] Peter will send me an invoice.
피터는 나에게 송장을 **보낼 것이다.**

[수동태] An invoice will be sent to me (by Peter).
송장은 (피터에 의하여) 나에게 **보내질 것이다.**

5형식 | [능동태] Our customers consider our service reliable.
고객들은 우리의 서비스를 신뢰할 만하다고 **여긴다.**

[수동태] Our service is considered reliable (by our customers).
우리의 서비스는 (고객들에 의해) 신뢰할 만하다고 **여겨진다.**

Check Up
해설 p.71

다음 괄호 안에서 알맞은 것을 고르세요.

1. Dessert will (serve, be served) after the meal.

2. The seminar (found, was found) to be informative.

3. The staff lounge (renovated, was renovated) recently.

4. Each financial report (has, has been) carefully examined.

5. The mayor will (award, be awarded) a prize to the winners.

6. Customers (offer, are offered) free installation of water purifiers.

7. A few attendees will (receive, be received) feedback after the workshop.

8. Job applications are (reviewing, being reviewed) by the hiring committee.

점수: _____ / 8점

어휘 informative 휑 유익한 financial 휑 금융의, 재정적인 water purifier 정수기 attendee 휑 참석자 hiring committee 채용 위원회

5 능동태와 수동태의 구별

■ 목적어 유무에 따른 구별

3형식 동사는 뒤에 목적어가 있으면 능동태, 목적어가 없으면 수동태로 구분합니다.

Customers should submit <u>order forms</u> in advance. 고객들은 주문서를 미리 **제출해야 한다.** <s>should be submitted</s>　목적어	능동태
Order forms should be submitted in advance (by the customers). <s>should submit</s>　ø(목적어 없음)　　주문서는 고객들에 의하여 미리 **제출되어야 한다.**	수동태

■ 〈수동태 + 전치사〉 빈출 표현

수동태 뒤에는 주로 전치사 by가 오지만, 다른 전치사를 쓰는 경우도 있으니 함께 기억해 두세요.

for	be known for ~로 유명하다 be qualified for ~에 적격이다	be exchanged for ~으로 교환되다 be required for ~을 위해 요구되다
in	be interested in ~에 관심 있다 be involved in ~에 관련되다	be included in ~에 포함되다 be engaged in ~에 참여하다
to	be exposed to ~에 노출되다 be dedicated to ~에 전념하다	be related to ~와 관계가 있다 be awarded to ~을 수여받다
with	be pleased with ~로 기뻐하다 be satisfied with ~에 만족하다	be equipped with ~을 갖추고 있다 be filled with ~으로 가득 차다
at/about/on	be surprised at ~에 놀라다 be concerned about ~에 걱정하다	be located at/in ~에 위치하다 be based on ~에 기초를 두다

I hope you were completely satisfied with your meals. 식사에 완전히 **만족하셨기를** 바랍니다.

A $100 deposit is required for your reservation. 예약을 위해서는 100달러의 보증금이 **필요합니다.**

Check Up

해설 p.71

다음 괄호 안에서 알맞은 것을 고르세요.

1. We are very (satisfied, engaged) with your work.
2. No one is (concerned, qualified) for the manager's position.
3. Strong competition (expects, is expected) in the jewelry market.
4. The researchers were quite (interested, pleased) with the test results.
5. The date for the spring festival hasn't (determined, been determined).
6. Defective items may (exchange, be exchanged) for the same item only.
7. The new smartphone is (equipped, satisfied) with advanced technology.
8. Maria has yet to (receive, be received) financial data from the sales team.

점수: _____ /8점

어휘 competition 명 경쟁 defective 형 결함 있는 advanced 형 선진의, 첨단의 have yet to + 동사원형 아직 ~하지 못하다

UNIT 4

1 Three finalists for the position will _____ by phone at the end of the month.

(A) be contacted   (B) contact   finalist 몡 결승 진출자, 최종 1위

▶ 태

2 Asian Cruises _____ its first profit since they began sailing five years ago.

(A) has made   (B) had made   profit 몡 이윤, 이익

▶ 완료 시제

3 The kitchen and dining area should _____ clean at all times.

(A) keep   (B) be kept

▶ 태

4 Victory Industries _____ its acquisition of the Riburon Boating Company last Monday.

(A) will announce   (B) announced   acquisition 몡 인수

▶ 단순 시제

5 Our insurance will no longer _____ dental care beginning next month.

(A) cover   (B) be covered   beginning 젠 ~부터

▶ 태

6 The maintenance inspectors _____ the assembly line every two weeks.

(A) check   (B) will check   maintenance 몡 유지 관리

▶ 단순 시제

7 Over half of our company's major investors _____ in the Middle East.

(A) are locating   (B) are located   major 몡 주요한
investor 몡 투자자

▶ 수동태 빈출 표현

8 Supervisors _____ some factory equipment on Monday.

(A) have inspected   (B) will be inspecting

▶ 완료 시제 vs 진행 시제

9 Mr. Grayson _____ the award for best innovation for his company's new wing design.

(A) accepted   (B) was accepted   wing 몡 별관

▶ 태

10 By the time Della Café opens, its Web site _____.

(A) will have been launched   (B) had been launched
launch 동 출시하다

▶ 완료 시제

1 Eagle Supplies _____ a special luncheon every month at Paul's Bistro Restaurant.

(A) hosts

(B) hosted

(C) will host

(D) have been hosted   luncheon ⑱ 오찬

2 For the last 20 years, Mr. Wang _____ to overseeing the development of new products.

(A) is dedicated

(B) is dedicating

(C) has dedicated

(D) has been dedicated   oversee ⑧ 감독하다

3 Sky Tours _____ Asian tourists a variety of tour packages to Europe at affordable prices throughout the year.

(A) was offering

(B) was offered

(C) is offering

(D) is offered   a variety of 다양한
affordable ⑱ 가격이 알맞은

4 Mr. Dawson _____ temporarily as a chef at Indochina Restaurant in Quebec City five years ago.

(A) is employed

(B) have been employed

(C) will be employed

(D) was employed   temporarily
⑨ 임시로, 일시적으로

5 By the time the fire on Turnston Lane _____, it had spread to several other homes.

(A) reporting

(B) was reported

(C) will be reported

(D) is reported   spread ⑧ 퍼지다
(spread-spread-spread)

6 Most of KGU Group's insurance rates _____ steady since 2015.

(A) has remained

(B) have remained

(C) had remained

(D) will have remained   steady
⑱ 꾸준한, 변동 없는

7 All of the guidelines about the use of the equipment _____ throughout the fitness center.

(A) posted

(B) has posted

(C) are posting

(D) are posted   throughout
⑳ 곳곳에, 도처에

8 Mr. Brown _____ from jet lag when he returned from his trip on Monday.

(A) suffers

(B) will suffer

(C) was suffering

(D) will have suffered   jet lag 시차증

UNIT 4

Questions 9-12 refer to the following advertisement.

Roundville College Annual Interview Workshop

This year's job interview workshop will ------- on June 10-15. Since we first ------- the
                                          9   10
interview workshop five years ago, it has steadily become popular among the attendees.
-------. Our university's rate of employment after graduation has increased by 20% over
    11
the past five years. Various activities and speeches will take place every afternoon from 3:00
to 6:00 P.M.

Please ------- the schedule and e-mail Mary Higgins (mhiggins@roundville.edu) to reserve
        12
your space at each event.

어휘 annual 형 연례의 steadily 부 꾸준히 graduation 명 졸업

9 (A) hold
   (B) have held
   (C) be holding
   (D) be held

10 (A) start
   (B) started
   (C) have started
   (D) starting

11 (A) Be sure to order by the end of the week.
   (B) It's always been a great success.
   (C) You may choose your partner.
   (D) Bring your résumé and a letter of
       recommendation.
                              résumé 명 이력서
                         letter of recommendation
12 (A) refer   추천서
   (B) consult
   (C) rearrange
   (D) modify

이번 Unit에 나온 어휘 중 반드시 기억해야 할 것들만 모았습니다.
우리말 뜻을 가리고 체크해 본 후, 꼭 외워 두세요. 🎧 RC-04

☐ frequently	🖁 빈번하게	☐ informative	혱 유익한
☐ generally	🖁 일반적으로	☐ hiring committee	채용 위원회
☐ regularly	🖁 정기적으로	☐ in advance	미리
☐ construction	뎡 공사	☐ be exchanged for	~으로 교환되다
☐ conclude	뎡 종료되다	☐ be qualified for	~에 적격이다
☐ previously	🖁 이전에	☐ be interested in	~에 관심이 있다
☐ once	🖁 언젠가	☐ be involved in	~에 관련되다
☐ shortly	🖁 곧(= soon)	☐ be related to	~와 관계가 있다
☐ shift	뎡 교대	☐ be dedicated to	~에 전념하다
☐ take place	열리다, 개최되다	☐ be pleased with	~로 기뻐하다
☐ exhibition	뎡 전시회	☐ be equipped with	~을 갖추고 있다
☐ seek	뎡 구하다(= look for)	☐ be located at	~에 위치하다
☐ at the moment	지금	☐ be concerned about	~에 대해 걱정하다
☐ presently	🖁 현재(= currently)	☐ be based on	~에 기초를 두다
☐ headquarters	뎡 본사	☐ competition	뎡 경쟁
☐ at that time	그때	☐ jewelry	뎡 보석류
☐ employment rate	취업률	☐ determine	뎡 결정하다
☐ gradually	🖁 점점	☐ advanced	혱 선진의, 첨단의
☐ reception	뎡 환영회	☐ have yet to + 동사원형	아직 ~하지 못하다
☐ promote	뎡 홍보하다	☐ finalist	뎡 결승 진출자, 최종 1위
☐ steadily	🖁 꾸준히	☐ acquisition	뎡 인수
☐ complete	뎡 완성하다, 끝내다	☐ beginning	젼 ~부터(= starting)
☐ stock	뎡 주식	☐ maintenance	뎡 유지 관리
☐ stable	혱 안정적인	☐ launch	뎡 출시하다
☐ popularity	뎡 인기	☐ luncheon	뎡 오찬
☐ remove	뎡 제거하다	☐ oversee	뎡 감독하다
☐ economics	뎡 경제학	☐ steady	혱 꾸준한, 변동 없는
☐ job offer	일자리 제안	☐ graduation	뎡 졸업

UNIT 4

Unit 5

to부정사와 동명사

When are you planning to hold a meeting?

언제 **회의를 할** 계획이세요?

After I finish writing this report.

이 **보고서 쓰는 것**을 끝내고 나서요.

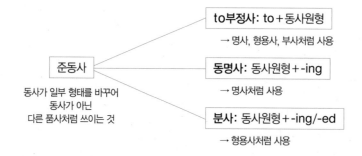

to부정사: to + 동사원형
→ 명사, 형용사, 부사처럼 사용

준동사
동사가 일부 형태를 바꾸어
동사가 아닌
다른 품사처럼 쓰이는 것

동명사: 동사원형 + -ing
→ 명사처럼 사용

분사: 동사원형 + -ing/-ed
→ 형용사처럼 사용

■ to부정사: to + 동사원형

to부정사는 동사원형에 to가 붙은 형태로 만능 재주꾼입니다. to부정사가 되면 명사, 형용사, 부사처럼 사용될 수 있습니다.

My manager wants to hold a meeting soon. → 명사처럼 want의 목적어 역할을 합니다.
나의 매니저는 **곧 회의 하기를** 원한다.

I have a plan to finish the report first. → 형용사처럼 앞의 명사 plan을 수식합니다.
나는 **보고서를 먼저 끝낼** 계획이다.

She called me to hold a meeting. → 부사처럼 앞 문장 She called me를 수식하여
그녀는 **회의를 하기 위해** 나에게 전화했다.   '목적'을 나타냅니다.

■ 동명사: 동사원형 + -ing

동사원형에 -ing가 붙은 동명사는 글자 그대로 동사가 명사가 된 형태입니다. 따라서 명사처럼 행동합니다.

Finishing the report is urgent. → 동명사구(Finishing the report)가 명사처럼 주어로 쓰입니다.
보고서를 끝내는 것은 시급하다.

1 to부정사의 역할: 명사

명사의 역할을 하는 to부정사는 '~하는 것, ~하기'의 의미가 되어, 명사처럼 주어, 목적어, 보어의 역할을 합니다.

| 주어 | To receive feedback from customers **is** necessary. **고객의 의견을 받는 것**이 필요하다. |

= It **is** necessary to receive feedback from customers. (**가주어 it 사용**)

| 목적어 | Mr. Iwata **agreed** to accept the job offer. 이와타 씨는 **그 일자리 제안을 받아들이는 것**에 동의했다. |

| 보어 | [주격 보어] | Our goal **is** to increase our sales overseas.
우리의 목표는 **해외 판매를 늘리는 것**이다. |

[목적격 보어] Management **asked** managers to enter all the data.
경영진은 관리자들에게 **모든 데이터를 입력해 줄 것**을 요청하였다.

■ to부정사를 목적어로 취하는 동사

희망이나 계획 등의 의미를 담은 동사들은 대체로 뒤에 to부정사가 옵니다.

plan	계획하다	fail	실패하다	aim	목표하다	
want	원하다	agree	동의하다	strive	노력하다	
need	필요하다	intend	의도하다	offer	제안하다	+ to부정사 (~하기를)
hope	바라다	decide	결정하다	tend	경향이 있다	
expect	기대하다	refuse	거절하다	like[love]	좋아하다	

We expect to fill our vacant positions. 우리는 **결원을 채우기**를 기대한다.

Everyone needs to become familiar with the new equipment.
모든 사람들이 **새 장비에 익숙해지는 것**이 필요하다.

Check Up

해설 p. 73

다음 괄호 안에서 알맞은 것을 고르세요.

1. All shipments need to (arrive, arrival) within this week.

2. It is important (improve, to improve) your work efficiency.

3. Mr. Winston's duty is to (respond, response) to customer concerns.

4. The floor manager asked Laura (clean, to clean) the filter regularly.

5. The company intended to (expand, expanded) their business overseas.

6. I would like (schedule, to schedule) a meeting for 3 P.M. on Monday.

7. The director has decided (extend, to extend) the deadline for two days.

8. The chef is continually striving to (develop, developer) new menu items.

점수: _____ / 8점

어휘 shipment 영 선적품 efficiency 영 효율성 concern 영 우려, 염려 regularly 분 규칙적으로, 정기적으로

2 to부정사의 역할: 형용사와 부사

to부정사는 명사의 역할 이외에도 '~할, ~하는'의 의미로 형용사 역할을 할 수 있을 뿐만 아니라, '~하기 위하여, ~하게 되어'의 의미로 부사 역할을 하기도 합니다.

[형용사 역할] (~할, ~하는)

Dennis got a chance to make a presentation. [a chance 수식]

데니스에게는 **발표할** 기회가 있었다.

We are looking for ways to win the bid. [ways 수식]

우리는 **입찰에서 이길** 방법을 찾고 있다.

[부사 역할] (~하기 위하여)

Send an e-mail to Sarah to reserve a space. [문장 전체 수식]

자리를 예약하려면 사라에게 이메일을 보내세요.

= To reserve a space, send an e-mail to Sarah.

= In order to reserve a space, send an e-mail to Sarah.

■ 〈명사+to부정사〉 빈출 표현

plan 계획	way 방법	method 방법	+ to부정사 (~을 할, ~을 하려는)
chance 기회	opportunity 기회	decision 결정	
effort 노력	attempt 시도	time 시간	
ability 능력	right 권리	idea 생각	

The company has a plan to purchase new machinery. 그 회사는 **새 기계를 구입할** 계획을 가지고 있다.

We make every effort to cut down on energy costs. 우리는 **에너지 비용을 줄이려는** 온갖 노력을 다한다.

Check Up

해설 p. 73

다음 괄호 안에서 알맞은 것을 고르세요.

1. Please e-mail us to (renew, renewal) your subscription.
2. Grand Hotel will place an ad (to find, found) receptionists.
3. We can set up a time to (discussion, discuss) your proposal.
4. Respond to the invitation (confirmation, to confirm) your attendance.
5. To (apologize, apology) for the delay, the airline offered us a voucher.
6. The journalist had the opportunity (interviewer, to interview) Mayor Turner.
7. The board supported the CEO's decision (expand, to expand) internationally.
8. The management is seeking a suitable way (address, to address) the problem.

점수: ______ / 8점

[어휘] subscription [명] 구독 place an ad 광고를 내다 set up a time 시간을 정하다 internationally [부] 국제적으로 address [동] 해결하다

3 동명사의 역할: 명사

〈동사원형 + -ing〉 형태의 동명사는 명사의 역할만 하며 문장 내에서 주어, 목적어, 보어로 쓰입니다.

주어	Having sales experience is important for the job. **영업 경력이 있는 것**이 그 일에 중요하다.
목적어	[동사 뒤] Many people enjoy using mobile banking. 많은 사람들이 **모바일 뱅킹을 이용하는 것**을 즐긴다.
	[전치사 뒤] Mr. Shim keeps healthy by exercising regularly. 심 씨는 **규칙적으로 운동함으로써** 건강을 유지한다.
보어	Our main interest is improving the welfare system. 우리의 주된 관심사는 **복지 제도를 개선하는 것**이다.

■ 동명사를 목적어로 취하는 동사

동명사는 말하는 시점이나 그 이전에 일어난 일을 의미하는 경우가 많으며 완료, 제안, 부정 등의 의미를 가진 동사 뒤에 주로 동명사가 옵니다.

enjoy 즐기다	postpone 미루다	put off 연기하다	
include 포함하다	avoid 피하다	dislike 싫어하다	+ -ing
discontinue 중단하다	mind 꺼리다	keep 계속하다	(~하는 것을)
suggest 제안하다	consider 고려하다	recommend 추천하다	

Mr. Watson is considering exchanging a used car for a new one.
왓슨 씨는 **중고차를 새 차로 교환하는 것**을 고려하고 있다.

Your duties include conducting surveys with clients online.
귀하의 업무에는 **온라인 고객 설문조사**가 포함됩니다.

U N I T 5

Check Up 해설 p. 73

다음 괄호 안에서 알맞은 것을 고르세요.

1. (Raise, Raising) a pet requires a lot of responsibility.

2. The dentist put off (to travel, travelling) to Vancouver.

3. Timothy is in charge of (designing, design) the planning.

4. Mr. Park's main interest is (be, being) promoted to manager.

5. Doctors recommend (washing, to wash) your hands well and often.

6. (Been, Being) confident is important for a successful job interview.

7. The company prevents outsiders from (enter, entering) its buildings.

8. Ms. Lawrence is responsible for (deals, dealing) with customer complaints. 점수: _____ /8점

어휘 pet 몡 애완동물 responsibility 몡 책임감 put off 연기하다(= postpone) deal with ~을 다루다

159

4 동명사 vs. 명사

■ 동명사와 명사의 구분

동명사는 뒤에 명사를 목적어로 가질 수 있지만, 명사는 목적어를 가질 수 없습니다. 명사는 그 앞에 관사(a / an / the)나 형용사의 수식을 받을 수 있습니다.

동명사	John has finished arranging the meeting. 　　　　　　　　　　동명사　　　목적어 존은 **회의 준비하는 것**을 끝냈다.
명사	John has made all the arrangements for the meeting. 　　　　　　　　관사　　　명사　　　　전치사구 존은 **회의를 위한 모든 준비**를 했다.

■ 동명사 관용 표현

on / upon + -ing	~하자마자	spend + 시간 / 돈 + -ing	~하는 데 시간 / 돈을 쓰다
be busy + -ing	~하느라 바쁘다	have difficulty + -ing	~하는 데 어려움이 있다
feel like + -ing	~하고 싶다	have trouble + -ing	~하는 데 어려움이 있다
be worth + -ing	~할 가치가 있다	go + -ing	~하러 가다

I'll have no trouble walking to your office for the meeting.
내가 회의 때문에 당신 사무실로 걸어가는 데는 별 **어려움이 없을 겁니다**.

Mr. Ricci is busy studying Italian cooking in Capri.
리치 씨는 카프리에서 이탈리아 요리 공부를 **하느라 바쁘다**.

Check Up
해설 p. 74

다음 괄호 안에서 알맞은 것을 고르세요.

1. Please call me back upon (receiving, receipt) this message.

2. Some people make (donating, donations) on a regular basis.

3. Petera usually goes grocery (shop, shopping) on the weekends.

4. Ms. Jones had difficulty (acceptance, accepting) the client's claim.

5. The Folk Village is worth (visit, visiting) during the summer season.

6. (Attending, Attendance) the orientation is required for new employees.

7. Mr. Kibson will be in (attending, attendance) for the workshop Monday.

8. We spent a large amount of money (upgrade, upgrading) the heating system.

점수: _____ / 8점

어휘 on a regular basis 정기적으로(= regularly) claim 명 주장 a large amount of 다량의

5 to부정사와 동명사 빈출 표현

to부정사의 to와 전치사 to가 헷갈리기 쉬우니 뒤에 동사원형을 가지는 to부정사의 to를 형용사 또는 분사와 함께 외워 두세요.

■ 〈be동사＋형용사／분사＋to부정사〉 빈출 표현

be willing to＋동사원형	기꺼이 ~하다	be encouraged to＋동사원형	~하도록 권장되다
be eager to＋동사원형	~하는 것을 열망하다	be required[advised] to ＋동사원형	~하도록 요구되다
be proud to＋동사원형	~하는 것을 자랑스러워하다	be pleased[delighted] to ＋동사원형	~을 하게 되어 기쁘다
be expected to＋동사원형	~하는 것이 기대되다	be scheduled to＋동사원형	~하기로 예정되다

Patrick was pleased to attend the charity event. 패트릭은 자선 행사에 참석하게 되어 기뻤다.

The exhibition is scheduled to open on June 10. 전시회는 6월 10일에 열릴 예정이다.

■ 〈전치사 to＋동명사〉 빈출 표현

look forward to＋-ing	~을 고대하다	be used[accustomed] to＋-ing	~에 익숙하다
contribute to＋-ing	~에 공헌하다	be committed to＋-ing	~에 전념하다
object to＋-ing	~에 반대하다	be dedicated[devoted] to＋-ing	~에 헌신하다

We are committed to offering quality monitors at affordable prices.
우리는 양질의 모니터를 저렴한 가격에 제공하는 데 전념하고 있습니다.

The manager is looking forward to taking a few days off.
그 관리자는 며칠 휴가 내는 것을 고대하고 있다.

UNIT 5

Check Up
해설 p.74

다음 괄호 안에서 알맞은 것을 고르세요.

1. We're eager to (hear, hearing) your final decision.
2. Mr. Brady is willing to (work, working) additional hours.
3. We look forward to (serve, serving) you as a valued guest.
4. Most managers objected to (lower, lowering) travel expenses.
5. The new theater is expected to (draw, drawing) a large audience.
6. Ms. Baker is dedicated to (improve, improving) our work environment.
7. Adam is used to (work, working) overtime to launch our new programs.
8. All employees are required to (submit, submitting) their time cards every day.

점수: _____ /8점

여휘 be eager to 간절히 ~하고 싶어 하다 additional 혱 추가의 valued 혱 소중한 lower 통 낮추다 launch 통 출시하다

161

토익 감잡기

해설 p.74

1 We aim _____ visitors a memorable dining experience.

   (A) to give   (B) giving   memorable 혱 기억할 만한

▶ aim의 목적어

2 The retailer suggested _____ the sofa to make the space look larger.

   (A) to rearrange   (B) rearranging   retailer 몡 소매상, 소매점

▶ suggest의 목적어 자리

3 Our goal is _____ our new phone affordable to all consumers.

   (A) to make   (B) made   goal 몡 목표

▶ 주격 보어 자리

4 During the job fair, Mr. Mason was busy _____ to job seekers.

   (A) to respond   (B) responding   job seeker 구직자

▶ be busy 뒤

5 In an effort to _____ work efficiency, the Accounting Department replaced their computers.

   (A) increase   (B) increasing   efficiency 몡 효율성

▶ 명사구 an effort 수식

6 The sales manager called a meeting to _____ our sales goals for the coming months.

   (A) discuss   (B) discussing

▶ to의 구분

7 _____ current consumer trends is an important stage for our company.

   (A) Analyze   (B) Analyzing   analyze 통 분석하다

▶ 주어 자리

8 The organizer asked the audience _____ from chatting during the meeting.

   (A) to refrain   (B) refraining   refrain 통 삼가다

▶ 목적격 보어 자리

9 The restaurant gained a good reputation for _____ top-quality meals.

   (A) producing   (B) product   reputation 몡 평판, 명성

▶ 동명사와 명사 구분

10 We are delighted _____ our customers with the best accounting services available.

   (A) to provide   (B) providing

▶ be delighted 뒤

1 We plan _____ most of our vacation positions through promotions and transfers.

(A) fill

(B) filled

(C) to fill

(D) filling

promotion 몡 승진

transfer 몡 전근

2 Morton Industries is considering _____ a small clothing manufacturer in California.

(A) acquire

(B) acquisition

(C) to acquire

(D) acquiring

acquire 동 인수하다

3 This seminar will introduce some effective ways _____ your Web site easily accessible to your clients.

(A) made

(B) has made

(C) to make

(D) making

effective 형 효과적인

4 The movie director had difficulty _____ a replacement for veteran actor Edwin Marterl.

(A) find

(B) found

(C) to find

(D) finding

veteran 몡 베테랑, 전문가

5 Some changes will be made to the budget _____ improve profits this quarter.

(A) in the order

(B) in time for

(C) in order to

(D) instead of

in time for ~ 때에 맞추어

6 Please turn off all cell phones, and avoid _____ your flash on your cameras during the performance.

(A) use

(B) using

(C) used

(D) usable

7 Central City urgently needs volunteers _____ visitors during next weekend's Garden Show.

(A) help

(B) helps

(C) to help

(D) helped

8 The 'PC Updater' software program will contribute to _____ your computer's performance.

(A) improve

(B) improving

(C) improvement

(D) improved

performance 몡 성능, 실적, 공연

Questions 9-12 refer to the following e-mail.

To: jenner@grandensildehotel.com

From: tdawson@soloftconsul.co.uk

Date: 20 April

Subject: Company outing

Dear Ms. Jenner,

My name is Tamara Dawson at the Park Hill branch of Soloft Consulting, Inc. ------- the 25th anniversary of our branch, we are hoping to plan an outdoor picnic for our employees. -------. The anniversary itself is May 24th, but any date in May or June would be acceptable. Does your staff include an event planner who can assist us in ------- this outing? If so, please put me in touch with them so we may be ------- to discuss the details. I look forward to hearing back from you soon.

Sincerely,

Tamara Dawson

Administrative Assistant

Soloft Consulting, Inc.

어휘 outing 몡 야유회 branch 몡 지점 detail 몡 세부 사항 administrative assistant 관리 보조

9 (A) Celebrate
(B) Celebrates
(C) To celebrate
(D) Celebrations

10 (A) I'm writing to ask for your feedback.
(B) Please inform us about the menu options.
(C) Our schedule for this event is still flexible.
(D) The hall is an ideal location for meetings.

flexible 몡 유동적인 ideal 몡 이상적인

11 (A) plan
(B) plans
(C) to plan
(D) planning

12 (A) able
(B) eligible
(C) exposed
(D) committed

어휘로 마무리

이번 Unit에 나온 어휘 중 반드시 기억해야 할 것들만 모았습니다.
우리말 뜻을 가리고 체크해 본 후, 꼭 외워 두세요.

🎧 RC-05

□ feedback	[명] 피드백, 의견
□ necessary	[형] 필요한
□ overseas	[부] 해외로
□ expect	[동] 기대하다
□ intend	[동] 의도하다
□ decide	[동] 결정하다
□ refuse	[동] 거절하다
□ aim	[동] 목표하다
□ strive	[동] 노력하다
□ offer	[동] 제안하다
□ tend	[동] 경향이 있다
□ vacant	[형] 비어 있는
□ concern	[명] 우려, 염려
□ bid	[명] 입찰
□ effort	[명] 노력
□ opportunity	[명] 기회(= chance)
□ attempt	[명] 시도
□ decision	[명] 결정
□ cut down on	~을 줄이다
□ subscription	[명] 구독
□ place an ad	광고를 내다
□ internationally	[부] 국제적으로
□ suitable	[형] 적절한
□ include	[동] 포함하다
□ discontinue	[동] 중단하다
□ suggest	[동] 제안하다
□ avoid	[동] 피하다
□ consider	[동] 고려하다
□ responsibility	[명] 책임감
□ arrange	[동] 준비하다
□ have difficulty + -ing	~하는 데 어려움이 있다
□ on a regular basis	정기적으로
□ claim	[명] 주장
□ a large amount of	다량의
□ be willing to	기꺼이 ~하다
□ be eager to	~하는 것을 열망하다
□ be expected to	~하는 것이 기대되다
□ be encouraged to	~하도록 권장되다
□ be required to	~하도록 요구되다
□ be pleased to	~을 하게 되어 기쁘다
□ be scheduled to	~하기로 예정되다
□ be eligible to	~할 자격이 있다
□ look forward to	~을 고대하다
□ contribute to	~에 공헌하다
□ object to	~에 반대하다
□ be committed to	~에 전념하다
□ be dedicated to	~에 헌신하다
□ valued	[형] 소중한
□ lower	[동] 낮추다
□ memorable	[형] 기억할 만한
□ retailer	[명] 소매상, 소매점
□ analyze	[동] 분석하다
□ refrain	[동] 삼가다
□ reputation	[명] 평판, 명성
□ acquire	[동] 인수하다
□ detail	[명] 세부 사항

PART 5 & 6
분사와 분사구문

Look at the falling leaves.
떨어지고 있는 나뭇잎 좀 봐.
There are many fallen leaves on the ground.
땅에 **낙엽**이 많이 있어.

■ 분사

분사도 동사의 형태를 바꾸어 다른 품사처럼 쓰는 준동사의 하나입니다. 분사는 형태와 쓰임에 따라 현재분사와 과거분사가 있으며, 형용사처럼 쓰입니다.

현재분사: 〈동사원형 + -ing〉 '∼하는' → '능동' 또는 '진행'의 의미
      Look at the <u>falling</u> leaves. 떨어지고 있는 나뭇잎 좀 봐.

과거분사: 〈동사원형 + -ed〉 '∼된' → '수동' 또는 '완료'의 의미
      There are many <u>fallen</u> leaves on the ground. 땅에 낙엽이 많이 있다.

■ 분사구문

분사로 이루어진 어구(phrase)를 말합니다. 시간, 이유, 동시동작 등의 부사절을 대신하여 쓰입니다.

<u>When I walked along the street</u>, I saw many fallen leaves on the ground.
            부사절

= <u>Walking along the street</u>, I saw many fallen leaves on the ground.
            분사구문
  나는 길을 걷다가 땅에 떨어진 많은 낙엽을 보았다.

1 분사의 역할

분사는 형용사처럼 명사의 앞뒤에서 명사를 수식하거나, 주어나 목적어를 보충 설명하는 보어 자리에 씁니다.

■ 명사 수식

명사 앞에서 수식	(관사 a/an/the)+분사+명사 a revised document **수정된** 문서 the surrounding area **인접** 지역 the advertised position **광고에 난** 일자리
명사 뒤에서 수식	명사+분사+목적어/수식어 the area surrounding our hotel **우리 호텔에 인접한** 지역 the area surrounded by water **물에 둘러싸인** 지역 the position advertised (on your Web site) **(귀사 홈페이지에) 광고된** 일자리

■ 보어 역할

주격 보어	2형식 동사+분사 A copy of the report was missing. 보고서 사본 한 부가 **없어졌다.** Kate seems qualified for the job. 케이트는 그 일에 **적격인** 것 같다. ▶ 2형식 동사: be ~이다 become ~이 되다 remain 여전히 ~하다 seem ~인 것 같다
목적격 보어	5형식 동사+목적어+분사 I found some parts missing. 일부 부품이 **없어진 것을** 발견했다. Some work was left unfinished. 일부 작업은 **끝나지 않은 채로** 있었다. ▶ 5형식 동사: keep …을 ~하게 유지하다 consider …을 ~라고 여기다 find …이 ~라는 것을 알아내다 make …을 ~하게 만들다 leave ~ 그대로 두다

Check Up 해설 p. 76

다음 괄호 안에서 알맞은 것을 고르세요.

1. A (revise, revised) invoice is enclosed.
2. Arthur Chin is a (qualify, qualified) accountant.
3. I found the package badly (damage, damaged).
4. The board decided to close its (exist, existing) plants.
5. Here is the brochure (detail, detailing) all our products.
6. Union Bank is one of America's (lead, leading) financial institutions.
7. Our clients are really (impression, impressed) with your beautiful gardens.
8. The man (delivering, deliver) the keynote speech is Mr. Sander's supervisor.

점수: ____/8점

[어휘] enclose [동] 동봉하다 detail [동] 자세히 열거하다 financial [형] 재정적인 institution [명] 기관 keynote speech 기조 연설

2 현재분사와 과거분사의 구별

■ 목적어로 판단하는 현재분사와 과거분사

타동사로 만들어진 분사의 경우에 뒤에 목적어가 있으면 현재분사, 없으면 과거분사입니다.

현재분사	There are many people using free Wi-Fi. 무료 와이파이를 이용하는 사람들이 많다. 현재분사 + 목적어
과거분사	All of the information provided in the résumé is true. 과거분사 + 전치사구 이력서에 제공된 모든 정보는 사실입니다.

■ 〈분사＋명사〉 빈출 표현

challenging tasks	힘든 과제	damaged items	파손된 물품들
existing facilities	기존의 시설들	dedicated employees	헌신적인 직원들
lasting impression	지속되는 인상	detailed information	자세한 정보
leading supplier	선도적인 공급 업체	experienced trainer	노련한 트레이너
promising candidates	유망한 지원자들	proposed site	제안된 장소
remaining work	남은 일	qualified technician	자격을 갖춘 기술자
rising prices	오르는 가격	required document	필수 서류

■ 감정 분사

감정을 유발하는 것은 현재분사, 감정을 느끼는 것은 과거분사를 사용합니다.

confusing 혼란스럽게 하는	confused 혼란스러운	frustrating 좌절하게 하는	frustrated 좌절한
disappointing 실망스러운	disappointed 실망한	interesting 흥미롭게 하는	interested 관심 있는
exciting 흥미진진한	excited 신난, 즐거운	satisfying 만족스럽게 하는	satisfied 만족한
exhausting 지치게 하는	exhausted 지친	surprising 놀라게 하는	surprised 놀란

Check Up

해설 p. 76

다음 괄호 안에서 알맞은 것을 고르세요.

1. Mr. Hunt found the sales data (confusing, confused).

2. The outcome of the negotiation was (frustrating, frustrated).

3. The (remaining, remained) participants will be transferred soon.

4. The future of the catering company is very (promising, promised).

5. For an online estimate, fill out the (requiring, required) information.

6. The cards will be sent to the address (listing, listed) in the directory.

7. (Interesting, Interested) individuals are welcome to attend this survey.

8. Our schedule will be a bit (challenging, challenged) during the first week.

점수: _____ /8점

3 분사구문

분사구문이란 분사로 이루어진 '부사구'로서, 부사절을 대신하여 시간, 이유, 동시 동작 등의 의미를 나타냅니다.

■ 분사구문 만드는 법

<u>As they</u> listened to the lecture, the participants filled out a survey form.
접속사(As)와 주어(they) 생략

→ Listening to the lecture, the participants filled out a survey form. [동시 동작]
강의를 들으면서 참가자들은 설문지를 작성했다.

> ① 부사절의 접속사(As)를 생략한다.
> ② 부사절과 주절의 주어(the participants = they)가 같기 때문에 부사절의 주어(they)를 생략한다.
> ③ 동사(listened)를 현재분사 -ing 형태(Listening)로 바꾼다.

■ 현재분사 구문과 과거분사 구문의 구별

현재분사 구문 (능동)	[부사절]	Visitors should turn off their phones <u>when they enter the laboratory.</u> **실험실에 들어갈 때** 방문객들은 휴대전화를 꺼야 한다.
	[분사구문]	Visitors should turn off their phones when entering the laboratory. [시간] → 주절의 주어(visitors)와 부사절 동사(enter)의 관계가 능동이므로 현재분사
과거분사 구문 (수동)	[부사절]	As it was written in plain English, the novel was easy to read. **평이한 영어로 쓰여졌기 때문에** 그 소설은 읽기 쉬웠다.
	[분사구문]	Written in plain English, the novel was easy to read. [이유] → 주절의 주어(the novel)와 부사절 동사(write)의 관계가 수동이므로 과거분사

Check Up

해설 p.76

다음 괄호 안에서 알맞은 것을 고르세요.

1. (Hoping, Hoped) to get the job, Frank submitted his résumé.

2. Salary is negotiable (depending, depended) on work experience.

3. (Compared, Comparing) to other companies, we offer more benefits.

4. (Opening, Opened) in 2005, the supermarket has several chain shops.

5. When (shipping, shipped) your order, we will enclose a discount coupon.

6. (Based, Basing) on his outstanding work record, Mr. Kim deserves a promotion.

7. Guests should register at the information desk before (entering, entered) the hall.

8. (Locating, Located) near Farwell Park, the building will be completed in three years.

어휘 negotiable 휑 협상의 여지가 있는 outstanding 휑 뛰어난 deserve 툉 ~을 받을 만하다

점수: _____ / 8점

UNIT 6

토익 감잡기

해설 p. 76

1 Grand Hotel guests ________ in yoga classes can participate for free.
(A) interesting (B) interested

▶ 〈사람〉 수식 감정분사

2 Before ________ the orders, we always check for damaged items.
(A) shipping (B) shipped

damaged [형] 파손된

▶ 분사구문

3 We offer a ________ dining experience for all diners at all times.
(A) surprising (B) surprised

dining [명] 식사

▶ 〈사물〉 수식 감정분사

4 Our ________ engineers will drop by your office for repairs.
(A) experiencing (B) experienced

drop by 들르다

▶ 명사 수식 분사

5 Customers ________ their first purchase will receive a 10% discount on their entire purchase.
(A) making (B) made

entire [형] 전체의

▶ 목적어가 있는 분사

6 The management is faced with many ________ decisions on the merger.
(A) challenged (B) challenging

be faced with ~에 직면하다

▶ 명사 수식 분사

7 A few travelers seem ________ with our new package tour.
(A) discouraged (B) discouraging

▶ 〈사람〉 수식 감정분사

8 Ms. Beaumont's proposal ________ in the team meeting will be accepted.
(A) reviewing (B) reviewed

▶ 목적어가 없는 분사

9 People ________ for the position should have a master's degree.
(A) applying (B) applied

master [명] 석사

▶ 명사 뒤에서 수식

10 Unless otherwise ________, maintenance is provided at the standard level.
(A) noting (B) noted

otherwise [부] 달리, 다르게
standard [명] 기준, 표준

▶ 분사구문

토익 실전 감각 익히기

해설 p. 77

1 Many local shipping firms have raised the prices for their services because of the _______ fuel costs.

(A) rising
(B) raising
(C) risen
(D) rose

fuel cost 연료비

2 When _______ online, the laptop computer needs to be set up on your own.

(A) purchase
(B) purchased
(C) purchasing
(D) purchases

on one's own 스스로, 혼자 힘으로

3 To obtain a tourist visa, you must have at least a six months' time period _______ on your passport.

(A) remain
(B) remains
(C) remaining
(D) remained

obtain [동] 얻다

4 _______ the sales report, Mr. Medina found that the number of participants was increasing every spring.

(A) Examine
(B) Examining
(C) Examined
(D) Examination

participant [명] 참가자

5 _______ for its excellent service and unique menu, Baci has quickly become the favorite local Italian restaurant.

(A) Know
(B) Knew
(C) Knowing
(D) Known

unique [형] 독특한

6 We would all be very _______ to hear the outcome of your energy-saving campaign at the college.

(A) excite
(B) exciting
(C) excited
(D) excitement

outcome [명] 결과
energy-saving 에너지를 절약하는

7 Royal Therapy is now an international brand _______ by customers of all ages.

(A) recognize
(B) recognition
(C) recognizing
(D) recognized

of all ages 모든 연령대에서

8 Richmond Electronics has seen a _______ growth in the European market over the past year.

(A) surprise
(B) surprising
(C) surprised
(D) surprises

growth [명] 성장

Questions 9-12 refer to the following article.

Historical Film Helps City

By Grant Weber

When Second Sight Studios came to Miller Creek, they brought some business to the local hotels and restaurants. Since being ------- last year, a new film, *House in the Glen*, **9** has become extremely popular and won many awards. Miller Creek has become ------- because of the film. -------. Now a new hotel is being built to handle a number of visitors **10** **11** from all over the country. When -------, the mayor replied, "We really had no idea that this **12** might happen. The movie has given our city's economy a big boost."

어휘 extremely ⓤ 극도로, 몹시 mayor ⓑ 시장 boost ⓑ 상승

9 (A) release
(B) released
(C) releasing
(D) having released

10 (A) costly
(B) famous
(C) familiar
(D) generous

11 (A) The city tried to attract a large number of visitors.
(B) The tourism industry has exploded accordingly.
(C) Two movies are currently scheduled for release.
(D) The studio has so many exciting films on the way.

explode ⓤ 폭발하다
accordingly ⓤ 그에 따라서
on the way 진행 중인

12 (A) interview
(B) interviewer
(C) interviewing
(D) interviewed

어휘로 마무리

이번 Unit에 나온 어휘 중 반드시 기억해야 할 것들만 모았습니다.
우리말 뜻을 가리고 체크해 본 후, 꼭 외워 두세요.　　　🎧 RC-06

☐ surrounding	형 주변의, 인접한	☐ individual	명 개인
☐ missing	형 없어진, 빠진	☐ be welcome to + 동사원형	~해도 좋다
☐ unfinished	형 완료되지 않은	☐ a bit	약간
☐ enclose	동 동봉하다	☐ laboratory	명 실험실
☐ detail	동 자세히 열거하다	☐ plain	형 평이한, 알기 쉬운
☐ financial	형 재정적인	☐ negotiable	형 협상의 여지가 있는
☐ institution	명 기관	☐ depending on	~에 따라
☐ deliver	동 배달하다, 말하다	☐ based on	~에 근거하여
☐ résumé	명 이력서	☐ outstanding	형 뛰어난
☐ challenging	형 힘든	☐ dining	명 식사
☐ existing	형 기존의	☐ entire	형 전체의
☐ facility	명 시설	☐ be faced with	~에 직면하다
☐ lasting	형 지속되는	☐ master	명 석사
☐ impression	명 인상	☐ degree	명 학위
☐ leading	형 선도하는	☐ otherwise	부 달리, 다르게
☐ promising	형 유망한	☐ standard	명 기준, 표준
☐ remaining	형 남은	☐ obtain	동 얻다
☐ rising	형 오르는	☐ fuel cost	연료비
☐ dedicated	형 헌신적인	☐ on one's own	스스로, 혼자서
☐ detailed	형 자세한	☐ set up	설치하다
☐ experienced	형 노련한	☐ of all ages	모든 연령대에서
☐ proposed	형 제안된	☐ growth	명 성장
☐ required	형 필요한	☐ extremely	부 극도로, 몹시
☐ confusing	형 혼란스럽게 하는	☐ mayor	명 시장
☐ frustrating	형 좌절하게 하는	☐ boost	명 상승 동 상승시키다
☐ exhausting	형 지치게 하는	☐ explode	동 폭발하다
☐ outcome	명 결과	☐ accordingly	부 그에 따라서
☐ directory	명 안내책자	☐ on the way	진행 중인

 Where is the restroom?
화장실이 어디 있나요?

 It is on the third floor, next to the elevator.
3층 엘리베이터 **옆에** 있어요.

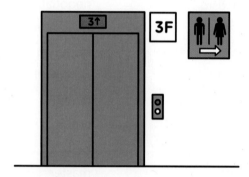

■ 전치사

말 그대로 '앞에 위치한다'라는 의미의 품사입니다. 전치사는 **명사**나 **대명사**, **동명사** 앞에 쓰여 시간, 장소 등 다양한 의미를 나타냅니다.

전치사	+명사(구)	by fax 팩스로 on the third floor 3층에
	+대명사	by himself 그 혼자서, 스스로 on his own 그 혼자서, 스스로
	+동명사(구)	by lowering costs 비용을 줄임으로써 on arriving in Seoul 서울에 도착하자마자

1 시간 전치사

■ ~에

at + 시각/시점 ~에	at 5 P.M. 오후 5시에	at the end of this month 이달 말에
on + 요일/날짜 ~에	on Friday 금요일에	on May 6 5월 6일에
in + 월/계절/연도 ~에	in September 9월에	in (the) fall 가을에

■ ~부터

| from / as of + 시점 ~부터 | from next year 내년부터 | as of March 1st 3월 1일부터 |
| since + 과거 시점 ~이래로 쭉 | ▷since는 현재완료 시제와 같이 사용됨
Mr. Romero has worked with us since five years ago.
로메로 씨는 5년 전부터 쭉 우리와 함께 일해 왔다. | |

■ ~까지

| by (완료) ~까지 | complete the work by April 30 4월 30일까지 일을 끝내다 |
| until (지속) ~까지 | be postponed until further notice 추후 통지가 있을 때까지 연기되다 |

■ ~ 동안

for + 기간 ~ 동안	for a decade 10년간
during + 행사/사건 ~ 동안	during the event 행사 동안
over + 기간 ~ 동안	over[in, for, during] the last five years 지난 5년간
throughout + 기간 ~ 내내	throughout the five-day event 5일간의 행사 내내
within + 기간 ~ 이내에	within fifteen days of purchase 구매일로부터 15일 이내에

■ ~전/후에

| before / prior to + 시점 ~ 전에 | before the date of departure 출발일 전에 |
| after + 시점 ~ 후에 | after long negotiations 오랜 협상 후에 |

Check Up

해설 p. 78

다음 괄호 안에서 알맞은 것을 고르세요.

1. The train leaves precisely (in, at) 4:00 p.m.

2. Diane was hired immediately (after, from) graduating.

3. The new traffic law is in effect (as of, since) next month.

4. Your item should reach you (to, within) three business days.

5. The investors will view the factory floor (for, during) the visit.

6. Please return a signed copy of your contract (by, until) Friday.

7. A rehearsal will be held (on, prior to) the scheduled performance.

점수: _____ /8점

8. Many concerts were completely sold out (for, throughout) the month.

2 장소 전치사

■ ~에서

at+특정 지점 ~에서	at the company 회사에서	at the hotel 호텔에서
in+국가/도시명/공간 ~에서	in London 런던에서	in the conference room 회의실에서
on+층/표면/거리 ~ 위에/~에서	on the fifth floor 5층에서	on Gordon Street 고든 가에서

■ ~ 앞에/옆에/뒤에

in front of ~의 앞에	in front of the hotel 호텔 앞에	in front of the gate 문 앞에서
beside, next to ~의 옆에	beside the entrance 입구 옆에	next to the building 건물 옆에
behind ~의 뒤에	behind the door 문 뒤에	behind schedule 예정보다 늦게

■ ~ 위에/아래에

over, above ~ 위에	over the wall 담 위에	above average 평균 이상으로
under, below ~ 아래에	under the bridge 다리 아래에	below average 평균 이하로

■ ~의 근처에/주위에/곳곳에

near ~의 근처에	near my office 나의 사무실 근처에	near the town 마을 근처에
around ~의 주위에	around the world 전 세계에서	around Europe 유럽 전체에서
throughout ~ 곳곳에	throughout the country 전국적으로 throughout the airport 공항 곳곳에	

■ ~ 사이에

between (둘) 사이에	between two trucks 두 트럭 사이에
among (셋 이상) 사이에	among the entire staff 전체 직원들 사이에

Check Up

해설 p. 79

다음 괄호 안에서 알맞은 것을 고르세요.

1. Go to our research room (over, across) the hallway.
2. The café is strategically located (to, on) Main Street.
3. I look forward to meeting you (at, for) the conference.
4. Traffic (in, on) the business district is terrible on Mondays.
5. The manager posted a notice (above, in) the copy machine.
6. The flight was (beside, behind) schedule due to bad weather.
7. The company's logo is widely recognizable (near, around) the country.
8. Some environmental issues are growing (between, among) the two countries.

점수: _____/8점

어휘 strategically 부 전략적으로 business district 상업지구 recognizable 형 알아볼 수 있는 environmental 형 환경적인

3 그 밖의 전치사

■ 기타 전치사

방향	from ~부터	depart from Busan 부산에서 출발하다
	to ~로	return to Seoul 서울로 돌아오다
	through ~을 통하여	exit through the doors 문을 통해서 나가다
	into, inside ~ 안에	expand into Europe 유럽으로 확장하다
	along ~을 따라	walk along the road 길을 따라 걷다
	across ~을 건너서, 전체에 걸쳐	across the country 전국에 걸쳐
수단	by ~으로, ~을 타고, ~에 의해	by bus 버스를 타고 by invitation only 초대에 의해서만
	through ~을 통해	through the Web site 웹사이트를 통하여
	without ~ 없이	without exception 예외 없이
주제	about, on, regarding ~에 관해	information about the event 이벤트에 관한 정보
	concerning ~에 관해	complaints concerning noise 소음 관련 불만 사항
추가	besides ~ 이외에	besides the account number 계좌번호 이외에
제외	except for ~을 제외하고	except for cases of emergency 비상시를 제외하고
	aside[apart] from ~ 이외에	aside[apart] from the concert 콘서트 이외에
이유	because of, due to ~ 때문에	because of the bad weather 악천후로
원인/이유	for ~로 인해, ~을 위하여	for safety 안전을 위하여
양보	despite ~에도 불구하고	despite the fact 사실에도 불구하고

■ 두 단어 이상의 구전치사

according to ~에 따르면	in addition to ~ 이외에도(= besides)
ahead of ~ 전에	instead of ~의 대신에
as a result of ~의 결과로	in case of ~의 경우에(= in the event of)
regardless of ~와 상관없이	in spite of ~에도 불구하고(= despite)

Check Up

해설 p. 79

다음 괄호 안에서 알맞은 것을 고르세요.

1. Tickets are available (by, for) reservation only.

2. Refunds will not be accepted (with, without) a receipt.

3. Mr. Flores chose the printer primarily (due to, with) its low cost.

4. The prize is awarded to authors (regardless, ahead) of nationality.

5. (Except for, For) some minor issues, the festival was a big success.

6. Denver Art Museum is temporarily closed (despite, for) renovations.

7. All items are shipped directly (across, from) our warehouse in Brooklyn.

점수: _____ / 8점

8. The sofa is in good condition (aside from, in case of) a few small scratches.

어휘 primarily ⓤ 주로, 무엇보다도 먼저 nationality ⓝ 국적 minor ⓐ 작은, 사소한 temporarily ⓤ 일시적으로 directly ⓤ 직접

1 The client asked for a meeting on Friday _____ the Springfield Hotel.

    (A) into   (B) at

▶ 장소 전치사

2 Ms. Ferrie has finished the expense reports _____ the deadline.

    (A) within   (B) until   expense 몡 비용, 지출

▶ 시간 전치사

3 Our consultants can advise you _____ a wide range of financial matters.

    (A) on   (B) including   a range of 다양한

▶ 주제 전치사

4 The resort is popular _____ its proximity to the Marine Airport.

    (A) despite   (B) because of   proximity 몡 근접

▶ 이유 전치사

5 _____ their efforts, the sales team failed to renew the contract.

    (A) In spite of   (B) Instead of   renew 통 갱신하다

▶ 구 전치사

6 Office workers will have difficulty doing their job _____ Internet access.

    (A) with   (B) without

▶ 수단 전치사

7 Employees should report to work 30 minutes early _____ Wednesday.

    (A) on   (B) in   report to work 출근하다

▶ 시간 전치사

8 Complaints about traffic noise are increasing _____ the residents.

    (A) between   (B) among

▶ 장소 전치사

9 Employment growth is expected to be _____ average in the service industries.

    (A) above   (B) along   industry 몡 산업

▶ 장소 전치사

10 You can learn more about local festival events _____ visiting our Web site.

    (A) by   (B) until

▶ 수단 전치사

토익 실전 감각 익히기

해설 p. 80

1 The price includes accommodation and is valid _____ April 30.

(A) in

(B) by

(C) until

(D) at

accommodation 몡 숙박

2 Exchange or refunds will be provided _____ delay within a week of the purchase.

(A) without

(B) before

(C) between

(D) regarding

refund 몡 환불

3 Officeplus Supplier carries a wide range of TVs _____ stereo equipment.

(A) due to

(B) next to

(C) in case of

(D) in addition to

carry 동 취급하다
stereo 몡 입체 음향, 오디오

4 _____ a decline in home appliance sales, Tanmore Electrical has experienced an increase.

(A) Aside from

(B) Within

(C) Despite

(D) Regarding

decline 몡 하락

5 _____ our records, your residence is located just a short distance from the workshop site.

(A) Prior to

(B) According to

(C) As of

(D) In spite of

residence 몡 주택, 거주지

6 Mr. Kelvin contributed an article _____ the current economy in the November issue.

(A) along

(B) apart from

(C) ahead of

(D) concerning

contribute 동 기고하다
issue 몡 (출판물의) 호

7 All of the guidelines regarding the use of exercise equipment are posted _____ the fitness center.

(A) over

(B) beside

(C) through

(D) throughout

guideline 몡 지침, 안내

8 The World Bank is planning to hire 20 additional employees _____ the next three months.

(A) above

(B) over

(C) at

(D) on

additional 혱 추가의

179

Questions 9-12 refer to the following advertisement.

> The Pleasantville Public Library will be accepting donations for its annual book drive -------(9) the week of September 12th through the 17th. Large cardboard collection boxes will be placed in the lobbies of all community schools and -------(10) businesses for the entire week. -------(11). If you are -------(12) to make it to any of these locations by Friday, be sure to bring your donations to the library on Saturday September 16. We will be holding a special reading event with author Camille Maester.

[어휘] donation [명] 기증 drive [명] (조직적인) 운동 cardboard [명] 판지 entire [형] 전체의 author [명] 작가

9 (A) during
(B) between
(C) regarding
(D) aside from

10 (A) participate
(B) participated
(C) participating
(D) participation

11 (A) These efforts will help us cut down on unnecessary expenses.
(B) The library runs from 9 A.M. until 6 P.M. every day including holidays.
(C) For a full list of locations, check our library Web site.
(D) Residents are welcome to attend this amazing sales event.

cut down on ~을 줄이다

12 (A) willing
(B) unable
(C) pleased
(D) scheduled

어휘로 마무리

이번 Unit에 나온 어휘 중 반드시 기억해야 할 것들만 모았습니다.
우리말 뜻을 가리고 체크해 본 후, 꼭 외워 두세요.   🎧 RC-07

□ waiting list	대기자 명단	□ despite	쩐 ~에도 불구하고
□ by oneself	혼자서, 스스로	□ ahead of	~ 전에
□ as of	~부터	□ as a result of	~의 결과로
□ valid	형 유효한	□ regardless of	~와 상관없이
□ until further notice	추후 통지가 있을 때까지	□ in addition to	~ 이외에도
□ departure	명 출발	□ in case of	~의 경우에
□ precisely	부 정확히	□ in spite of	~에도 불구하고
□ immediately	부 즉시	□ directly	부 직접
□ in effect	(법·규정이) 시행 중인	□ primarily	부 주로, 무엇보다도 먼저
□ rehearsal	명 예행 연습	□ nationality	명 국적
□ beside	쩐 ~의 옆에	□ minor	형 작은, 사소한
□ entrance	명 입구	□ scratch	명 긁힌 자국
□ decade	명 10년	□ a range of	다양한
□ throughout	쩐 곳곳에, ~ 내내	□ proximity	명 근접
□ hallway	명 복도	□ renew	동 갱신하다
□ strategically	부 전략적으로	□ report to work	출근하다
□ business district	상업 지구	□ industry	명 산업
□ recognizable	형 알아볼 수 있는	□ accommodation	명 숙소, 숙박 시설
□ environmental	형 환경적인	□ carry	동 취급하다
□ issue	명 쟁점, (출판물의) 호	□ stereo	명 입체 음향, 오디오
□ depart	동 출발하다	□ decline	명 하락
□ exception	명 예외	□ contribute	동 기여하다, 기고하다
□ regarding	쩐 ~에 관해	□ guideline	명 지침, 안내
□ concerning	쩐 ~에 관해	□ additional	형 추가의
□ besides	쩐 ~ 이외에	□ donation	명 기증
□ except for	~을 제외하고	□ drive	명 (조직적인) 운동
□ emergency	명 비상시	□ cardboard	명 판지
□ aside[apart] from	~ 이외에	□ author	명 작가, 저자

접속사

Do you speak English or Japanese?
당신은 영어나 일본어를 할 줄 아시나요?
I speak both English and Japanese.
저는 영어와 일본어를 둘 다 해요.

접속사는 단어와 단어, 구와 구, 절과 절을 이어주는 연결 고리 역할을 하며, 다음과 같이 크게 3종류로 나누어 볼 수 있습니다.

■ 등위접속사: and 그리고 / but 그러나 / or 또는 / so 그래서

> Electric cars are quiet and efficient. 전기차는 조용하고 효율적이다.
> Do you speak English or Japanese? 당신은 영어나 일본어를 할 줄 아시나요?

■ 상관접속사: both A and B A와 B 둘 다 / either A or B A나 B 둘 중 하나

> I speak both English and Japanese. 저는 영어와 일본어를 둘 다 합니다.

■ 종속접속사: that ~라는 것 / when ~할 때 / if 만약에 ~이면

> We hope that you have an enjoyable holiday.
> 주절   종속절
> 우리는 당신이 즐거운 휴가를 보내기를 바랍니다.
>
> If the weather is nice, we will go on a picnic.
>   종속절   주절
> 날씨가 좋으면 우리는 소풍을 갈 것이다.

1 등위접속사와 상관접속사

■ 등위접속사

등위접속사는 단어와 단어, 구와 구, 절과 절끼리 동일한 요소를 이어 주는 역할을 합니다.

and 그리고	or 또는, 그렇지 않으면	but / yet 그러나	so 그래서

단어 + 단어	We offer free shipping and handling for first-time buyers. 최초 구매자를 위한 무료 배송 **및** 취급 서비스를 제공합니다.
구 + 구	Some staff members work from home or at the office. 일부 직원들은 집**이나** 사무실에서 일한다.
절 + 절	Our flight was overbooked, so we had to take the next flight. 비행기 예약이 초과**되어** 우리는 다음 비행기를 타야 했다.

■ 상관접속사

상관접속사는 항상 두 단어 이상이 짝을 이루어 쓰이는 접속사입니다. 등위접속사와 마찬가지로 동일한 요소를 이어 줍니다.

both A and B	A와 B 둘 다	not A but B	A가 아니라 B
either A or B	A 혹은 B 둘 중 하나	not only A but (also) B	A뿐만 아니라 B도
neither A nor B	A나 B 둘 다 아닌	= B as well as A	

Both credit card and cash are accepted at the store. 그 매장에서는 카드**와** 현금을 **둘 다** 받는다.
→ and로 연결된 주어는 복수 취급하여 복수 동사 are를 사용

Either credit card or cash is accepted at the store. 그 매장에서는 카드**나** 현금을 받는다.
→ 동사의 수는 B(cash)에 일치시켜 단수 동사 is를 사용

Check Up
해설 p. 81

다음 괄호 안에서 알맞은 것을 고르세요.

1. This camera is inexpensive (and, or) easy to use.

2. Please call us (or, so) read the manual for details.

3. These shoes are both lightweight (and, but) durable.

4. The smartphone is neither reliable (or, nor) affordable.

5. Both Ms. Kim and her supervisor (read, reads) the job description.

6. Submit your report by tomorrow, (and, or) we will miss the deadline.

7. The lobby as well as the guest rooms (require, requires) some repairs.

8. The catering company is near our location, (or, so) we could walk there.

점수: _____ / 8점

어휘 inexpensive 혱 저렴한 lightweight 혱 경량의, 가벼운 durable 혱 내구성이 있는 job description 직무 설명서 catering 뎽 출장 연회

2 명사절 접속사

명사절은 명사처럼 문장 내에서 주어, 목적어, 보어의 역할을 합니다. 이런 명사절을 이끄는 대표적인 명사절 접속사로는 that, whether[if], 의문사가 있습니다.

> that ~라는 것   whether/if ~인지 아닌지   의문사

주어   Whether retail sales will increase is uncertain.
소매 매출이 늘어날지는 미지수다.

What makes our phone unique is its long-lasting battery.
우리의 전화기를 독특하게 만드는 것은 바로 오래 지속되는 배터리입니다.

목적어   We expect that the investment will make a profit.
우리는 그 투자가 이익을 낼 것이라고 예상한다.

Mr. Tao has yet to decide whether[if] he will retire next year.
타오 씨는 내년에 은퇴할지 아직 결정하지 못했다.   → if는 목적절만 이끌 수 있음

I wonder who will be chosen for the senior director.
전무 이사로 누가 뽑힐지 궁금해요.

보어   The problem is that I can't extend my visa now.
문제는 내가 지금 비자를 연장할 수 없다는 것이다.

My question is when more investment will be needed.
나의 질문은 언제 더 많은 투자가 필요한가 하는 것이다.

Check Up

해설 p.81

다음 괄호 안에서 알맞은 것을 고르세요.

1. It depends on (what, how) you see the situation.

2. I'm sorry to hear (if, that) you want to cancel your subscription.

3. (What, That) I need you to do is to find a new supplier in the area.

4. The clients' only complaint is (that, whether) the blender is too heavy.

5. Please let me know (that, whether) you need any other office supplies.

6. Our policy states (that, what) all items are not refundable without a receipt.

7. It's impossible to determine (when, what) your laptop will be found and returned.

8. The vice president hasn't decided (that, whether) he will attend the reception tonight.

점수: _____/8점

어휘 subscription 몡 구독 blender 몡 믹서기 state 동 명시하다 refundable 형 환불 가능한 determine 동 결정하다

3 시간/조건의 부사절 접속사

부사절은 〈부사절 접속사 + 주어 + 동사 ~〉로 이루어지며 문장 내에서 부사 역할을 합니다. 시간, 조건, 이유와 같은 부가적인 내용을 표현하며 문장의 맨 앞, 또는 맨 뒤에 위치합니다.

- 〈시간〉 부사절

when ~할 때	before ~ 전에	after ~ 후에	while ~하는 동안
since ~ 이래로	until ~까지	as ~할 때	once ~하자마자
as soon as ~하자마자	by the time ~할 때 쯤에, ~할 때까지		

The sales meeting will begin as soon as the director arrives.
이사가 도착하는 대로 영업 회의가 시작됩니다.   ~~will arrive~~

→ 시간/조건 부사절에서 미래의 일을 나타낼 때 미래 시제 대신 현재 시제를 사용

They need a temporary replacement until the job has been filled.
그 자리가 충원될 때까지 임시 대체 인력이 필요하다.

- 〈조건〉 부사절

if 만약 ~하면	unless 만약 ~하지 않는다면	once 일단 ~하면
in case (that) ~하는 경우에	as long as ~하는 한	provided (that) ~한다면

You can't receive a refund if[provided that] you remove the tag.
꼬리표를 떼면 환불이 안 됩니다.

Unless you replace some parts, the copier won't work properly.
일부 부품을 바꾸지 않으면 복사기가 제대로 작동하지 않을 것입니다.

Check Up   해설 p. 81

다음 괄호 안에서 알맞은 것을 고르세요.

1. Airlines will raise ticket prices (if, unless) fuel costs rise significantly.

2. Your order cannot be processed (when, until) we receive full payment.

3. One month's rent should be paid (once, since) you sign the agreement.

4. The new design must be approved (before, as) it can go into production.

5. Customers can open a bank account (as long as, while) they have a photo ID.

6. The facility will use the water (after, unless) the repair work has been completed.

7. (By the time, Since) the gallery opened in 2010, attendance has increased steadily.

8. All applications will be considered (provided, whether) they are submitted before May 1.

점수: _____ /8점

어휘 fuel 명 연료 significantly 부 상당히 process 동 처리하다 full payment 완납 approve 동 승인하다

4 양보/이유의 부사절 접속사

■ 〈양보/대조〉 부사절

양보	although/though/even though 비록 ~이지만	even if ~할지라도
대조	while/whereas ~인 반면	

Although the service was slow, the food was tasty.
서비스가 느리긴 했지만, 음식은 맛있었어요.

Rice production is increasing whereas consumption is decreasing.
쌀 소비는 감소하는 반면에 생산량은 증가하고 있다.

■ 〈이유/목적/결과〉 부사절

이유	because/since/as ~이기 때문에	now that ~이므로
목적	so that/in order that ~하기 위해서	
결과	so+형용사/부사+that 너무 …해서 ~하다	

Now that Liz is on sick leave for a year, we need to find a temporary replacement.
리즈가 1년 동안 병가를 냈으니 임시 대체 인력을 찾아야 합니다.

Please provide the necessary information so that we can process your order quickly.
귀하의 주문을 신속하게 처리할 수 있도록 필요한 정보를 제공해 주십시오.

The rent was so reasonable that Ann signed the lease without hesitation.
집세가 아주 적당해서 앤은 임대 계약서에 주저 없이 서명했다.

Check Up
해설 p. 81

다음 괄호 안에서 알맞은 것을 고르세요.

1. (Although, While) Mr. Ness will retire soon, he still works late.

2. Lacy doesn't buy luxury brands (since, even though) she can afford them.

3. Our new machine works so quietly (that, as) you may forget it is turned on.

4. Mr. Hopkins has to renew his driver's license (as, once) it expires next month.

5. The assembly lines are running smoothly (so, now) that they have been fixed.

6. (Since, Even if) nobody knows how to fix the printer, we have to call a technician.

7. Carine didn't send the jeans back (because, though) the quality was disappointing.

8. (While, In order that) most people prefer to work day shifts, a few prefer night shifts.

점수: _____/8점

어휘 luxury brand 명품 afford 동 ~할 여유가 있다 run smoothly 순조롭게 되어가다 disappointing 형 실망스러운 shift 명 교대

5 접속사 vs. 전치사

접속사와 전치사의 의미가 같은 것이 많아 헷갈리는 경우가 많습니다. 접속사는 뒤에 〈주어＋동사〉의 절이 오며, 전치사는 뒤에 명사나 동명사구가 온다는 점을 명심하세요.

의미	부사절 접속사(＋주어＋동사)	전치사(＋명사(구)/동명사구)
~하는 동안	while	during
~하자마자	as soon as	upon, on
~ 때문에	because, since, as	because of, due to
~하는 경우에	if, in case (that)	in case of
~에도 불구하고	though, although, even though	despite, in spite of

Since <u>seating is limited</u>, early booking is recommended.
　접속사 + 절

= Due to <u>limited seating</u>, early booking is recommended. 　좌석이 한정되어 있기 **때문에** 조기 예약이 권장된다.
　전치사 + 명사구

While <u>I was absent</u>, Mr. Takeshi filled in for me.
　접속사 + 절

= During <u>my absence</u>, Mr. Takeshi filled in for me. 　내가 결근한 **동안** 타케시 씨가 나를 대신해 주었다.
　전치사 + 명사구

In case <u>a fire breaks out</u>, use the emergency stairs instead of elevators.
　접속사 + 절

= In case <u>of a fire</u>, use the emergency stairs instead of elevators.
　전치사 + 명사구

불이 났을 **때는** 엘리베이터 대신 비상 계단을 이용하세요.

Check Up　　　　　　　　　　　　　　　　　　　　　　　해설 p. 82

다음 괄호 안에서 알맞은 것을 고르세요.

1. I'll contact you (as soon as, upon) I hear any news.
2. All the documents are available (as soon as, upon) request.
3. Keep the receipt (in case of, in case) your purchase breaks down.
4. (During, While) the bidding period, the bid prices are often kept a secret.
5. Please tell me your cell phone number (in case of, in case) an emergency.
6. (Due to, Because) frequent malfunctions, we plan to replace the current system.
7. (Despite, Though) the high prices, most customers are satisfied with our service.
8. (Although, In spite of) the company is based in Tokyo, it exports its products to Europe.

점수: ＿＿＿＿ / 8점

어휘 bidding 몡 가격 제시, 호가　bid 몡 입찰　frequent 톙 빈번한　malfunction 몡 오작동　based in ~에 근거지를 둔　export 통 수출하다

187

1 The item is currently out of stock, _____ I can get one in by next week.

   (A) and   (B) but   get ~ in ~을 들여오다

        ▶ 등위접속사

2 I have to make sure _____ the conference room has the necessary supplies.

   (A) that   (B) whether

        ▶ 명사절 접속사

3 Revisions should be made _____ you receive the draft of the contract.

   (A) upon   (B) as soon as   draft 명 초안

        ▶ 접속사/전치사 구분

4 Please call me at your earliest convenience _____ we can discuss any concerns you may have.

   (A) so that   (B) as

        ▶ 부사절 접속사

5 Both swimming wear and goggles _____ sold at a 40% discount during the event.

   (A) is   (B) are   goggle 명 고글, 안경

        ▶ 상관접속사

6 Visitors are not allowed to enter the building _____ they are notified otherwise.

   (A) when   (B) until   notify 동 알리다

        ▶ 부사절 접속사

7 The fitness center will raise service prices _____ lower discounts starting June 1.

   (A) but   (B) and   lower 동 낮추다

        ▶ 등위접속사

8 Most employees wonder _____ the cafeteria expansion will be completed.

   (A) when   (B) what   expansion 명 확장

        ▶ 명사절 접속사

9 The itinerary should include dates of travel _____ accommodation information.

   (A) also   (B) as well as   itinerary 명 여행 일정표

        ▶ 상관접속사

10 We are ready to hire additional staff _____ our job openings are limited.

   (A) even though   (B) once

        ▶ 부사절 접속사

1 _____ the convention center has its own food court, many visitors prefer to eat at a nearby restaurant.

(A) Since

(B) As long as

(C) Although

(D) Whereas

nearby 형 근처의

2 The advertising company had to lay off some employees _____ budget cuts.

(A) upon

(B) in order to

(C) because

(D) because of

lay off 해고하다

3 _____ we learned from Mr. Jacobson's presentation can help improve employee productivity.

(A) What

(B) That

(C) Along with

(D) Until

productivity 명 생산성

4 Diners visiting on the opening day will receive either one free dessert _____ a complimentary beverage.

(A) also

(B) but

(C) or

(D) nor

complimentary 형 무료의

5 You will earn additional vacation time _____ you have completed five years of employment.

(A) though

(B) despite

(C) once

(D) due to

6 All meetings will be postponed until Friday _____ team leaders can complete their sales reports.

(A) except

(B) due to

(C) as well as

(D) so that

7 The management team wonders _____ telecommuting is a good solution for their company.

(A) unless

(B) whether

(C) that

(D) even if

telecommuting 명 재택근무

8 Tenants must thoroughly review the terms of the agreement _____ they sign it.

(A) even though

(B) once

(C) even

(D) before

tenant 명 세입자
thoroughly 부 철저히
terms 명 (계약의) 조건

Questions 9-12 refer to the following article.

As flu season approaches once again, everyone -------(9) what they can do to keep themselves from the virus. Getting the flu vaccine is the best solution, -------(10) there are other ways to prevent yourself from getting it. Remember to wash your hands well and often. Take plenty of vitamin C. In order to gain the benefits of vitamin C, you need to consume it every day, not just at the beginning of your symptoms. -------(11). -------(12) you don't feel too bad yet, it's often in the earliest stages of the illness that you can spread it.

[어휘] flu [명] 독감 approach [동] 다가오다 solution [명] 해결책 prevent [동] 막다 consume [동] 소비하다 symptom [명] 증상

9 (A) knows
(B) states
(C) wonders
(D) recommends

10 (A) and
(B) but
(C) or
(D) so

11 (A) People with the flu should stay home for at least 24 hours.
(B) The flu season typically runs from October to May.
(C) People with severe symptoms should contact their doctors.
(D) If you feel sick, go home and rest.

typically [부] 일반적으로
severe [형] 심각한

12 (A) Even if
(B) Since
(C) In case of
(D) So that

이번 Unit에 나온 어휘 중 반드시 기억해야 할 것들만 모았습니다.
우리말 뜻을 가리고 체크해 본 후, 꼭 외워 두세요. 🎧 RC-08

☐ sign	몡 간판 동 서명하다	☐ early booking	조기 예약
☐ handling	몡 취급	☐ absence	몡 결석, 부재
☐ inexpensive	혱 저렴한	☐ bidding	몡 가격 제시, 호가
☐ lightweight	혱 경량의, 가벼운	☐ frequent	혱 빈번한
☐ durable	혱 내구성이 있는	☐ malfunction	몡 오작동
☐ job description	직무 해설서	☐ based in	~에 근거지를 둔
☐ catering	몡 출장 연회	☐ export	동 수출하다
☐ retail sales	소매 매출	☐ revision	몡 수정
☐ uncertain	혱 확신이 없는	☐ draft	몡 초안
☐ senior director	전무이사	☐ notify	동 알리다
☐ properly	붜 제대로, 적절히	☐ expansion	몡 확장
☐ situation	몡 상황	☐ itinerary	몡 여행 일정(표)
☐ blender	몡 믹서기	☐ otherwise	붜 달리, 다르게
☐ refundable	혱 환불 가능한	☐ lay off	해고하다
☐ replacement	몡 교체, 후임자	☐ complimentary	혱 무료의
☐ process	동 처리하다	☐ beverage	몡 음료
☐ full payment	완납	☐ telecommuting	몡 재택근무
☐ consumption	몡 소비	☐ tenant	몡 세입자
☐ tasty	혱 맛있는	☐ thoroughly	붜 철저히
☐ on sick leave	병가 중인	☐ terms	몡 (계약의) 조건
☐ lease	몡 임대차 계약	☐ flu	몡 독감
☐ without hesitation	주저 없이	☐ approach	동 다가오다
☐ luxury brand	명품	☐ solution	몡 해결책
☐ afford	동 ~할 여유가 있다	☐ spread	동 퍼지다
☐ run smoothly	순조롭게 되어가다	☐ consume	동 소비하다
☐ shift	몡 교대	☐ symptom	몡 증상
☐ prefer	동 선호하다	☐ typically	붜 일반적으로
☐ upon + 명사/-ing	~하자마자	☐ severe	혱 심각한

This is the novel **which** Riley wrote.
이것은 라일리가 **쓴** 소설이에요.

That is the reason why **I like this book.**
그것이 제가 이 책을 좋아**하는 이유예요.**

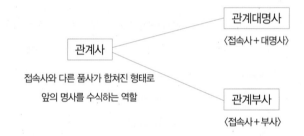

관계사
접속사와 다른 품사가 합쳐진 형태로
앞의 명사를 수식하는 역할

관계대명사
〈접속사 + 대명사〉

관계부사
〈접속사 + 부사〉

■ 관계대명사: who, which, that, whose

관계대명사는 선행사인 앞의 명사(구)를 수식하는 역할을 합니다.

> **This is the novel which Riley wrote.** 이것은 라일리가 쓴 소설이다.
> 선행사 / 관계대명사 + 불완전한 절

■ 관계부사: when, where, why, how

관계부사 또한 앞의 명사를 수식하는 것은 같지만, 시간, 장소, 이유, 방법 등 부사의 기능을 하기 때문에 생략 가능합니다.

> **That is the reason (why) I like this book.** 그것이 내가 이 책을 좋아하는 이유이다.
> 선행사 / 관계부사 + 완전한 절

1 주격 관계대명사

관계사절에서 주어 역할을 하는 관계대명사를 주격 관계대명사라고 합니다. 선행사가 사람이면 who나 that을 사용하며, 사물이면 which나 that을 사용합니다

선행사	주격 관계대명사
사람	who, that
사물	which, that

■ 사람 선행사

(1) We surveyed students. 우리는 학생들을 설문 조사했다.

(2) They speak at least three languages. 그들은 적어도 세 개의 언어를 사용한다. (They = students)
　　→ (2)의 They는 (1)의 students를 반복한 말이며, they가 사람이고 주격이므로 주격 관계대명사 who나 that을 사용

> We surveyed students who[that] speak at least three languages.
> 　　　　　　　선행사　　　관계절[주격 관계대명사+동사 ~]
> 우리는 적어도 세 개의 언어를 사용하는 학생들을 설문 조사했다.

■ 사물 선행사

(1) I will send out a brochure. 나는 소책자를 발송할 것이다.

(2) It explains membership benefits. 그것은 회원 혜택을 설명한다. (It = a brochure)
　　→ (2)의 It는 (1)의 a brochure를 반복한 말이며, it가 사물이고 주격이므로 주격 관계대명사 which나 that을 사용

> I will send out a brochure which[that] explains membership benefits.
> 　　　　　　　　　선행사　　　관계절[주격 관계대명사+동사 ~]
> 나는 회원 혜택을 설명하는 소책자를 발송할 것이다.

Check Up

해설 p. 84

다음 괄호 안에서 알맞은 것을 고르세요.

1. A coordinator (who, which) oversees the project will be hired.

2. I'm interested in the copier (who, which) is on sale this week.

3. Orders (who, that) are over $100 are eligible for free delivery.

4. Ms. Diaz apologized to the client (who, which) complained yesterday.

5. Candidates (who, which) are fluent in English and Spanish are preferred.

6. The elevator (who, which) is near the north entrance is not for passengers.

7. Hilary is a book club member (who, which) discusses books once a month.

8. Joe recommended a movie (who, which) drew 10 million viewers last year.　　점수: _____ /8점

어휘 coordinator 몡 조정자　be eligible for ~의 대상이 되다　apologize 동 사과하다　prefer 동 선호하다　viewer 몡 시청자

193

2 목적격 관계대명사

관계사절 안에서 목적어 역할을 하는 관계대명사를 목적격 관계대명사라고 합니다. 선행사가 사람이면 who, whom, that을 사용하며, 사물이면 which나 that을 사용합니다.

선행사	목적격 관계대명사
사람	who, whom, that
사물	which, that

■ **사람 선행사**

(1) I plan to meet a consultant. 나는 컨설턴트를 만날 계획이다.

(2) Susan recommended him. 수잔이 그를 추천했다. (him = a consultant)
→ him이 사람이고 목적격이므로 목적격 관계대명사 whom, who, that을 사용할 수 있으며 생략도 가능

> I plan to meet a consultant whom[who, that] Susan recommended.
> 　　　　　　　　선행사　　　　관계절[목적격 관계대명사+주어+동사]
>
> = I plan to meet the consultant Susan recommended. (목적격 관계대명사 생략 가능)
> 　나는 수잔이 추천한 컨설턴트를 만날 계획이다.

■ **사물 선행사**

(1) The coffee maker was damaged. 커피 메이커는 파손되어 있었다.

(2) I received it today. 나는 오늘 그것을 받았다. (it = the coffee maker)
→ it가 사물이고 목적격이므로 목적격 관계대명사 which나 that을 사용할 수 있으며 생략도 가능

> The coffee maker which[that] I received today was damaged.
> 　선행사　　　　　관계절[목적격 관계대명사+주어+동사]
>
> = The coffee maker I received today was damaged. (목적격 관계대명사 생략 가능)
> 　오늘 내가 받은 커피 메이커는 파손되어 있었다.

Check Up
해설 p. 84

다음 괄호 안에서 알맞은 것을 고르세요.

1. The report contains several errors (who, that) we need to correct.

2. There is a variety of equipment (which, who) I'm not familiar with.

3. Please complete the survey (who, which) is found on our Web site.

4. The painter (whom, which) I mentioned will hold an exhibition in Paris.

5. Mr. Sato is the travel agent (who, which) I called to buy a plane ticket.

6. Mr. Han is exactly the kind of designer (whom, which) we're looking for.

7. The bank hired an expert (who, whom) specializes in corporate security.

8. The elevator (who, which) you are waiting for is not for passengers.

점수: _____ /8점

3 소유격 관계대명사

관계사절에서 소유격 역할을 하는 관계대명사를 소유격 관계대명사라고 합니다. 선행사가 관계대명사 뒤의 명사를 소유하는 관계를 나타내면 소유격 관계대명사 whose를 사용합니다.

선행사	소유격 관계대명사
사람	whose
사물	

■ 사람 선행사

(1) Ms. Kinder interviewed a director. 킨더 씨는 감독을 인터뷰했다.

(2) His movie received the best director award. 그의 영화는 최우수 감독상을 받았다. (His = a director)

→ (2)의 His는 (1)의 a director를 가리키며, his가 소유격 대명사이므로 소유격 관계대명사 whose를 사용

Ms. Kinder interviewed a director whose movie received the best director award.
선행사 관계절[whose + 명사]
킨더 씨는 (그의) 영화가 최우수 감독상을 받은 감독을 인터뷰했다.

■ 사물 선행사

(1) The item cannot be returned. 그 물품은 반품할 수 없다.

(2) Its tag has been removed. 그것의 태그가 제거되었다. (Its = The item)

→ (2)의 Its는 (1)의 the item을 가리키며, its가 소유격 대명사이므로 소유격 관계대명사 whose를 사용

The item whose tag has been removed cannot be returned.
선행사 관계절[whose + 명사]
태그가 제거된 물품은 반품이 안 됩니다.

Check Up

해설 p. 84

다음 괄호 안에서 알맞은 것을 고르세요.

1. The woman (who, whose) carpools with me is my supervisor.
2. I bought a watch (which, whose) design is simple but unique.
3. Mr. Hoang is a renowned chef (who, whose) recipes are easy to follow.
4. Ms. Conway is an accountant (who, whose) used to work as a data analyst.
5. Here is a list of car repair shops (which, whose) locations are near your place.
6. The survey was conducted on clothing companies (which, whose) sales doubled.
7. Mr. Rivers works with Mr. Morgan (who, whose) partner left the company last month.
8. The tasks (which, whose) new employees must carry out are included in their e-mail.

점수: _____/8점

[어휘] carpool [동] 카풀(승용차 함께 타기)을 하다 renowned [형] 유명한 double [동] 두 배가 되다 carry out 실시하다

4 관계대명사 what

관계대명사 what은 선행사를 이미 포함하고 있는 관계대명사이기 때문에 what 앞에는 선행사가 오지 않습니다. what은 the thing(s) which를 한 단어로 표현한 것으로 what이 이끄는 절은 '~하는 것'이라고 해석됩니다.

What I purchased online was delivered broken.
= The thing which I purchased online
내가 온라인으로 구매한 물건은 파손된 채 배송되었다.

Please let me know **what** customers are interested in.
= the things which customers are interested in
고객들이 관심 있는 것이 무엇인지 알려 주세요.

■ **what vs. that – 선행사 유무**

관계대명사 what은 이미 선행사를 포함하고 있어 선행사가 올 수 없지만, 관계대명사 that은 선행사가 필요합니다.

The price increase is **what** we need to discuss. 가격 인상은 우리가 논의해야 하는 것이다.
〈선행사 없음＋what절〉

The price increase is **an issue** that we need to discuss. 가격 인상은 우리가 논의해야 할 문제이다.
〈선행사(an issue)＋that절〉

cf. I know **that** you study French after work. 당신이 퇴근 후에 프랑스어를 공부한다는 것을 안다.
〈명사절 접속사〉

Check Up
해설 p.85

다음 괄호 안에서 알맞은 것을 고르세요.

1. The manual includes (that, what) your job involves.
2. (That, What) worries us is frequent malfunctions of the software.
3. City officials have confirmed (that, what) construction is on schedule.
4. The supervisor asked (what, that) the Indian restaurant specializes in.
5. We need an advertising campaign (that, what) can attract consumers.
6. The surveys have shown (that, what) most employees are under stress.
7. The building manager may know in detail (that, what) happened last night.
8. The new product will be designed to reflect (that, what) our customers need.   점수: _____/8점

어휘 involve ⑧ 수반하다, 포함하다 on schedule 정시에, 예정대로 be under stress 스트레스를 받고 있다 in detail 상세하게
reflect ⑧ 반영하다

5 관계부사

관계부사는 〈접속사 + 부사〉의 기능을 하며, 시간, 장소, 이유, 방법을 나타내는 부사 역할을 합니다. 선행사에 따라 관계부사가 달라지는데 부사의 성질을 갖고 있기 때문에 생략이 가능하며, 뒤에는 완전한 문장이 옵니다.

종류	선행사	관계부사
시간	the day, the month, the year, the time, …	when
장소	the place, the area, the city, the building, …	where
이유	the reason	why
방법	(the way)	how

▶ the way와 how는 함께 쓸 수 없음

March is the month when a new semester starts.
3월은 새로운 학기가 시작되는 달이다.

The wedding ceremony will be held in the city where they grew up.
결혼식은 그들이 자란 도시에서 열릴 것이다.

Job stress was the reason why Tom asked for an early retirement.
톰이 조기 은퇴를 요청한 이유는 업무 스트레스 때문이다.

The new manager suggested the way we could increase profits.

= The new manager suggested how we could increase profits.
새 매니저가 우리가 수익을 올릴 수 있는 방법을 제안했다.

→ 관계부사 how는 선행사 the way나 how 둘 중 하나만 사용

Check Up
해설 p. 85

다음 괄호 안에서 알맞은 것을 고르세요.

1. This is the area (which, where) the accident occurred.

2. I can't forget the day (which, when) I purchased my first car.

3. The expert suggested a (way, way how) we could win the bid.

4. Nobody knows the reason (how, why) our sales dropped last month.

5. Visit our Web site to find out (how, why) you can become a member.

6. December is the month (when, which) our company's fiscal year ends.

7. Mr. Joe attended the conference (which, where) he works as an executive.

점수: _____ / 8점

8. The venue (which, where) Mr. Aryl recommended has various meeting places.

어휘 expert 몡 전문가 win the bid 입찰을 따다 fiscal 몡 회계의 executive 몡 임원 venue 몡 장소

1 For everyone _____ loves dessert, this is one event you shouldn't miss.

(A) who   (B) whom

▶ 주격 관계대명사

2 The company is hiring an employee _____ responsibility will include fundraising.

(A) which   (B) whose   responsibility 명 책무, 의무

▶ 소유격 관계대명사

3 I'll need to change some appointments _____ I made for next week.

(A) who   (B) that

▶ 목적격 관계대명사

4 We can discuss details about _____ your company is willing to offer.

(A) what   (B) when

▶ 관계대명사/관계부사 구분

5 Nobody knows the reason _____ Mr. Kim didn't attend his retirement reception.

(A) why   (B) which   retirement 명 은퇴, 퇴직

▶ 관계대명사/관계부사 구분

6 The seminar _____ was scheduled to begin tomorrow was postponed for two weeks.

(A) which   (B) where   postpone 동 연기하다

▶ 주격 관계대명사

7 Mr. Johansson will show _____ the media is used as a marketing strategy.

(A) which   (B) how   strategy 명 전략

▶ 관계대명사/관계부사 구분

8 Mr. Ford requested a manual _____ instructions are detailed enough to properly assemble the computer.

(A) whose   (B) which   assemble 동 조립하다

▶ 소유격 관계대명사

9 The Twinkle Resort is the venue _____ we had a company picnic last year.

(A) which   (B) where   venue 명 장소

▶ 관계대명사/관계부사 구분

10 Mr. Osman will visit the HR department to review _____ will be included in the job posting.

(A) that   (B) what   job posting 일자리 공지

▶ what / that 구분

토익 실전 감각 익히기

1 Supervisors _____ attended yesterday's workshop have already submitted their feedback.

(A) who

(B) whom

(C) whose

(D) what

2 This is a reminder to renew your subscription _____ expires on May 30.

(A) whose

(B) when

(C) who

(D) which

subscription 명 구독
expire 동 만료되다

3 The industrial complex _____ Mr. Melton works houses many auto parts manufacturers.

(A) when

(B) where

(C) which

(D) who

industrial complex 공단
house 동 수용하다

4 Please be aware that candidates _____ applications are incomplete will not be accepted.

(A) what

(B) whose

(C) that

(D) who

aware 형 알고 있는
incomplete 형 미완성의

5 The Food Pro wholesale store is a small business _____ focuses on local restaurants.

(A) who

(B) whose

(C) where

(D) which

wholesale 형 도매의
focus on ~에 주력하다

6 There was a two-month period _____ the legal team was relocated to another office.

(A) how

(B) where

(C) when

(D) why

relocate 동 이전하다

7 The financial experts are trying to find out exactly _____ caused profits to decrease by 30%.

(A) that

(B) what

(C) whose

(D) why

financial expert 금융 전문가
decrease 동 감소하다

8 Packing materials are the chief product _____ Atlas Recycling manufactures from recycled paper.

(A) what

(B) who

(C) that

(D) where

chief 형 주된
manufacture 동 제조하다, 만들다
recycled paper 재생 용지

Questions 9-12 refer to the following memo.

To all First Alliance Bank employees:

Are you having trouble ------- childcare while you are working? First Alliance Bank is proud to provide a reliable childcare service for the parents ------- are among our employees. We are the only bank in this area to offer this service. ------- employees should reply to Rachael Larsen(rlarsen@1stalliance.com). -------. If you are curious about the program, direct your questions to Melanie Shephard (mshephard@1stalliance.com), childcare coordinator.

Sincerely,

Rachael Larsen

Human Resources Coordinator

어휘 childcare 명 보육 curious 형 궁금한 direct 동 전달하다

9 (A) find
(B) to find
(C) finding
(D) founded

10 (A) who
(B) which
(C) whose
(D) what

11 (A) Troubled
(B) Interested
(C) Discouraged
(D) Invited

12 (A) Members can enjoy this special offer.
(B) Please complete the survey and send it to us as soon as possible.
(C) Be sure to include the age of your child you wish to enroll.
(D) Think about the options you might need.

special offer 특가 판매 enroll 동 등록하다

이번 Unit에 나온 어휘 중 반드시 기억해야 할 것들만 모았습니다.
우리말 뜻을 가리고 체크해 본 후, 꼭 외워 두세요.

RC-09

□ survey	통 (설문) 조사하다	□ fiscal	형 회계의
□ coordinator	명 조정자	□ executive	명 임원
□ on sale	할인 중인	□ strategy	명 전략
□ apologize	통 사과하다	□ instruction	명 설명
□ fluent	형 유창한	□ assemble	통 조립하다
□ prefer	통 선호하다	□ venue	명 장소
□ viewer	명 시청자	□ job posting	일자리 공지
□ contain	통 포함하다	□ reminder	명 상기시키는 것
□ travel agent	여행사 직원	□ industrial complex	공단
□ exactly	부 정확히	□ house	통 수용하다
□ specialize in	~을 전문으로 하다	□ auto part	자동차 부품
□ corporate	형 기업의	□ manufacturer	통 제조 업체
□ tag	명 태그, 꼬리표	□ incomplete	형 미완성의
□ carpool	통 카풀을 하다	□ wholesale	형 도매의
□ renowned	형 유명한	□ focus on	~에 주력하다
□ recipe	명 조리법	□ legal	형 법률과 관련된
□ used to+동사원형	~하곤 했다	□ relocate	통 이전하다
□ double	통 두 배가 되다	□ expert	명 전문가
□ carry out	실시하다	□ packing	명 포장
□ involve	통 수반하다, 포함하다	□ material	명 재료
□ on schedule	정시에, 예정대로	□ chief	형 주된
□ be under stress	스트레스를 받고 있다	□ manufacture	통 제조하다, 만들다
□ in detail	상세하게	□ recycled paper	재생 용지
□ reflect	통 반영하다	□ childcare	명 보육
□ semester	명 학기	□ curious	형 궁금한
□ fundraising	명 기금 조성	□ direct	통 전달하다
□ retirement	명 은퇴, 퇴직	□ special offer	특가 판매
□ win the bid	입찰을 따다	□ enroll	통 등록하다

UNIT 9

PART 5 & 6

비교·가정법·도치

■ 원급, 비교급, 최상급

I have never seen a bigger dog than this.
나는 이것보다 **더 큰** 개를 본 적이 없어요.

This is the biggest dog I've ever seen.
이것은 내가 본 것 중 **가장 큰** 개예요.

둘 이상의 대상을 비교하는 비교 구문은 형용사와 부사를 사용하여 원급, 비교급, 최상급의 세 가지 형태로 나타냅니다.

원급	비교급	최상급
big 큰	bigger 더 큰	biggest 가장 큰
important 중요한	more important 더 중요한	most important 가장 중요한

■ 가정법과 도치

If I were you, I wouldn't do that.
내가 너라면 그러지 **않을 텐데.**

Never have I seen such a big dog.
나는 저렇게 큰 개를 본 적이 **전혀 없어.**

가정법 은 실제로 일어나지 않은 일을 사실과 반대로 가정할 때 쓰입니다.

If I were you, I wouldn't do that. 내가 너라면 그러지 않을 텐데.
   am (x)   won't do (x)

도치 는 강조하고자 하는 말을 문장의 맨 앞에 보낼 때 주어와 동사의 순서가 바뀌는 경우를 말합니다.

Never have I seen such a big dog. 나는 저렇게 큰 개를 본 적이 전혀 없다.
    I have (x)

1 원급

비교 대상이 서로 동등함을 나타내는 원급은 다음과 같은 형태로 쓰입니다.

as＋형용사/부사＋as	～만큼 …한/…하게

The new employee is as <u>motivated</u> as Brian.

형용사 → 2형식 동사(be, become)의 주격 보어

그 신입 사원은 **브라이언만큼 의욕적이다.**

Frank speaks Spanish as <u>well</u> as a native Spanish.

부사 → 일반동사(speaks)를 수식

프랭크는 **스페인 원어민만큼** 스페인어를 **잘한다.**

■ 원급 관용 표현

as＋many 복수명사＋as ～만큼 많은	as many complaints as last year 작년만큼 많은 불만
as＋much 불가산명사＋as ～만큼 많은	as much attention as other models 다른 모델만큼 많은 관심
as＋원급＋as possible 가능한 한	as soon as possible 가능한 한 빨리
as＋원급＋as＋주어＋can 할 수 있는 한	as quickly as you can 당신이 할 수 있는 한 빨리
the same (명사) as ～와 똑같은	the same project as others 다른 사람들과 똑같은 프로젝트

UNIT 10

The newly opened beach hasn't attracted as many tourists as other beaches.
새로 개장한 해변은 **다른 해변만큼 많은** 관광객들을 끌어들이지 못했다.

All contracts must be reviewed as carefully as possible.
모든 계약은 **가능한 한 신중하게** 검토되어야 한다.

Check Up

해설 p. 87

다음 괄호 안에서 알맞은 것을 고르세요.

1. No other city in Korea is as (crowd, crowded) as Seoul.

2. Mr. Sato attended the same summer festival (as, like) I did.

3. Few people are as (considerate, considerately) as my boss.

4. Sophie's salary is as (high, highly) as other full-time employees'.

5. No one has made donations as (generous, generously) as Mr. Baker.

6. The user manual will be revised as (frequent, frequently) as necessary.

7. The negotiation did not go as (smooth, smoothly) as we had expected. 점수: _____/8점

8. All products have to go through the safety check as (soon, quick) as possible.

어휘 make donations 기부하다 generous 형 관대한 revise 동 수정하다 negotiation 명 협상 go through 통과하다

203

2 비교급

비교 대상이 서로 차이가 날 때 비교하기 위한 표현은 다음과 같은 형태로 쓰입니다.

형용사/부사 의 비교급 than ~	~보다 더 …한/…하게

We need a bigger **conference room** (than **this one).** 우리는 **(이 방보다) 더 큰** 회의실이 필요하다.
형용사 → 명사(conference room) 수식

The director examined loan applications more carefully than **usual.**
부사 → 일반동사(examined) 수식

이사는 대출 신청서를 **평소보다 더 주의 깊게** 검토했다.

■ 비교급 강조 부사

비교급 바로 앞에 써서 '훨씬 더 ~한[하게]'이라는 의미를 만들어 줍니다.

> much, even, far, still, a lot + 비교급: 훨씬 더 ~한[~하게]

The unemployment rate is much higher **than it used to be.**
실업률이 예전보다 **훨씬 더 높다.**

■ 비교급 관용 표현

no later than 늦어도 ~까지	no later than tomorrow 늦어도 내일까지
no longer 더 이상 ~이 아닌	no longer available 더 이상 이용할 수 없는
more than ~ 이상	more than five years 5년 이상

The item you requested is no longer **available.**
당신이 요청한 물건은 이제 **더 이상 구할 수 없다.**

Check Up

해설 p. 87

다음 괄호 안에서 알맞은 것을 고르세요.

1. Global banks offer a (widely, wider) range of services.

2. Registration must be received no (late, later) than this Friday.

3. The company has made (large, larger) profits than expected.

4. Our hotel will make your stay more (comfortable, comfortably).

5. The proposal needs to be reviewed more (thorough, thoroughly).

6. When people multi-task, they tend to work less (efficient, efficiently).

7. A laptop computer is (much, many) more convenient than a desktop.

8. The new printer operates more (quick, quickly) than its previous models.

점수: _____ /8점

어휘 registration 뗑 등록 thorough 뗑 철저한 multi-task 됨 동시에 여러 일을 하다 efficient 뗑 효율적인 previous 뗑 이전의

3 최상급

셋 이상의 비교 대상에서 최고를 나타낼 때 쓰는 최상급 표현은 다음과 같은 형태로 쓰입니다.

the + 형용사/부사의 최상급 + of 복수명사/불가산명사	~ (중)에서 가장 …한 / …하게
+ in 공간/범위	~에서 가장 …한 / …하게
+ that + 주어 + have ever p.p.	~했던 것 중에서 가장 … 한 / …하게

▶ 부사의 최상급에서는 the 생략 가능

It was the greatest **experience** of my life. 그것은 내 생애 **최고의** 경험이었다.
　　　　　　형용사 → 명사(experience) 수식

This moving company <u>transports</u> the furniture the most carefully in town.
　　　　　　　　　　　　　　　　　　　　부사 → 동사(transports) 수식
이 이삿짐 센터가 이 도시에서 가구를 **가장 조심스럽게** 운반한다.

This is the most challenging **task** I've ever taken on. 이것은 지금까지 내가 맡은 것 중 **가장 힘든** 과제이다.
　　　　형용사 → 명사(task) 수식

■ one of[among] the + 형용사 최상급 + 복수명사: 가장 …한 ~ 중 하나

Paris is one of the most popular destinations in Europe.

= Paris is among the most popular destinations in Europe.
파리는 유럽에서 **가장 인기 있는 여행지 중 한 곳**이다.

■ 최상급 관용 표현

at least 적어도	at least once a week 적어도 1주일에 한 번
at the latest 늦어도	by Friday at the latest 늦어도 금요일까지

Requests should be submitted by early next week at the latest.
요청서는 **늦어도** 다음 주 초까지 제출되어야 한다.

Check Up
해설 p. 88

다음 괄호 안에서 알맞은 것을 고르세요.

1. Himalia Grill is (one, among) the most visited restaurants.

2. This is the (more, most) advanced technology in this field.

3. Our employees will always be our most (value, valuable) asset.

4. The CEO took her client to the (fine, finest) restaurant in the city.

5. Mr. Kang selected the most (economical, economy) flight available.

6. The new menu received the (higher, highest) rating among the diners.

7. Please check in at (least, the latest) two hours before the departure time.

8. Of all the staff, Edward is considered the most (competent, competently).　　점수: _____/8점

어휘 asset 몡 자산 economical 혱 경제적인 economy 몡 경제 rating 몡 평가 competent 혱 유능한

4 가정법

가정법은 실제로 일어나지 않은 상황을 가정할 때 쓰는 문장으로, 사용된 동사의 형태가 실제 시제를 나타내는 것은 아닙니다.

- **가정법 과거**: '(지금) 만약 ~이라면, …일 텐데' (현재의 사실과 반대되는 상황을 가정할 때)

  > If + 주어 + 동사의 과거형 ~, 주어 + would / could / might + 동사원형

  If Ms. Klein applied for the managerial position, we would hire her.
  클라인 씨가 관리직에 **지원한다면**, 우리는 그녀를 **고용할 텐데**.
  → 가정법에서 be동사는 주어의 인칭과 관계 없이 were를 사용

- **가정법 과거완료**: '(과거에) 만약 ~했다면, …했을 텐데' (과거 사실과 반대되는 상황을 가정할 때)

  > If + 주어 + had + p.p. ~, 주어 + would / could / might + have + p.p.

  If Mr. Joe hadn't retired so early, he could have been more successful.
  조 씨가 그렇게 일찍 **은퇴하지 않았더라면**, 더 성공할 **수 있었을 텐데**.

- **가정법 미래**: '(혹시라도) 만약 ~이라면, …일 텐데' (미래의 발생 가능성이 낮은 상황을 가정할 때)

  > If + 주어 + should + 동사원형 ~,   ① 주어 + will / can / may[would / could / might] + 동사원형
  >   ② 명령문

  If the rain should stop, they would[will] finish their work much earlier.
  (혹시라도) 비가 **그친다면**, 그들은 훨씬 더 일찍 일을 **끝낼 텐데**.

  If you should have any scheduling conflicts, please inform us beforehand.
  (혹시라도) 일정이 **겹치면**, 미리 저희에게 **알려 주세요**.

Check Up
해설 p. 88

다음 괄호 안에서 알맞은 것을 고르세요.

1. The traffic (will, would) run smoothly if the snow stopped.

2. If we (have, had) enough funds, we would expand our menu options.

3. Some paperwork (would be, will be) done more easily if we had laptops.

4. If you (will, should) make a business trip, keep the receipt for reimbursement.

5. If Collier Tech had won the bid, investment funds would (raise, have been raised).

6. If the concert (has, had) been promoted more, it would have attracted larger audience.

7. If the café (extended, has extended) its business hours, it would draw more customers.

8. If you (should have, had) any trouble making orders, you can call our customer service team.

어휘 paperwork 몡 서류 작업 reimbursement 몡 상환, 변제 promote 통 홍보하다

점수: _____ / 8점

5 도치

강조하고자 하는 말을 문장의 앞에 두면 주어와 동사의 순서가 바뀌는 도치가 일어나게 됩니다.

■ **가정법의 도치**

가정법 문장에서 if를 생략하는 경우가 있는데, 이럴 때는 if절의 조동사가 주어 앞으로 옵니다.

If 주어 + were ~	→ Were + 주어 ~
If 주어 + had + p.p. ~	→ Had + 주어 + p.p. ~
If 주어 + should + 동사원형 ~	→ Should + 주어 + 동사원형 ~

Were there more volunteers, we would finish work earlier.
자원 봉사자가 더 **있다면**, 우리는 일을 더 일찍 **끝낼** 텐데.

Had there been any traffic delays, we might have missed our flight.
교통 지연이 조금이라도 **있었다면**, 우리는 비행기를 **놓쳤을지도 모른다**.

Should you have any questions, please feel free to ask me.
(혹시라도) 질문이 **있으시면**, 언제든지 제게 **물어보세요**.

■ **기타 구문의 도치**

부정어 강조 → 〈부정어 + 동사 + 주어〉 순서	<u>Never</u> <u>should</u> <u>security personnel</u> leave their designated area. 부정어 동사 주어 보안 요원은 지정된 지역을 **절대** 떠나서는 **안 됩니다**.
보어 강조 → 〈보어 + 동사 + 주어〉 순서	<u>Enclosed</u> <u>is</u> <u>a timetable</u> of our services. **동봉한 것은** 저희 서비스 일정표입니다. 보어 동사 주어

▶ 부정어: hardly(거의 ~ 않다), seldom(좀처럼 ~ 않다), never(절대 ~ 않다), nor(~도 아니다)

해설 p.88

Check Up

다음 괄호 안에서 알맞은 것을 고르세요.

1. Included (is, are) photos of the samples you requested.
2. Rarely does Mr. Park (deliver, delivers) parcels on time.
3. (Attach, Attached) is a copy of the employment contract.
4. (Ever, Never) has the supervisor overseen an evening shift.
5. Seldom (do, does) executives criticize the company's policies.
6. (Were, Should) you require further information, please contact us.
7. Outdoor tables would be completely full (were, if) the weather nice.
8. (Had, Have) you taken a taxi, you could have arrived ahead of schedule.

점수: _____ /8점

어휘 parcel 명 소포 contract 명 계약(서) oversee 동 감독하다 criticize 동 비평하다 completely 부 완전히

UNIT 10

토익 감잡기

해설 p. 88

1 The newly released movie hasn't attracted ________ much attention as other movies. ▶ 원급 관용 표현

(A) like (B) as

release [동] 개봉하다

2 After the merger, benefit packages became ________ than they had been previously. ▶ 비교급 보어 자리

(A) bad (B) worse

benefit package 복리후생 제도

3 ________ do Internet telecom companies mark down their basic rates. ▶ 부정어 도치

(A) Never (B) Now

mark down 인하하다

4 The growth of the AI technology market is ________ larger than expected. ▶ 비교급 강조 표현

(A) much (B) many

5 The items will reach the store within two days at the ________. ▶ 최상급 관용 표현

(A) later (B) latest

6 The HR department will complete the hiring process as ________ as possible. ▶ 원급 동사 수식

(A) quick (B) quickly

7 David's Toyworld offers the ________ selection of toys in the area. ▶ 최상급 명사 수식

(A) wider (B) widest

8 If we ________ customer feedback, we could make different flavors of cakes. ▶ 가정법 과거

(A) have received (B) received

flavor [명] 맛

9 The new interns are required to work more ________ with others. ▶ 비교급 동사 수식

(A) close (B) closely

10 ________ the catering company changed suppliers, it would have made more profit. ▶ 가정법 과거완료 도치

(A) Had (B) Were

profit [명] 이윤, 이익

1 Generally, there are _____ job opportunities in the cities than in the suburbs or rural areas.

(A) many

(B) much

(C) more

(D) most

suburb 형 교외　rural 형 시골의

2 You can find an updated event schedule _____ you visit our Web site this Friday.

(A) were

(B) had

(C) should

(D) would

3 The board is as _____ as the CEO about offering incentives to dedicated employees.

(A) positive

(B) positively

(C) position

(D) positioned

incentive 명 상여금
dedicated 형 헌신적인

4 Mr. Atembe is regarded as the _____ among the candidates for the managerial position.

(A) qualified

(B) as qualified

(C) more qualified

(D) most qualified

regard 동 여기다

5 The art exhibition was _____ more successful than the gallery expected.

(A) even

(B) many

(C) soon

(D) very

exhibition 명 전시회

6 _____ is the calendar for all work days and times during the month of March.

(A) Attach

(B) To attach

(C) Attaching

(D) Attached

7 SG Electronics will release its newly developed air conditioner, which is _____ in energy saving.

(A) efficiency

(B) efficiently

(C) more efficient

(D) most efficient

release 동 출시하다

8 The road expansion plan _____ if Jady Corporation hadn't invested in the project.

(A) would cancel

(B) would be cancelled

(C) would have cancelled

(D) would have been cancelled

expansion 명 확장

UNIT 10

Questions 9-12 refer to the following information.

Duncan Park is available for rental!

Duncan Park is one of Hill City's ------- places for picnics. All of the park's picnic areas can
                                          9
------- large groups of people. The largest picnic area holds about 300 people. A rental
   10
fee guarantees the group a full day's use of the picnic area, from 7 A.M. to 9 P.M. For your
group's -------, the picnic site will be closed to the public on the day of your event. -------.
           11   12
For information and reservations, call the park district at 555-PARK. Online reservations
are not available.

어휘 guarantee 통 보장하다 district 명 구역

9 (A) most popular
    (B) most popularly
    (C) popularity
    (D) popularize

10 (A) be accommodated
    (B) accommodating
    (C) accommodated
    (D) accommodate

11 (A) consideration
    (B) assistance
    (C) convenience
    (D) interest

12 (A) You may reserve a site up to six months in advance.
    (B) Complete the Picnic Rental Form and email it to adia@duncanpark.com.
    (C) Your group is required to clean up the area after your event.
    (D) All vehicles must park in the designated parking areas.

up to ~까지
designated 형 지정된

어휘로 마무리

이번 Unit에 나온 어휘 중 반드시 기억해야 할 것들만 모았습니다.
우리말 뜻을 가리고 체크해 본 후, 꼭 외워 두세요.   ⏵ RC-10

☐ motivated	혱 의욕적인	☐ volunteer	몡 자원봉사자
☐ native	혱 지역 출신의	☐ feel free to + 동사원형	마음대로 ~하다
☐ attention	몡 관심	☐ designated	혱 지정된
☐ crowded	혱 붐비는	☐ enclosed	혱 동봉된
☐ make donations	기부하다	☐ parcel	몡 소포
☐ generous	혱 관대한	☐ on time	제 시간에
☐ smoothly	윈 순조롭게, 원만히	☐ criticize	동 비평하다
☐ go through	통과하다	☐ completely	윈 완전히
☐ loan	몡 대출	☐ ahead of schedule	예정보다 먼저
☐ unemployment rate	실업률	☐ release	동 개봉하다, 출시하다
☐ no later than	늦어도 ~까지	☐ benefit package	복리후생 제도
☐ thorough	혱 철저한	☐ mark down	인하하다
☐ multi-task	동 동시에 여러 일을 하다	☐ ingredient	몡 재료
☐ previous	혱 이전의	☐ flavor	몡 맛
☐ transport	동 운반하다	☐ suburb	몡 교외
☐ take on	(일 등을) 떠맡다	☐ rural	혱 시골의
☐ destination	몡 목적지	☐ updated	혱 최신의
☐ at the latest	늦어도	☐ incentive	몡 상여금
☐ asset	몡 자산	☐ regard	동 여기다
☐ economical	혱 경제적인	☐ attached	혱 첨부된
☐ economy	몡 경제	☐ saving	몡 절약
☐ rating	몡 평가	☐ rental	몡 임대
☐ competent	혱 유능한	☐ guarantee	동 보장하다
☐ managerial	혱 관리직의	☐ the public	대중
☐ scheduling conflict	일정 겹침	☐ district	몡 구역
☐ beforehand	윈 미리	☐ popularize	동 대중화하다
☐ paperwork	몡 서류 작업	☐ accommodate	동 수용하다
☐ reimbursement	몡 상환, 변제	☐ up to	~까지

PART 7
문제 유형

1 주제·목적 문제

주제나 목적을 묻는 문제는 대부분 첫 번째 문제로 출제됩니다. 글의 초반부에 제시하는 경우가 대부분이지만 글의 전반적인 맥락을 통해 유추하는 문제도 출제됩니다. 주제나 목적을 나타내는 단서 표현에 유의하세요.

주제/목적 질문 유형

What is the purpose of the letter? 이 편지를 쓴 목적은 무엇인가?

Why was the e-mail sent? 이메일은 왜 보내졌는가?

What does the article mainly discuss? 기사는 주로 무엇에 대해 논의하고 있는가?

Dear Mr. Cameron,

I am the office manager at Sloane Parker Advertising in New York City. I'm writing to express interest in Dreamseat, your company's newest line of ER-chairs. We have been using the same supplier for many years, but we would be willing to switch if your company can offer a bulk discount. There are currently fifty employees in our offices. I look forward to hearing back from you regarding your offer.

Sincerely
Jennifer Summerston,
Sloane Parker

카메론 씨께,

저는 뉴욕 시에 있는 슬로안 파커 광고사의 관리자입니다. 귀사의 최신 ER-chairs 제품인 드림시트에 관심이 있어서 편지를 씁니다. 저희 회사는 여러 해 동안 동일한 공급 업체를 이용해 왔지만, 귀사가 대량 구매 할인을 제공할 수 있다면 기꺼이 교체하겠습니다. 현재 우리 사무실에는 50명의 직원이 있습니다. 당신의 제안에 대한 회신을 기다리겠습니다.

제니퍼 서머스턴 올림
슬로안 파커

어휘 switch ⑧ 바꾸다 bulk discount 대량 구매 할인 regarding 젠 ~에 관한

Check Up

해설 p.90

위의 편지를 읽고 다음 질문에 답하세요.

Q. What is the purpose of this letter? 이 편지를 쓴 목적은 무엇인가?

    (A) To inquire about a line of products 제품군에 대해 문의하기 위하여

    (B) To give details about a new supplier 신규 공급 업체에 대한 세부 정보를 제공하기 위하여

2 세부 사항 문제

세부 사항을 묻는 유형은 질문의 키워드를 지문 속에서 빠르고 정확하게 찾아가는 읽기 능력이 중요하며 모든 지문에서 출제되는 문제 유형입니다.

세부 사항 질문 유형

What will happen on May 1? 5월 1일에 무슨 일이 일어날 것인가?

What is the problem with the order? 주문에 무슨 문제가 있는가?

What are employees asked to do? 직원들이 해야 하는 것은?

What does the magazine feature? 잡지의 특집은 무엇인가?

When is Mr. Park scheduled to speak? 박 씨는 언제 연설할 예정인가?

Why does Mr. Park apologize? 박 씨는 왜 사과를 하는가?

How much money can survey participants save? 설문 참여자들은 얼마의 돈을 절약할 수 있는가?

Supermarket Escalation
By Jennifer Harrison

Prices on many consumer goods increased sharply over the last few weeks, and this is especially true for fresh produce. The lack of rain this year has resulted in poor harvests for many farmers. As a direct result, consumers will find themselves paying much higher prices. Cabbage and lettuce have risen four times their regular prices. Even potatoes and carrots are double the amount they were last year at this time. However, market experts are cautiously optimistic that prices will go down late next month when greenhouse-grown produce will arrive in stores.

슈퍼마켓 가격 상승
제니퍼 해리슨

지난 몇 주 동안 많은 소비재 가격이 급격히 올랐으며, 이것은 특히 신선한 농산물에 해당된다. 올해 비가 오지 않아서 많은 농민들에게는 흉년이 들었다. 직접적인 결과로, 소비자들은 훨씬 더 높은 가격을 지불할 것이다. 배추와 상추는 각각 정상 가격의 네 배까지 상승했다. 감자와 당근도 작년 이맘때의 두 배나 된다. 하지만 시장 전문가들은 온실에서 재배된 농산물이 상점에 출시되는 다음 달 말에는 가격이 내려갈 것으로 조심스럽게 낙관하고 있다.

어휘 sharply ⓟ 급격하게 produce ⓝ 농산물 harvest ⓝ 수확 cabbage ⓝ 양배추 lettuce ⓝ 상추 cautiously ⓟ 조심스럽게 be optimistic that ~라고 낙관하다 green-house grown 온실 재배의

Check Up
해설 p. 90

위의 광고를 읽고 다음 질문에 답하세요.

Q. Of the produce mentioned, which has had the larger price increase?
언급된 농산물 중에서, 가격 인상이 더 큰 것은 어느 것인가?

(A) Cabbage 양배추

(B) Potatoes 감자

3 Not/True 문제와 추론 문제

Not/True는 사실 정보를 확인하는 문제 유형이고 추론 문제는 지문에서 제시된 단서를 근거로 정답을 추론하는 문제 유형입니다. 두 유형 모두 질문과 보기의 키워드를 지문에 있는 단서들과 대조해 나가면서 정답을 찾아야 합니다.

Not/True 질문 유형

What is indicated about Mr. Almilla? 알밀라 씨에 대해 알 수 있는 것은?

What service is NOT mentioned in the information? 정보에서 언급되지 않은 서비스는 무엇인가?

What is true about Mr. Almilla's order? 알밀라 씨의 주문에 대한 설명으로 옳은 것은?

추론 질문 유형

Who most likely is Blake Hamilin? 블레이크 하밀린은 누구이겠는가?

What can be inferred about the store? 그 상점에 대해 유추할 수 있는 것은 무엇인가?

What is suggested[implied] about Secure Storage Inc.? Secure Storage Inc.에 대해 암시된 내용은?

At 4:30 P.M., what does Ms. Stuart most likely mean when she writes, "That's more like it"?
오후 4시 30분에 스튜어트 씨가 "That's more like it"이라고 쓸 때 그 의도는 무엇이겠는가?

Notice	공지
Greetings commuters, Our city is proud to be hosting the World Economic Summit from March 3 to March 15. Since the conference will be taking place at the Home City Center, Kagama Station will be closed during the event. This means that between the hours of 10 A.M. and 6 P.M., neither the trains of Line 4 nor Line 7 will stop at this station. The trains will stop at the station before and after this period. We apologize for this situation and thank you for your understanding.	승객 여러분께, 우리 시는 3월 3일부터 3월 15일까지 세계 경제 정상 회담을 개최하게 되어 자랑스럽습니다. 회의가 홈 시티 센터에서 개최되기 때문에, 카가마 역은 회담 중에 폐쇄될 것입니다. 이는 오전 10시에서 오후 6시 사이에 4호선과 7호선의 열차가 이 역에서 정차하지 않는다는 것을 의미합니다. 열차는 이 시간대 전후에는 역에 정차합니다. 이 상황에 대해 사과드리며 이해해 주셔서 감사합니다.

[어휘] summit [명] 정상 회담 take place 열리다, 개최되다

Check Up 해설 p.91

위의 공지를 읽고 다음 질문에 답하세요.

Q. What is NOT indicated about Kagama Station? 카가마 역에 대해 언급되지 않은 것은?

(A) Two subway lines pass through it. 두 개의 지하철 노선이 그곳을 통과한다.

(B) The station will be closed for five days. 역은 5일간 폐쇄된다.

4 동의어 문제와 문장 삽입 문제

동의어 문제는 문맥 속에서 가장 적절한 대체 어휘를 찾는 유형으로, 문맥을 확인한 후 의미가 가장 가까운 어휘를 정답으로 찾으면 됩니다. 문장 삽입 유형은 제시된 문장이 들어가기에 문맥상 가장 적절한 곳을 고르는 유형으로, 앞뒤 문장에 제시문이 자연스럽게 이어지는지를 확인하세요.

동의어 질문 유형

In paragraph 3, line 5, the word "beyond" is closest in meaning to …
세 번째 단락 5행의 'beyond'와 의미상 가장 가까운 것은?

문장 삽입 질문 유형

In which position marked [1], [2], [3] and [4] does the following sentence best belong?
[1], [2], [3], [4]로 표시된 곳 중에서 다음 문장이 들어가기에 가장 적합한 곳은?

Dear Mr. Laffite,

I am sending you this e-mail to confirm that we have received the recommendation letter from your supervisor in Indochina. She described your work in a very positive light, and we think you are well-qualified to work in the capacity of executive chef. We would like to invite you to go through our interview process. We can arrange to do this by phone if you would like. I look forward to communicating with you again soon.

Best regards,
Carol Girard

라피테 씨께,

인도차이나에 있는 당신의 상사에게 추천서를 받았음을 확인하기 위해 이 메일을 보냅니다. 그녀는 당신의 업무를 매우 긍정적으로 기술하였고, 우리는 당신이 주방장의 자격으로 일할 수 있는 자격이 충분하다고 생각합니다. 저희의 면접 과정을 거치도록 요청하고자 합니다. 원하시면 이것은 전화로 할 수도 있습니다. 조만간 다시 이야기하게 되기를 바랍니다.

캐롤 지라드 드림

어휘 recommendation letter 추천서 describe 통 기술하다 in a positive light 긍정적인 시각으로 well-qualified 자격이 충분한

Check Up

해설 p. 91

위의 이메일을 읽고 다음 질문에 답하세요.

Q. The word "capacity" in paragraph 1, line 4 is closest in meaning to
첫 번째 단락 4행의 'capacity'와 의미가 가장 가까운 것은?

(A) role 역할

(B) amount 양

토익 감잡기

해설 p.91

다음 지문을 읽고 질문에 알맞은 답을 고르세요.

1

Welcome to Juniper Beach

NOTICE

– No lifeguard on duty on the beach east of this pier
– Be sure you have suitable clothing and equipment
– Let friends know where you are going and when you expect to return

For more information on the beach, call Visitor Services at 555-1987. Have a pleasant stay!

The Collingswood City Council

[어휘] lifeguard [명] 인명 구조원 on duty 근무 중인 suitable [형] 적합한, 알맞은 pier [명] 부두

What is the main purpose of the notice?

(A) To give directions to the beach
(B) To outline safety tips for beach users

outline [동] 개요를 서술하다

2

Drawing Danforth

A Special Exhibit of Eye-Catching Illustrations

October 8th – December 17th
Streamwood Museum of Art

Those who have done the drawings for Linda Danforth's fantasy novels have created a truly amazing world that expands our imagination. Our exhibit features more than 200 unforgettable, rarely seen drawings. Don't miss the chance to see them!

Information – (010) 555-0885 (museum main number)
www.streamwoodmuseum.com

[어휘] eye-catching [형] 눈길을 끄는 illustration [명] 삽화 imagination [명] 상상력 exhibit [명] 전시회 rarely [부] 드물게

Who most likely is Linda Danforth?

(A) A writer
(B) A photographer

3

V&A Outfitters – Return Policy

In-store purchases may be returned or exchanged in the store where they were bought within 30 days of purchase. All tags must be attached and receipts must be presented.

Online purchases may be returned at any of our store locations according to the above procedure within 30 days of receiving the product. You may also return online purchases by mail. Due to various shipping times, we allow shipped returns to arrive within 45 days.

어휘 outfitter 명 캠핑 장비점 in-store 형 매장 내의 procedure 명 절차 due to ~ 때문에

What is true of the store's policy?

(A) Only items purchased in-store may be returned in-store.

(B) Only items purchased online may be returned by mail.

4

Greetings Ms. Blake,

Thank you for your continued support of the arts in Vernon City. By renewing your membership with the Vernon City Theater, you are eligible to attend one performance every month for free this year. —[1]— When you wish to use your free ticket, simply log on to the members section of our Web site. —[2]— To get a printed ticket, just mention your membership number on the day of the performance.

Sincerely,
Nina Grant
Customer Service Director
Vernon City Theater

어휘 continued 형 지속된 renew 동 갱신하다 be eligible to ~할 자격이 있다

In which position marked [1] and [2] does the following sentence best belong?

"You will then receive a confirmation e-mail which includes your seat assignment."

(A) [1]

(B) [2]   assignment 명 배정

토익 실전 감각 익히기

해설 p. 92

Questions 1-2 refer to the following memorandum.

To: All Participants
From: Sarah Ralston, Public Relations
Date: October 29th

I'm writing to inform you about the upcoming facility tour of the newly-opened Kedvale bus assembly plant. The plant itself is fully operational and employs nearly 1,500 personnel. It has a large employee training facility, a health center with a full-sized gym and two cafeterias. We will visit all of these areas as well as the production floor. Because the plant is completely automated, no cell phones or other electronic devices will be allowed inside. Frank Munoz, the plant director, will lead the floor tour, and Deborah Sabbagh, the chief engineer, will give a brief overview of the plant's research laboratory.

If, for any reason, you cannot attend the tour, please notify Hector Ortiz in the Event Planning Department as soon as possible.

[어휘] facility [명] 시설 fully [부] 완전히, 충분히 operational [형] 가동 중인 production floor 생산 작업장 automated [형] 자동화된 brief [형] 간단한 overview [명] 개요

1 Why was the memo written?
(A) To invite employees to a special event
(B) To give guidelines for a facility visit
(C) To thank volunteers for organizing a tour
(D) To announce job openings at a new facility

2 Who most likely will guide them around the research facility?
(A) Frank Munoz
(B) Sarah Ralston
(C) Hector Ortiz
(D) Deborah Sabbagh

Questions 3-5 refer to the following Web page.

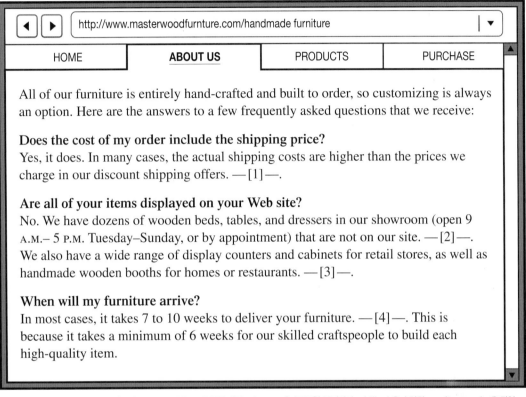

http://www.masterwoodfurnture.com/handmade furniture

| HOME | **ABOUT US** | PRODUCTS | PURCHASE |

All of our furniture is entirely hand-crafted and built to order, so customizing is always an option. Here are the answers to a few frequently asked questions that we receive:

Does the cost of my order include the shipping price?
Yes, it does. In many cases, the actual shipping costs are higher than the prices we charge in our discount shipping offers. —[1]—.

Are all of your items displayed on your Web site?
No. We have dozens of wooden beds, tables, and dressers in our showroom (open 9 A.M.– 5 P.M. Tuesday–Sunday, or by appointment) that are not on our site. —[2]—. We also have a wide range of display counters and cabinets for retail stores, as well as handmade wooden booths for homes or restaurants. —[3]—.

When will my furniture arrive?
In most cases, it takes 7 to 10 weeks to deliver your furniture. —[4]—. This is because it takes a minimum of 6 weeks for our skilled craftspeople to build each high-quality item.

어휘 hand-crafted 형 수공예품인 customizing 명 주문 제작 charge 동 (요금을) 부과하다 skilled 형 숙련된 craftspeople 명 장인

3 What is indicated about the company?

(A) It also repairs furniture.

(B) It ships its items for free.

(C) It is open only by appointment.

(D) It can build customized furniture.

4 What kind of furniture is NOT discussed in the information?

(A) Sofas

(B) Beds

(C) Booths

(D) Retail displays

5 In which position marked [1], [2], [3] and [4] does the following sentence best belong?

"The reason for this is the high cost of packaging the products."

(A) [1]

(B) [2]

(C) [3]

(D) [4]

Questions 6-10 refer to the following e-mails.

To:	Martina Androva <martinaand@busmail.com>
From:	Kim Seung-bin <seungbinkim@busmail.com>
Date:	November 23
Subject:	Negotiations

Hello Martina,

I have a few questions that I need to ask you about the negotiations in Malaysia. Our CEO wants an update on some specific issues. First, which of our products do they wish to produce for sale in their own country? Second, what wage will we have to pay the factory workers? Third, how many employees will they need for the facility to work 24 hours a day? We operate three shifts at full capacity at our other factories, so we'd like them to do the same. And fourth, what are the benefits we will be required to provide for the employees in that country? I know that you are very busy, but please answer the questions that you can. Thank you.

Sincerely,
Kim Seung-bin

[어휘] specific [형] 구체적인 wage [명] 임금 at full capacity 완전 가동 중인

To:	Kim Seung-bin <seungbinkim@busmail.com>
From:	Martina Androva <martinaand@busmail.com>
Date:	November 24
Subject:	Re: Negotiations

Hello Seung-bin,

I think that I can address most of the CEO's concerns. The Malaysians want to produce most of the canned food line for domestic sales — excluding any pork products. They have no problem with the factory operating 24 hours. To operate at full capacity, we estimate that three shifts of 250 workers will be needed. The mandatory benefits in this country are three months severance pay and basic health insurance. That is all the information I can provide you with at this time.

Sincerely,
Martina Androva

[어휘] canned [형] 통조림의 estimate [동] 추정하다 mandatory [형] 의무적인 insurance [명] 보험 severance pay 퇴직금

6 What is the purpose of the first e-mail?

(A) To give a status update

(B) To inquire about progress

(C) To make an appointment

(D) To begin a discussion

status update 정보 업데이트

7 What is indicated in the first e-mail?

(A) The company's current factories operate 24 hours a day.

(B) The Vice President has some questions he wants answered.

(C) The negotiations have been satisfactorily completed.

(D) Martina has been sent to Indonesia for a series of meetings.

satisfactorily ⓟ 만족스럽게

8 According to Mr. Androva, how will the factory differ from others?

(A) It will only have two shifts.

(B) It won't make pork products.

(C) It won't operate on Fridays.

(D) It will need 200 workers per shift.

9 What question did Martina NOT answer?

(A) The first question

(B) The second question

(C) The third question

(D) The final question

10 The word "address" in line 1 of the second e-mail is closest in meaning to

(A) locate

(B) answer

(C) value

(D) decide

어휘로 마무리

이번 Unit에 나온 어휘 중 반드시 기억해야 할 것들만 모았습니다.
우리말 뜻을 가리고 체크해 본 후, 꼭 외워 두세요.

∩ RC-11_1

□ purpose	몡 목적	□ amount	몡 양
□ express	동 나타내다	□ lifeguard	몡 인명 구조원
□ switch	동 바꾸다	□ pier	몡 부두
□ bulk discount	대량 구매 할인	□ eye-catching	혱 눈길을 끄는
□ inquire	동 문의하다	□ illustration	몡 삽화
□ feature	동 특집으로 하다	□ imagination	몡 상상력
□ consumer goods	소비재	□ rarely	뷔 드물게
□ sharply	뷔 급격하게	□ outfitter	몡 캠핑 장비점
□ fresh	혱 신선한	□ in-store	혱 매장 내의
□ produce	몡 농산물	□ shipped	혱 발송된, 선적된
□ direct	혱 직접적인	□ continued	혱 지속된
□ regular price	정상가	□ production floor	생산 작업장
□ harvest	몡 수확	□ automated	혱 자동화된
□ cautiously	뷔 조심스럽게	□ brief	혱 간단한
□ be optimistic that	~에 낙관하다	□ overview	몡 개요
□ greenhouse-grown	온실 재배의	□ hand-crafted	혱 수공예품인
□ indicate	동 나타내다, 가리키다	□ customizing	몡 주문 제작
□ most likely	아마	□ charge	동 (요금을) 부과하다
□ infer	동 유추하다	□ a minimum of	최소
□ imply	동 암시하다	□ skilled	혱 숙련된, 노련한
□ summit	몡 정상 회담	□ a wide range of	광범위한
□ confirm	동 확인하다	□ craftspeople	몡 장인
□ recommendation letter	추천서	□ specific	혱 구체적인
□ describe	동 묘사하다, 기술하다	□ wage	몡 임금
□ in a positive light	긍정적인 시각으로	□ at full capacity	완전 가동 중인
□ well-qualified	혱 자격이 충분한	□ canned	혱 통조림의
□ capacity	몡 능력, 수용력	□ estimate	동 추정하다
□ role	몡 역할	□ mandatory	혱 의무적인

주문 / 환불 / 계약

prototype	몡 원형, 모델, 시제품	redeem	통 현금이나 상품으로 바꾸다
due	혱 지불 기일이 된	complimentary	혱 무료의(= free)
in bulk	대량으로	prepaid	혱 선불의
charge	통 요금을 부과하다	payment plan	요금제
out of stock	품절이 되어(= unavailable)	warranty	몡 보증(서)
estimate	몡 견적(= quote)	replacement unit	교체품
affordable	혱 가격이 적당한(= reasonable)	subcontract	몡 하청 계약 통 하청을 주다
inventory	몡 재고, 재고 목록	offset	통 상쇄하다
money-back guarantee	환불 보증	ownership	몡 소유권

채용 / 취임 / 사임

job posting	채용 공고	assume	통 (직책을) 맡다(= take on)
fill a vacancy	공석을 채우다	speak highly of	~에 대해 높이 평가하다
candidate	몡 지원자(= applicant)	well-deserved	충분한 자격이 있는
successful candidate	합격자	excel	통 능가하다, ~보다 뛰어나다
requirement	몡 자격	single out	선발하다
qualification	몡 자격 요건	incorporate	통 통합하다
understaffed	혱 인원 부족의	relinquish	통 사임하다(= resign)
working knowledge	실무 지식	dismissal	몡 해고
salary expectation	원하는 급여 조건	downsize	통 구조조정하다
interpersonal skill	대인 관계 능력	step down	물러나다

광고 / 서비스 / 할인

a range of	다양한	utility expenses	공과금(수도·전기·가스 등)
attire	몡 복장, 의상(= outfits)	active status	(회원 가입) 활성 상태
apparel	몡 의류(= clothing, garment)	renewal procedure	갱신 절차
customized	혱 주문 제작의(= tailored)	on the premises	구내에서, 부지에서
feature	통 ~을 특징으로 하다	hands-on experience	실제 체험
put[place] an ad	광고를 내다	demonstration	몡 시연
bulk order	대량 주문	trial	몡 체험
novice	몡 초보자	patronize	통 애용하다
flavor	몡 향, 맛	promotional code	쿠폰 번호, 할인 코드

PART 7
지문 유형

1 편지 / 이메일

편지(letter)와 이메일(e-mail) 중 특히 이메일은 PART 7에서 가장 많이 출제되는 지문 유형입니다. 둘 다 발신인과 수신인의 정보를 확인하고 해당 글의 제목과 주제, 이유, 요청 사항 등을 파악하는 것이 중요합니다.

수신인	**To: Dan Watson <dan27@hmail.com>**
발신인	**From: Paul Harris <paulh@jdtravel.com>**
날짜	**Date: November 14**
제목	**Subject: Tour**

Dear Mr. Watson,

세부 내용 **I'm sorry for the belated reply. As for your question about the winter tours, there is some good news. The Skoddan Hills region is open to tourists from January 22nd to January 28th, the dates you wish to travel. I will get back to you on Monday with a price for individual tours of the area.**
Thank you for choosing Judson Travel Services. Please call 555-5654 with any questions.

Sincerely,
발신인 정보 **Paul Harris**
Judson Travel Services

수신: 댄 왓슨 〈dan27@hmail.com〉
발신: 폴 해리스 〈paulh@jdtravel.com〉
날짜: 11월 14일
제목: 관광

왓슨 씨께,
답장이 늦어서 죄송합니다. 겨울 투어에 대한 귀하의 질문에 좋은 소식이 있습니다. 스코단힐스 지역은 귀하가 여행을 원하는 날짜인 1월 22일부터 1월 28일까지 관광객들에게 개방됩니다. 월요일에 그 지역의 개별 투어를 위한 비용과 함께 다시 연락드리겠습니다.
주드슨 여행사를 선택해 주셔서 감사합니다. 문의 사항이 있으시면 555-5654로 전화 주십시오.

폴 해리스 올림
주드슨 여행사

어휘 belated ⑱ 뒤늦은 be open to ~에게 개방되다 individual ⑱ 개개의, 개별적인

Check Up

해설 p.95

위의 이메일을 읽고 다음 질문에 답하세요.

Q. Why was the e-mail sent? 이메일은 왜 보내졌는가?

    (A) To apologize for an itinerary change 여행 일정 변경에 대해 사과하기 위하여

    (B) To respond to an inquiry 문의에 응답하기 위하여

2 광고/공지/회람

광고(advertisement)는 보통 제품/서비스 광고와 구인 광고로 나뉘어지는데, 제품/서비스 광고는 특장점, 구매 방법, 특별 혜택 등을 다루고 구인 광고는 직무 내용, 자격 요건, 지원 방법 등이 나옵니다. 공지(notice)와 회람(memorandum, memo)은 글의 작성 이유와 변경 내용 등을 잘 읽는 것이 중요합니다. 회람은 단체 공지로, 이메일 형태로 작성되기도 합니다.

업체명	**Greenburg Public Library**	**그린버그 공립 도서관**
공석 지원 자격	Greenburg Public Library is seeking a friendly and experienced individual to manage the newly expanded children's section. Applicants should have a bachelor's degree in Library Sciences and at least two years of experience working with children.	그린버그 공립 도서관은 새롭게 확장된 어린이 코너를 관리할 친절하고 경험 많은 사람을 찾고 있습니다. 지원자는 도서관학 학사 학위 및 어린이와 함께 일한 최소 2년 이상의 경력이 있어야 합니다.
제출 서류 제출 방법 마감일	Interested and qualified candidates should send a résumé and cover letter to assistant@cpls.org. The deadline for submitting applications is June 17th.	관심 있고 자격을 갖춘 지원자는 assistant@cpls.org로 이력서와 자기소개서를 보내야 합니다. 지원 서류 제출 마감일은 6월 17일입니다.

[어휘] seek [동] 찾다, 구하다 individual [명] 개인 expanded [형] 확장된 section [명] 부분, 구획 bachelor's degree 학사 학위 qualified [형] 자격을 갖춘 cover letter 자기소개서

Check Up

해설 p.95

위의 광고를 읽고 다음 질문에 답하세요.

Q. Which is required for the position? 다음 중 해당 직책에 필요한 것은?

(A) A degree in Childhood Education 유아교육학 학위

(B) Experience working with children 아이들과 함께 일한 경험

3 기사/안내문

기사(article)는 지문의 길이가 길고 시사 어휘가 많이 나오기 때문에 PART 7에서 난이도가 가장 높은 편입니다. 기사는 역삼각형 모양으로 제목 – 초반부 – 중반부 – 후반부 순으로 중요하며 주제, 세부 내용, 향후 계획 등을 파악하는 것이 중요합니다. 안내문(information)은 목적이나 대상, 게재된 곳이나 언급된 특정 사항에 대해 잘 읽어야 합니다.

제목 기자명	**Hamilton Yacht Club's Upcoming Summer Festival** Ben Springer	**해밀턴 요트 클럽의 다가오는 여름 축제** 벤 스프링거
주제 세부 내용 향후 계획	HAMILTON, NY(11 June) – This coming Saturday will mark the 12th anniversary of Hamilton Yacht Club's summer festival. Open to the public for a small fee, the festival will feature boat races for three different age groups. The winners will be given plaques, a free dinner, and an additional prize to be announced at the festival. In the evening, the yacht club will host a barbecue for guests along the riverfront. We hope to see many members of the community in attendance.	해밀턴, 뉴욕 (6월 11일) – 다가오는 이번 토요일은 해밀턴 요트 클럽의 여름 축제 12주년 기념일입니다. 적은 비용으로 대중에게 개방된 이 축제는 세 개의 다른 연령층을 위한 보트 경주가 특징입니다. 우승자에게는 상패, 무료 저녁식사, 그리고 축제에서 발표될 또 다른 상이 주어질 것입니다. 저녁에는, 요트 클럽이 강변에서 손님을 위한 바비큐 파티를 열 예정입니다. 우리는 지역 사회의 많은 구성원들이 참석하기를 바랍니다.

어휘 the public 대중들 fee 명 회비, 요금 plaque 명 상패 host 동 주최하다, 열다 riverfront 명 강변 in attendance 참석한

해설 p. 95

Check Up

위의 기사를 읽고 다음 질문에 답하세요.

Q. Who is hosting the festival? 누가 축제를 주최하는가?

(A) The town's restaurant association 마을 식당 협회

(B) The local boating club 지역 보트 클럽

4 문자 메시지 / 온라인 채팅 / 웹 페이지

문자 메시지(text-message chain)는 두 명 사이에, 온라인 채팅(online chat discussion)은 보통 두 명 이상이 가볍게 서로 의견과 정보를 묻고 공유하는 글입니다. 일상생활에서 사용하는 구어체 표현들이 많이 등장하며, 특정인의 직업이나 인용어구의 의도 파악 문제가 출제되기에 등장인물의 이름을 파악하면서 읽는 것이 중요합니다. 웹 페이지(Web page)는 업체나 기관, 제품이나 서비스를 알리는 내용이 주로 출제됩니다. 소제목들을 우선 읽고 지문에서 단서를 빨리 찾아야 합니다.

등장인물1 연락 목적	**Susan Brown** 4:17 P.M. Tom, I heard Mary is leaving for Hong Kong next month. Is she going there to live with her family?	**수잔 브라운** **오후 4:17** 톰, 메리가 다음 달에 홍콩으로 떠난다고 들었어요. 가족과 함께 살기 위해 그녀가 그곳에 가는 건가요?
등장인물2 세부 내용	**Tomas Archer** 4:30 P.M. Oh, I didn't know she had family in Hong Kong. Actually, we needed someone to supervise a small team of sales people in our new Queen's Road office there.	**토마스 아처** **오후 4:30** 아, 저는 그녀가 홍콩에 가족이 있는지 몰랐어요. 사실, 우리는 그곳에 있는 퀸즈 로드 사무소에 있는 작은 영업팀 사원들을 감독할 누군가가 필요했어요.
요청 사항	**Susan Brown** 4:36 P.M. She is surely the best choice. Mary knows the region well. Have you found a replacement for her?	**수잔 브라운** **오후 4:36** 그녀가 확실히 최선의 선택이네요. 메리는 그 지역을 잘 알아요. 그녀의 후임자는 찾았나요?
	Tomas Archer 4:38 P.M. No, not yet.	**토마스 아처** **오후 4:38** 아니요, 아직이요.

[어휘] supervise [동] 감독하다 replacement [명] 대신할 사람, 후임자

UNIT 12

Check Up

해설 p.95

위의 문자 메시지를 읽고 다음 질문에 답하세요.

Q. At 4:36, what does Ms. Brown most likely mean when she writes, "She is surely the best choice"? 4시 36분에 브라운 씨가 '그녀가 확실히 최선의 선택이네요.'라고 쓴 의도는 무엇이겠는가?

(A) She is eligible for the new position. 새 직책에 응시할 자격이 있다.

(B) She recently won a sales award. 최근 판매상을 받았다.

다음 지문을 읽고 질문에 알맞은 답을 고르세요.

1

This week, an agricultural exhibition will be held in Aberman Hall. It will focus on methods for improving the productivity of farmland and ways to prevent the land from degrading. While some of the exhibition participants cater to larger farms run by corporations, most of them also sell a range of agricultural equipment for people with smaller farms, This exhibition should provide locals with a number of potential opportunities to boost profits and productivity.

어휘 degrade ⑧ (질적으로) 저하시키다 cater to ~을 충족시키다 agricultural ⑱ 농업의 potential ⑱ 잠재적인 boost ⑧ 상승시키다

What is the purpose of the article?

(A) To promote an exhibition

(B) To criticize a corporation

2

MEMO

To: All staff members

Re: Cleaning

I just want to remind everyone that the technicians at Gold's Cleaning Service will clean the carpets in our office from 7 P.M. to 8 P.M. next Tuesday evening. Mr. Petron, the manager, said the carpets will take about 11 hours to dry. Their crew will also dust our air vents and desks. It's our first time using them, so please let me know about your level of satisfaction with their service. For your safety, we are asking all of you to report to work at 10 A.M. instead of the usual 9 A.M. start time. Thanks all, and enjoy your weekend.

Janice Murphy

General Affairs

Telmac Inc

어휘 technician ⑱ 기술자 crew ⑱ 직원, 승무원 dust ⑧ 털어내다 vent ⑱ 환기구 satisfaction ⑱ 만족

What is indicated about Gold's Cleaning Service?

(A) It has cleaned the carpets at Telmac Inc. before.

(B) Its carpet cleaning services include dusting.

3

Jenny Sanchez (1:20 P.M.)

Hi, Henry, I noticed some boxes sitting beside the printer. Those aren't the boxes of the brochure samples from the print shop, are they?

Henry Gerew   (1:23 P.M.)

Oh, no, those boxes are from the office supply store.

Galen Banit   (1:25 P.M.)

Jenny, the print shop left your brochures in the mailroom. I can go down and pick them up for you.

Jenny Sanchez (1:28 P.M.)

That would be great.

At 1:28 P.M., what does Ms. Sanchez mean when she writes, "That would be great."?

(A) She will receive a package from the printer shop soon.

(B) She will offer help to her colleague.

4

Secure Storage Inc.

Customer's name: *Tina Samarkas*   Promotion code: *AX711 (online discount)*

Item number	Item description	Quantity	Unit price	Total price
A26	Small boxes	50	$2.00	$100.00
A64	Large boxes	25	$4.00	$100.00
			Subtotal	$200.00
			Promotions	AX711(–10%)
			Shipping	$20.00
			Total	$200.00

NOTE: We offer free delivery for all orders over $250.00, and any order that includes our unique Moving Life Kit I or II.

How did Ms. Samarkas most likely obtain a discount for her order?

(A) By placing it online

(B) By picking up the items in person

Questions 1-2 refer to the following letter.

Tuesday, April 12

Henry Banit, Public Relations Manager
University Center, Subcontinent University
3287 Kalima Street, Mumbai, Maharastra, India

Ms. Tamara Rawal
9834 Shivana Road
Mumbai, Maharastra, India

Dear Ms. Rawal,

Thank you for registering for our upcoming seminar, "Theory of Trade". You are sure to gain valuable knowledge by attending this informative series of lectures. However, there have been some minor changes that may be important to know. Neelah Patwari's lecture on May 10 has been pushed back from 6 P.M. to 7 P.M. to allow more time for attendees to have dinner. Professor Charles Marwat has recently agreed to give a lecture on May 12 at 3 P.M. This means that there will be four lectures on that day. We will inform you of any future changes as they occur. Thank you.

Sincerely,

Henry Banit

Public Relations Manager
Subcontinent University

어휘 register for ~에 등록하다 gain ⑧ 얻다 valuable ⑧ 소중한, 귀중한 informative ⑧ 유익한 lecture ⑨ 강의, 강연 push back (회의 등의 시간·날짜를) 뒤로 미루다

1 When will Ms. Patwari be speaking?

(A) On May 9
(B) On May 10
(C) On May 11
(D) On May 12

2 What can be inferred about Professor Marwat's lecture?

(A) It has been canceled.
(B) It was not on the schedule.
(C) The location was changed.
(D) Registration is limited.

Questions 3-5 refer to the following information.

Serpent River Ferry

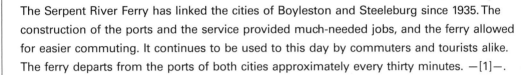

The Serpent River Ferry has linked the cities of Boyleston and Steeleburg since 1935. The construction of the ports and the service provided much-needed jobs, and the ferry allowed for easier commuting. It continues to be used to this day by commuters and tourists alike. The ferry departs from the ports of both cities approximately every thirty minutes. —[1]—.

Between these two cities the river is about one kilometer wide, so the trip itself usually takes about 15 minutes. —[2]—. However, due to certain unpredictable factors, the total trip time may vary. —[3]—.

The cost of tickets varies with the season. Tickets in the spring and fall cost $2 per person, whereas summer and winter tickets cost $3 and $1 respectively. Vehicles cost $5 per car and $10 per truck or van all year round. —[4]—.

[어휘] much-needed 많이 필요한 ferry [명] 여객선 allow for 고려[참작]하다 approximately [부] 대략 unpredictable [형] 예측할 수 없는 vary [동] 달라지다 whereas [접] 반면에 respectively [부] 각각 all year round 일년 내내

3 What is stated about the ferry service?
(A) It began operating in 1925.
(B) It was built to replace a bridge.
(C) It created many jobs.
(D) It is used to transport freight.

freight [명] 화물

4 How much would a ticket for a car cost in the summer?
(A) $1
(B) $3
(C) $5
(D) $10

5 In which of the positions marked [1], [2]. [3] and [4] does the following sentence best belong?

"We apologize for any delays that may occur, and ask for your patience and understanding."

(A) [1]
(B) [2]
(C) [3]
(D) [4]

Questions 6-10 refer to the following e-mails and Web page.

To:	Bruce Burnett, Kolya Tours <kolyatour@ml.com>
From:	Sarah Medford <medf@ml.com>
Date:	June 23
Subject:	Cycling tours
Attachment:	📎 photo (scan #1)

Dear Burnett,

Well, I'm ready to travel with you again to Sahklin. This time, I want to try one of your cycling tours if you plan on offering them. I'd love to have another look at Novata Falls by bike, but I am a beginner cyclist and am not ready for any "challenging" tours. I would also like to take the train rather than the plane back to Hohhot this year. Would there be any suitable tours for me to join this fall? I've enclosed an updated photo for the Sahklin travel visa, just so you have it on file when I apply for the tour.

Look forward to hearing from you.
Sarah Medford

[어휘] cyclist [명] 자전거 타는 사람 rather than ~보다는 suitable [형] 적합한, 알맞은 enclose [동] 동봉하다 on file 정리되어

To:	Sarah Medford <medf@ml.com>
From:	Bruce Burnett, Kolya Tours <kolyatour@ml.com>
Date:	June 24
Subject:	Re: Cycling tours

Dear Sarah Medford,

Thank you for the inquiry and update. Fortunately, our business partners in Sakhlin have just given us permission to run more cycling tours this autumn. Have a look at our summer newsletter on our Web site. I'm sure you'll find a tour you'll like.

Hope to see you again this fall.

Bruce Burnett
Kolya Tours

[어휘] inquiry [명] 문의 permission [명] 허가

New cycling tour opportunities in Sahklin

We celebrated our 20th anniversary at the Azimuth Hotel during last week's National Day tour. Kolya Tours once again secured the rights to become the world's only tour company offering cycle tours in the Sahklin region. Our tours are a good value at 1,100 Euros, and include all meals, plane or train transport to and from Hohhot, and the use of our mountain bikes. Note that we can now accommodate vegetarian dietary requests.

Dates and itineraries:

Tour A   October 3-8   Kumyan - Lena - Slakotov - Kumyan
Level of difficulty: easy (exit Hohhot by plane only from Kumyan)
Tour B   October 9-14   Kumyan - Lena - Novata Falls - Kumyan
Level of difficulty: challenging (exit Hohhot by plane or train from Kumyan)
Tour C   October 19-25   Kumyan - Novata Falls - Novolask
Level of difficulty: moderate (exit Hohhot by plane only from Novolask)
Tour D   October 26-31   Kumyan - Novata Falls - Kumyan
Level of difficulty: easy (exit Hohhot by plane or train from Kumyan)

어휘 secure 통 얻어내다, 획득하다 to and from 오가는 dietary 형 음식물의 itinerary 명 여행 일정표 moderate 형 보통의, 중간의

6 What can be inferred about Ms. Medford?

(A) She works as a travel agent.

(B) She lives in the Sahklin area.

(C) She usually travels during the summer.

(D) She has traveled with Kolya Tours before.

7 What has Ms. Medford included with her e-mail?

(A) A travel article

(B) A photo for a visa

(C) A list of itineraries

(D) A tour application form

8 The word "run" in line 2 of the second e-mail is closest in meaning to

(A) operate

(B) escape

(C) compete

(D) inquire

9 Which tour will Ms. Medford most likely choose to join?

(A) Tour A

(B) Tour B

(C) Tour C

(D) Tour D

10 What is NOT indicated about Kolya Tours?

(A) It has been operating for 20 years.

(B) It has exclusive rights to some tours.

(C) It runs a chain of hotels.

(D) It provides bicycles on some of its tours.

exclusive 형 독점적인

UNIT 12

어휘로 마무리

이번 Unit에 나온 어휘 중 반드시 기억해야 할 것들만 모았습니다.
우리말 뜻을 가리고 체크해 본 후, 꼭 외워 두세요.

RC-12_1

☐ belated	휑 뒤늦은	☐ ferry	몡 여객선
☐ be open to	~에게 개방되다	☐ link	동 연결하다
☐ inquiry	몡 문의	☐ much-needed	휑 많이 필요한
☐ friendly	휑 친절한	☐ allow for	~을 고려[참작]하다
☐ section	몡 부분, 구획	☐ commuting	몡 통근
☐ bachelor's degree	학사 학위	☐ alike	뷔 똑같이, 비슷하게
☐ cover letter	자기소개서	☐ port	몡 부두
☐ plaque	몡 상패	☐ patience	몡 인내
☐ riverfront	몡 강변	☐ approximately	뷔 대략
☐ community	몡 지역 사회, 공동체	☐ unpredictable	휑 예측할 수 없는
☐ in attendance	참석한	☐ vary	동 서로 다르다, 달라지다
☐ association	몡 협회	☐ per person	1인당
☐ surely	뷔 확실히, 분명히	☐ whereas	쩝 반면에
☐ degrade	동 (질적으로) 저하시키다	☐ respectively	뷔 각각
☐ cater to	~을 충족시키다	☐ all year round	일년 내내
☐ agricultural	휑 농업의	☐ freight	몡 화물
☐ potential	휑 가능성이 있는, 잠재적인	☐ cyclist	몡 자전거 타는 사람
☐ productivity	몡 생산성	☐ rather than	~보다는
☐ crew	몡 직원, 승무원	☐ on file	정리되어
☐ dust	동 털어내다	☐ autumn	몡 가을(= fall)
☐ vent	몡 환기구	☐ secure	동 얻어내다, 획득하다
☐ mailroom	몡 우편물실	☐ to and from	오가는
☐ quantity	몡 수량	☐ vegetarian	몡 채식주의자
☐ unit price	단가	☐ dietary	휑 음식물의
☐ promotion code	할인 코드	☐ request	몡 요청, 요구
☐ in person	직접	☐ difficulty	몡 어려움
☐ valuable	휑 소중한, 귀중한	☐ moderate	휑 보통의, 중간의
☐ push back	미루다	☐ exclusive	휑 독점적인

출시 / 전시 / 대회

release	통 출시하다(= launch)	permanent exhibit	상설 전시
offering	명 제공(물), 판매 상품	readership	명 독자(수), 독자층
niche	명 시장의 틈새	online archive	온라인 자료실
in phases	단계적으로	attendance	명 출석률(관람객의 수)
make place for	공간을 마련하다	winning entry	수상작
put on hold	보류하다	finalist	명 결승 진출자
kickoff	명 시작, 개시	contestant	명 출전자, 참가자
acclaimed	형 찬사를 받은	break the record	기록을 갱신하다

경제 / 경영 / 사업

financial setback	재정 악화	corporation	명 기업, 법인
revenue	명 수익(= profit)	market share	시장 점유율
acquire	통 인수하다(= take over)	competitor	명 경쟁자
level off	변동이 없다, 안정되다	adverse effect	역효과, 부작용
spokesperson	명 대변인	sound	형 견실한, 건전한
mortgage	명 (담보) 대출, 융자(금)	founder	명 설립자
recession	명 불황(= downturn)	establishment	명 기관, 설립
executive	명 임원	impending	형 임박한, 곧 닥칠

문자 메시지 / 온라인 채팅

It's on me.	내가 한턱 낼게.	I'll fill in for him.	내가 그를 대신할게요.
It will be awhile.	시간이 좀 걸리겠어요.	That's more like it.	그게 더 낫군요.
I'm on my way.	가는 중이야.	Keep me updated.	소식 있으면 알려줘.
I'm on it.	내가 하고 있어.	Let me figure it out.	내가 알아볼게.
I'm in.	나도 합류할게.	You have my word.	약속할게요.
I'm for it.	그 말에 찬성이에요.	You deserve it.	당신은 그럴 자격이 있어요.
I doubt it.	그렇지 않을 걸요.	What a pity!	안타깝네요!
I got your back.	나만 믿어.	You bet!(= Definitely!)	물론이지요!
I need a ride.	나 좀 태워줘.	You can't miss it.	쉽게 찾을 거예요.
I'd like your input.	당신의 의견을 듣고 싶어요.	Marvelous.(= Great.)	아주 좋네요.

Test Yourself

LC_ Unit 1-12
RC_ Unit 1-12

Test Yourself

날짜: 20_____. _____. _____

학과: _____

학번: _____

이름: _____

■ 다음 우리말을 보고 알맞은 영어 단어를 고르세요.

1. 승객   ① presenter   ② passenger
2. 손수레   ① wheelbarrow   ② stroller
3. 보행자   ① pedestrian   ② patron
4. 음료수   ① badge   ② beverage
5. 쌓다   ① stock   ② stack
6. 오르다   ① load   ② board
7. 공연하다   ① perform   ② platform
8. 연설하다   ① address   ② audience

■ 보기에서 각 단어의 의미를 골라 써 넣으세요.

조끼	교차로	방향	차량	테라스	서랍
구부리다	기대다	둘러보다	입고 있다	붓다	게시하다

9. patio _____
10. drawer _____
11. intersection _____
12. direction _____

13. lean _____
14. post _____
15. bend _____
16. browse _____

■ 다음 들려주는 음원을 듣고 빈칸에 알맞은 말을 써 넣으세요.　🎧 T-01

17. A server is wearing an _____.

18. The man is standing on a _____.

19. The couple is _____ each other.

20. Visitors are watching the _____.

21. The man is playing an _____.

22. They are _____ a meeting in the office.

23. People are _____ a _____.

24. Some people are _____ _____ some flyers.

25. A customer is _____ some _____.

Test Yourself

날짜: 20_____. _____. _____

학과: _____

학번: _____

이름: _____

■ 다음 우리말을 보고 알맞은 영어 단어 또는 어구를 고르세요.

1. 난간	① sail		② rail
2. 차선	① lane		② lot
3. 계단	① suitcase		② staircase
4. 천장	① ceiling		② awning
5. 복도	① hallway		② sidewalk
6. 똑같은	① identical		② various
7. 반사되다	① rearrange		② reflect
8. 붙어 있다	① be attached		② be surrounded

■ 보기에서 각 단어의 의미를 골라 써 넣으세요.

차	경치	다과	간판	꽃병	가구
내려다보다	다수의	위치시키다	설치하다	다양한	(물에) 뜨다

9. sign　_____　　**13.** various　_____

10. scenery　_____　　**14.** install　_____

11. furniture　_____　　**15.** overlook　_____

12. refreshments　_____　　**16.** position　_____

■ 다음 들려주는 음원을 듣고 빈칸에 알맞은 말을 써 넣으세요. 🎧 T-02

17. A boat is tied to a _____.

18. The seats are _____.

19. Stairs lead to the _____.

20. Some baked goods are on _____.

21. The woman is _____ a picture.

22. Some _____ are being loaded into a cart.

23. A staircase _____ to the _____.

24. A shop _____ is writing on a _____.

25. The _____ has been _____ with flowers.

Test Yourself

날짜: 20_____. _____. _____

학과: _____

학번: _____

이름: _____

■ 다음 우리말을 보고 알맞은 영어 단어 또는 어구를 고르세요.

1. 조수	① assistant	② accountant
2. 송장	① inform	② invoice
3. 이사	① director	② supervisor
4. 고객	① client	② caterer
5. 야유회	① retreat	② reschedule
6. 접수 담당자	① representative	② receptionist
7. 의무적인	① mandatory	② stationery
8. ~에 달려 있다	① depend on	② come with

■ 보기에서 각 단어의 의미를 골라 써 넣으세요.

설명서	장소	서랍	선적(품)	동료	회의
지연시키다	제공하다	재설치하다	출시하다	본사	예상하다

9. location _____

10. manual _____

11. shipment _____

12. conference _____

13. delay _____

14. expect _____

15. launch _____

16. reinstall _____

■ 다음 들려주는 음원을 듣고 빈칸에 알맞은 말을 써 넣으세요. 🎧 T-03

17. Who will lead the _____ session on Friday?

18. When is the financial report _____?

19. Where can I _____ some used books?

20. When will the _____ be ready?

21. A _____ arrived for you today.

22. It _____ on the extent of the damage.

23. We _____ the _____ every week.

24. Who's the man by the _____ _____?

25. When should I turn in my _____ _____ reports?

Test Yourself

날짜: 20_____. _____. _____

학과: _____

학번: _____

이름: _____

■ 다음 우리말을 보고 알맞은 영어 단어 또는 어구를 고르세요.

1. 속달   ① express   ② shipping
2. 선호(도)   ① attendance   ② preference
3. 경영진   ① appointment   ② management
4. 유익한   ① impressive   ② informative
5. 연기하다   ① last   ② postpone
6. 환승하다   ① transfer   ② traffic
7. 출시하다   ① release   ② replace
8. 조사하다   ① look into   ② look forward to

■ 보기에서 각 단어의 의미를 골라 써 넣으세요.

수리	장소	공석	이력서	분기	지원서
긴급한	치과의	직접	편리한	구체적인	보통

9. venue _____

10. quarter _____

11. vacancy _____

12. renovation _____

13. handy _____

14. urgent _____

15. dental _____

16. in person _____

17. Let's draw up a _____.

18. What do you think of the _____ report?

19. How do you like the new _____?

20. Why have our tickets sales _____?

21. How did you hear about the _____?

22. We haven't heard any _____.

23. What _____ do you _____ to work?

24. He wasn't able to make his _____ _____.

25. What needs to be done before the _____ _____?

★ 과제물이나 Quiz 용도로 제출 시에는 가위선을 따라 잘라서 제출하십시오.

Test Yourself

날짜: 20_____. _____. _____

학과: _____

학번: _____

이름: _____

■ 다음 우리말을 보고 알맞은 영어 단어 또는 어구를 고르세요.

1. 승인	① approval	② approve
2. 과제	① assign	② assignment
3. 예산	① budget	② branch
4. 판매자	① vendor	② version
5. 환영회	① reception	② recipe
6. 마감일	① delicious	② deadline
7. 즉시	① right after	② right away
8. 물론이죠	① absolutely	② immediately

■ 보기에서 각 단어의 의미를 골라 써 넣으세요.

비품실	유용한	꽤	포장 용품	기사	추가 비용
익일 속달	야유회	적다	재확인하다	좌석	교육하다

9. pretty _____

10. article _____

11. supply room _____

12. packing supplies _____

13. train _____

14. useful _____

15. extra charge _____

16. overnight mail _____

■ 다음 들려주는 음원을 듣고 빈칸에 알맞은 말을 써 넣으세요.   🎧 T-05

17. The _____ did a great job.

18. He's away on _____.

19. The _____ is on the back of this box.

20. Sure, he _____ the West End Project.

21. Did you update the employee _____?

22. I'm not sure, but some may be _____.

23. The _____ has all the _____.

24. Will you _____ time _____ this week or next week?

25. Can you make sure the _____ _____ are right?

★ 과제물이나 Quiz 용도로 제출 시에는 가위선을 따라 잘라서 제출하십시오.

Test Yourself

날짜: 20_____. _____. _____

학과: _____

학번: _____

이름: _____

■ 다음 우리말을 보고 알맞은 영어 단어 또는 어구를 고르세요.

1. 지불   ① payment   ② pleasant
2. 밝은   ① break   ② bright
3. 작업장   ① workstation   ② overwork
4. 구독자   ① editor   ② subscriber
5. 지원자   ① appreciate   ② applicant
6. 낮추다   ① turn on   ② turn down
7. 다루다   ① charge   ② handle
8. 수락하다   ① accept   ② review

■ 보기에서 각 단어의 의미를 골라 써 넣으세요.

이사회	치과 의사	장교	음량	즐거운	만족하는
후보자	휴가	현지의	면허증	속달로	위층에

9. dentist _____
10. pleasant _____
11. candidate _____
12. the board _____

13. local _____
14. license _____
15. vacation _____
16. by express _____

■ 다음 들려주는 음원을 듣고 빈칸에 알맞은 말을 써 넣으세요. 🎧 T-06

17. The maintenance team _____ it.

18. He was _____ to sales manager.

19. When is Mr. Kim's _____ party?

20. There's an opening for a research _____.

21. Can you give me a _____ to the subway station?

22. We still _____ to that newsletter, don't we?

23. Should I make a _____ in _____?

24. Jeff is giving a _____ on emerging _____.

25. Can't we make some _____ to the book _____?

Test Yourself

날짜: 20_____. _____. _____

학과: _____

학번: _____

이름: _____

■ 다음 우리말을 보고 알맞은 영어 단어를 고르세요.

1. 경비   ① extend   ② expense
2. 지원   ① assistance   ② advance
3. 박람회   ① fare   ② fair
4. 임시의   ① temporary   ② technique
5. 출장 연회   ① catering   ② gardening
6. 통근하다   ① complete   ② commute
7. 상환하다   ① resign   ② reimburse
8. 공유하다   ① share   ② split

■ 보기에서 각 단어의 의미를 골라 써 넣으세요.

피드백	여행 일정표	기념일	숙박 시설	계약서	할인권
언급하다	통근하다	끔찍한	완성하다	전달하다	근처의

9. itinerary _____   13. mention _____
10. voucher _____   14. forward _____
11. anniversary _____   15. commute _____
12. accommodation _____   16. neighboring _____

17. I need to print this ＿＿＿＿＿＿＿ right away.

18. We can order our food online, ＿＿＿＿＿＿＿ of time.

19. I need to be in Dallas for a ＿＿＿＿＿＿＿ tomorrow morning.

20. I'm supposed to attend the fair's closing ＿＿＿＿＿＿＿ on Tuesday.

21. Ms. Mills was supposed to confirm a lunch appointment ＿＿＿＿＿＿＿ e-mail.

22. Could you just ＿＿＿＿＿＿＿ up his desk for now and give him a tour of the office?

23. How are the training ＿＿＿＿＿＿＿ for the new ＿＿＿＿＿＿＿ orientation coming along?

24. He's done lots of ＿＿＿＿＿＿＿ for ＿＿＿＿＿＿＿ projects in the past.

25. How about having a ＿＿＿＿＿＿＿ next Friday to ＿＿＿＿＿＿＿ our success?

Test Yourself

날짜: 20_____. _____. _____

학과: _____

학번: _____

이름: _____

■ 다음 우리말을 보고 알맞은 영어 단어 또는 어구를 고르세요.

1. 환자   ① patience   ② patient

2. 허락   ① performance   ② permission

3. 견적서   ① estimate   ② atmosphere

4. 편안한   ① commercial   ② comfortable

5. 잠재적인   ① proposal   ② potential

6. 수습 직원   ① mentor   ② trainee

7. 배부하다   ① distribute   ② deal with

8. 끌어들이다   ① attract   ② match up

■ 보기에서 각 단어의 의미를 골라 써 넣으세요.

평가	향상	거래	전념	직책	공급 업체
승진시키다	확장하다	미결제의	~를 받을만하다	검토하다	무시하다

9. position _____

10. supplier _____

11. dedication _____

12. improvement _____

13. expand _____

14. deserve _____

15. go over _____

16. promote _____

■ 다음 들려주는 음원을 듣고 빈칸에 알맞은 말을 써 넣으세요. 🎧 T-08

17. I think that you're the most _____.

18. I'm afraid some numbers don't _____ up.

19. Who do you think is going to get the _____?

20. They said this month's payment has not been sent to their _____.

21. I need some photos of the exchange students to update our _____.

22. It's a difficult _____ amongst the six but I don't think you should worry.

23. Half of our team is _____ _____.

24. I wonder how she gets _____ with staff members in her _____ job.

25. I'll have to _____ it _____ because I need to get some emergency dental work.

Test Yourself

날짜: 20_____. _____. _____

학과: _____

학번: _____

이름: _____

■ 다음 우리말을 보고 알맞은 영어 단어 또는 어구를 고르세요.

1. 약국   ① pharmacy   ② physician
2. 부동산   ① realty   ② retailer
3. 탑승권   ① boarding pass   ② parking pass
4. 가전 기기   ① admission   ② appliance
5. 취급하다   ① carry   ② operate
6. 제거하다   ① request   ② remove
7. 결함 있는   ① destination   ② defective
8. 대량으로   ① in bulk   ② far too

■ 보기에서 각 단어의 의미를 골라 써 넣으세요.

배송	평면도	연체료	임대료	참고 문헌	식당
스스로	교환하다	작성하다	갱신하다	다양한	(길을) 안내하다

9. delivery _____
10. late fee _____
11. floor plan _____
12. dining establishment _____

13. direct _____
14. fill out _____
15. exchange _____
16. on one's own _____

■ 다음 들려주는 음원을 듣고 빈칸에 알맞은 말을 써 넣으세요. 🎧 T-09

17. What's the fastest way to the _____ ?

18. Can I just _____ it for a smaller size?

19. The air conditioner in my bedroom is _____ water.

20. It's still under _____ , so they can fix it free of charge.

21. I'll _____ around and let you know if I need any more help.

22. They also gave me a one-night stay voucher. Is that still _____?

23. Can I _____ it for a credit or _____?

24. Do you have a guidebook _____ the club _____?

25. They will be _____ more expensive than the _____ available for the computer alone.

Test Yourself

날짜: 20_____. _____. _____

학과: _____

학번: _____

이름: _____

■ 다음 우리말을 보고 알맞은 영어 단어를 고르세요.

1. 설명	① instruction	② restriction
2. 관광업	① tourism	② telecommunication
3. 후임자	① alternative	② replacement
4. 기념품	① souvenir	② specialize
5. 지정된	① designated	② demonstration
6. 연락하다	① respond	② reach
7. 상기시키다	① remind	② reminder
8. 영향을 주다	① permit	② affect

■ 보기에서 각 단어의 의미를 골라 써 넣으세요.

만회하다	악천후	맛	전시	기장	~에 관하여
허용하다	실행하다	훈련 받은	대신	~을 삼가다	선도하는

9. exhibit _____

10. captain _____

11. flavor _____

12. leading _____

13. regarding _____

14. permit _____

15. instead _____

16. refrain from _____

17. Millbrook is one of the largest _____ companies in the country.

18. Now, I'll _____ out some handouts and tell you more about this.

19. Remember, you will get wet, but we _____ you will have fun!

20. So please check your _____ by the entrance before going on the ride.

21. You can ride the fishing boats, which I _____ recommend, for 5 euros.

22. Please note that our regular hours are 8 A.M. to 5 P.M. Monday _____ Friday.

23. We _____ for any _____ this may cause.

24. I just want to make this _____ before we _____ to the beach.

25. If you have any questions or _____, please call me at _____ 217.

Test Yourself

날짜: 20_____. _____. _____

학과: _____

학번: _____

이름: _____

■ 다음 우리말을 보고 알맞은 영어 단어 또는 어구를 고르세요.

1. 부족   ① shortage   ② strategy

2. 노선   ① route   ② region

3. 폐쇄   ① conclude   ② closure

4. 소비   ① consumption   ② category

5. 수상자   ① critic   ② recipient

6. 직업의   ① previous   ② professional

7. ~을 대표하여   ① on behalf of   ② in honor of

8. 무료로 제공하는   ① compliment   ② complimentary

■ 보기에서 각 단어의 의미를 골라 써 넣으세요.

대변인	시장	자원봉사자	합격자	기자 회견	경량의
인정하다	얻다	(상을) 주다	다가오는	최신의	파산하다

9. mayor _____

10. volunteer _____

11. lightweight _____

12. spokesperson _____

13. upcoming _____

14. recognize _____

15. up-to-date _____

16. press conference _____

■ 다음 들려주는 음원을 듣고 빈칸에 알맞은 말을 써 넣으세요. 🎧 T-11

17. Traffic is running _____ this morning.

18. It will be located right here along the _____.

19. Some areas along the east _____ will get a little bit of rain.

20. You will watch a _____ on the history of this company.

21. I will _____ our new power-saving D-6 lighting fixtures.

22. Our _____ warm and dry weather will stay with us until Thursday.

23. _____ say the hall will bring more _____ into the city.

24. Water _____ may be _____ in some areas if it doesn't rain soon.

25. MR Industries is a leading _____ of _____ products.

Test Yourself

날짜: 20_____. _____. _____

학과: _____

학번: _____

이름: _____

■ 다음 우리말을 보고 알맞은 영어 단어를 고르세요.

1. 작가	① journalist	② author
2. 소설	① novel	② native
3. 심리학	① linguistics	② psychology
4. 건축가	① architect	② founder
5. 유명한	① famed	② best-selling
6. 경제학자	① economist	② environment
7. 창의적인	① innovative	② creative
8. 식당 손님	① tiny	② diner

■ 보기에서 각 단어의 의미를 골라 써 넣으세요.

> 설명   점검   물품 목록   제안   경생사   행동
>
> 버리다   강조하다   졸업하다   ～에 집중하다   ～을 전공으로 하다   ～에 익숙한

9. inventory _____

10. inspection _____

11. competitor _____

12. suggestion _____

13. focus on _____

14. familiar with _____

15. graduate _____

16. emphasize _____

17. I'm the _____ Kim, Johnson.

18. Thank you for stopping by our _____.

19. He's one of the most famous _____ from our university.

20. You will be given 15 minutes to complete a _____ survey.

21. We are the leading _____ of market research services for clients.

22. Mr. Goldstein has been a market _____ for the Daily Business Report.

23. What makes the Purex 2000 unique is this _____, _____ seal.

24. Our six-month program gives _____ exciting research _____ and job experience.

25. Ms. Clark is a noted architect whose designs are a _____ of _____ architectural styles.

Test Yourself

날짜: 20_____. _____. _____

학과: _____

학번: _____

이름: _____

■ 다음 우리말을 보고 알맞은 영어 단어를 고르세요.

1. 조수	① assistance	② assistant
2. 자선	① loyalty	② charity
3. 승인	① approval	② proposal
4. 배송	① parcel	② shipping
5. 보안	① security	② supplier
6. 회계	① accounting	② accountant
7. 허가증	① permit	② permission
8. 상담가	① consult	② consultant

■ 보기에서 각 단어의 의미를 골라 써 넣으세요.

상품	기자	요건	송장	경영진	거주지
규정	영수증	장황한	고마워하다	이용 가능한	헌신하다

9. receipt _____

10. resident _____

11. requirement _____

12. regulation _____

13. available _____

14. journalist _____

15. appreciate _____

16. merchandise _____

■ 다음 중 문맥상 알맞은 말을 고르세요.

17. ☐ **assemble** line   조립 라인
    ☐ **assembly**

18. ☐ **safe** inspection   안전 전검
    ☐ **safety**

19. a secure ☐ **invest**   안정적인 투자
        ☐ **investment**

20. make a ☐ **reservation**   예약하다
       ☐ **reserve**

21. out of ☐ **serve**   작동하지 않는
     ☐ **service**

22. raise ☐ **aware** of the work environment   업무 환경에 대한 인식을 제고하다
     ☐ **awareness**

23. **(Diners, Dining)** will enjoy a variety of food options.
식사 손님들은 다양한 음식들을 즐길 것이다.

24. Mr. Brooks postponed **(his, himself)** appointment with the dentist.
브룩 씨는 자신의 치과 예약을 미뤘다.

25. Today's customers have **(access, accesses)** to various information.
오늘날의 고객들은 다양한 정보를 이용할 수 있다.

★ 과제물이나 Quiz 용도로 제출 시에는 가위선을 따라 잘라서 제출하십시오.

Test Yourself

날짜: 20_____. _____. _____

학과: _____

학번: _____

이름: _____

■ 다음 우리말을 보고 알맞은 영어 단어 또는 어구를 고르세요.

1. 특히   ① extremely   ② especially

2. 긴밀히   ① closely   ② urgently

3. 최근에   ① recently   ② currently

4. 개인적인   ① personal   ② personnel

5. 시연하다   ① distribute   ② demonstrate

6. 결함 있는   ① defective   ② effective

7. 효율적인   ① efficiency   ② efficient

8. 다양한   ① a selection of   ② a series of

■ 보기에서 각 단어의 의미를 골라 써 넣으세요.

안정적인	자격 있는	관련 있는	폭 넓은	운영상의	다양한
일시적인	방지하다	추천하다	공연	협상	고객

9. eligible   _____   **13.** patron   _____

10. secure   _____   **14.** prevent   _____

11. extensive   _____   **15.** negotiation   _____

12. various   _____   **16.** temporary   _____

■ 다음 중 문맥상 알맞은 말을 고르세요.

17. at ☐ **afford** prices   저렴한 가격에
        ☐ **affordable**

18. ☐ **all** performances   모든 공연
     ☐ **each**

19. ☐ **high** qualified   충분히 자격을 갖춘
     ☐ **highly**

20. ☐ **near** future   가까운 미래
     ☐ **nearly**

21. a ☐ **considerable** increase in sales   상당한 판매량 증가
      ☐ **considerate**

22. be ☐ **responsive** to   ~에 대응하다
       ☐ **responsible**

23. The project is **(like, likely)** to be completed ahead of schedule.
그 프로젝트는 예정보다 빨리 끝날 것 같다.

24. The ability to work **(independent, independently)** is essential.
독립적인 업무 능력이 반드시 필요합니다.

25. Electric cars would **(significant, significantly)** reduce traffic noise.
전기 자동차는 교통 소음을 상당히 줄일 것이다.

★ 과제물이나 Quiz 용도로 제출 시에는 가위선을 따라 잘라서 제출하십시오.

Test Yourself

날짜: 20_____ . _____ . _____

학과: _____

학번: _____

이름: _____

■ 다음 우리말을 보고 알맞은 영어 단어를 고르세요.

1. 합병   ① merger   ② major
2. 인식   ① registration   ② recognition
3. 반응   ① response   ② respond
4. 구매하다   ① purchase   ② provide
5. 즉각적인   ① general   ② prompt
6. 출시하다   ① release   ② register
7. 실시하다   ① commute   ② conduct
8. 접수 담당자   ① receptionist   ② recruit

■ 보기에서 각 단어의 의미를 골라 써 넣으세요.

존재하다	협상하다	만료되다	제출하다	발생하다	바람직한
계약	주주	평균	지연	진전	보상

9. exist   _____
10. expire   _____
11. negotiate   _____
12. desirable   _____

13. delay   _____
14. average   _____
15. progress   _____
16. compensation   _____

17. ☐ **attend** the banquet   연회에 참석하다
    ☐ **participate**

18. ☐ **consult** to the schedule   일정을 참조하다
    ☐ **refer**

19. ☐ **rise** increasingly   점점 오르다
    ☐ **raise**

20. the ☐ **install** of robots   로봇의 설치
      ☐ **installation**

21. run a ☐ **successful** company   성공적인 회사를 운영하다
      ☐ **successfully**

22. review the repair estimate ☐ **careful**   수리 견적서를 꼼꼼히 검토하다
        ☐ **carefully**

23. Most of our tests **(last, lasts)** about an hour.
우리 시험의 대부분은 한 시간 정도 지속된다.

24. The board meeting was **(postpone, postponed)**.
이사회는 연기되었다.

25. Admission to the national parks **(is, are)** free for local residents.
지역 주민들에게 국립공원 입장료는 무료이다.

Test Yourself

날짜: 20_____. _____. _____

학과: _____

학번: _____

이름: _____

■ 다음 우리말을 보고 알맞은 영어 단어 또는 어구를 고르세요.

1. 현재	① presently	② previously
2. 언젠가	① once	② at that time
3. 전시회	① reception	② exhibition
4. 빈번하게	① frequently	② regularly
5. 안정적인	① desirable	② stable
6. 감독하다	① seek	② oversee
7. 출시하다	① launch	② luncheon
8. ~에 관련되다	① be involved in	② be interested in

■ 보기에서 각 단어의 의미를 골라 써 넣으세요.

경제학	휴게실	보석류	인수	유지 관리	공사
일반적으로	곧	결정하다	홍보하다	완성하다	제거하다

9. jewelry _____

10. construction _____

11. maintenance _____

12. acquisition _____

13. shortly _____

14. determine _____

15. remove _____

16. promote _____

■ 다음 중 문맥상 알맞은 말을 고르세요.

17. gain □ **popular**   인기를 얻다
        □ **popularity**

18. strong □ **competition**   치열한 경쟁
          □ **compete**

19. □ **advance** technology   첨단 기술
    □ **advanced**

20. be □ **equipping** with   ~을 갖추고 있다
       □ **equipped**

21. financial □ **analyze**   재정 분석가
             □ **analyst**

22. three □ **finalizes** for the position 최종 후보자 3명
          □ **finalists**

23. The festival **(conclude, concluded)** last week.
    축제는 지난 주에 종료되었다.

24. Order forms should **(submit, be submitted)** in advance.
    주문서는 미리 제출되어야 한다.

25. Oil prices **(have, had)** increased steadily over the last three years.
    지난 3년간 유가가 꾸준히 올랐다.

★ 과제물이나 Quiz 용도로 제출 시에는 가위선을 따라 잘라서 제출하십시오.

Test Yourself

날짜: 20_____. _____. _____

학과: _____

학번: _____

이름: _____

■ 다음 우리말을 보고 알맞은 영어 단어를 고르세요.

1.	피하다	① bid	② avoid
2.	낮추다	① low	② lower
3.	삼가다	① refuse	② refrain
4.	적절한	① suitable	② necessary
5.	인수하다	① acquire	② analyze
6.	의도하다	① intend	② include
7.	우려 사항	① detail	② concern
8.	비어 있는	① vacant	② valued

■ 보기에서 각 단어의 의미를 골라 써 넣으세요.

목표하다	노력하다	제안하다	경향이 있다	중단하다	고려하다
책임감	결정	구독	주장	소매상	시도

9. aim _____

10. strive _____

11. suggest _____

12. consider _____

13. attempt _____

14. retailer _____

15. subscription _____

16. responsibility _____

■ 다음 중 문맥상 알맞은 말을 고르세요.

17. a ☐ **memorize** dining experience   기억에 남을 식사
       ☐ **memorable**

18. gain a good ☐ **reputational**   좋은 평판을 얻다
            ☐ **reputation**

19. have difficulty ☐ **finding** a replacement   후임자를 찾는 데 어려움을 겪다
                ☐ **to find**

20. make ☐ **donating** on a regular basis   정기적으로 기부를 하다
        ☐ **donations**

21. the CEO's decision ☐ **to expand** internationally   해외로 확장하겠다는 CEO의 결정
                 ☐ **expanding**

22. contribute to ☐ **improving** your computer's performance
            ☐ **improvement**   컴퓨터 성능을 향상시키는 데 기여하다

23. John has finished **(arranging, arrangement)** the meeting.
존은 회의 준비를 끝냈다.

24. We make every effort **(cut, to cut)** down on energy costs.
우리는 에너지 비용을 줄이기 위해 온갖 노력을 다 한다.

25. It is necessary **(to receive, receiving)** feedback from customers.
고객의 의견을 수렴할 필요가 있다.

★ 과제물이나 Quiz 용도로 제출 시에는 가위선을 따라 잘라서 제출하십시오.

Test Yourself

날짜: 20_____. _____. _____

학과: _____

학번: _____

이름: _____

■ 다음 우리말을 보고 알맞은 영어 단어를 고르세요.

1. 학위	① degree	② directory
2. 시설	① facility	② laboratory
3. 시장	① master	② mayor
4. 기관	① institution	② individual
5. 자세한	① detailed	② detail
6. 기존의	① existing	② exhausting
7. 선도하는	① outstanding	② leading
8. 동봉하다	① enclose	② explode

■ 보기에서 각 단어의 의미를 골라 써 넣으세요.

없어진	지속되는	제안된	전체의	달리	재정적인
인상	실험실	성장	기준	상승	얻다

9. lasting _____

10. entire _____

11. proposed _____

12. financial _____

13. growth _____

14. otherwise _____

15. standard _____

16. impression _____

■ 다음 중 문맥상 알맞은 말을 고르세요.

17. the area ☐ **surrounding** our hotel   우리 호텔에 인접한 지역
        ☐ **surrounded**

18. the ☐ **requiring** information   필수 정보
       ☐ **required**

19. the ☐ **remaining** participants   남은 참가자들
       ☐ **remained**

20. the ☐ **experiencing** trainer   노련한 트레이너
       ☐ **experienced**

21. ☐ **promising** candidates   유망한 지원자들
   ☐ **promised**

22. many ☐ **challenging** decisions   많은 어려운 결정
       ☐ **challenged**

23. **(Writing, Written)** in plain English, the novel was easy to read.
평이한 영어로 쓰여졌기 때문에 그 소설은 읽기 쉬웠다.

24. The man **(delivering, delivered)** the keynote speech is Mr. Sander's supervisor.
기조 연설을 한 사람은 샌더스 씨의 관리자이다.

25. The outcome of the negotiation was **(frustrating, frustrated)**.
협상 결과는 좌절감을 주었다.

Test Yourself

날짜: 20_____. _____. _____

학과: _____

학번: _____

이름: _____

■ 다음 우리말을 보고 알맞은 영어 단어 또는 어구를 고르세요.

1. 주로	① precisely	② primarily
2. 즉시	① regularly	② immediately
3. 쟁점	① issue	② minor
4. 예외	① exception	② entrance
5. 10년	① depart	② decade
6. 다양한	① valid	② a range of
7. ~ 전에	① ahead of	② as of
8. ~이외에	① beside	② besides

■ 보기에서 각 단어의 의미를 골라 써 넣으세요.

시행 중인	복도	~에 관해	~의 결과로	갱신하다	산업
숙소	취급하다	하락	기여하다	기증	지침

9. carry _____

10. decline _____

11. hallway _____

12. donation _____

13. regarding _____

14. contribute _____

15. in effect _____

16. accommodation _____

■ 다음 중 문맥상 알맞은 말을 고르세요.

17. complaints ☐ **concerns** noise   소음 관련 불만 사항
                  ☐ **concerning**

18. ☐ **regardless** of nationality   국적과 상관 없이
    ☐ **in case**

19. ☐ **before** the date of departure   출발일 전에
    ☐ **prior**

20. ☐ **despite** the fact   사실에도 불구하고
    ☐ **in spite**

21. except for cases of ☐ **emergent**   비상시를 제외하고
                     ☐ **emergency**

22. be postponed ☐ **by** further notice   추후 통지가 있을 때까지 연기되다
                 ☐ **until**

23. Traffic in the business strict is terrible **(in, on)** Mondays.
상업 지구의 교통은 월요일마다 매우 혼잡하다.

24. The resort is popular **(because of, despite)** its proximity to the Marine Airport.
그 리조트는 마린 공항과 가까워서 인기가 많다.

25. The company's logo is **(wide, widely)** recognizable around the country.
그 회사 로고는 전국적으로 널리 눈에 띈다.

★ 과제물이나 Quiz 용도로 제출 시에는 가위선을 따라 잘라서 제출하십시오.

Test Yourself

날짜: 20_____. _____. _____

학과: _____

학번: _____

이름: _____

■ 다음 우리말을 보고 알맞은 영어 단어를 고르세요.

1. 교체	① replacement	② revision
2. 결석	① malfunction	② absence
3. 음료	① beverage	② blender
4. 철저히	① thoroughly	② typically
5. 빈번한	① frequent	② severe
6. 처리하다	① prefer	② process
7. 소비하다	① consumption	② consume
8. 임대차 계약	① lease	② terms

■ 보기에서 각 단어의 의미를 골라 써 넣으세요.

저렴한	경량의	확신이 없는	해결책	해고하다	초안
내구성이 있는	퍼지다	여행 일정	수출하다	확장	세입자

9. draft _____

10. durable _____

11. itinerary _____

12. lay off _____

13. export _____

14. tenant _____

15. solution _____

16. expansion _____

■ 다음 중 문맥상 알맞은 말을 고르세요.

17. ☐ **as soon as** request   요청시
    ☐ **upon**

18. ☐ **during** the bidding period   입찰 기간 동안
    ☐ **while**

19. ☐ **because** budget cuts   예산 삭감 때문에
    ☐ **because of**

20. without ☐ **hesitating**   주저 없이
        ☐ **hesitation**

21. The company is based ☐ **in** Tokyo.   그 회사는 도쿄에 근거지를 두고 있다.
                  ☐ **on**

22. The quality was ☐ **disappointing**.   품질이 실망스러웠다.
          ☐ **disappointed**

23. **(Whether, That)** retail sales will increase is uncertain.
소매 매출이 늘어날지는 미지수다.

24. You can't receive a refund **(if, unless)** you remove the tag.
꼬리표를 떼면 환불이 안됩니다.

25. **(Although, Despite)** the service was slow, the food was tasty.
서비스가 느리긴 했지만 음식은 맛있었어요.

★ 과제물이나 Quiz 용도로 제출 시에는 가위선을 따라 잘라서 제출하십시오.

Test Yourself

날짜: 20_____. _____. _____

학과: _____

학번: _____

이름: _____

■ 다음 우리말을 보고 알맞은 영어 단어 또는 어구를 고르세요.

1.	장소	① venue	② viewer
2.	전문가	① renowned	② expert
3.	회계의	① legal	② fiscal
4.	유창한	① fluent	② incomplete
5.	기업의	① coordinator	② corporate
6.	수용하다	① involve	② house
7.	반영하다	① reflect	② relocate
8.	~을 전문으로 하다	① specialize in	② focus on

■ 보기에서 각 단어의 의미를 골라 써 넣으세요.

사과하다	바람직한	포함하다	제조하다	등록하다	전략
정확히	실시하다	조리법	공단	도매의	재료

9. contain	_____	**13.** enroll	_____
10. apologize	_____	**14.** exactly	_____
11. manufacture	_____	**15.** strategy	_____
12. carry out	_____	**16.** wholesale	_____

■ 다음 중 문맥상 알맞은 말을 고르세요.

17. □ **on** schedule   정시에, 예정대로
      □ **ahead**

18. the □ **chief** product   주요 제품
          □ **chiefly**

19. a □ **reliable** childcare service   믿을만한 보육 서비스
      □ **reliant**

20. renew your □ **subscribe**   구독을 갱신하다
            □ **subscription**

21. work □ **as** an executive   임원으로 일하다
          □ **at**

22. direct your questions □ **to** Melanie Shephard   멜라니 셰파드에게 질문을 보내다
                   □ **for**

23. Job stress was the reason **(why, which)** Tom asked for an early retirement.
톰이 조기 은퇴를 요청한 이유는 업무 스트레스 때문이다.

24. The building manager may know in detail **(that, what)** happened last night.
그 건물의 관리인이 어젯밤에 일어난 일에 대해 상세히 알 수도 있다.

25. The survey was conducted on clothing companies **(which, whose)** sales doubled.
판매량이 두 배가 된 의류 업체에 대해 설문 조사가 실시되었다.

★ 과제물이나 Quiz 용도로 제출 시에는 가위선을 따라 잘라서 제출하십시오.

Test Yourself

날짜: 20_____. _____. _____

학과: _____

학번: _____

이름: _____

■ 다음 우리말을 보고 알맞은 영어 단어를 고르세요.

1. 재료   ① incentive   ② ingredient

2. 임대   ① rental   ② loan

3. 평가   ① rating   ② flavor

4. 유능한   ① thorough   ② competent

5. 목적지   ① destination   ② district

6. 개봉하다   ① release   ② regard

7. 보장하다   ① popularize   ② guarantee

8. 수용하다   ① accommodate   ② criticize

■ 보기에서 각 단어의 의미를 골라 써 넣으세요.

붐비는	철저한	~을 통해	관대한	지정된	운반하다
경제적인	미리	상환	소포	자산	자원봉사자

9. transport _____   **13.** asset _____

10. generous _____   **14.** economical _____

11. thorough _____   **15.** beforehand _____

12. designated _____   **16.** reimbursement _____

■ 다음 중 문맥상 알맞은 말을 고르세요.

17. ☐ **unemployed** rate   실업률
    ☐ **unemployment**

18. ☐ **ahead** schedule   예정보다 먼저
    ☐ **ahead of**

19. as ☐ **many** attention as other models   다른 모델만큼 많은 관심
        ☐ **much**

20. within two days ☐ **at the latest**   늦어도 2일 이내에
        ☐ **at least**

21. an ☐ **updated** event schedule   업데이트된 행사 일정
        ☐ **update**

22. be ☐ **efficient** in energy saving   에너지 절약에 있어 효율적이다
        ☐ **efficiency**

23. Enclosed **(is, are)** a timetable of our services.
    동봉한 것은 저희 서비스 일정표입니다.

24. The new employee is as **(motivated, motivating)** as Brian.
    그 신입 사원은 브라이언만큼 의욕적이다.

25. If Ms. Klein **(applies, applied)** for the managerial position, we would hire her.
    클라인 씨가 관리직에 지원한다면, 우리는 그녀를 고용할 텐데.

Test Yourself

날짜: 20_____ . _____ . _____

학과: _____

학번: _____

이름: _____

■ 다음 우리말을 보고 알맞은 영어 단어 또는 어구를 고르세요.

1.	능력	① capacity	② wage
2.	아마	① rarely	② most likely
3.	상상력	① illustration	② imagination
4.	문의하다	① inquire	② imply
5.	의무적인	① mandatory	② automated
6.	구체적인	① specific	② skilled
7.	나타내다	① confirm	② indicate
8.	추정하다	① estimate	② express

■ 보기에서 각 단어의 의미를 골라 써 넣으세요.

농산물	수확	양	부두	특집으로 하다	직접적인
바꾸다	확인하다	자격이 충분한	(요금을) 부과하다	발송된	신선한

9.	amount	_____	**13.** direct	_____
10.	produce	_____	**14.** charge	_____
11.	feature	_____	**15.** fresh	_____
12.	switch	_____	**16.** shipped	_____

■ 다음 중 문맥상 알맞은 말을 고르세요.

17. a □ **wide** range of display counters   광범위한 소매점용 진열대
       □ **widely**

18. give a □ **brief** overview   개략적으로 설명하다
       □ **briefly**

19. our □ **skill** craftspeople   우리의 숙련된 장인들
       □ **skilled**

22. in a □ **positive** light   긍정적인 시각으로
       □ **positively**

20. allow shipped returns □ **to arrive** within 45 days   환불 물품은 45일이내에 도착해야 한다
       □ **arrive**

21. □ **Customizing** is always an option.   항상 주문 제작을 선택할 수 있다.
       □ **Customized**

23. **(To, For)** operate at full capacity, we estimate that three shifts of 250 workers will be needed.
공장을 완전히 가동하기 위해 250명 근로자로 3교대 운영이 필요할 것으로 추산합니다.

24. Thanks for your **(continue, continued)** support of the arts in Vernon City.
버논 시의 예술 활동을 계속 지원해 주셔서 감사합니다.

25. Market experts are **(cautious, cautiously)** optimistic that prices will go down late next month.
시장 전문가들은 다음달 말에야 가격이 내려 갈 것으로 조심스럽게 낙관하고 있다.

★ 과제물이나 Quiz 용도로 제출 시에는 가위선을 따라 잘라서 제출하십시오.

Test Yourself

날짜: 20_____ . _____ . _____

학과: _____

학번: _____

이름: _____

■ 다음 우리말을 보고 알맞은 영어 단어 또는 어구를 고르세요.

1. 통근   ① commuting   ② community

2. 문의   ① inquiry   ② request

3. 각각   ① respectively   ② alike

4. 수량   ① quantity   ② section

5. 인내   ① plaque   ② patience

6. 생산성   ① potential   ② productivity

7. 미루다   ① belated   ② push back

8. 고려하다   ① cater to   ② allow for

■ 보기에서 각 단어의 의미를 골라 써 넣으세요.

협회	직원	채식주의자	음식물의	얻어내다	정리되어
부두	확실히	연결하다	직접	오가는	단가

9. crew   _____

10. secure   _____

11. vegetarian   _____

12. association   _____

13. dietary   _____

14. surely   _____

15. in person   _____

16. on file   _____

■ 다음 중 문맥상 알맞은 말을 고르세요.

17. a friendly and ☐ **experienced** individual   친절하고 경험 많은 사람
         ☐ **experiencing**

18. level of ☐ **difficult**   난이도
         ☐ **difficulty**

19. It has ☐ **exclusive** rights to some tours.   일부 여행 상품에 대한 독점권이 있다.
         ☐ **exclusively**

20. gain ☐ **value** knowledge   귀중한 지식을 얻다
         ☐ **valuable**

21. ☐ **because** certain unpredictable factors   어떤 예측 불가능한 요인들로 인해
         ☐ **due to**

22. The cost of tickets ☐ **vary** with the season.   표 요금은 계절에 따라 달라진다.
         ☐ **varies**

23. This week, an agricultural exhibition will **(hold, be held)** in Aberman Hall.
이번 주에 애버만 홀에서 농업 박람회가 열린다.

24. We hope to see many members of the community in **(attending, attendance)**.
우리는 지역 사회의 많은 구성원들이 참석하기를 바랍니다.

25. The ferry departs from the ports of both cities **(approximate, approximately)**
every thirty minutes. 여객선은 약 30분마다 두 도시의 항구에서 출발합니다.

해설　공사 현장에서 일하는 모습이므로 정답은 (D). take off는 벗는
　　　동작이므로 (A)는 오답. 손수레가 보이지만 밀고 있는 모습이 아
　　　니므로 (B)도 오답.

어휘　take off 벗다　wheelbarrow 손수레　lean against ~에
　　　기대다　construction 건설

2.

(A) The woman is drinking a cup of coffee.
(B) The woman is holding some flowers.
(C) The man is putting on a shirt.
(D) The man is playing an instrument.

(A) 여자가 커피를 마시고 있다.
(B) 여자가 꽃을 들고 있다.
(C) 남자가 셔츠를 입는 중이다.
(D) 남자가 악기를 연주하고 있다.

해설　남자가 악기를 연주하고 있는 모습이므로 정답은 (D). 여자가 손
　　　에 컵을 들고 있는 모습이므로 (A)와 (B)는 오답. put on은 입
　　　고 있는 동작을 나타내므로 (C)도 오답.

어휘　hold 들다, 잡다　put on 입다, 착용하다　play an
　　　instrument 악기를 연주하다

3.

(A) The men are facing each other.
(B) People are walking down the stairs.
(C) One of the women is carrying a suitcase.
(D) One of them is looking at some files.

(A) 남자들이 마주보고 있다.
(B) 사람들이 계단을 내려가고 있다.
(C) 여자들 중 한 명이 여행 가방을 들고 있다.
(D) 사람들 중 한 명이 파일들을 보고 있다.

해설　사람들이 계단을 내려오는 모습이므로 정답은 (B). 여자가 손에
　　　들고 있는 것이 여행 가방이 아니므로 (C)는 오답.

어휘　face 마주보다　each other 서로　stair 계단　carry 들고
　　　있다, 나르다

4.

(A) They're relaxing on the grass.
(B) They are standing side by side.
(C) The woman is wearing a scarf.
(D) The couple is resting on a bench.

(A) 사람들이 잔디 위에서 쉬고 있다.
(B) 사람들이 나란히 서 있다.
(C) 여자가 스카프를 두르고 있다.
(D) 남녀가 벤치에서 쉬고 있다.

해설　남녀가 벤치에 앉아서 쉬고 있는 모습이므로 정답은 (D). 잔디
　　　위에 앉은 것이 아니므로 (A)는 오답.

어휘　relax 휴식을 취하다　side by side 나란히, 함께　rest 쉬다,
　　　휴식을 취하다

5.

(A) Some people are taking a walk.
(B) Some customers are waiting in line.
(C) Some customers are working on computers.
(D) A cashier is handing some money to the
　　woman.

(A) 사람들 몇 명이 산책을 하고 있다.
(B) 손님 몇 명이 줄을 서서 기다리고 있다.
(C) 손님 몇 명이 컴퓨터로 작업을 하고 있다.
(D) 출납원이 여자에게 돈을 건네주고 있다.

해설　고객들이 계산대 앞에 줄을 지어 서 있는 모습이므로 정답은 (B).
　　　컴퓨터 작업을 하는 손님은 없으므로 (C)는 오답. 출납원이 돈을
　　　손에 들고 있지만 건네주고 있는 것이 아니므로 (D)도 오답.

어휘　take a walk 산책하다　customer 고객, 손님　wait in line
　　　줄을 서서 기다리다　cashier 출납원, 회계원　hand 건네주다

6.

(A) Some people are unloading a truck.
(B) Some people are handing out some flyers.
(C) Some people are sitting in a waiting area.
(D) Some people are near the edge of the
　　platform.

(A) 사람들 몇 명이 트럭에서 짐을 내리고 있다.
(B) 사람들 몇 명이 전단을 나눠주고 있다.
(C) 사람들 몇 명이 대기 구역에 앉아 있다.
(D) 사람들 몇 명이 플랫폼 가장자리에 있다.

해설　일부 사람들이 플랫폼 끝에 서 있는 모습이므로 정답은 (D). 트
　　　럭이나 전단은 보이지 않으므로 (A)와 (B)는 오답.

어휘　unload (짐을) 내리다　hand out 나눠주다　flyer (광고용) 전단
　　　waiting area 대기 구역　edge 끝, 가장자리

Unit ② 사물·풍경 사진

본책 p. 18

Check Up

(A) The shelves are empty.
(B) The benches are occupied.
(C) Some merchandise is on display.
(D) Customers are shopping for shoes.

(A) 선반들이 비어 있다.
(B) 벤치들이 사용 중이다.
(C) 상품들이 진열되어 있다.
(D) 손님들이 신발을 사고 있다.

Check Up

본책 p. 19

1. The furniture is on display.
   가구가 진열되어 있다.

2. Most of the seats are occupied.
   자리 대부분이 차 있다.

3. Some trees overlook the benches.
   나무 몇 그루가 벤치를 내려다보는 위치에 있다.

4. A cart is being loaded with fruit.
   수레에 과일을 싣고 있다.

5. A lamp has been placed in the corner.
   구석에 등이 놓여 있다.

6. Cars are lined up along the road.
   차들이 길을 따라 줄지어 서 있다.

7. A plant is hanging from the ceiling.
   식물이 천장에 매달려 있다.

8. Some posts are reflected on the water.
   기둥 몇 개가 물에 비치고 있다.

9. Plates are arranged on multiple shelves.
   여러 개의 선반에 접시들이 정돈되어 있다.

10. Some boxes are stacked on the ground.
    상자 몇 개가 땅에 쌓여 있다.

Check Up

본책 p. 21

1. A walkway is being swept.
   보도를 쓸고 있다.

2. Automobiles are parked in the lot.
   자동차들이 주차장에 주차되어 있다.

3. Various items are being displayed.
   다양한 물품들이 전시되어 있다.

4. A bicycle is attached to the handrail.
   자전거가 난간에 부착되어 있다.

5. A wall is being decorated with pictures.
   벽이 그림으로 장식되어 있다.

6. A door is being installed in the entryway.
   입구에 문이 설치되고 있다.

토익 감잡기

본책 p. 22

Step 1

1.

- Some shelves are being cleaned. (×)
  선반들이 청소되고 있다.

- A shop assistant is writing on a chart. (×)
  점원이 차트를 작성하고 있다.

- Some produce is on display in a store. (○)
  매장에 농산물이 진열되어 있다.

- Some items have been placed in a cart. (×)
  카트에 물품 몇 개가 놓여 있다

- The racks have been stocked with vegetables. (○)
  선반에 채소가 구비되어 있다.

2.

- Some seats are unoccupied. (○)
  좌석 몇 개가 비어 있다.

- The tables are being rearranged. (×)
  테이블들이 재배치되고 있다.

- Some windows are being closed. (×)
  창문 몇 개가 닫히고 있다.

- An awning is attached to the building. (○)
  건물에 차양이 달려 있다.

- All tables are covered with tablecloths. (○)
  모든 테이블이 식탁보로 덮여 있다.

3.

- A boat is tied to a pier. (○)
  배가 부두에 묶여 있다.

- A man is diving off a boat. (×)
  남자가 배에서 다이빙하고 있다.

- A boat is floating on the water. (○)
  배가 물에 떠 있다.

- The water is surrounded by trees. (○)
  나무들이 물을 둘러싸고 있다.

- The scenery is reflected in the water. (○)
  물 위로 풍경이 비치고 있다.

Step 2

1. (B)	**2.** (C)	**3.** (B)	**4.** (C)

1.

(A) Some grass is being cut.
(B) A staircase leads to the porch.
(C) A sign is being hung from the ceiling.

(A) 잔디를 깎고 있다.
(B) 계단은 현관으로 이어진다.
(C) 천장에 표지판이 매달려 있다.

해설 계단이 현관 쪽으로 이어져 있으므로 정답은 (B). 잔디가 사진에
보이지도 않거니와 누군가가 깎는 중도 아니므로 (A)는 오답.

어휘 **staircase** 계단 **lead to** ～로 이어지다 **porch** 현관 **sign**
표지판, 간판, **ceiling** 천장

2.

(A) A plant is sitting on a windowsill.
(B) The woman is arranging flowers in a vase.
(C) Some plants are displayed on the shelves.

(A) 창턱에 식물이 놓여 있다.
(B) 여자가 꽃병에 꽃을 꽂고 있다.
(C) 선반에 식물들이 진열되어 있다.

해설 식물들이 선반에 진열되어 있으므로 정답은 (C). 창턱과 꽃병은
보이지 않으므로 (A)와 (B)는 오답.

어휘 **windowsill** 창턱 **arrange** 준비하다, 정리하다 **vase** 꽃병
shelves 선반(shelf의 복수형)

3.

(A) A vehicle is covered with snow.
(B) Some boxes are lying on the ground.
(C) Some cartons are being loaded into a cart.

(A) 차량이 눈으로 덮여 있다.
(B) 상자들이 땅에 놓여 있다.
(C) 상자들이 카트에 실리고 있다.

해설 일부 상자들이 땅 위에 놓여 있는 모습이므로 정답은 (B). 차 위
에 눈과 카트는 보이지 않으므로 (A)와 (C)는 오답.

어휘 **vehicle** 차량 **be covered with** ～로 덮이다 **carton** 종이
상자

4.

(A) They're using a tool.
(B) All the windows are open.
(C) A window is being installed.

(A) 사람들이 연장을 사용하고 있다.
(B) 모든 창문이 열려 있다.
(C) 창문 하나가 설치되고 있다.

해설 작업자들이 창문을 설치하고 있는 모습이므로 정답은 (C). 작업
자들이 연장을 이용하고 있지는 않으므로 (A)는 오답.

어휘 **tool** 도구, 연장 **install** 설치하다

토익 실전 감각 익히기
본책 p. 24

1. (C)	**2.** (D)	**3.** (B)	**4.** (C)	**5.** (B)	**6.** (B)

1.

(A) A lamp is sitting on the table.
(B) Some paintings are being framed.
(C) A table has been placed under a stairway.
(D) Some chairs have been piled up in a hallway.

(A) 등이 탁자 위에 놓여 있다.
(B) 그림들을 액자에 넣고 있다.
(C) 탁자가 계단 아래 놓여 있다.
(D) 의자들이 복도에 쌓여 있다.

해설 계단 아래에 탁자가 보이므로 정답은 (C). 램프가 보이긴 하지만 탁자 위에 놓여 있는 것은 아니므로 (A)는 오답. 그림 액자가 벽에 걸려 있기는 하지만 누군가가 걸고 있는 동작은 아니므로 (B)도 오답.

어휘 sit on ~의 위에 있다 painting 그림 frame 액자에 넣다 place 놓다, 두다 stairway 계단 pile up 쌓다 hallway 복도

2.

(A) A cyclist is riding past a building.
(B) The man is walking along the path.
(C) The man is carrying a backpack.
(D) A bicycle has been parked by a railing.

(A) 자전거 타는 사람이 건물을 지나 달리고 있다.
(B) 남자가 길을 따라 걷고 있다.
(C) 남자가 배낭을 메고 있다.
(D) 자전거가 난간 옆에 세워져 있다.

해설 자전거가 난간 옆에 세워져 있는 모습이므로 정답은 (D). 남자가 기대어 쉬고 있는 모습이므로 (A)와 (B)는 오답. 배낭은 자전거에 매달려 있으므로 (C)도 오답.

어휘 cyclist 자전거 타는 사람 past ~를 지나 along ~를 따라 backpack 배낭 park 세우다, 주차하다 railing 난간

3.

(A) The road runs next to the river.
(B) The vehicles are lined up along the road.
(C) Lines are being painted on a road.
(D) Some people are standing on the street.

(A) 길이 강 옆으로 이어진다.
(B) 차들이 길을 따라 줄지어 서 있다.
(C) 길에 선들이 그려지고 있다.
(D) 몇몇 사람들이 도로 위에 서 있다.

해설 차들이 길 한쪽에 나란히 세워져 있는 모습이므로 정답은 (B). 강과 사람들은 그림에 없으므로 (A)와 (D)는 오답. 길 위에 선이 보이기는 하지만 그려지고 있는 모습이 아니므로 (C)도 오답.

어휘 next to ~의 옆에 vehicle 차량 line up 줄을 서다

4.

(A) The woman is pushing a cart.
(B) Some goods are being arranged.
(C) A shopping cart is being filled.
(D) The man is waiting at the counter.

(A) 여자가 카트를 밀고 있다.
(B) 일부 상품들이 정리되고 있다.
(C) 쇼핑 카트가 채워지고 있다.
(D) 남자가 계산대에서 기다리고 있다.

해설 아이가 카트에 물건을 넣은 모습이므로 정답은 (C). 여자의 오른손이 쇼핑 카트 손잡이에 있지만 밀고 있지는 않으므로 (A)는 오답. 상품을 정리 중인 모습이 아니므로 (B)는 오답. 계산대가 보이지 않으므로 (D)도 오답.

어휘 goods 상품 arrange 정리하다, 배열하다 fill 채우다

5.

(A) A boat is being docked.
(B) A boat is passing under a bridge.
(C) Some people are boarding a boat.
(D) Trees are being planted near a house.

(A) 배가 부두에 정박되고 있다.
(B) 배가 다리 아래를 지나가고 있다.
(C) 사람들이 배에 타고 있다.
(D) 나무들이 집 근처에 심어지고 있다.

해설 배가 다리 밑을 지나가고 있는 모습이므로 정답은 (B). 부두와 배에 오르고 있는 사람들이 보이지 않으므로 (A)와 (C)는 오답. 집 근처에 나무들이 심어지고 있는 중이 아니라 이미 심어져 있는 상태이기에 (D)도 오답.

어휘 dock (배를) 부두에 대다 bridge 다리 board 타다 plant 심다

6.

(A) A table is being cleared off.
(B) The man is taking some photographs.
(C) The woman is framing a picture.
(D) The woman is seated next to the counter.

(A) 탁자가 깨끗이 치워지고 있다.
(B) 남자가 사진을 찍고 있다.
(C) 여자가 사진을 액자에 넣고 있다.
(D) 여자가 계산대 옆에 앉아 있다.

해설 남자가 사진을 찍고 있는 모습이므로 정답은 (B). 탁자를 치우고 있는 사람이 보이지 않으므로 (A)는 오답. 액자와 계산대는 보이지 않으므로 (C)와 (D)도 오답.

어휘 clear off 깨끗이 치우다 take a photograph 사진을 찍다
frame 액자에 넣다 be seated 앉아 있다

(G) It's been delayed for some repair work. (○)
일부 보수 작업으로 지연되고 있어요.

Unit 3 Who, When, Where 의문문

Check Up 본책 p. 27

(A) × (B) ○ (C) × (D) ○ (E) ○ (F) × (G) ○

Q. Who should I talk to about booking the
meeting room?
회의실 예약에 관해 누구에게 말해야 합니까?

(A) A table for twenty. (×)
20명이 앉을 테이블이요.

(B) I can help you with that. (○)
제가 도와 드릴 수 있습니다.

(C) The books are out of stock. (×)
그 책들은 품절입니다.

(D) Mateo is in charge of that. (○)
마테오가 담당하고 있어요.

(E) The maintenance department. (○)
유지보수 부서요.

(F) Sure, I'll reschedule it right away. (×)
네, 제가 지금 바로 일정을 변경하겠습니다.

(G) Just call Mr. Garbutt. (○)
가버트 씨에게 전화하면 돼요.

Check Up 본책 p. 29

(A) × (B) ○ (C) × (D) × (E) ○ (F) ○ (G) ○

Q. When will the new security system be
installed?
새로운 보안 시스템은 언제 설치될까요?

(A) For about three hours. (×)
약 3시간 동안요.

(B) By the end of the month. (○)
월말까지요.

(C) Reinstall the software. (×)
소프트웨어를 재설치하세요.

(D) Gary is my new assistant. (×)
개리는 저의 새 비서입니다.

(E) They're working on it right now. (○)
그들이 지금 설치하고 있어요.

(F) Not until next Thursday afternoon. (○)
다음 주 목요일 오후가 지나서요.

Check Up 본책 p. 31

(A) × (B) × (C) × (D) ○ (E) ○ (F) × (G) ○

Q. Where can I donate some used books?
중고책은 어디에 기부할 수 있나요?

(A) I love doughnuts. (×)
저는 도넛을 좋아해요.

(B) They are on my desk. (×)
제 책상 위에 있어요.

(C) From a bookstore. (×)
서점으로부터요.

(D) I'll ask one of my colleagues. (○)
제 동료 중 한 명에게 물어볼게요.

(E) What kind of books are they? (○)
어떤 종류의 책인가요?

(F) I booked a flight to London. (×)
저는 런던행 항공편을 예약했어요.

(G) Danford Library might take them. (○)
댄포드 도서관에서 받아줄 거예요.

토익 감잡기 본책 p. 32

Step 1

1. (C)	2. (A)	3. (C)	4. (B)	5. (C)

1. When is the new employee orientation?
(A) On the second floor.
(B) It was very useful.
(C) Next Friday.

신입 사원 오리엔테이션은 언제입니까?
(A) 2층에서요.
(B) 굉장히 유용했어요.
(C) 다음 주 금요일이요.

2. Where can I find the table on sale?
(A) That offer ended last week.
(B) In the file cabinet.
(C) It's a furniture company.

할인 판매하는 그 탁자를 어디서 구할 수 있죠?
(A) 지난주에 할인이 끝났어요.
(B) 파일 보관함이요.
(C) 가구 업체예요.

UNIT 3

3. Who <u>organized</u> the advertising campaign?
(A) About marketing.
(B) Yes, it's on the calendar.
(C) Let me ask Mr. Yoon.

그 광고 캠페인은 누가 준비했나요?
(A) 마케팅에 관해서요.
(B) 네, 일정에 포함되어 있습니다.
(C) 윤 씨에게 물어보겠습니다.

4. <u>When</u> can we expect the new <u>catalog</u>?
(A) It's in the top drawer.
(B) Not until next Monday.
(C) We inspect the facilities every week.

새 카탈로그는 언제 나옵니까?
(A) 맨 위 서랍에 있어요.
(B) 다음 주 월요일이 지나야 해요.
(C) 저희는 매주 시설을 점검합니다.

5. <u>Where</u> is the <u>air-conditioner</u> in this office?
(A) The store usually opens at seven.
(B) At the post office.
(C) It's built into the ceiling.

이 사무실에는 에어컨이 어디 있나요?
(A) 그 상점은 보통 7시에 문을 엽니다.
(B) 우체국에서요.
(C) 천장에 붙박이로 들어가 있어요.

Step 2

| 1. (B) | 2. (A) | 3. (C) | 4. (A) | 5. (C) | 6. (B) |

1. <u>When</u> is the legal team expected to <u>arrive</u>?
(A) He's <u>running</u> late.
(B) They should be here <u>soon</u>.
(C) They're coming by <u>bus</u>.

법무팀은 언제 도착할 예정입니까?
(A) 그는 늦어지고 있어요.
(B) 곧 여기 도착할 겁니다.
(C) 버스를 타고 옵니다.

해설 When 의문문
(A) 인칭대명사 사용 오류. team은 주로 they로 받는다.
(B) 정답. 미래 [시간] 표현 'soon(곧)'으로 답변.
(C) 다른 의문사 How 응답 오류

어휘 **legal** 법률과 관련된 **run** 작동하다, 진행되다

2. <u>Who</u> are you <u>bringing</u> to the party?
(A) A <u>friend</u> of mine.
(B) It's <u>planned</u> for next Wednesday.
(C) I baked some <u>cookies</u> to bring along.

파티에 누구를 데려올 예정이죠?
(A) 제 친구요.
(B) 다음 주 수요일로 계획되어 있어요.
(C) 가지고 갈 쿠키를 구웠어요.

해설 Who 의문문
(A) 정답. [사람] 표현 '친구'로 답변.
(B) 연상 어휘 오답. party(파티) → planned(계획되다)
(C) 반복 어휘 오답. bring(가지고 오다)

3. <u>Where</u> do we <u>keep</u> all the old reports?
(A) I <u>checked</u> them twice.
(B) We keep the data <u>for research</u>.
(C) In the fourth-floor <u>storage room</u>.

예전 보고서는 전부 어디에 보관하죠?
(A) 제가 두 번 확인했습니다.
(B) 연구를 위해 데이터를 보관합니다.
(C) 4층 보관실이에요.

해설 Where 의문문
(A) 무관한 답변.
(B) 반복 어휘 오답. keep(보관하다)
(C) 정답. [장소] 표현 '4층 보관실'로 답변.

어휘 **storage** 저장, 보관

4. <u>When</u> did you <u>check</u> the sound system in the room?
(A) We did it <u>before lunch</u>.
(B) No, it comes with a <u>remote</u> control.
(C) They <u>booked</u> the rooms yesterday.

그 방의 음향 시스템은 언제 확인하셨나요?
(A) 점심 시간 전에 확인했습니다.
(B) 아니요, 리모콘이 있어요.
(C) 그들은 어제 방을 예약했어요.

해설 When 의문문
(A) 정답. '시간' 표현 '점심 시간 전'으로 답변.
(B) Yes/No 답변 불가 오답.
(C) 반복 어휘 오답. room(방)

어휘 **come with** ~이 딸려 있다 **book** 예약하다

5. <u>Who</u> sent us these <u>samples</u>?
(A) <u>By two</u> o'clock, if possible.
(B) Here's a <u>simple</u> question.
(C) Central Street <u>Design</u>, I think.

누가 우리에게 이 견본들을 보냈습니까?

(A) 가능하다면 2시까지요.

(B) 간단한 질문이 있습니다.

(C) 센트럴 스트리트 디자인사 같습니다.

해설 Who 의문문

(A) 다른 의문사 When 응답 오류.

(B) 유사 발음 어휘 오답. sample(견본) → simple(간단한)

(C) 정답. [회사명]으로 답변.

6. Where would you like to train the new staff?

(A) In about an hour.

(B) In the seminar room.

(C) Usually, the train leaves at nine.

신입 직원들을 어디서 교육하고 싶습니까?

(A) 약 1시간 후에요.

(B) 세미나실에서요.

(C) 대개 기차는 9시에 출발합니다.

해설 Where 의문문

(A) 다른 의문사 When 응답 오류.

(B) 정답. [장소] 표현 '세미나실'로 답변.

(C) 다의어 오답. train ❶ 교육하다 ❷ 기차

토익 실전 감각 익히기   본책 p. 34

1. (A)	**2.** (C)	**3.** (B)	**4.** (B)	**5.** (B)
6. (C)	**7.** (B)	**8.** (B)	**9.** (A)	**10.** (C)
11. (B)	**12.** (B)	**13.** (B)	**14.** (B)	**15.** (C)
16. (B)	**17.** (B)	**18.** (C)	**19.** (B)	**20.** (B)

1. Where should we meet Mr. Park?

(A) At the front gate.

(B) Parking is free here.

(C) Anytime this afternoon.

박 씨를 어디서 만나야 할까요?

(A) 정문에서요.

(B) 여기는 주차가 무료예요.

(C) 오늘 오후 아무 때나요.

해설 Where 의문문

(A) 정답. [장소] 표현 '정문에서'로 답변.

(B) 유사 발음 어휘 오답. Mr. Park(박 씨) → parking(주차)

(C) 다른 의문사 When 응답 오류.

2. When will the repair person arrive?

(A) For about an hour.

(B) I guess I'll leave at nine.

(C) He is on his way.

수리 기사는 언제 도착할까요?

(A) 약 1시간 동안요.

(B) 저는 9시에 출발할 것 같아요.

(C) 오는 중입니다.

해설 When 의문문

(A) 다른 의문사 How long 응답 오류.

(B) 연상 어휘 오답. arrive(도착하다) → leave(출발하다)

(C) 정답. 언제 오는지에 대한 질문에 '오는 길'이라는 우회적인 답변.

어휘 repair person 수리 기사   leave 출발하다, 떠나다   on one's way 오는 중인

3. Who's the man by the reception desk?

(A) Next to the printer.

(B) He's the new sales representative.

(C) No, he came here in June.

접수 데스크 옆에 있는 남자는 누구죠?

(A) 프린터 옆이요.

(B) 신입 영업 사원입니다.

(C) 아니요, 그는 6월에 여기 왔어요.

해설 Who 의문문

(A) 다른 의문사 Where 응답 오류.

(B) 정답. [직책] 표현 '영업 사원'으로 답변.

(C) Yes/No 답변 불가 오답.

어휘 next to ~의 옆에   sales representative 영업 사원, 판매 담당자

4. When can you finish the presentation slides?

(A) Yes, I sent it this morning.

(B) I'm working on the last one.

(C) He wasn't at the meeting.

발표 슬라이드는 언제 마무리할 수 있어요?

(A) 네, 오늘 아침에 보냈습니다.

(B) 마지막 장을 작업 중입니다.

(C) 그는 회의에 참석하지 않았어요.

해설 When 의문문

(A) Yes/No 답변 불가 오답.

(B) 정답. 발표 슬라이드 마무리 시간을 묻는 질문에 '작업 중'으로 우회적인 답변.

(C) 인칭대명사 사용 오류. you(당신) → He(그)

어휘 presentation 발표

5. Where is the lost-and-found box?

(A) I lost it yesterday.

(B) It's behind the counter.

(C) A package arrived for you today.

분실물 보관함은 어디에 있나요?

(A) 저는 그걸 어제 잃어버렸어요.

(B) 카운터 뒤에 있어요.

(C) 오늘 당신 앞으로 소포가 도착했어요.

해설 Where 의문문
(A) 반복 어휘 오답. lost(분실하다)
(B) 정답. [위치] 표현 '카운터 뒤'로 답변.
(C) 연상 어휘 오답. box(박스) → package(소포)

어휘 lost-and-found box 분실물 보관함   package 소포

6. Who should I call if I find a problem?
(A) My phone was dead.
(B) No, I can handle this.
(C) Call the tech support team.

문제를 발견하면 누구에게 전화해야 합니까?
(A) 제 전화기가 꺼졌어요.
(B) 아니요, 제가 이 문제를 처리할 수 있어요.
(C) 기술 지원팀에 전화하세요.

해설 Who 의문문
(A) 연상 어휘 오답. call(전화하다) → phone(전화기)
(B) Yes/No 답변 불가 오답.
(C) 정답. [부서] 표현 '기술 지원팀'으로 답변.

어휘 handle 다루다, 처리하다   support 지원

7. When is the rain expected to start?
(A) The training starts at two.
(B) The forecaster said around 4 or 5 P.M.
(C) From our Tokyo office.

언제 비가 내릴 것으로 예상되나요?
(A) 교육은 2시에 시작합니다.
(B) 기상 예보관이 오후 4시나 5시경으로 얘기했어요.
(C) 저희 도쿄 사무실에서요.

해설 When 의문문
(A) 반복 어휘 오답. start(시작하다)
(B) 정답. [시간] 표현 '오후 4시나 5시경'으로 답변.
(C) 다른 의문사 Where 응답 오류.

어휘 be expected to ~할 예정이다   training 교육   forecaster
      기상 예보관

8. Where was last month's conference held?
(A) It was Tuesday morning.
(B) It's always at the Plaza.
(C) They're not open yet.

지난달 회의는 어디에서 개최됐죠?
(A) 화요일 오전이었어요.
(B) 항상 플라자에서 열려요.
(C) 아직 열지 않았어요.

해설 Where 의문문
(A) 다른 의문사 When 응답 오류.
(B) 정답. [장소] 표현 '플라자에서'로 답변.
(C) 인칭대명사 사용 오류. conference(단수) → They(복수)

어휘 conference 회의, 회담   yet 아직

9. Who are we ordering the stationery from?
(A) Louise might know.
(B) How many copies do you need?
(C) Sometime early in the week.

문구류는 누구에게 주문하죠?
(A) 루이즈가 알 겁니다.
(B) 몇 부 필요하세요?
(C) 이번 주 초쯤이요.

해설 Who 의문문
(A) 정답. [사람 이름]으로 답변.
(B) 무관한 답변.
(C) 다른 의문사 When 응답 오류.

어휘 order 주문하다   stationery 문구류   sometime 언젠가

10. When will the new fitness center be
completed?
(A) It would be great.
(B) Complete an online form.
(C) Not until the end of June.

새 피트니스 센터는 언제 완공될 예정입니까?
(A) 그거 좋겠네요.
(B) 온라인 양식을 작성하세요.
(C) 6월 말 지나서요.

해설 When 의문문
(A) 무관한 답변.
(B) 다의어 오답. complete ❶ 완료하다 ❷ (서식을 빠짐없이) 기입
하다
(C) 정답. [시간] 표현으로 답변.

어휘 complete a form 양식을 작성하다   not until ~ 이후에야
      비로소

11. Where should I put the lab test results?
(A) Ten questions.
(B) Just leave them on my desk.
(C) She sent us the report.

실험실 검사 결과는 어디에 둬야 하죠?
(A) 10문제입니다.
(B) 제 책상에 두세요.
(C) 그녀가 우리에게 보고서를 보냈어요.

해설 Where 의문문
(A) 연상 어휘 오답. test(검사) → question(문제)
(B) 정답. [장소] 표현 '책상 위'로 답변.
(C) 인칭대명사 사용 오류. I(나) → She(그녀)

어휘 lab 실험실   leave 놓다, 두다

12. Who will handle the Del-pro account?

(A) Yes, I will.

(B) I'm not sure if it's been decided.

(C) New accounting software.

델프로 계정은 누가 관리할 겁니까?

(A) 네, 제가 할 겁니다.

(B) 결정됐는지 여부를 잘 모르겠어요.

(C) 신규 회계 소프트웨어입니다.

해설 Who 의문문

(A) Yes/No 답변 불가 오답.

(B) 정답. '모른다'는 우회적인 답변.

(C) 유사 발음 어휘 오답. account(계정) → accounting(회계)

어휘 account 계정, 거래처 decide 결정하다 accounting 회계

13. When should I turn in my travel expense reports?

(A) To the accounting department.

(B) By the second Friday of each month.

(C) He'll turn them off.

제 출장비 지출 품의서는 언제 제출해야 합니까?

(A) 회계 부서에요.

(B) 매월 두 번째 금요일까지요.

(C) 그가 끌 겁니다.

해설 When 의문문

(A) 다른 의문사 Where 응답 오류.

(B) 정답. [시간] 표현으로 답변.

(C) 연상 어휘 오답. turn in(제출하다) → turn off(끄다)

어휘 turn in 제출하다, 내다 travel expense 출장 경비 department 부서 turn off 끄다

14. Where can we get more of these toners?

(A) Yes, he said he's available.

(B) From Ted's Office Supply.

(C) I just got that yesterday.

이 토너들은 어디서 더 구할 수 있나요?

(A) 네, 그가 시간이 된다고 했어요.

(B) 테드 사무용품점에서요.

(C) 어제 받았어요.

해설 Where 의문문

(A) Yes/No 답변 불가 오답.

(B) 정답. [장소] 표현으로 답변.

(C) 다른 의문사 When 응답 오류.

어휘 available 시간이 되는 office supply 사무용품

15. Who's responsible for training the new interns?

(A) The train left on time.

(B) On Johnson Avenue.

(C) Janet in Human Resources.

신입 인턴 사원 교육 책임자는 누구입니까?

(A) 기차는 정시에 출발했어요.

(B) 존슨 애비뉴에서요.

(C) 인사부의 재닛이요.

해설 Who 의문문

(A) 유사 발음 어휘 오답. train ❶ 교육하다 ❷ 기차

(B) 다른 의문사 Where 응답 오류.

(C) 정답. [사람 이름]으로 답변.

어휘 be responsible for ~에 책임이 있다 on time 정시에 human resources 인사부

16. Where did Harry find a mistake in the contract?

(A) Yes, I made a big mistake.

(B) On the last page.

(C) He works in that department, too.

해리는 계약서 어디에서 오류를 발견했나요?

(A) 네, 제가 큰 실수를 했어요.

(B) 마지막 페이지에서요.

(C) 그도 그 부서에서 일해요.

해설 Where 의문문

(A) Yes/No 답변 불가 오답.

(B) 정답. [위치] 표현으로 답변.

(C) 무관한 답변.

어휘 contract 계약(서) make a mistake 실수하다 department 부서

17. When did you send the invoices to our clients?

(A) By regular mail.

(B) Sometime last week.

(C) I heard their voices in the lobby.

고객들에게 언제 청구서를 보냈습니까?

(A) 일반 우편으로요.

(B) 지난주 언젠가요.

(C) 로비에서 그들의 목소리를 들었어요.

해설 When 의문문

(A) 다른 의문사 How 응답 오류.

(B) 정답. [시간] 표현 '지난주 언젠가'로 답변.

(C) 유사 발음 어휘 오답. invoice(청구서) → voice(목소리)

어휘 invoice 청구서, 송장 client 고객 regular mail 일반 우편, 보통 우편

18. Who was hired as the new accountant?

(A) Tim hired a caterer.

(B) He started his work last week.

(C) The last candidate got the job.

새 회계사로 누가 고용됐습니까?

(A) 팀이 출장 연회 업체를 고용했어요.

(B) 그는 지난주에 업무를 시작했습니다.

(C) 마지막 지원자가 채용됐어요.

해설 Who 의문문

(A) 반복 어휘 오답. hired(hire의 과거형)

(B) 연상 어휘 오답. hire(고용하다) → start his work(업무를 시작하다)

(C) 정답. [사람] 표현 '마지막 지원자'로 답변.

어휘 hire 고용하다 candidate 지원자, 후보자

19. Where can I find the president's office?

(A) It's in your mail box.

(B) Down the hall and to the right.

(C) Go ahead, take some.

회장실은 어디에 있습니까?

(A) 당신의 우편함에 있어요.

(B) 복도 끝 오른쪽이요.

(C) 그렇게 하세요, 좀 가져가세요.

해설 Where 의문문

(A) 사무실 위치를 묻는 질문에 '우편함'으로 답변 오류.

(B) 정답. [위치] 표현 '복도 끝 오른쪽'으로 답변.

(C) 연상 어휘 오답. 위치를 묻는 질문에 go가 들어간 표현으로 답변.

어휘 president 회장 hall 복도

20. When will the prototype be ready?

(A) Yes, I can type it for you.

(B) We need a little more time.

(C) I'll show you around.

원형은 언제 준비될 예정입니까?

(A) 네, 제가 타이핑해 드릴 수 있어요.

(B) 시간이 좀 더 필요해요.

(C) 제가 안내해 드릴게요.

해설 When 의문문

(A) Yes/No 답변 불가 오답.

(B) 정답. '시간이 더 필요하다'는 우회적인 답변.

(C) 무관한 답변.

어휘 prototype 원형 ready 준비된 show ~ around … ~가 …를 둘러보도록 안내하다

Unit 4 What / Which, Why, How 의문문

Check Up 본책 p. 37

(A) ✕ (B) ○ (C) ✕ (D) ○ (E) ○ (F) ✕ (G) ○

Q. Which laptop did you buy?
어떤 노트북을 샀나요?

(A) It's handy to use. (✕)
사용하기에 편리합니다.

(B) The cheapest one. (○)
가장 저렴한 걸로요.

(C) I think it's out of order. (✕)
고장 난 것 같습니다.

(D) The same one I used last year. (○)
작년에 사용했던 것과 같은 걸로요

(E) I ordered the TP505 model. (○)
TP505 모델을 주문했어요.

(F) I prefer the one on the top shelf. (✕)
저는 선반 맨 위칸에 있는 것이 좋습니다.

(G) Are you thinking of buying one, too? (○)
당신도 노트북을 하나 구입할 생각인가요?

Check Up 본책 p. 39

(A) ✕ (B) ✕ (C) ○ (D) ✕ (E) ✕ (F) ○ (G) ○

Q. Why are you leaving the office early today?
오늘 왜 일찍 퇴근할 예정인가요?

(A) To the fifth floor. (✕)
5층으로요.

(B) Generally at six o'clock. (✕)
보통 6시에요.

(C) I have an urgent matter. (○)
급한 일이 있어요.

(D) Because it costs too much. (✕)
돈이 너무 많이 드니까요.

(E) This afternoon would be best. (✕)
오늘 오후가 가장 좋을 것 같아요.

(F) I have a dental appointment. (○)
치과 예약이 있어요.

(G) To pick up a client from Hong Kong. (○)
홍콩에서 오는 고객을 모시러 가려고요.

Check Up 본책 p. 41

(A) ○ (B) ✕ (C) ✕ (D) ○ (E) ✕ (F) ○ (G) ✕

Q. How was the concert last night?

어젯밤 콘서트는 어땠나요?

(A) It was fantastic. (○)
훌륭했어요.

(B) It will be very fun. (×)
아주 재미있을 거예요.

(C) I'll watch it with you. (×)
당신과 함께 볼 겁니다.

(D) I worked late last night. (○)
저는 어젯밤 늦게까지 일했어요.

(E) I've already booked a venue. (×)
이미 장소를 예약했어요.

(F) Actually, I couldn't attend it. (○)
사실 콘서트에 못 갔어요.

(G) I'm looking forward to seeing you. (×)
만나 뵙기를 고대하고 있습니다.

토익 감잡기
본책 p. 42

Step 1

1. (B) **2.** (A) **3.** (B) **4.** (C) **5.** (A)

1. How many plants will be delivered?
(A) Fifty dollars each.
(B) At least five.
(C) It will take two more days.

나무 몇 그루가 배송될까요?
(A) 그루당 50달러입니다.
(B) **최소 5그루요.**
(C) 이틀 더 걸릴 예정입니다.

2. Which department does Lisa work in?
(A) She's in customer service.
(B) Either is fine.
(C) The department store is across the street.

리사는 어느 부서에서 일합니까?
(A) **고객 서비스부에 있어요.**
(B) 어느 쪽이든 좋습니다.
(C) 백화점은 길 건너편에 있습니다.

3. Why didn't you apply for the position?
(A) Your résumé was impressive.
(B) I found a job in Boston.
(C) I had the same idea.

그 일자리에 왜 지원하지 않았습니까?
(A) 귀하의 이력서는 인상적이었습니다.
(B) **보스턴에 일자리를 구했어요.**
(C) 저도 같은 생각을 했어요.

4. How do you get to work every day?
(A) A few times a day.
(B) I go to work at 9 A.M.
(C) I take the bus and transfer once.

매일 어떻게 출근하세요?
(A) 하루에 몇 번이요.
(B) 오전 9시에 출근합니다.
(C) **버스를 타고 한 번 환승합니다.**

5. What is causing the shipping delay?
(A) Let me call the delivery company again.
(B) Sorry, I have other plans.
(C) Shipping is free.

무엇 때문에 배송이 지연되나요?
(A) **배송업체에 다시 전화해 볼게요.**
(B) 죄송합니다만, 저는 다른 계획이 있어요.
(C) 배송은 무료입니다.

Step 2

1. (B) **2.** (C) **3.** (C) **4.** (B) **5.** (B) **6.** (A)

1. How often do we update our Web site?
(A) For about a year.
(B) Usually every quarter.
(C) Click on the link.

우리 웹사이트는 얼마나 자주 업데이트합니까?
(A) 약 1년 동안요.
(B) **대개 분기마다 합니다.**
(C) 링크를 클릭하세요.

해설 How (often) 의문문
(A) 다른 의문사 How (long) 응답 오류.
(B) 정답. [빈도] 표현 '분기마다'로 답변.
(C) 연상 어휘 오답. Web site(웹사이트) → link(링크)

어휘 quarter 4분의 1, 분기

2. Why is the restaurant so crowded today?
(A) Due to bad weather.
(B) No, I didn't try that soup.
(C) They're hosting a big event.

오늘 식당이 왜 이렇게 붐비는 거죠?

(A) 날씨가 좋지 않아서요.

(B) 아니요, 저는 그 수프를 먹어보지 않았어요.

(C) 큰 행사를 개최하고 있거든요.

해설　Why 의문문

(A) 연상 어휘 오답. why(왜) → due to(~ 때문에)

(B) Yes/No 답변 불가 오답.

(C) 정답. 'Because'를 생략한 답변.

어휘　crowded 붐비는　host 주최하다

---

3. What is the fastest way to get into the city?

(A) It's just outside the city.

(B) No, driving is faster.

(C) You should take the subway.

도심으로 가는 가장 빠른 방법은 무엇입니까?

(A) 시 바로 외곽에 있습니다.

(B) 아니요, 운전하는 게 더 빨라요.

(C) 지하철을 타야 해요.

해설　What (... way) 의문문

(A) 반복 어휘 오답. city(도시)

(B) Yes/No 답변 불가 오답.

(C) 정답. [교통 수단]을 묻는 질문에 '지하철'로 답변.

---

4. Which applicant did you hire for the job?

(A) At least two meters high.

(B) I'm still considering.

(C) How much are they?

그 직책에 어떤 지원자를 채용했나요?

(A) 높이가 최소 2미터입니다.

(B) 아직 생각 중입니다.

(C) 얼마죠?

해설　Which (applicant) 의문문

(A) 유사 발음 어휘 오답. hire(고용하다) → high(높이)

(B) 정답. '아직 생각 중'이라는 우회적인 답변.

(C) 무관한 답변.

어휘　applicant 지원자　at least 적어도

---

5. Why did the marketing team send that memo?

(A) To the Eastern Market.

(B) Oh, I haven't checked it yet.

(C) Because she missed her bus.

마케팅팀은 왜 그 회람을 보냈습니까?

(A) 이스턴 마켓으로요.

(B) 아, 아직 확인하지 못했어요.

(C) 왜냐하면 그녀가 버스를 놓쳤거든요.

해설　Why 의문문

(A) 유사 발음 어휘 오답. marketing(마케팅) → market(시장)

(B) 정답. '아직 확인하지 못했다'는 우회적인 답변.

(C) 인칭대명사 사용 오류. team(팀) → she(그녀)

---

6. How do you like the new brochures?

(A) They are better than I expected.

(B) Yes, I'll replace it soon.

(C) Use the new design program.

새 안내책자는 어때요?

(A) 기대했던 것보다 더 좋습니다.

(B) 네, 제가 곧 교체할게요.

(C) 새 디자인 프로그램을 사용하세요.

해설　How (do you like) 의문문

(A) 정답. [의견]을 나타내는 표현 '더 좋다'로 답변.

(B) Yes/No 답변 불가 오답.

(C) 반복 어휘 오답. new(새로운)

어휘　brochure 안내책자　replace 교체하다

토익 실전 감각 익히기　　　본책 p. 44

1. (C)	**2.** (C)	**3.** (B)	**4.** (B)	**5.** (B)
6. (B)	**7.** (B)	**8.** (A)	**9.** (C)	**10.** (B)
11. (B)	**12.** (A)	**13.** (C)	**14.** (C)	**15.** (C)
16. (C)	**17.** (B)	**18.** (B)	**19.** (A)	**20.** (B)

---

1. How soon can you complete the report?

(A) Two days ago.

(B) As soon as you can.

(C) I'm almost done with it.

보고서를 언제쯤 완료할 수 있습니까?

(A) 이틀 전에요.

(B) 가능한 한 빨리 해주세요.

(C) 거의 끝냈습니다.

해설　How (soon) 의문문

(A) 다른 의문사 When 응답 오류.

(B) 인칭대명사의 사용 오류. you로 묻고 you로 답변.

(C) 정답. '거의 끝냈다'는 우회적인 답변.

어휘　complete 완료하다, 끝마치다　almost 거의

---

2. What's the local time in Tokyo now?

(A) Take a train—it's faster.

(B) We don't have enough time.

(C) It's just past 9 P.M. there.

16

지금 도쿄는 현지 시간으로 몇 시입니까?
(A) 기차를 타세요. 그게 더 빠릅니다.
(B) 우리는 시간이 충분치 않아요.
(C) 거기는 오후 9시를 막 지났어요.

해설 What (... time) 의문문
(A) 연상 어휘 오답. time(시간) → faster(더 빠른)
(B) 반복 어휘 오답. time(시간)
(C) 정답. [시간] 표현 '9시'로 답변.

어휘 local 현지의 past ~를 지나서

3. Why was the flight from Shanghai delayed?
(A) He missed his flight.
(B) Because of bad weather.
(C) I'll arrive there this evening.

상하이에서 오는 항공편이 왜 지연됐습니까?
(A) 그는 비행기를 놓쳤어요.
(B) 악천후 때문에요.
(C) 저는 오늘 저녁에 거기 도착할 예정입니다.

해설 Why 의문문
(A) 인칭대명사 사용 오류. the flight(항공편) → He(그)
(B) 정답. [이유] 표현 '악천후 때문'으로 답변.
(C) 연상 어휘 오답. Shanghai(상하이) → there(거기)

어휘 be delayed 지연되다 miss 놓치다

4. How often does the express train run?
(A) From platform two.
(B) Every hour on the hour.
(C) Twenty dollars for adults.

급행 열차는 얼마나 자주 운행합니까?
(A) 2번 플랫폼에서요.
(B) 매시 정각마다요.
(C) 성인은 20달러입니다.

해설 How (often) 의문문
(A) 다른 의문사 Where 응답 오류.
(B) 정답. [빈도] 표현 '매시 정각마다'로 답변.
(C) 다른 의문사 How (much) 응답 오류.

어휘 express train 급행열차 every hour on the hour 매시
정각

5. Which hotel are you staying at?
(A) In room 201.
(B) The Radler Hotel.
(C) I'd like to include breakfast.

어떤 호텔에 숙박하고 있나요?
(A) 201호실이에요.
(B) 래들러 호텔이요.
(C) 조식을 포함하고 싶습니다.

해설 Which (hotel) 의문문
(A) 연상 어휘 오답. hotel(호텔) → room(방)
(B) 정답. 호텔명으로 답변.
(C) 연상 어휘 오답. hotel(호텔) → breakfast(조식)

어휘 stay 머무르다 include 포함하다

6. What kind of laptop do you have?
(A) The prices went up.
(B) Actually, I'm using a tablet computer.
(C) Are you taking it to the meeting?

어떤 종류의 노트북을 갖고 계세요?
(A) 가격이 올랐어요.
(B) 사실 전 태블릿 컴퓨터를 사용해요.
(C) 회의에 가져갈 예정인가요?

해설 What (kind of laptop) 의문문
(A) 연상 어휘 오답. laptop(노트북) → prices(가격)
(B) 정답. '태블릿 컴퓨터를 사용 중'이라는 우회적인 답변.
(C) 무관한 답변.

어휘 laptop 노트북 컴퓨터 actually 사실, 실제로

7. Why are you trying to sell your apartment?
(A) Don't you move in December?
(B) I'll transfer to the Seoul office soon.
(C) To book a room.

아파트를 왜 팔려고 하시죠?
(A) 12월에 이사하시는 것 아닌가요?
(B) 곧 서울 지사로 옮길 예정입니다.
(C) 방을 예약하려고요.

해설 Why 의문문
(A) 연상 어휘 오답. apartment(아파트) → move(이사하다)
(B) 정답. [이유] 표현 '서울 지사로 옮길 예정'으로 답변.
(C) 연상 어휘 오답. apartment(아파트) → room (방)

어휘 transfer 옮기다, 전근 가다 book 예약하다

8. How did you hear about the merger?
(A) I read about it in the newspaper.
(B) Everyone should attend it.
(C) We haven't heard any complaints.

합병에 대해 어떻게 들으셨죠?
(A) 신문에서 읽었습니다.
(B) 모두가 참석해야 합니다.
(C) 불만 사항을 전혀 듣지 못했어요.

해설 How 의문문
(A) 정답. 정보의 [출처]를 묻는 질문에 '신문에서'로 답변.
(B) 무관한 답변.
(C) 반복 어휘 오답. hear(듣다) → heard(hear의 과거형)

어휘 merger 합병 attend 참석하다 complaint 불평, 불만

9. What topics will our workshop cover?
(A) To release new products.
(B) That's good to know.
(C) I'm afraid it's been canceled.

우리 워크숍에서 어떤 주제를 다룰 예정인가요?
(A) 새 제품을 출시하기 위해서요.
(B) 알아 두면 좋습니다.
(C) 워크숍이 취소된 것 같아요.

해설 **What (topic) 의문문**
(A) 다른 의문사 Why 응답 오류.
(B) 무관한 답변.
(C) 정답. '취소되었다'는 우회적인 답변.

어휘 **cover** 다루다, 포함시키다 **release** 공개하다, 발표하다

10. Why is the heater making noise?
(A) Some household appliances.
(B) Is it bothering you?
(C) It's a bit cold out there.

난방기에서 왜 소음이 나는 겁니까?
(A) 일부 가전제품이요.
(B) 거슬리나요?
(C) 바깥은 조금 추워요.

해설 **Why 의문문**
(A) 연상 어휘 오답. heater(난방기) → appliances(가전 기기)
(B) 정답. '거슬리냐'는 역질문 응답.
(C) 연상 어휘 오답. heater(난방기) → cold(추운)

어휘 **make noise** 소음을 내다 **household appliance** 가전제품 **bother** 신경 쓰이게 하다

11. Which entrance should we meet at?
(A) A board meeting next Monday.
(B) The nearest one to the hotel.
(C) Let's meet at noon.

어느 입구에서 만나야 하죠?
(A) 다음 주 월요일 이사요.
(B) 호텔에서 가장 가까운 입구에서요.
(C) 정오에 만납시다.

해설 **Which (entrance) 의문문**
(A) 유사 발음 어휘 오답. meet(만나다) → meeting(회의)
(B) 정답. '호텔에서 가장 가까운 입구'로 응답.
(C) 반복 어휘 오답. meet(만나다)

어휘 **entrance** 입구 **board meeting** 이사회

12. How long did Lawrence's speech last?
(A) About 40 minutes.
(B) No, she was the first speaker.
(C) It was very informative.

로렌스의 연설은 얼마나 걸렸나요?
(A) 약 40분이요.
(B) 아니요, 그녀가 첫 번째 연사였어요.
(C) 매우 유익했습니다.

해설 **How (long) 의문문**
(A) 정답. [기간] 표현 '40분'으로 답변.
(B) Yes/No 답변 불가 오답.
(C) 연상 어휘 오답. speech(연설) → informative(유익한)

어휘 **last** 계속되다 **speaker** 연사 **informative** 유익한 정보를 주는, 유익한

13. What did you think of Mr. Donald's job application?
(A) No, let me check.
(B) Fill out this application form.
(C) It was quite impressive.

도널드 씨의 입사 지원서는 어떠셨습니까?
(A) 아니요, 확인할게요.
(B) 이 지원서를 작성하세요.
(C) 꽤 인상적이었습니다.

해설 **What (did you think of) 의문문**
(A) Yes/No 답변 불가 오답.
(B) 반복 어휘 오답. application(지원)
(C) 정답. [의견] 표현 '인상적이었다'고 응답.

어휘 **job application (form)** 입사 지원서 **fill out** 작성하다, 기입하다 **impressive** 인상적인

14. Why didn't Matt attend the meeting this morning?
(A) When is the lunch break?
(B) Attendance was a bit low.
(C) He's on a business trip this week.

매트는 왜 오늘 아침 회의에 참석하지 않았나요?
(A) 점심 시간은 언제입니까?
(B) 참석률이 좀 낮았어요.
(C) 그는 이번 주에 출장 중입니다.

해설 **Why 의문문**
(A) 무관한 답변.
(B) 파생어 오답. attend(참석하다) → attendance(참석률)
(C) 정답. [이유] 표현 '출장 중'으로 답변.

어휘 **attend** 참석하다 **break** 쉬는 시간 **attendance** 참석률 **business trip** 출장

15. How much will it cost to replace this part?
(A) For five hours.
(B) By installing the new software.
(C) It's free of charge.

이 부품을 교체하는 데 비용이 얼마나 들까요?
(A) 5시간 동안이요.
(B) 새 소프트웨어를 설치해서요.
(C) 무료입니다.

해설 How (much) 의문문
(A) 의문사 How long 응답 오류.
(B) 의문사 How 응답 오류.
(C) 정답. [가격] 표현 '무료'로 답변.

어휘 cost 비용이 들다 replace 교체하다 part 부품 install
설치하다 free of charge 무료로

16. What shift do you prefer to work?
(A) Next Tuesday works for me.
(B) My preference is the blue.
(C) I like the mornings.

어떤 근무 시간대에 일하고 싶습니까?
(A) 저는 다음 주 화요일이 괜찮습니다.
(B) 저는 파란색을 선호합니다.
(C) 오전 시간대가 좋습니다.

해설 What (shift) 의문문
(A) 다의어 오답. work ❶ 일하다 ❷ 잘 되어 가다
(B) 파생어 오답. prefer(선호하다) → preference(선호)
(C) 정답. '오전 시간대'로 답변.

어휘 shift 교대 근무 (시간) prefer 선호하다 preference 선호

17. How are sales going this quarter?
(A) They're selling at the lowest prices.
(B) They've dropped recently.
(C) He wasn't able to make his sales quota.

이번 분기 매출은 어떻게 되어 갑니까?
(A) 최저가에 판매되고 있습니다.
(B) 최근에 하락했습니다.
(C) 그는 자신의 매출 할당량을 채우지 못했어요.

해설 How (are ... going) 의문문
(A) 연상 어휘 오답. sales(매출) → sell(팔다)
(B) 정답. [진행 상황] 표현 '최근 하락했다'고 답변.
(C) 반복 어휘 오답. sales(매출)

어휘 lowest price 최저가 drop 떨어지다 recently 최근
quota 할당량

18. Why did you move the cabinet to the corner?
(A) Because I'm behind schedule.
(B) To make room for a new table.
(C) Just around the corner.

캐비닛을 왜 구석으로 옮겼습니까?
(A) 제가 일정상 뒤처져 있으니까요.
(B) 새 탁자 놓을 공간을 마련하려고요.
(C) 모퉁이를 돌면 돼요.

해설 Why 의문문
(A) 일정상 뒤처졌다는 [이유]로 무관한 답변.
(B) 정답. [목적] 표현 '공간을 마련하기 위하여'로 답변.
(C) 반복 어휘 오답. corner(모퉁이)

어휘 behind schedule 일정보다 늦은 make room for ~을
위해 공간을 마련하다 just around the corner (모퉁이만 돌면
될 정도로) 매우 가까이에

19. What needs to be done before the opening
ceremony?
(A) Let's draw up a checklist.
(B) It's open to the public.
(C) In late October.

개업식 전에 무엇을 해야 합니까?
(A) 점검표를 작성해 봅시다.
(B) 대중에게 개방되어 있습니다.
(C) 10월 말에요.

해설 What 의문문
(A) 정답. [제안] 표현 '점검표를 작성해 보자'로 답변.
(B) 유사 발음 어휘 오답. opening(개막식) → open(개방하다)
(C) 다른 의문사 when 응답 오류.

어휘 opening ceremony 개업식 draw up 만들다, 작성하다
the public 대중

20. How many people are on vacation this week?
(A) I went to the Philippines.
(B) Most of the department is gone.
(C) Sorry, we have no vacancies.

이번 주에 몇 명이 휴가 중이죠?
(A) 저는 필리핀에 갔습니다.
(B) 부서원 대다수가 휴가를 떠났어요.
(C) 죄송하지만, 저희는 공석이 없습니다.

해설 How (many) 의문문
(A) 연상 어휘 오답. vacation(휴가) → the Philippines(필리핀)
(B) 정답. '부서원 대다수'로 답변.
(C) 유사 발음 어휘 오답. vacation(휴가) → vacancies(공석)

어휘 be on vacation 휴가 중이다 vacancy 공석, 결원

Unit ⑤ 일반의문문, 간접의문문, 선택의문문

Check Up 본책 p. 47

(A) ○ (B) × (C) ○ (D) × (E) × (F) × (G) ○

Q. Will the new model be released this month?
이번 달에 새 모델이 출시될까요?

(A) I hope so. (○)
그랬으면 좋겠네요.

(B) We didn't hire anyone yet. (×)
우리는 아직 아무도 채용하지 않았어요.

(C) It hasn't been decided yet. (○)
아직 결정되지 않았습니다.

(D) That sounds like a good idea. (×)
좋은 생각인 것 같아요.

(E) I hope the launch goes well, too. (×)
출시도 잘 진행됐으면 합니다.

(F) Sales figures have been updated. (×)
매출액이 업데이트됐어요.

(G) Absolutely, we're right on schedule. (○)
물론입니다, 일정대로 진행 중입니다.

Check Up 본책 p. 49

(A) × (B) ○ (C) × (D) × (E) ○ (F) ○ (G) ×

Q. Could you tell me where my seat is?
제 자리가 어디인지 알려 주시겠습니까?

(A) They're sold out. (×)
모두 판매되었습니다.

(B) Yes, of course. (○)
네, 물론이죠.

(C) I left it at home. (×)
집에 두고 왔어요.

(D) He's in seat 25-B. (×)
그는 25-B석에 앉아요.

(E) Sure, let's see your ticket. (○)
물론입니다, 표를 확인할게요.

(F) It's in the middle of the third row. (○)
세 번째 줄 가운데입니다.

(G) The theater can seat two hundred people. (×)
그 극장은 200명을 수용할 수 있습니다.

Check Up 본책 p. 51

(A) ○ (B) × (C) ○ (D) ○ (E) × (F) × (G) ○

Q. Should I make copies of the article or e-mail it to everyone?
기사를 복사해야 할까요, 아니면 모두에게 이메일로 보내야 할까요?

(A) Either is fine. (○)
어느 쪽이든 괜찮습니다.

(B) The deadline has passed. (×)
마감 기한이 지났습니다.

(C) Not everyone needs a copy. (○)
모두가 복사본을 필요로 하지는 않아요.

(D) Can you just share the link? (○)
링크만 공유해 주실 수 있나요?

(E) There was an e-mail update. (×)
이메일 업데이트가 있었습니다.

(F) I sent it by overnight mail. (×)
빠른우편으로 보냈습니다.

(G) Can I take a look at it before you make copies? (○)
복사하시기 전에 한 번 볼 수 있을까요?

토익 감잡기 본책 p. 52

Step 1

1. (C) **2.** (A) **3.** (B) **4.** (C) **5.** (A)

1. Are you going to the company picnic next week?
(A) It's a perfect day for an outing.
(B) They're bringing their lunch.
(C) Why? Aren't you going?

다음 주 회사 야유회에 가실 건가요?
(A) 야유회 가기에 아주 좋은 날입니다.
(B) 그들은 점심을 가져올 거예요.
(C) 왜요? 안 가실 거예요?

2. Would you rather have Italian or French?
(A) Italian sounds great.
(B) At the restaurant.
(C) No, I've never been to Europe.

이탈리아 요리를 드실래요, 아니면 프랑스 요리를 드실래요?
(A) 이탈리아 요리가 좋겠어요.
(B) 식당에서요.
(C) 아니요, 저는 유럽에 가 본 적이 없어요.

3. Do you know <u>how to</u> get to the train station?

(A) He could train my team.

(B) Sorry, I'm new around here.

(C) It'll take two or three hours.

기차역에 가는 방법을 아세요?

(A) 그는 우리 팀을 훈련시킬 수 있을 겁니다.

(B) 죄송하지만, 저도 여기가 처음이에요.

(C) 두세 시간 걸릴 겁니다.

4. Has Robert <u>spoken</u> to you about our <u>meeting</u>?

(A) Any time after two.

(B) I have a meeting tomorrow.

(C) Yes, he told me a moment ago.

로버트가 우리 회의에 대해 이야기했나요?

(A) 2시 이후 아무 때나요.

(B) 저는 내일 회의가 있어요.

(C) 네, 방금 제게 말해 줬어요.

5. Are you <u>ready</u> to order, or do you <u>need</u> more time?

(A) We'll be ready in a couple of minutes.

(B) He just canceled his order.

(C) We'll need more space.

주문할 준비가 되셨나요, 아니면 시간이 좀 더 필요하세요?

(A) 몇 분 후에 주문할 겁니다.

(B) 그는 방금 주문을 취소했어요.

(C) 공간이 좀 더 필요합니다.

Step 2

| 1. (B) | 2. (B) | 3. (B) | 4. (A) | 5. (C) | 6. (B) |

1. Did you <u>send</u> the <u>invoices</u> to the vendors yet?

(A) In the top <u>drawer</u>.

(B) I'm <u>about</u> to do that now.

(C) <u>Send</u> it to her later.

판매 업체들에게 벌써 송장을 보냈습니까?

(A) 맨 위 서랍에요.

(B) 지금 막 보내려던 참입니다.

(C) 그것을 나중에 그녀에게 보내세요.

해설　일반의문문

(A) 무관한 답변.

(B) 정답. '송장을 보냈냐'는 질문에 '지금 하겠다'고 답변.

(C) 반복 어휘 오답. send(보내다)

어휘　invoice 송장　vendor 판매 업체　top drawer 맨 위 서랍

2. Should we <u>leave</u> now, or can we <u>wait</u> a bit?

(A) I <u>live</u> with my family.

(B) We still have <u>enough</u> <u>time</u>.

(C) <u>Leave</u> the door open, please.

지금 출발해야 합니까, 아니면 조금 기다려도 됩니까?

(A) 저는 가족과 함께 삽니다.

(B) 아직 시간이 충분해요.

(C) 문을 열어 두세요.

해설　선택의문문

(A) 유사 발음 어휘 오답. leave(떠나다) → live(살다)

(B) 정답. [A or B] 중에 B를 선택.

(C) 다의어 오답. leave ❶ 떠나다 ❷ ~하게 내버려 두다

어휘　a bit 약간, 조금　enough 충분한

3. Do you know <u>who</u> will be <u>transferred</u> to the Tokyo branch?

(A) Mr. Sato <u>approved</u> it.

(B) I <u>heard</u> it's Jason.

(C) <u>Starting</u> May the first.

누가 도쿄 지점으로 전근 가는지 아세요?

(A) 사토 씨가 승인했습니다.

(B) 제이슨이라고 들었어요.

(C) 5월 1일부터요.

해설　간접의문문(who)

(A) 연상 어휘 오답. transfer(전근 가다) → approve(승인하다)

(B) 정답. [사람 이름]으로 답변.

(C) 다른 의문사 When이나 How (soon) 응답 오류.

어휘　transfer 전근 가다　approve 승인하다　starting ~부터

4. Have all the new computers been <u>installed</u>?

(A) I'll check with the <u>technician</u>.

(B) No, it's an old <u>software</u> program.

(C) He may be in the <u>computer</u> <u>room</u>.

새 컴퓨터가 모두 설치됐나요?

(A) 기술자에게 확인해 볼게요.

(B) 아니요, 그건 이전 소프트웨어 프로그램입니다.

(C) 그는 아마 컴퓨터실에 있을 겁니다.

해설　일반의문문

(A) 정답. '확인해 보겠다'는 우회적인 답변.

(B) 연상 어휘 오답. new(새로운) → old(이전의)

(C) 반복 어휘 오답. computer(컴퓨터)

어휘　install 설치하다　technician 기술자

5. Do you think <u>there</u> <u>are</u> any foods our clients can't eat?

(A) The <u>chef</u> did a great job.

(B) Oh, you can <u>order</u> <u>more</u> if you want.

(C) I'm <u>not</u> <u>sure</u>, but some may be vegetarians.

고객이 드시지 못하는 음식이 있을까요?

(A) 주방장이 아주 잘했어요.

(B) 아, 원하시면 더 주문해도 좋습니다.

(C) 확실하지는 않지만, 일부 고객이 채식주의자일지도 몰라요.

해설 간접의문문

(A) 연상 어휘 오답. foods(음식) → chef(주방장)

(B) 연상 어휘 오답. foods(음식) → order(주문하다)

(C) 정답. '고객이 먹지 못하는 음식이 있냐'는 질문에 '일부 고객이 채식자의자일지도'라고 답변.

어휘 chef 주방장 vegetarian 채식주의자

6. Should we pay in cash or with a credit card?

(A) We get paid every Friday.

(B) Well, there's a discount for cash purchases.

(C) Can I have your business card?

현금으로 지불해야 합니까, 아니면 신용카드로 지불해야 합니까?

(A) 우리는 매주 금요일 급여를 받습니다.

(B) 음, 현금 구매 시 할인이 됩니다.

(C) 명함을 주실 수 있나요?

해설 선택의문문

(A) 반복 어휘 오답. pay(지불하다) → paid(pay의 과거분사)

(B) 정답. [A or B] 중에 A를 권장하는 답변.

(C) 유사 발음 어휘 오답. credit card(신용카드) → business card(명함)

어휘 purchase 구매; 구매하다

토익 실전 감각 익히기   본책 p. 54

1. (B)	**2.** (B)	**3.** (A)	**4.** (B)	**5.** (B)
6. (A)	**7.** (B)	**8.** (B)	**9.** (A)	**10.** (B)
11. (B)	**12.** (A)	**13.** (C)	**14.** (B)	**15.** (B)
16. (A)	**17.** (A)	**18.** (C)	**19.** (C)	**20.** (C)

1. Are they going to move to a new office?

(A) It was a good movie.

(B) Yes, next week.

(C) We're planning to hire more staff.

그들은 새 사무실로 이전할 예정인가요?

(A) 훌륭한 영화였어요.

(B) 네, 다음 주에요.

(C) 저희는 직원을 더 채용할 계획입니다.

해설 일반의문문

(A) 유사 발음 어휘 오답. move(이전하다) → movie(영화)

(B) 정답. '사무실을 이전하냐'는 질문에 '네, 다음 주'라고 답변.

(C) 연상 어휘 오답. new office(새 사무실) → more staff(더 많은 직원)

어휘 hire 고용하다, 채용하다 staff 직원

2. Can you tell me how to get to the bus terminal?

(A) The bus leaves in a few minutes.

(B) You'd better take a taxi.

(C) It takes about 15 minutes.

버스 터미널까지 가는 방법을 알려주실 수 있나요?

(A) 버스는 몇 분 후 출발합니다.

(B) 택시를 타는 편이 좋겠어요.

(C) 15분 정도 걸립니다.

해설 간접의문문(how)

(A) 반복 어휘 오답. bus(버스)

(B) 정답. 버스 터미널에 가는 [방법]을 묻는 질문에 '택시'를 추천하는 답변.

(C) 의문사 how (long) 응답 오류.

어휘 leave 출발하다 had better ~하는 편이 좋다

3. Shall I put the notes on your desk, or send them by e-mail?

(A) Just put them on my desk, thanks.

(B) He said it was last week.

(C) I took notes at the meeting.

메모를 책상에 둘까요, 아니면 이메일로 보낼까요?

(A) 책상에 두세요, 감사합니다.

(B) 그가 지난주라고 말했어요.

(C) 제가 회의에서 메모를 했습니다.

해설 선택의문문

(A) 정답. [A or B] 중에 A를 선택.

(B) 무관한 답변.

(C) 반복 어휘 오답. notes(메모)

어휘 take notes 메모하다

4. Can we hire more staff this summer?

(A) I'll call the client after the staff meeting.

(B) Our budget has been cut.

(C) It's higher than expected.

올 여름에 직원을 더 채용할 수 있을까요?

(A) 직원 회의 후에 제가 고객에게 전화하겠습니다.

(B) 우리 예산이 삭감됐어요.

(C) 예상했던 것보다 높습니다.

해설 일반의문문

(A) 반복 어휘 오답. staff(직원) → staff meeting(직원 회의)

(B) 정답. '직원을 더 채용할 수 있냐'는 질문에 '예산이 삭감되어' 어렵다는 답변.

(C) 유사 발음 어휘 오답. hire(고용하다) → higher(더 높은)

어휘 budget 예산 expect 기대하다, 예상하다

5. Did you try that new café down the street?

(A) Yes, he said he's available.

(B) I don't think it's open yet.

(C) I didn't try the new version.

길 아래쪽에 새로 생긴 카페에 가 보셨나요?

(A) 네, 그가 시간이 된다고 했어요.

(B) **아직 열지 않은 것 같은데요.**

(C) 새로운 버전은 써 보지 않았어요.

해설 일반의문문

(A) 인칭대명사 사용 오류. you(당신) → he(그).

(B) 정답. '새로 생긴 카페에 가 봤냐'는 질문에 '그 카페가 아직 열지 않았다'는 답변.

(C) 반복 어휘 오답. try(시도하다)

어휘 available 시간이 되는   yet 아직

6. Should we replace the carpet or get it cleaned?

(A) It's in terrible condition.

(B) I'm waiting for my bus.

(C) We need more cleaners.

카펫을 교체해야 할까요, 아니면 청소해야 할까요?

(A) **카펫 상태가 몹시 나빠요.**

(B) 저는 버스를 기다리고 있어요.

(C) 청소부가 더 필요해요.

해설 선택의문문

(A) 정답. [A or B] 중에서 A를 선택.

(B) 무관한 답변. '카펫'에 대한 질문에 '버스를 기다린다'는 답변.

(C) 파생어 오답. clean(청소하다) → cleaner(청소부)

어휘 replace 교체하다   terrible 끔찍한   wait for ~을 기다리다

7. Has John worked as a project manager before?

(A) I'm working on it now.

(B) Sure, he oversaw the West End project.

(C) He'll get a raise next month.

존은 예전에 프로젝트 매니저로 일한 적이 있습니까?

(A) 제가 지금 작업 중입니다.

(B) **네, 그는 웨스트 엔드 프로젝트를 감독했습니다.**

(C) 그는 다음 달에 급여가 인상될 겁니다.

해설 일반의문문

(A) 반복 어휘 오답. work(일하다)

(B) 정답. 매니저로 일한 경험을 묻는 질문에 '프로젝트를 감독했었다'는 답변.

(C) 연상 어휘 오답. before(전에) → next month(다음 달)

어휘 oversee 감독하다   get a raise 급여가 오르다

8. Did you hear that Karen is leaving the company?

(A) No, that report is due next month.

(B) Yes, we'll all miss her a lot.

(C) Thank you for the gift.

캐런이 회사를 떠난다는 소식을 들었나요?

(A) 아니요, 그 보고서 기한은 다음 달입니다.

(B) **네, 우리 모두 그녀가 많이 보고 싶을 겁니다.**

(C) 선물 고맙습니다.

해설 일반의문문

(A) 유사 발음 어휘 오답. Did you(했었나요) → due(~하기로 예정된)

(B) 정답. 긍정 표현과 함께 '보고 싶을 거다'라는 답변.

(C) 무관한 답변.

어휘 leave 떠나다   due ~하기로 예정된   miss 그리워하다

9. Was the vice president at yesterday's meeting?

(A) I didn't see her there.

(B) Then let's change it to Thursday.

(C) No, she forgot to bring it.

어제 회의에 부회장님이 참석했습니까?

(A) **회의에서 못 봤어요.**

(B) 그럼 목요일로 변경합시다.

(C) 아니요, 그녀는 가져오는 걸 잊어버렸어요.

해설 일반의문문

(A) 정답. '부회장님이 어제 회의에 참석했냐'는 질문에 '못 봤다'는 답변.

(B) 연상 어휘 오답. meeting(회의) → change it(변경하다)

(C) 무관한 답변.

어휘 vice president 부회장   forget 잊다

10. Should I fill in the time sheet before or after lunch?

(A) That's a really short time.

(B) How long do you think it'll take?

(C) To launch a new product.

근무 시간 기록표는 점심 시간 전에 작성해야 하나요, 아니면 후에 작성해야 하나요?

(A) 무척 짧은 시간입니다.

(B) **얼마나 걸릴 것 같아요?**

(C) 신제품을 출시하기 위해서요.

해설 선택의문문

(A) 반복 어휘 오답. time(시간)

(B) 정답. '근무 시간 기록표 작성 시점'을 묻는 질문에 '시간이 얼마 걸리냐'는 역질문 응답.

(C) 유사 발음 어휘 오답. lunch(점심) → launch(출시하다)

어휘 fill in 작성하다   time sheet 근무 시간 기록표   launch 출시하다, 시작하다

11. Do you know if we can use free Wi-Fi in the lounge?
(A) Yes, I'll renew it right away.
(B) No, I haven't checked.
(C) It's very useful.

라운지에서 무료 와이파이를 사용할 수 있는지 아시나요?
(A) 네, 제가 바로 갱신하겠습니다.
(B) 아니요, 확인해 보지 않았어요.
(C) 매우 유용해요.

해설 간접의문문
(A) 유사 발음 어휘 오답. know (알다) → renew(갱신하다)
(B) 정답. '아직 확인하지 않았다'는 우회적인 답변.
(C) 파생어 오답. use(사용하다) → useful(유용한)

어휘 renew 갱신하다, 연장하다 right away 즉각, 곧바로 useful 유용한

12. Have you been to the French restaurant across the street?
(A) I'm going there for dinner today.
(B) It takes about 20 minutes.
(C) Next to the supermarket.

길 건너편 프랑스 식당에 가 본 적이 있습니까?
(A) 오늘 저녁에 식사하러 가요.
(B) 20분 가량 걸립니다.
(C) 슈퍼마켓 옆이요.

해설 일반의문문
(A) 정답. '프랑스 식당에 가 본 적이 있냐'는 질문에 '오늘 저녁에 간다'라는 답변.
(B) 의문사 How (long) 응답 오류.
(C) 무관한 답변.

어휘 have been to ~에 가 본 적이 있다 across ~ 건너편에

13. Do you want to join me for lunch?
(A) I don't know the exact date.
(B) We joined a sports club.
(C) I brought a sandwich today.

저와 함께 점심 식사 하실래요?
(A) 정확한 날짜는 모릅니다.
(B) 우리는 스포츠 동호회에 가입했어요.
(C) 오늘은 샌드위치를 가져왔어요.

해설 일반의문문
(A) 무관한 답변.
(B) 다의어 오답. join ❶ 함께하다 ❷ 가입하다
(C) 정답. '점심 식사를 함께하자'는 제안에 '샌드위치를 가져왔다'는 부정적인 답변.

어휘 exact 정확한 bring 가져오다

14. Can you make sure the sales figures are right?
(A) Actually, they're on the left.
(B) I've double checked.
(C) I'm sure they'll increase.

매출액이 맞는지 확인해 주실 수 있나요?
(A) 사실 왼편에 있습니다.
(B) 재확인했어요.
(C) 분명 오를 겁니다.

해설 일반의문문
(A) 연상 어휘 오답. right(맞는, 오른쪽의) → left(왼쪽의)
(B) 정답. '매출액 확인' 요청에 '재확인했다'는 답변.
(C) 연상 어휘 오답. sales figures(매출액) → increase(증가하다)

어휘 make sure 확실히 하다, 확인하다 sales figures 매출액 double check 재확인하다 increase 증가하다, 오르다

15. Did you leave the budget report on my desk?
(A) He left his job.
(B) Yes, I put it in your inbox.
(C) I'm looking for a table.

제 책상에 예산 보고서를 두었습니까?
(A) 그는 일을 그만뒀어요.
(B) 네, 미결 서류함에 넣었습니다.
(C) 저는 탁자를 찾고 있어요.

해설 일반의문문
(A) 다의어 오답. leave ❶ 두다 ❷ 그만두다
(B) 정답. '예산 보고서를 책상에 두었냐'는 질문에 '서류함에 넣었다'는 답변.
(C) 유사 어휘 오답. desk(책상) → table(탁자)

어휘 budget 예산 inbox 미결 서류함 look for ~을 찾다

16. Will you take time off this week or next week?
(A) I'm taking a day off tomorrow.
(B) I work on a part-time basis.
(C) On the weekends.

이번 주에 휴가를 쓸 건가요, 아니면 다음 주에 쓸 건가요?
(A) 내일 하루 휴가를 씁니다.
(B) 저는 시간제로 일해요.
(C) 주말마다요.

해설 선택의문문
(A) 정답. [A or B] 중에 A를 선택.
(B) 반복 어휘 오답. time(시간) → part-time(시간제)
(C) 유사 발음 어휘 오답. week(주) → weekend(주말)

어휘 take time off 휴가를 내다 on a part-time basis 시간제 방식으로

17. Do you know who I should call about the broken chair?

(A) The maintenance department.

(B) Please have a seat.

(C) No, it is not working.

부서진 의자에 관해 누구에게 전화해야 하는지 아세요?

(A) 유지 보수 부서요.

(B) 앉으세요.

(C) 아니요, 작동하지 않습니다.

해설 간접의문문(who)

(A) 정답. '부서'명 '유지 보수 부서'로 답변.

(B) 연상 어휘 오답. chair(의자) → seat(좌석)

(C) 연상 어휘 오답. broken(고장 난) → not working(작동하지 않는)

어휘 broken 부서진, 고장 난 maintenance 유지 보수
have a seat 앉다

18. Will we have a question-and-answer session later?

(A) All training sessions are free.

(B) Thank you for answering my questions.

(C) Sure, but it'll be just a few minutes.

나중에 질의응답 시간이 있나요?

(A) 모든 교육 시간은 무료입니다.

(B) 제 질문에 답해 주셔서 감사합니다.

(C) 네, 하지만 몇 분 밖에 안 될 거예요.

해설 일반의문문

(A) 반복 어휘 오답. session(시간)

(B) 다의어 오답. answer ❶ 답변 ❷ 답변하다

(C) 정답. '질의응답 시간이 있냐는' 질문에 '몇 분 밖에 없다'는 답변.

어휘 question-and-answer session 질의응답 시간 later
나중에 free 무료의

19. Will you start the new project immediately?

(A) A bit earlier next time.

(B) He's away on business.

(C) No, I'll take some time off before I start.

새 프로젝트를 바로 시작하실 건가요?

(A) 다음에는 좀 더 일찍이요.

(B) 그는 출장 중입니다.

(C) 아니요, 시작하기 전에 휴가를 좀 낼 겁니다.

해설 일반의문문

(A) 무관한 답변.

(B) 인칭 오류 답변. you(2인칭) → He(3인칭)

(C) 정답. '새 프로젝트를 바로 시작하냐'는 질문에 '시작 전에 휴가를 낼 것'이라는 답변.

어휘 immediately 즉시

20. Do you think we're spending too much on advertising?

(A) It was pretty expensive.

(B) We'll send it to you by tomorrow.

(C) No, we have a bigger budget this year.

우리가 광고에 비용을 너무 많이 쓴다고 생각하세요?

(A) 꽤 비쌌어요.

(B) 내일까지 보내 드리겠습니다.

(C) 아니요, 올해는 예산이 더 많아요.

해설 간접의문문

(A) 연상 어휘 오답. spend(소비하다) → expensive(비싼)

(B) 유사 발음 어휘 오답. spend(소비하다) → send(보내다)

(C) 정답. '광고에 비용을 너무 많이 쓰는 것'에 대한 의견을 묻는 질문에 '아니다, 올해는 예산이 더 많다'는 답변.

어휘 spend 쓰다, 소비하다 advertising 광고 budget 예산

Unit 6 부정/부가의문문, 청유/제안문, 평서문

Check Up   본책 p. 57

(A) ○ (B) × (C) ○ (D) × (E) ○ (F) × (G) ○

Q. You gave a presentation at the last conference, didn't you?
지난 회의 때 발표를 하셨죠, 그렇죠?

(A) Yes, on Friday. (○)
네, 금요일에요.

(B) Why? Has it been delayed? (×)
왜요? 연기됐나요?

(C) Actually, Dr. Thompson did. (○)
사실 톰슨 박사님이 하셨어요.

(D) I'll give it to you right away. (×)
제가 지금 바로 드릴게요.

(E) No, I think it was Mr. Garcia. (○)
아니요, 가르시아 씨였던 것 같아요.

(F) Sorry, I can't attend the conference. (×)
죄송하지만, 저는 회의에 참석할 수 없습니다.

(G) Yes, but this time Eileen will do it. (○)
네, 하지만 이번에는 에일린이 할 거예요.

Check Up   본책 p. 59

(A) ○ (B) × (C) × (D) ○ (E) × (F) ○ (G) ○

Q. Would you like me to send out the invitations?
제가 이 초대장을 발송해 드릴까요?

(A) Yes, that'd be helpful. (○)
네, 그렇게 해 주시면 도움이 될 거예요.

(B) It's very kind of him. (×)
그는 매우 친절하군요.

(C) Sure, I'd be happy to. (×)
네, 기꺼이 그렇게 할게요.

(D) Thanks, I'd appreciate that. (○)
감사합니다.

(E) Let's have a party for him. (×)
그를 위해 파티를 합시다.

(F) Yes, please send them by express. (○)
네, 특급 우편으로 보내 주세요.

(G) Leave it to me. I can handle that. (○)
제가 할게요. 제가 처리할 수 있어요.

Check Up   본책 p. 61

(A) ○   (B) ○   (C) ○   (D) ×   (E) ○   (F) ×   (G) ×

Q. Our sales for this quarter are higher than before.
이번 분기 매출액이 이전보다 높아졌어요.

(A) That's good news. (○)
좋은 소식이군요.

(B) Yes, we should be proud. (○)
네, 자랑스러워 해야 해요.

(C) I just received the report. (○)
방금 보고서를 받았습니다.

(D) They did well in the competition. (×)
그들이 경쟁 상황에서 잘 해 줬어요.

(E) Can I look at the results again? (○)
결과를 다시 볼 수 있을까요?

(F) The spring sales start tomorrow. (×)
봄맞이 세일은 내일 시작됩니다.

(G) He was promoted to sales manager. (×)
그는 영업 관리자로 승진했어요.

토익 감잡기   본책 p. 62

Step 1

| 1. (C) | 2. (B) | 3. (B) | 4. (A) | 5. (A) |

1. Should I make a <u>reservation</u> in advance?
(A) Yes, it's working fine now.
(B) She had a dentist appointment.
(C) No, you don't have to.

미리 예약해야 합니까?
(A) 네, 잘 되어 가고 있어요.
(B) 그녀는 치과 예약이 있었어요.
(C) 아니요, 그럴 필요 없습니다.

2. Ms. Rogan worked in <u>marketing</u>, didn't she?
(A) From a local market.
(B) Let's check her résumé.
(C) No, I'm an accountant.

로건 씨는 마케팅 쪽에서 일했죠, 그렇죠?
(A) 현지 시장으로부터요.
(B) 이력서를 확인해 봅시다.
(C) 아니요, 저는 회계사입니다.

3. I can't get the <u>system</u> to <u>work</u>.
(A) The maintenance team suggested it.
(B) Let me call the technician.
(C) Not until after lunch.

시스템을 작동시킬 수가 없어요.
(A) 유지 보수팀이 그걸 제안했어요.
(B) 제가 기술자에게 전화할게요.
(C) 점심 시간 지나서요.

4. Would you mind if we <u>held</u> this meeting <u>outside</u>?
(A) Not at all. I could use some fresh air.
(B) I put it next to the window.
(C) That meeting was held last week.

이 회의를 야외에서 해도 될까요?
(A) 좋습니다. 신선한 공기를 마실 수 있으니까요.
(B) 창문 옆에 두었어요.
(C) 그 회의는 지난주에 열렸어요.

5. Isn't the CEO going to <u>visit us</u> tomorrow?
(A) Yes, we should clean up our workstation.
(B) We'll receive payment this week.
(C) I'm going to visit our client soon.

CEO가 내일 우리를 방문할 예정 아닌가요?
(A) 네, 작업 공간을 말끔히 청소해야 해요.
(B) 이번 주에 급여를 받을 겁니다.
(C) 저는 곧 고객을 방문할 예정입니다.

Step 2

1. That was the <u>last</u> <u>shipment</u>, wasn't it?
(A) It was <u>shipped</u> last week.
(B) No, there's one <u>more</u> to process.
(C) At the <u>airport</u>.

그게 마지막 수송품이었죠, 그렇죠?
(A) 그것은 지난주에 배송됐습니다.
(B) 아니요, 처리할 수송품이 하나 더 있어요.
(C) 공항에서요.

해설 부가의문문
(A) 파생어 오답. shipment(수송품) → ship(배송하다)
(B) 정답. '하나가 더 있다'는 답변.
(C) 의문사 Where 응답 오류.

어휘 shipment 수송품 ship 배송하다, 선적하다 process 처리하다; 과정

2. Why don't you try the <u>new</u> <u>software</u>?
(A) I already <u>did</u>.
(B) It <u>came</u> <u>out</u> on the 26th.
(C) It was <u>too</u> <u>soft</u> for me.

새 소프트웨어를 써 보시지 그래요?
(A) 이미 써 봤어요.
(B) 26일에 출시됐어요.
(C) 저에게는 너무 부드러웠어요.

해설 제안문
(A) 정답. '이미 써 봤다'는 답변.
(B) 연상 어휘 오답. new software(새 소프트웨어) → came out (출시되었다)
(C) 유사 발음 어휘 오답. software(소프트웨어) → soft(부드러운)

어휘 come out 출시되다 soft 부드러운

3. I missed my <u>flight</u> to London.
(A) I've <u>been</u> <u>there</u> before.
(B) It was a long <u>flight</u>.
(C) Can you catch the <u>next</u> <u>plane</u>?

런던행 비행기를 놓쳤어요.
(A) 전에 거기 가 본 적이 있어요.
(B) 긴 비행이었어요.
(C) 다음 비행기를 탈 수 있나요?

해설 평서문
(A) 연상 어휘 오답. London(런던) → there(거기)
(B) 다의어 오답. flight ❶ 항공편 ❷ 비행
(C) 정답. 역질문으로 표현한 응답.

어휘 miss 놓치다, 그리워하다 flight 항공편, 비행

4. Could you please <u>turn on</u> the heater?
(A) <u>Sure</u>, it's pretty <u>cold</u> in here.
(B) No, I think it's <u>someone</u> else.
(C) Make a <u>left</u> <u>turn</u> at the theater.

난방기를 켜 주시겠어요?
(A) 물론입니다. 여기는 꽤 춥네요.
(B) 아니요, 다른 사람인 것 같아요.
(C) 극장에서 좌회전하세요.

해설 요청문
(A) 정답. '난방기를 켜 주겠냐'는 요청에 '물론입니다'라는 긍정적인 답변.
(B) 무관한 답변.
(C) 다의어 오답. turn ❶ 돌다 ❷ 회전

어휘 turn on 켜다 pretty 상당히, 꽤

5. <u>Weren't</u> you at the <u>meeting</u> this morning?
(A) In the <u>afternoon</u>.
(B) She <u>walked</u> <u>in</u> at around 10:15.
(C) No, I had an <u>appointment</u> with a client.

오늘 오전 회의에 참석하지 않으셨나요?
(A) 오후에요.
(B) 그녀는 10시 15분 경에 들어왔어요.
(C) 아니요, 저는 고객과 약속이 있었어요.

해설 부정의문문
(A) 연상 어휘 오답. morning(오전) → afternoon(오후)
(B) 인칭대명사 사용 오류. you(당신) → she(그녀)
(C) 정답. 부정의 답변과 함께 '고객과 약속이 있어서' 참석하지 못했다는 응답.

6. There's an <u>opening</u> for a research assistant.
(A) It's <u>open</u> to the public.
(B) You should <u>apply</u> <u>for</u> it.
(C) She <u>works</u> in human resources.

연구 보조원 공석이 있습니다.
(A) 대중에게 공개되어 있어요.
(B) 지원해 보세요.
(C) 그녀는 인사부에서 일합니다.

해설 평서문
(A) 유사 발음 어휘 오답. opening(공석) → open(개방된)
(B) 정답. 공석에 '지원해 보라'는 답변.
(C) 연상 어휘 오답. opening(공석) → human resources(인사부)

어휘 assistant 조수 be open to ~에게 공개되다 the public 대중 apply for ~에 지원하다 human resources 인사부

1. (A)	**2.** (B)	**3.** (C)	**4.** (A)	**5.** (C)
6. (C)	**7.** (B)	**8.** (A)	**9.** (C)	**10.** (B)
11. (C)	**12.** (A)	**13.** (B)	**14.** (C)	**15.** (A)
16. (B)	**17.** (B)	**18.** (A)	**19.** (A)	**20.** (C)

1. I'm tired from working so much overtime.

(A) Maybe you need a day off.
(B) She's working overtime.
(C) When is Mr. Kim's retirement party?

일을 너무 많이 해서 피곤해요.

(A) **하루 쉬셔야 할 것 같네요.**
(B) 그녀는 초과 근무를 하고 있어요.
(C) 김 씨의 은퇴 기념식은 언제입니까?

해설 평서문
(A) 정답. '피곤하다'는 표현에 '휴가'를 추천하는 답변.
(B) 반복 어휘 오답. overtime(초과 시간)
(C) 유사 발음 어휘 오답. tired(피곤한) → retirement(은퇴)

어휘 work overtime 초과 근무를 하다   retirement 은퇴, 퇴직

2. Ms. Miller isn't in her office, is she?

(A) This is Ms. Miller's office.
(B) I'm afraid she just left.
(C) Yes, she's an officer.

밀러 씨는 사무실에 없죠, 그렇죠?

(A) 이곳이 밀러 씨 사무실입니다.
(B) **방금 나가신 것 같습니다.**
(C) 네, 그녀는 경찰입니다.

해설 부가의문문
(A) 반복 어휘 오답. Ms. Miller(밀러 씨), office(사무실)
(B) 정답. 방금 나가서 없다는 답변.
(C) 파생어 오답. office(사무실) → officer(경찰)

어휘 leave 떠나다   officer 경찰, 장교

3. Why don't we go on an outing this weekend?

(A) They met at the park on Saturday.
(B) It was really fun.
(C) That's a great idea.

이번 주말에 야유회를 가면 어때요?

(A) 그들은 토요일에 공원에서 만났어요.
(B) 무척 재미있었어요.
(C) **좋은 생각이군요.**

해설 제안문
(A) 인칭대명사 사용 오류. we(우리) → They(그들)
(B) 시제 오류. this weekend(미래 시간) → was(과거 시제)
(C) 정답. [동의] 표현 '좋은 생각이네요'라는 답변.

어휘 outing 야유회

4. Jacob's birthday was last week, wasn't it?

(A) It was, but he didn't have a party.
(B) My birthday is next month.
(C) No, it's been postponed.

제이콥의 생일이 지난주였죠, 그렇죠?

(A) **맞아요, 하지만 파티를 열지는 않았어요.**
(B) 제 생일은 다음달입니다.
(C) 아니요. 연기됐어요.

해설 부가의문문
(A) 정답. '제이콥의 생일이 지난주였냐'는 질문에 '맞는데 파티는 열지 않았다'는 답변.
(B) 반복 어휘 오답. birthday(생일)
(C) 생일이 '연기되었다'는 것은 불가능한 답변.

어휘 postpone 연기하다, 미루다

5. I'd like you to review this report.

(A) I read all the reviews.
(B) It will be fixed by tomorrow.
(C) Sure, no problem.

이 보고서를 검토해 주셨으면 합니다.

(A) 저는 모든 평을 다 읽었어요.
(B) 내일까지 수리될 겁니다.
(C) **물론이죠, 알겠습니다.**

해설 요청문
(A) 다의어 오답. review ❶ 검토하다 ❷ 논평
(B) 무관한 답변.
(C) 정답. [요청]을 바라는 표현에 [수락]으로 답변.

어휘 review 검토하다; 논평   fix 수리하다

6. Do you mind if I turn down the volume?

(A) Yes, I can turn it up.
(B) Let me know if you change your mind.
(C) No, I don't. I also think it's loud.

볼륨을 줄여도 될까요?

(A) 네, 제가 볼륨을 높일 수 있어요.
(B) 마음이 바뀌면 알려 주세요.
(C) **그러세요. 저도 크다고 생각해요.**

해설 제안문
(A) 유사 발음 어휘 오답. turn down(줄이다) → turn up(높이다)
(B) 다의어 오답. mind ❶ 꺼리다 ❷ 생각
(C) 정답. [동의] 표현과 함께 공감을 나타내므로 정답.

어휘 turn down 줄이다   turn up 높이다   loud 소리가 큰, 시끄러운

7. That was a great trip, wasn't it?

(A) When is your vacation?

(B) Yes, it was very pleasant.

(C) He goes there about once a month.

멋진 여행이었어요, 그렇죠?

(A) 휴가가 언제죠?

(B) 네, 아주 즐거웠어요.

(C) 그는 한 달에 한 번 정도 거기에 갑니다.

해설　부가의문문

(A) 연상 어휘 오답. trip(여행) → vacation(휴가)

(B) 정답. '동의' 표현으로 응답.

(C) 인칭대명사 사용 오류. it(그것) → He(그)

어휘　pleasant 즐거운　once a month 한 달에 한 번

8. We're going to Sydney for our holidays.

(A) Have you been there before?

(B) Sorry, I can't join you for dinner.

(C) The prices were much cheaper.

우리는 휴가를 위해 시드니에 갈 예정입니다.

(A) 전에 가 본 적이 있어요?

(B) 죄송하지만, 저녁 식사는 같이 못할 것 같아요.

(C) 가격이 훨씬 저렴했어요.

해설　평서문

(A) 정답. '시드니에 갈 예정이다'는 표현에 '가 본 적 있냐'는 역질문.

(B) 무관한 답변.

(C) 연상 어휘 오답. holidays(휴가) → prices(가격)

어휘　have been to ~에 가 본 적이 있다

9. May I offer you a beverage?

(A) She accepted the offer.

(B) It's very cold out for March.

(C) Yes, that would be very nice.

음료를 드릴까요?

(A) 그녀가 제안을 수락했어요.

(B) 3월치고 꽤 춥네요.

(C) 네, 주시면 좋겠습니다.

해설　제안문

(A) 다의어 오답. offer ❶ 제공하다 ❷ 제안, 제의

(B) 연상 어휘 오답. beverage(음료수) → cold(추운)

(C) 정답. '수락'을 나타내는 답변.

어휘　offer 제공하다; 제안　beverage 음료　accept 수락하다

10. We still subscribe to that newsletter, don't we?

(A) A hundred subscribers.

(B) Yes, but we only get the online version.

(C) No, he's not an editor.

우리는 아직 그 소식지를 구독하고 있죠, 그렇죠?

(A) 100명의 구독자요.

(B) 네, 하지만 온라인 버전으로만 받고 있어요.

(C) 아니요, 그는 편집자가 아닙니다.

해설　부가의문문

(A) 파생어 오답. subscribe(구독하다) → subscriber(구독자)

(B) 정답. [세부 내용] '온라인 버전으로만 구독한다'로 답변.

(C) 인칭대명사 사용 오류. we(우리) → he(그)

어휘　subscribe 구독하다　newsletter 소식지　editor 편집자

11. My phone needs to be charged.

(A) They're selling better now.

(B) No, can I take a message?

(C) Here's the charger.

제 전화기를 충전해야 해요.

(A) 지금 더 잘 팔리고 있어요.

(B) 아니요, 메시지를 남기시겠어요?

(C) 여기 충전기가 있습니다.

해설　평서문

(A) 연상 어휘 오답. charge(충전하다) → battery(배터리)의 유사 발음 better(더 나은)

(B) 연상 어휘 오답. phone(전화기) → message(메시지)

(C) 정답. [문제점 제기]에 [해결책] 제시 응답.

어휘　charge 충전하다　charger 충전기

12. Would you like me to make you some coffee?

(A) Oh, I have my tea right here, thanks.

(B) She's made ten copies.

(C) I made a check list.

제가 커피를 좀 만들어 드릴까요?

(A) 아, 여기 제 차가 있어요, 감사합니다.

(B) 그녀는 10부를 복사했어요.

(C) 제가 점검표를 만들었어요.

해설　제안문

(A) 정답. 커피 [제안]에 '차가 있다'라고 답변.

(B) 연상 어휘 오답. coffee(커피) → copies(복사본)

(C) 반복 어휘 오답. make(만들다)

어휘　make a copy 복사하다　check list 점검표

13. Isn't it strange that our furniture hasn't arrived yet?

(A) Sure, I can give you a ride.

(B) Deliveries are delayed because of the holiday.

(C) At the end of the day.

가구가 아직 도착하지 않은 것이 이상하지 않나요?

(A) 물론이죠, 제가 태워드릴 수 있어요.

(B) 휴일이라서 배송이 지연되고 있어요.

(C) 하루가 끝날 무렵에요.

해설 **부정의문문**
(A) 유사 발음 어휘 오답. arrive(도착하다) → ride(탈 것)
(B) 정답. 배송 지연의 [이유]로 답변.
(C) 무관한 답변. 의문사 When이나 How soon에 어울리는 답변.

어휘 furniture 가구 give ~ a ride ~를 태워 주다 delivery 배송
be delayed 지연되다

14. They're building a new gym in this building.
(A) That exercise helped me, too.
(B) Usually I go there after work.
(C) When will it be finished?

그들은 이 건물에 새 체육관을 짓고 있어요.
(A) 그 운동은 저한테도 도움이 됐어요.
(B) 대개 퇴근 후에 그곳에 갑니다.
(C) 언제 마무리될까요?

해설 **평서문**
(A) 연상 어휘 오답. gym(체육관) → exercise(운동)
(B) 연상 어휘 오답. gym(체육관) → there(거기)
(C) 정답. '언제 마무리되는지'라는 역질문.

어휘 build 짓다, 건설하다 gym 체육관 exercise 운동
after work 퇴근 후에

15. Can I drive you to the client's office?
(A) That'd be great, thanks.
(B) I was out of the office.
(C) A driver's license.

고객 사무실에 태워 드릴까요?
(A) 좋습니다, 감사합니다.
(B) 저는 사무실에 없었어요.
(C) 운전면허증이요.

해설 **제안문**
(A) 정답. [감사] 표현으로 응답.
(B) 반복 어휘 오답. office(사무실)
(C) 파생어 오답. drive(운전하다) → driver(운전자)

어휘 driver's license 운전면허증

16. You're still interviewing applicants, aren't you?
(A) He's a strong candidate.
(B) Yes, but only until this Friday.
(C) I applied for it.

아직 지원자들의 면접을 보고 계시죠, 그렇죠?
(A) 그는 유력한 지원자입니다.
(B) 네, 이번 주 금요일까지만요.
(C) 저는 거기 지원했어요.

해설 **부가의문문**
(A) 인칭대명사 사용 오류. you(당신) → he(그)
(B) 정답. 긍정적인 답변과 [세부 내용] 추가.
(C) 파생어 오답. applicant(지원자) → apply(지원하다)

어휘 interview 면접을 보다 applicant 지원자 candidate
후보자, 지원자

17. Jeff is giving a speech on emerging markets.
(A) No, it's not urgent at all.
(B) That's not what I heard.
(C) The merger has been delayed.

제프가 신흥 시장에 관해 연설할 예정입니다.
(A) 아니요, 전혀 급하지 않습니다.
(B) 제가 들은 것과 다르네요.
(C) 합병이 연기됐어요.

해설 **평서문**
(A) 유사 발음 어휘 오답. emerging(신흥의) → urgent(급한)
(B) 정답. '들은 것과 다르다'는 [의견] 제시.
(C) 유사 발음 어휘 오답. emerging(신흥의) → merger(합병)

어휘 give a speech 연설하다 emerging market 신흥 시장
urgent 급한 merger 합병

18. Why don't we have a break?
(A) Good idea, I'm feeling a little hungry.
(B) I don't know when she broke it.
(C) There will be enough room.

잠시 쉬는 게 어때요?
(A) 좋은 생각이에요, 배가 좀 고프네요.
(B) 그녀가 언제 그걸 고장 냈는지는 모릅니다.
(C) 공간이 충분할 겁니다.

해설 **제안문**
(A) 정답. [의견 제시] 표현 '좋은 생각이다'라고 답변.
(B) 다의어 오답. break ❶ 휴식 ❷ 고장 내다
(C) 무관한 답변.

어휘 have a break 쉬다 room 공간

19. I still haven't received your report.
(A) I'll hand it in this afternoon.
(B) Try sending it again.
(C) No, they're going to do it tomorrow.

아직 당신의 보고서를 받지 못했어요.
(A) 오늘 오후에 제출하겠습니다.
(B) 다시 보내 보세요.
(C) 아니요, 그들은 내일 할 겁니다.

해설 **평서문**
(A) 정답. 해결책을 제시한 답변.
(B) 연상 어휘 오답. report(보고서) → send(보내다)
(C) 인칭대명사 사용 오류. I(나) → they(그들)

어휘 receive 받다 hand in 제출하다

20. The new computer system is running well, isn't it?

(A) Sure, I'll take care of it.

(B) I don't know how to run this machine.

(C) Yes, everyone seems satisfied.

새 컴퓨터 시스템은 동작이 잘 되죠, 그렇죠?

(A) 그럼요, 제가 처리할 겁니다.

(B) 이 기계의 작동법을 모르겠어요.

(C) 네, 모두가 만족하는 것 같아요.

해설 부가의문문

(A) 무관한 답변.

(B) 반복 어휘 오답. run(작동하다)

(C) 정답. [추가 정보] '모두 만족한다'를 제시한 답변.

어휘 run 작동하다, 동작하다 take care of ~을 처리하다
satisfied 만족한

Unit ⑦ 회사 생활

행사 본책 p. 66

정답 **1.** (A) **2.** (B) **3.** (B)
받아쓰기 (1) training manuals (2) need
(3) badges (4) get them

[1-3]

남 안녕하세요, 수잔. (1)신규 채용 오리엔테이션 교육 매뉴얼은 어떻게 진행되고 있어요?

여 아직 할 일이 많아요.

남 음, (2)저는 오늘 일을 끝냈어요. 뭐가 필요하신데요?

여 (3)경비실에 신입 사원의 명찰에 대해 확인해 주시겠어요?

남 물론이죠. (3)제가 바로 가서 가져올게요.

1. 화자들은 주로 무엇에 관해 이야기하고 있는가?

(A) 교육 자료 (B) 면접

2. 남자가 "저는 오늘 일을 끝냈어요."라고 말한 의도는 무엇인가?

(A) 퇴근하고 싶다. **(B) 도움을 주고 싶다.**

3. 남자는 다음에 무엇을 할 것인가?

(A) 직원들로부터 피드백 받기 **(B) 이름표 가져오기**

출장 본책 p. 67

정답 **1.** (A) **2.** (B) **3.** (A)
받아쓰기 (1) flight (2) convention (3) upgrade

[1-3]

여 안녕하세요, (1)방금 기계에서 비행기 탑승 수속을 하려고 했는데, 직원과 통화하라는 안내를 받았습니다.

남 네, 확인해 드리겠습니다. 고객님의 비행편이 초과 예약된 것 같군요.

여 (2)아, 저는 내일 아침 컨벤션 때문에 댈러스에 가야 해요.

남 실은 비즈니스석에 자리가 있습니다. (3)추가 비용 없이 업그레이드해 드리겠습니다.

1. 대화는 어디에서 이루어지는가?

(A) 공항 (B) 기내

2. 여자는 왜 댈러스에 갈 예정인가?

(A) 본사를 방문하기 위해 **(B) 회의에 참석하기 위해**

3. 남자는 무엇을 무료로 제공하는가?

(A) 항공편 업그레이드 (B) 매뉴얼 업그레이드

기타 사무실 대화 본책 p. 68

정답 **1.** (B) **2.** (B) **3.** (A)
받아쓰기 (1) print (2) call (3) half an hour

[1-3]

남 (1)헬렌, 내 컴퓨터에서 인쇄하는 데 문제가 있어요.

여 (2)IT 부서에 연락해서 그들이 볼 수 있도록 할까요?

남 그게 좋겠군요. (3)하지만 30분 후에 영업 회의가 있어서 이 안건을 바로 인쇄해야 해요. 당신 컴퓨터로 인쇄해도 될까요?

1. 남자는 어떤 문제를 언급하는가?

(A) 사용 가능한 프로젝터가 없다.

(B) 장비 한 대가 작동하지 않는다.

2. 여자는 무엇을 하겠다고 제안하는가?

(A) 문서 살펴보기 **(B) 다른 사무실에 연락하기**

3. 영업 회의는 언제 열리겠는가?

(A) 30분 후 (B) 1시간 후

Check Up 본책 p. 69

1. trip/travel 2. stop/drop
3. supplies 4. merger
5. banquet 6. reimbursed
7. commute 8. accommodations
9. celebrate 10. forward/send
11. appointment 12. coworker/colleague

Step 1

정답 1. (B) 2. (A) 3. (A) 4. (B)
받아쓰기 [1-2] (1) intern (2) set up (3) account
[3-4] (1) closing address (2) split

[1-2]

여 (1)저스틴, 오늘 오후에 새 인턴 사원이 출근할 겁니다.
남 알겠습니다. 제가 할 일이 있나요?
여 (2)일단 지금은 책상을 준비해 주시고, 그에게 사무실 안내를 해 주실 수 있나요?
남 그럼요. 지금 IT 부서에 연락해서 새 이메일 계정도 열겠습니다.

1. 화자들은 주로 무엇에 대해 이야기하고 있는가?
(A) 계획된 방문객 견학   **(B) 신입 사원 도착**

paraphrasing
a new intern coming to work ▶ a new employee's arrival (새 인턴 사원이 출근하다 → 신입 사원 도착)

2. 여자는 남자에게 무엇을 해 달라고 요청하는가?
(A) 새 책상 마련하기   (B) 예금 계좌 개설하기

paraphrasing
set up ▶ arrange (설치하다 → 준비하다)

[3-4]

남 다나, 다음 주에 시카고에서 열리는 IT 박람회에 가시죠, 그렇죠?
여 네, (3)화요일에 있을 박람회 폐회사에 참석하기로 되어 있어요.
남 아, 그래요? 저는 박람회가 끝나고 미니애폴리스로 가거든요. (4)그래서 우리가 시카고 오헤어 공항으로 가는 택시비를 나눠서 낼 수 있을 거라고 생각했어요.

3. IT 박람회는 무슨 요일에 끝나는가?
(A) 화요일   (B) 목요일

paraphrasing
closing address ▶ the IT fair end
(폐회사 → IT 박람회가 끝나다)

4. 남자는 무엇을 제안하는가?
(A) 좀 더 늦은 비행편 타기   **(B) 공항까지 택시 같이 타기**

paraphrasing
split the fare of a taxi ▶ share a taxi
(택시비를 나눠서 내다 → 택시를 같이 타다)

Step 2

정답 1. (A) 2. (B) 3. (C) 4. (C) 5. (B) 6. (C)
받아쓰기 [1-3] (1) our sales (2) nearby (3) order
(4) ahead of
[4-6] (1) down (2) appointment
(3) business card (4) get it

[1-3]

남 음, 데비. 좋은 소식이 있어요. (1)지난달 저희 판매량이 30퍼센트 증가했습니다.
여 와, 훌륭하네요. 다음 주 금요일에 우리의 성공을 축하하는 점심 식사 어때요?
남 그거 좋겠네요. (2)근처에 있는 파크사이드 그릴에 가 봅시다.
여 좋아요. (3)온라인으로 미리 식사를 주문할 수 있어요.

1. 화자들은 어떤 부서에서 일하겠는가?
(A) 영업부
(B) 회계부
(C) 인사부

해설 화자들의 근무 부서 [추론 문제]
❶ 초반부 'our ~'에 유의.
❷ Just last month, our sales increased by thirty percent. 에서 지난달 판매량에 대해 대화하고 있으므로 정답은 판매 관련 부서인 (A).

2. 남자는 점심 식사를 어디서 하자고 제안하는가?
(A) 도시 공원
(B) 인근 음식점
(C) 건물 내 푸드코트

해설 남자가 제안하는 점심 식사 장소
❶ 남자의 대화 중 제안문 'Let's ~'에 유의.
❷ Let's try the Parkside Grill nearby.에서 근처에 있는 파크사이드 그릴에 가자고 하므로 정답은 (B).

paraphrasing
the Parkside Grill nearby ▶ a neighboring restaurant
(근처에 있는 파크사이드 그릴 → 인근 음식점)

3. 여자에 따르면, 파크사이드 그릴에서 가능한 것은?
(A) 무료 배달
(B) 식권
(C) 사전 주문

해설 파크사이드 그릴에서 가능한 것
❶ 여자의 마지막 말에 유의.
❷ We can order our food online, ahead of time.에서 온라인으로 미리 식사를 주문할 수 있다고 하므로 정답은 (C).

paraphrasing
ahead of time ▶ advance (미리 → 사전의)

[4-6]

여 안녕하세요, 제레미. 컴퓨터가 작동하나요? ⁽⁴⁾인터넷이 안 되는 것 같은데요.

남 이미 IT 부서에 전화했는데 점심 시간 이후에나 올 수 있을 것 같아요.

여 아 이런, 타이밍이 좋지 않군요! ⁽⁵⁾밀즈 씨가 점심 약속에 대한 확답을 이메일로 알려주기로 했거든요.

남 ⁽⁶⁾제 책상에 밀즈 씨 명함이 있어요. 갖다 드릴게요.

4. 여자는 어떤 문제를 언급하는가?

(A) 비협조적인 직원

(B) 잘못된 주소

(C) 인터넷 접속 실패

해설 여자가 언급하는 문제점

❶ 여자의 대화 중 부정적인 표현에 유의.

❷ I think the Internet is down.에서 인터넷 접속이 안 된다고 하므로 정답은 (C).

paraphrasing

the Internet is down ▶ failure to Internet access
(인터넷이 다운되다 → 인터넷 접속 실패)

5. 여자가 염려하는 것은?

(A) 교통 체증을 피하는 것

(B) 약속을 지키지 못하는 것

(C) 점심 식사를 할 시간이 없는 것

해설 여자의 우려 사항

❶ 여자의 말 'what awful timing!' 이하 내용에 유의.

❷ Ms. Mills was supposed to confirm a lunch appointment via e-mail.에서 밀즈 씨가 점심 약속에 대한 확답을 이메일로 알려주기로 했기에 이메일 확인을 못하여 약속을 지키지 못할까봐 걱정하는 것이므로 정답은 (B).

6. 남자는 무엇을 하겠다고 말하는가?

(A) 고객과의 점심 식사 주선하기

(B) 여자의 컴퓨터 수리하기

(C) 여자에게 명함 전달하기

해설 남자의 다음 행동

❶ 남자의 마지막 말 'I have ~'에 유의.

❷ I have her business card at my desk. Let me get it for you.에서 책상에 밀즈 씨 명함이 있으니 가져다주겠다고 하므로 정답은 (C).

토익 실전 감각 익히기　　　본책 p. 72

1. (D)	**2.** (B)	**3.** (C)	**4.** (D)	**5.** (B)	**6.** (A)
7. (B)	**8.** (C)	**9.** (C)	**10.** (B)	**11.** (C)	**12.** (B)

[1-3]

M ⁽¹⁾Hana, will you be attending the staff dinner on Thursday evening?

W ⁽²⁾Well, I stay a little late on Thursdays to plan the weekly meetings, but I usually wrap everything up by 6:30. What time will it start?

M ⁽³⁾We're meeting at 7:30 at the Olive Garden in Sunnyvale Shopping Center.

W Great! ⁽³⁾That's close to my home, so it will be convenient.

남 ⁽¹⁾하나, 목요일 저녁 직원 회식에 참석하실 건가요?

여 ⁽²⁾음, 저는 목요일마다 주간 회의를 기획하느라 조금 늦게까지 일하지만 대개 6시 30분까지는 다 마치곤 해요. 몇 시에 회식을 시작하나요?

남 ⁽³⁾7시 30분에 서니베일 쇼핑센터에 있는 올리브 가든에서 만날 예정입니다.

여 좋아요! ⁽³⁾저희 집과 가까워서 편리하겠네요.

어휘 attend 참석하다　weekly 주간의　wrap up 끝마치다 convenient 편리한

1. 화자들은 무엇에 관해 이야기하는가?

(A) 조경 기술

(B) 이사회

(C) 통근

(D) 직원 야유회

해설 대화 주제

❶ 초반부 'will you be ~'에 유의.

❷ will you be attending the staff dinner ~'에서 직원 회식에 참석할 건지 묻고 있으므로 정답은 (D).

paraphrasing

staff dinner ▶ staff outing (직원 회식 → 직원 야유회)

어휘 gardening 조경　board meeting 이사회　commute 통근 outing 야유회, 여행

2. 여자는 목요일마다 보통 몇 시에 일을 마치는가?

(A) 6시

(B) 6시 30분

(C) 7시

(D) 7시 30분

해설 여자가 목요일에 업무를 마치는 시간

❶ 여자의 대화 중 목요일에 유의.

❷ I usually wrap everything up by 6:30.에서 대개 6시 30분까지는 다 마친다고 하므로 정답은 (B).

paraphrasing

wrap everything up ▶ finish work
(모든 것을 마무리하다 → 일을 마치다)

3. 여자는 어디에 사는가?

(A) 서니베일
(B) 사무실 근처
(C) 서니베일 쇼핑센터 근처
(D) 올리브 가든 아파트

해설 여자가 사는 곳

❶ 여자의 마지막 대화 중 'home'의 앞부분에 유의.

❷ We're meeting at 7:30 at the Olive Garden in Sunnyvale Shopping Center.에서 서니베일 쇼핑센터에 있는 올리브 가든에서 만날 예정이라는 남자의 말에 That's close to my home.이라고 하며 식사 장소가 본인의 집과 가깝다고 하므로 여자가 서니베일 쇼핑센터 근처에 산다는 것을 알 수 있다. 따라서 정답은 (C).

paraphrasing

be close to ▶ near (가깝다 → 가까운)

[4-6]

w Hi, Paul. Congratulations on your Employee of the Month Award.

m Oh, thanks.

w So, are you going on vacation, or to the IT convention next Thursday?

m ⁽⁴⁾Actually, I'll be traveling to the company's head office next Monday.

w Will you meet with the CEO?

m ⁽⁵⁾No, in fact he'll be attending another trade show. ⁽⁶⁾I'll be at headquarters to train our branch managers on using the new system.

여 안녕하세요, 폴. 이달의 직원상 수상을 축하해요.

남 아, 감사합니다.

여 그래서 휴가를 가시나요, 아니면 다음 주 목요일 IT 총회에 가시나요?

남 ⁽⁴⁾사실 다음 주 월요일에 본사에 갑니다.

여 CEO를 만나실 건가요?

남 ⁽⁵⁾아니요, 사실 그분은 다른 무역 박람회에 참석하실 예정이래요. ⁽⁶⁾저는 지점 관리자들에게 신규 시스템 사용에 관해 교육을 하기 위해 본사에 갑니다.

어휘 congratulation 축하 employee 직원 award 상 go on vacation 휴가 가다 convention 총회 actually 사실은(= in fact) head office 본사 (= headquarters) attend 참석하다 trade show 무역 박람회 branch 지점

4. 남자는 다음 주에 어디에 가는가?

(A) 시상식
(B) 휴양 리조트
(C) 지역 IT 총회
(D) 본사

해설 남자가 다음 주에 갈 곳

❶ 남자의 말 'I'll be traveling to ~ next Monday.'에 유의.

❷ I'll be traveling to the company's head office next Monday.에서 다음 주 월요일에 본사에 간다고 하므로 정답은 (D).

paraphrasing

head office ▶ main office, headquarters (본사)
next Monday ▶ next week (다음 주 월요일 → 다음 주)

어휘 awards ceremony 시상식 local 지역의, 현지의

5. 남자에 따르면, CEO는 다음 주에 무엇을 할 예정인가?

(A) 고객 방문하기
(B) 무역 박람회 참석하기
(C) 계약 체결하기
(D) 신입 사원 교육하기

해설 CEO가 다음 주에 할 일

❶ CEO 표현 다음에 이어지는 남자의 말 중에서 'he'll ~'에 유의.

❷ he'll be attending another trade show에서 다른 무역 박람회에 참석할 것이라고 하므로 정답은 (B).

어휘 be supposed to ~하기로 되어 있다, ~할 예정이다 sign a contract 계약을 체결하다 new hire 신입 사원

6. 남자는 누구를 만날 것이라고 말하는가?

(A) 지점 관리자들
(B) 회사 중역
(C) 중요한 고객들
(D) 시스템 개발자들

해설 남자가 만날 사람

❶ 남자의 말 'I'll be at headquarters to train ~'에 유의.

❷ I'll be at headquarters to train our branch managers ~에서 지점 관리자들에게 교육하려고 본사에 간다고 하므로 정답은 (A).

어휘 executive 중역, 이사 developer 개발자

[7-9]

w ⁽⁷⁾Todd, do you have enough temporary workers to handle your accounting project?

m No, we haven't contacted any temporary help agencies yet.

w ⁽⁸⁾Well, why don't you talk to Brian, the Human Resources Director? He might be of help. ⁽⁹⁾He's done lots of recruiting for short-term projects in the past.

m Oh really? Well, I'll check with him.

여 (7)토드, 회계 프로젝트를 처리할 비정규직 직원들이 충분한가요?

남 아니요, 비정규직 파견 업체에 아직 연락하지 않았습니다.

여 (8)음, 인사부장인 브라이언에게 이야기하시면 어때요? 도움이 될 겁니다. (9)그가 과거에 단기 프로젝트 관련 채용 건을 다수 진행했어요.

남 아 그래요? 제가 확인해 볼게요.

어휘 temporary worker 비정규직 근로자, 임시직 근로자 handle 처리하다, 다루다 accounting 회계 contact 연락하다 Human Resources 인사부, 인적 자원 be of help 도움이 되다 recruiting 채용 short-term 단기의

7. 화자들은 주로 무엇에 관해 이야기하고 있는가?

(A) 새로운 교육 프로그램
(B) 프로젝트 관련 직원 채용
(C) 제품 설명 결과
(D) 직원의 사직

해설 대화 주제

❶ 대화 초반부 'do you have ~'에 유의.

❷ Todd, do you have enough temporary workers to handle your accounting project?에서 회계 프로젝트를 처리할 비정규직 직원이 충분한지 직원 채용에 대해 이야기하므로 정답은 (B).

paraphrasing

temporary workers ▶ staff (비정규직 직원들 → 직원)

어휘 sales presentation 제품 설명 departure 떠남, 출발

8. 여자는 무엇을 제안하는가?

(A) 직원 추가 채용하기
(B) 마감 기한 연장하기
(C) 관리자와 협의하기
(D) 초과 근무 시간 짜기

해설 여자의 제안

❶ 여자의 대화 중 제안문 'why don't you ~'에 유의.

❷ why don't you talk to Brian, the Human Resources Director?에서 인사부장인 브라이언에게 이야기할 것을 제안하므로 정답은 (C).

paraphrasing

talk to ▶ consult with (이야기하다 → 상담하다)

어휘 hire 채용하다 extend 연장하다 consult with ~와 협의하다 arrange for ~을 준비하다, 계획을 짜다 director 책임자, 관리자

9. 여자가 "도움이 될 겁니다"라고 말한 의도는 무엇인가?

(A) 브라이언이 팀에 합류할 것이다.
(B) 브라이언은 사무실을 비울 것이다.
(C) 브라이언의 의견이 가치 있을 것이다.
(D) 브라이언이 곧 직원들을 채용할 것이다.

해설 여자가 도움이 될 거라고 말하는 의미 [의도 파악]

❶ 여자의 대화 중에서 He might be of help. 이하 내용에 유의.

❷ He's done lots of recruiting for short-term projects in the past.에서 과거에 단기 프로젝트 관련 채용 건을 다수 진행해서 도움을 줄 수 있냐고 말하므로 정답은 (C).

어휘 opinion 의견 valuable 귀중한, 가치 있는

[10-12]

이스트사이드 디자인 회의 7월 30일	
오후 1:10	피터 포지
오후 2:20	제이크 스티븐슨
(11)오후 3:30	유카 사타이마
오후 4:40	제레미 업튼

W I can't remember which speaker we were planning to listen to. (10)Do you have a copy of the conference schedule?

M Yes, I have it right here. (11)It's 2:30 now, and the speaker is giving the lecture at 3:30.

W Oh, no. (12)The traffic will be really bad, so we should hurry.

M Right. We should get there by 3:15 at the latest, so we can get good seats.

여 우리가 어떤 연사의 강연을 듣기로 했는지 기억이 안 나요. (10)회의 일정표를 갖고 계세요?

남 네, 여기 있어요. (11)지금 2시 30분인데 그 연사는 3시 30분에 강연을 하네요.

여 저런. (12)교통이 몹시 혼잡하니 서둘러야겠어요.

남 맞아요. 늦어도 3시 15분까지는 도착해야 좋은 자리를 잡을 수 있어요.

어휘 remember 기억하다 conference 회의 give a lecture 강연하다 at the latest 늦어도

10. 여자는 남자에게 무엇을 해 달라고 요청하는가?

(A) 남자의 신분증 보여 주기
(B) 여자에게 정보 알려 주기
(C) 여자에게 무엇인가를 사주기
(D) 회의 참석하기

해설 여자가 요청하는 것

❶ 여자의 말에서 요청문 'Do you have ~'에 유의.

❷ Do you have a copy of the conference schedule?에서 여자가 회의 일정표를 요청하므로 정답은 (B).

paraphrasing

a copy of the conference schedule ▶ information (회의 일정표 한 부 → 정보)

어휘 identification 신분 증명서

11. 도표에 따르면, 화자들은 누구의 강연을 들으려고 계획하는가?

(A) 피터 포지

(B) 제이크 스티븐슨

(C) 유카 사타이마

(D) 제레미 업튼

해설 화자들이 듣고자 하는 강연 [시각 정보 연계 문제]

❶ 'lecture'가 들어 있는 문장의 시간 표현에 유의.

❷ the speaker is giving the lecture at 3:30 그 연사는 3시 30분에 강연을 한다고 하고 일정표에서 3시 30분 강연자는 유카 사타이마이므로 정답은(C).

12. 여자는 무엇에 대해 우려하는가?

(A) 좌석

(B) 교통

(C) 시작 시간

(D) 겹치는 일정

해설 여자의 우려 사항

❶ 여자의 말 중에서 부정적 표현에 유의.

❷ The traffic will be really bad, so we should hurry.에서 교통이 몹시 혼잡하니 서둘러야 한다고 하므로 정답은 (B).

어휘 seating 좌석, 자리   scheduling conflict 겹치는 일정

Unit ⑧ 회사 업무

인사 　　　　　　　　　　　본책 p. 74

정답　　**1.** (A)　**2.** (B)　**3.** (A)

받아쓰기　(1) interns' (2) reviews (3) patients
　　　　　(4) dedication

[1-3]

여　(1)데이비드, 인턴들의 업무 평가는 어떻게 되어 가고 있나요? 저는 방금 마지막 몇 개를 끝냈어요.

남　저도 거의 다 끝났어요. 우리 팀의 인턴들이 1년 동안 정말 큰 향상을 보였다고 생각해요.

여　(2)그들은 환자들에게 매우 헌신적이었죠.

남　맞아요. (3)훌륭한 의사가 되기 위해서는 헌신이 가장 중요한 것이라고 생각해요.

1. 사람들은 무엇에 대해 이야기하는가?

(A) 직원 평가서 작성하기　　(B) 새로운 직책 광고하기

2. 화자들은 누구이겠는가?

(A) 신입 인턴 사원　　**(B) 병원 직원**

3. 남자는 무엇이 가장 중요한 것이라고 말하는가?

(A) 헌신　　　　　　(B) 인내

회의 / 업무 연락 　　　　　본책 p. 75

정답　　**1.** (B)　**2.** (B)　**3.** (A)

받아쓰기　(1) Catering (2) television (3) serve (4) food

[1-3]

여　(1)헤스티안 케이터링에 전화해 주셔서 감사합니다. 무엇을 도와 드릴까요?

남　안녕하세요. (1)(2)텔레비전에서 광고를 보았는데요, 다음 주 금요일 저녁에 있을 저희 회사 창립 50주년 기념일 저녁 식사를 위한 출장 연회 업체가 필요합니다. 초대 손님은 약 백여 분입니다.

여　문제 없습니다. 초대하신 분들에게 무엇을 대접하고 싶습니까?

남　(3)그리스와 터키 음식이 좋겠어요.

1. 화자들은 주로 무엇에 관해 이야기하고 있는가?

(A) 배송 서비스　　　　**(B) 케이터링 서비스**

2. 남자는 해당 서비스를 어떻게 알게 되었는가?

(A) 인터넷을 통해　　　**(B) TV 광고를 보고**

3. 여자는 무엇에 관해 질문하고 있는가?

(A) 선택 가능한 음식 종류　　(B) 손님 인원수

마케팅 / 영업 　　　　　　본책 p. 76

정답　　**1.** (B)　**2.** (A)　**3.** (A)

받아쓰기　(1) feedback (2) traffic (3) kind

[1-3]

남　안녕하세요, 피어슨 씨! (1)북부 공항으로 가는 저희 회사의 밴 수송 서비스에 대한 피드백을 받고 싶어서 전화 드렸습니다.

여　(2)교통 체증 때문에 조금 느리긴 했지만 전반적으로 기분 좋게 이용했습니다.

남　네. 저희 서비스에 얼마나 만족하셨나요?

여　(3)서비스를 여러 번 이용했는데, 기사들이 항상 친절하고 도움을 줍니다.

1. 남자가 전화를 건 목적은?

(A) 지연에 관해 사과하려고　　**(B) 피드백을 요청하려고**

2. 여자에 따르면, 지연이 발생한 이유는 무엇인가?

(A) 교통 상황　　　　(B) 기상 상황

3. 여자가 밴 수송 서비스에 대해 말한 것은?

(A) 기사들이 상냥하다.　　(B) 차량이 매우 크다.

Check Up

1. expand	2. distribute	3. feature
4. launch	5. proposal	6. promotion
7. supplier	8. complaints	9. relations
10. job openings	11. supervisor	12. position

토익 감잡기

Step 1

> 정답　**1.** (B)　**2.** (B)　**3.** (A)　**4.** (A)
> 받아쓰기　[1-2] (1) this plant (2) comfortable
> 　　　　　[3-4] (1) dental (2) on business

[1-2]

> 남　여기 탑클래식 바지 상자들을 보세요. (1)이 공장 생산직
> 　　근로자들은 분명 초과 근무를 할 겁니다.
> 여　맞아요. 여름 내내 바빴죠. TV 패션쇼 중 저희 홍보 덕분에
> 　　바지가 정말 인기 있었어요.
> 남　(2)이 바지는 훌륭해요. 부드럽고 편안하거든요. 거기에다 그리
> 　　비싸지도 않고요.

1. 화자들은 어디에 있겠는가?

(A) 매장　　　　　　　　　(B) **공장**

paraphrasing

plant ▶ factory (공장)

2. 남자가 탑클래식 바지에 대해 말한 것은?

(A) 값이 비싸다.　　　　　(B) **편안하다.**

[3-4]

> 남　안녕하세요, 다이애나. 오늘 늦게 있을 회의 건으로
> 　　전화했습니다. (3)급한 치과 진료를 받아야 해서 회의를 미뤄야
> 　　할 것 같습니다.
> 여　아, 알겠습니다. 사무실에는 언제 돌아오시나요?
> 남　오늘은 집에 있어야겠어요. 금요일에 회의해도 될까요?
> 여　(4)금요일에는 출장을 가 있을 거예요. 하지만 월요일은
> 　　괜찮습니다.

3. 남자가 회의를 연기한 이유는?

(A) **치과 예약이 있다.**　　　(B) 일을 마무리하지 못했다.

paraphrasing

dental work ▶ dental appointment (치과 진료 → 치과 예약)

어휘　postpone 미루다, 연기하다　appointment 약속, 예약

4. 여자는 금요일에 무엇을 할 예정인가?

(A) **출장 가기**　　　　　　(B) 남자와 만나기

paraphrasing

out of town on business ▶ go on a business trip
(출장 간 → 출장 가다)

어휘　business trip 출장

Step 2

> 정답　**1.** (A)　**2.** (B)　**3.** (C)　**4.** (B)　**5.** (A)　**6.** (B)
> 받아쓰기　[1-3] (1) photos (2) pamphlet
> 　　　　　　　　　(3) permission
> 　　　　　[4-6] (1) résumé (2) well-qualified
> 　　　　　　　　　(3) gets along with (4) call

[1-3]

> 남　(1)아니타, 저희 소책자에 새로 올릴 교환 학생들의 사진이
> 　　필요합니다.
> 여　(2)한 학생이 어제 행사에서 사진 몇 장을 보내 왔어요. 전달해
> 　　드릴까요?
> 남　좋아요. (3)하지만 책자에 게재하기 전에 꼭 그 학생의 허락을
> 　　구하도록 하세요.
> 여　물론이죠. 바로 사무실로 와 달라고 할게요.

1. 남자는 무엇을 준비하고 있는가?

(A) **안내책자**
(B) 상품평
(C) 학생 설문 조사

해설　남자가 준비 중인 것
❶ 남자의 말 'I need ~' 이하 내용에 유의.
❷ I need some photos of the exchange students to
　update our pamphlet.에서 소책자에 올릴 사진에 대해 말하고
　있으므로 정답은 (A).

paraphrasing

pamphlet ▶ brochure (소책자 → 안내책자)

2. 여자는 무엇을 제공할 것인가?

(A) 계약서
(B) **사진**
(C) 행사 일정

해설　여자가 제공할 것
❶ 여자의 말에서 언급된 명사 어휘에 유의.
❷ A student sent in some photos from an event
　yesterday. Shall I forward them to you?에서 여자가 학생
　으로부터 사진을 받아서 전달해 주겠다고 하므로 정답은 (B).

paraphrasing

photos ▶ photographs (사진)

3. 남자는 여자에게 무엇을 하라고 제안하는가?

(A) 사무실 바로 방문하기

(B) 학생들의 사진 촬영하기

(C) 학생에게 허락 구하기

해설 남자의 제안 사항

❶ 남자의 말 제안문 'make sure ~'에 유의.

❷ But make sure to ask for his or her permission before we publish the pamphlet.에서 책자에 게재하기 전에 꼭 허락을 구하라고 하므로 정답은 (C).

[4-6]

여1 안녕하세요, 레티샤. (4)기록 관리자 직책에 지원한 트랜 씨의 이력서를 봤습니다. 매우 적합한 분인 것 같군요.

여2 맞아요. 자격이 충분합니다. 불러서 개인 면접을 보도록 하죠.

남 (5)현재 일자리에서 다른 직원들과 어떻게 지내는지 궁금하네요.

여2 알겠습니다. (6)전화해서 면접 약속을 잡을게요.

4. 화자들은 주로 무엇에 관해 이야기하고 있는가?

(A) 문서 견본

(B) 가능성 있는 지원자

(C) 사무실 분위기

해설 대화 주제

❶ 초반부 'I saw ~'에 유의.

❷ I saw Ms. Tran's résumé .... , and she looks like a very good fit.에서 트랜 씨의 이력서를 봤고 매우 적합한 사람인 것 같다고 말하므로 정답은 (B).

paraphrasing

a very good fit ▶ A potential applicant (적합한 분 → 가능성 있는 지원자)

5. 남자가 트랜 씨에 대해 알고 싶어 하는 것은?

(A) 동료들과의 관계

(B) 학력

(C) 현재 급여

해설 남자가 트랜 씨에 대해 궁금한 점

❶ 남자의 말 'I wonder ~'에 유의.

❷ I wonder how she gets along with other staff members ~에서 다른 직원들과 어떻게 지내는지 궁금하다고 하므로 정답은 (A).

paraphrasing

other staff members ▶ colleagues (다른 직원들 → 동료들)

how she gets along ▶ relationship (어떻게 지내는지 → 관계)

6. 레티샤는 다음으로 무엇을 하겠는가?

(A) 관리자와 이야기하기

(B) 지원자에게 연락하기

(C) 관리자 만나기

해설 레티샤가 다음에 할 행동 [추론 문제]

❶ 여자의 말에서 'Let me ~'에 유의.

❷ Let me call her and set up an interview.에서 전화해서 면접 약속을 잡을 것이라고 하므로 정답은 (B).

paraphrasing

call ▶ contact (전화하다 → 연락하다)

토익 실전 감각 익히기 본책 p. 80

| 1. (D) | 2. (A) | 3. (C) | 4. (C) | 5. (A) | 6. (D) |
| 7. (C) | 8. (A) | 9. (A) | 10. (B) | 11. (C) | 12. (D) |

[1-3]

W Fred, I just got a call from Samson Industries, and (1)they said this month's payment has not been sent to their account.

M (2)Oh, the payment will be made by 3 p.m. this afternoon.

W That's good news. They are asking for payment by tomorrow.

M Don't worry. (3)We've always paid them on or before the payment deadline.

여 프레드, 방금 샘슨 인더스트리즈로부터 전화를 받았는데, (1)이번 달 지급 금액이 계좌로 들어오지 않았다고 합니다.

남 (2)아, 오늘 오후 3시까지 지급될 겁니다.

여 좋은 소식이군요. 그쪽에선 내일까지 지급해 달라고 요청하고 있거든요.

남 걱정 마세요. (3)항상 지급 기한에 맞게, 아니면 그보다 먼저 지급해 왔으니까요.

어휘 payment 지불, 지급 account 계좌 deadline 기한, 마감 시간

1. 여자는 어떤 문제를 언급하는가?

(A) 없어진 영수증

(B) 배송 오류

(C) 일정 충돌

(D) 미지불 대금

해설 여자가 언급하는 문제점

❶ 여자의 대화 중 부정적인 표현에 유의.

❷ this month's payment has not been sent to their account에서 이번 달 지급 금액이 계좌로 입금되지 않았다고 하므로 정답은 (D).

paraphrasing

has not been sent to their account → outstanding (계좌로 입금되지 않았다 → 미지불의)

어휘   missing 없어진   receipt 영수증   delivery 배송, 배달
scheduling conflict 일정 충돌, 겹치는 일정   outstanding
payment 미지불 대금

2. 남자는 언제까지 문제를 처리할 것인가?

(A) **당일 오후까지**
(B) 다음날까지
(C) 이틀 내로
(D) 1주일 후에

해설   남자의 문제 해결 시점

❶ 남자의 말에서 'by ~' 시간 표현에 유의.

❷ the payment will be made by 3 p.m. this afternoon에서
남자는 오늘 오후 3시까지 지급될 거라고 하므로 정답은 (A).

paraphrasing

by 3 p.m. this afternoon ▶ by that afternoon
(오늘 오후 3시까지 → 당일 오후까지)

어휘   address a problem 문제를 다루다, 처리하다

3. 남자가 자신의 회사에 대해 말한 것은?

(A) 소규모 회사이다.
(B) 최근 신입 직원을 채용했다.
(C) **항상 늦지 않게 대금을 지불한다.**
(D) 영업 시간을 늘렸다.

해설   남자가 회사에 대해 언급한 것

❶ 남자의 말 'We ~'에 유의.

❷ We've always paid them on or before the payment
deadline.에서 항상 지급 기한에 맞게, 또는 그보다 먼저 지급해
왔다고 하므로 정답은 (C).

paraphrasing

paid them on or before the payment deadline ▶ pays
on time (지급 기한에 맞게, 또는 그보다 먼저 지급했다 → 늦지 않게
대금을 지불한다)

어휘   recently 최근   hire 채용하다   on time 제때에, 늦지 않게
expand 확대하다   business hours 영업 시간

[4-6]

M1 Hi, Caroline. Are you busy at the
moment? There's someone that I'd like
you to meet.

W (4)No, I'm just running the new virus-
scan software.

M1 This is Samuel Colson. Sam, this is
Caroline Forge.

W Hi, Sam. I will be your mentor for the first
few months.

M2 It's a pleasure to meet you, Ms. Forge.

W (5)(6)Follow me, and I will introduce you to
the rest of our technical support team.

남1 안녕하세요, 캐롤라인. 지금 바쁘세요? 만나 주셔야 할 분이
있습니다.

여   아니요, (4)**새 바이러스 스캔 소프트웨어를 작동시키고
있었어요.**

남1 이쪽은 새뮤얼 콜슨 씨입니다. 샘, 이 쪽은 캐롤라인 포지입니다.

여   안녕하세요, 샘. 처음 몇 달 간 제가 멘토가 되어 드릴 겁니다.

남2 만나서 반갑습니다, 포지 씨.

여   (5)(6)**저를 따라오세요. 저희 기술 지원팀의 다른 팀원들에게
소개해 드릴게요.**

어휘   at the moment 바로 지금   pleasure 기쁨
introduce 소개하다   technical support 기술 지원

4. 여자는 현재 무엇을 하고 있었는가?

(A) 사업체 운영하기
(B) 복사하기
(C) **소프트웨어 프로그램 사용하기**
(D) 온라인 자료 검토하기

해설   여자가 현재 진행 중인 일

❶ 여자의 대화 중에서 'I'm just -ing ~'에 유의.

❷ I'm just running the new virus-scan software에서 새
바이러스 스캔 소프트웨어를 작동시키고 있는 중이라고 하므로
정답은 (C).

paraphrasing

run ▶ use (작동시키다 → 사용하다)

the new virus-scan software ▶ a software program
(새 바이러스 스캔 소프트웨어 → 소프트웨어 프로그램)

어휘   run a business 사업체를 운영하다   make a copy 복사하다
review 검토하다

5. 콜슨 씨는 누구이겠는가?

(A) **신입 팀원**
(B) 현 동료
(C) 동업자
(D) 고객

해설   콜슨 씨의 신분 [추론 문제]

❶ 콜슨 씨 이름 이후 내용에 유의.

❷ 여자가 I will introduce you to the rest of our technical
support team에서 다름 팀원들에게 소개를 해 주겠다고 하므로
정답은 (A).

어휘   current 현재의   business partner 동업자   client 고객

6. 화자들은 어떤 부서에서 일하겠는가?

(A) 유지 보수부
(B) 그래픽 디자인부
(C) 고객 서비스부
(D) **기술 지원부**

해설   화자들의 근무 부서 [추론 문제]

❶ 대화에서 부서명에 유의.

❷ I will introduce you to the rest of our technical support
team에서 기술 지원팀을 언급하였으므로 정답은 (D).

department ▶ team (부서 → 팀)

[7-9]

> w **(7)**Antonio, who do you think is going to get the promotion? Half of our team is under consideration.
>
> M Yes. It's a difficult choice amongst the six but I don't think you should worry. **(8)**I think that you're the most qualified.
>
> w **(9)**But, I've only been here for 3 years.
>
> M You handled more clients, and have a higher customer satisfaction rating.
>
> 여 **(7)**안토니오, 누가 승진될 것 같아요? 우리 팀 절반이 대상자예요.
>
> 남 네. 여섯 명 중 선택하기가 어렵기는 하지만 걱정하지 않아도 될 것 같아요. **(8)**당신이 가장 적격자니까요.
>
> 여 **(9)**하지만, 저는 여기 근무한 지 3년 밖에 안 됐어요.
>
> 남 더 많은 고객을 관리했고 고객 만족 평가가 더 좋잖아요.
>
> 어휘 promotion 승진 under consideration 고려 중인, 생각 중인 qualified 자격이 되는 handle 다루다 satisfaction 만족 rating 평가, 등급

7. 이들은 무엇에 대해 이야기하고 있는가?
(A) 시험 결과
(B) 예산 삭감
(C) 직장 내 승진
(D) 중요한 발표

해설 대화 주제
❶ 대화 첫 부분에 유의.
❷ who do you think is going to get the promotion?에서 승진에 대해 이야기하고 있음을 알 수 있으므로 정답은 (C).

어휘 budget 예산 presentation 발표

8. 남자가 "걱정하지 않아도 될 것 같아요"라고 말한 의도는 무엇인가?
(A) 여자가 승진할 만한 이유를 설명하기 위해
(B) 직원을 더 많이 채용하라고 제안하기 위해
(C) 조언을 구하기 위해
(D) 일자리에 관해 문의하기 위해

해설 남자가 상대방에게 당신이 적격자라고 말하는 의미 [의도 파악 문제]
❶ 'I don't think you should worry ~' 이하 내용에 유의.
❷ I think that you're the most qualified.에서 여자가 가장 적격자라고 말하는 것으로 여자가 승진이 가능한 이유를 설명하고자 하므로 정답은 (A)

paraphrasing

the most qualified ▶ deserve (가장 적격인 → ~을 받을 만하다)

어휘 explain 설명하다 deserve ~을 받을 만하다 suggest 제안하다 inquire 묻다, 질문하다

9. 여자는 이 회사에서 얼마나 오래 일했는가?
(A) 3년
(B) 4년
(C) 5년
(D) 6년

해설 여자의 근무 기간
❶ 여자의 말에서 'I've only been here ~'에 유의.
❷ I've only been here for 3 years에서 여기서 근무한 지 3년 밖에 안 됐다고 하므로 정답은 (A).

paraphrasing

have ~ been here ▶ has ~ worked for the company (여기 있은 지 → 이 회사에서 일한 지)

[10-12]

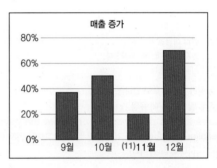

매출 증가

> M **(10)**Susan, could you help me go over the sales report this afternoon?
>
> w I looked it over last night and it seemed fine.
>
> M I'm afraid some numbers don't match up. **(11)**Can we discuss the month with the lowest percentage if you're available now?
>
> w Actually, I've got meetings all afternoon. **(12)**Could we take a look at it tomorrow morning?
>
> 남 **(10)**수잔, 오늘 오후 판매 보고서 검토를 도와주실 수 있나요?
>
> 여 제가 어젯밤에 검토했는데 괜찮아 보였어요.
>
> 남 일부 수치가 맞지 않는 것 같아요. **(11)**지금 시간이 되시면 백분율이 가장 낮은 달에 대해 이야기할 수 있을까요?
>
> 여 사실 저는 오후 내내 회의가 있어요. **(12)**내일 오전에 봐도 괜찮을까요?
>
> 어휘 go over 검토하다 sales report 판매 보고서 match up 일치하다 available 시간이 되는 actually 실은

10. 남자는 여자가 무엇을 하기를 원하는가?

(A) 특징 설명하기

(B) 문서 검토하기

(C) 면접 약속 잡기

(D) 9월에 휴가 가기

해설 남자의 요청 사항

❶ 남자의 말에서 요청문 'could you help me ~'에 유의.

❷ could you help me go over the sales report ~?에서 판매 보고서 검토를 도와줄 것을 요청하므로 정답은 (B).

paraphrasing

go over ▶ review (검토하다)

the sales report ▶ a document (판매 보고서 → 문서)

어휘 feature 특징, 특색 review 검토하다 document 문서 set up (어떤 일이 있도록) 마련하다

11. 도표에 따르면, 남자가 논의하고 싶어 하는 달은?

(A) 9월

(B) 10월

(C) 11월

(D) 12월

해설 남자가 언급하고자 하는 달 [시각 정보 연계 문제]

❶ 남자의 말에 'Can we discuss the month ~'에 유의.

❷ Can we discuss the month with the lowest ~?에서 백분율이 가장 낮은 달에 대해 이야기할 수 있는지를 묻고 있으므로 도표에서 가장 낮은 그래프를 확인하면 정답은 (C).

12. 여자는 무엇을 제안하는가?

(A) 워크숍에 참석하기

(B) 일부 정보 무시하기

(C) 오후 늦게 만나기

(D) 다음날 데이터 검토하기

해설 여자의 제안 사항

❶ 여자의 말에서 제안문 'Could we ~'에 유의.

❷ Could we take a look at it tomorrow morning?에서 내일 오전에 볼 수 있는지를 제안하고 있으므로 정답은 (D).

paraphrasing

take a look ▶ examine (보다 → 검토하다)

tomorrow morning ▶ the next day (내일 오전 → 다음날)

어휘 attend 참석하다 ignore 무시하다 examine 검토하다

Unit 9 일상생활

쇼핑 본책 p. 82

정답 **1.** (B) **2.** (A) **3.** (A)

받아쓰기 (1) stopped working (2) send (3) repair (4) address

[1-3]

여 안녕하세요, 댄디 TX-10 노트북 컴퓨터에 대해 전화 드렸습니다. (1)어제 폴더를 열려고 하는데 작동이 멈췄어요.

남 저희는 최신 노트북 모델에 대한 전화 및 온라인 지원을 제공하고 있습니다. (2)TX-10은 예전 모델이라 저희 수리 센터로 배송해 주셔야 할 것 같습니다.

여 알겠습니다. (3)주소를 알 수 있을까요?

1. 여자가 전화를 건 목적은?

(A) 신제품에 대해 문의하기 위해 **(B) 문제에 대해 보고하기 위해**

2. 남자가 TX-10에 대해 말한 것은?

(A) 서비스를 받으려면 물건을 보내야 한다.

(B) 더 새로운 노트북 모델이다.

3. 여자는 무엇을 요청하는가?

(A) 수리점 위치 (B) 매장 번호

편의 시설 / 여가 본책 p. 83

정답 **1.** (A) **2.** (B) **3.** (B)

받아쓰기 (1) tickets (2) performance (3) total (4) 40 (5) brochure

[1-3]

남 (1)안녕하세요, 오늘 밤 댄스 얼라이브 공연 티켓 두 장을 찾으려고요. 성은 데이븐포트입니다. 어, 신용카드 받아요?

여 네, 받습니다. (2)티켓은 한 장에 20달러이니 총 40달러가 되겠네요.

남 클럽의 혜택을 설명하는 가이드북이 있습니까?

여 네. (3)여기 안내책자가 있습니다. 문의 사항이 있으시면 저희에게 전화 주세요.

1. 대화는 주로 어디에서 이루어지고 있는가?

(A) 극장 (B) 주차장

2. 남자는 얼마를 지불해야 하는가?

(A) 20달러 **(B) 40달러**

3. 여자는 남자에게 무엇을 주는가?

(A) 영수증 **(B) 소책자**

주거 / 교통 본책 p. 84

정답 **1.** (A) **2.** (B) **3.** (B)

받아쓰기 (1) airline lost (2) hotel (3) your room (4) restaurants

[1-3]

> 여 실례합니다. (1)항공사에서 제 짐을 잃어버렸는데, 아마 오늘밤에 호텔에 도착할 거예요.
>
> 남 알겠습니다. (2)가방이 도착하는 대로 방으로 배달해 드리겠습니다.
>
> 여 감사합니다. 이 시간에도 저녁을 먹을 수 있는 곳이 아직 어디 있을까요?
>
> 남 (3)이 지역의 식당 목록이 여기 있습니다. 많은 식당들이 늦게까지 문을 엽니다.

1. 여자에 따르면, 여자의 가방들이 어떻게 되었는가?
(A) 항공사에서 그것들을 분실했다.
(B) 비행기에 그것들을 놓고 내렸다.

2. 대화는 어디에서 이루어지는가?
(A) 음식점   **(B) 호텔**

3. 남자는 여자에게 무엇을 주는가?
(A) 호텔 서비스 목록   **(B) 식당 목록**

Check Up   본책 p. 85

1. record/document	2. refund
3. appliances	4. suggestions
5. gate	6. update
7. assignment	8. admission
9. pass	10. delivery/shipping
11. warranty	12. booked

토익 감잡기   본책 p. 86

Step 1

정답   **1.** (B) **2.** (A) **3.** (B) **4.** (A)
받아쓰기 [1-2] (1) sweater (2) full refund
            (3) exchange
       [3-4] (1) airport (2) vehicle (3) quickly

[1-2]

> 여 (1)안녕하세요. 아들에게 주려고 여기서 이 스웨터를 샀는데요, 너무 크네요. 도와주실 수 있나요?
>
> 남 네. 영수증이 있으시면 전액 환불을 받으실 수 있습니다.
>
> 여 실은 영수증을 잃어버렸어요. (2)작은 사이즈로 교환할 수 있을까요?
>
> 남 물론입니다. 필요한 사이즈를 말씀해 주세요.

---

1. 화자들은 어디에 있겠는가?
(A) 서점   **(B) 의류 매장**

2. 여자는 남자에게 무엇을 해 달라고 요청하는가?
(A) 제품 교환   (B) 차후 환불

paraphrasing
it(sweater) → item (그것(스웨터) → 물품)

[3-4]

> 남 여보세요, 시티에어 익스프레스입니다. 어떻게 도와 드릴까요?
>
> 여 안녕하세요. (3)두 딸과 제가 오후 2시 비행기를 타기 위해 공항에 시간 맞춰 가야 해요. 위치는 콘월 애비뉴와 브레튼 스트리트 모퉁이입니다.
>
> 남 네, 부인. (3)공항으로 모실 차량을 85달러에 보내 드릴 수 있습니다.
>
> 여 알겠습니다. (4)음, 빨리 공항에 도착해야 해요.

3. 여자가 전화를 건 목적은?
(A) 예약을 변경하기 위해   **(B) 교통편을 요청하기 위해**

paraphrasing
vehicle ▶ transportation (차량 → 교통편)

4. 여자에 따르면, 가장 중요한 요소는?
(A) 속도   (B) 비용

Step 2

정답   **1.** (C) **2.** (B) **3.** (C) **4.** (B) **5.** (A) **6.** (C)
받아쓰기 [1-3] (1) monitor (2) options (3) look around
       [4-6] (1) 12:30 (2) take (3) gate (4) show

[1-3]

> 남 (1)안녕하세요. 컴퓨터와 TV 겸용으로 사용할 수 있는 HD 모니터를 찾고 있어요.
>
> 여 (2)음, 컴퓨터용으로만 사용할 수 있는 옵션보다 조금 비쌉니다. 큰 사이즈를 보시면 가격은 더 올라가고요.
>
> 남 조언 감사합니다. (3)둘러보고 도움이 필요하면 말씀드릴게요.

1. 대화는 어디에서 이루어지겠는가?
(A) 가구점
(B) 수리점
(C) 가전제품 매장

해설　대화 장소

❶ 초반부 'I'm looking for ~'에 유의.

❷ I'm looking for an HD monitor ~에서 HD 모니터를 찾고 있다고 하므로 정답은 (C).

어휘　appliance 가전기기

2.　여자는 어떤 정보를 제공하는가?

(A) 공급 업체 목록

(B) 선택 가능한 제품

(C) 안내책자

해설　여자가 제공하는 정보

❶ 여자의 말에 유의.

❷ they will be slightly more expensive than the options available for the computer alone에서 겸용 모니터는 컴퓨터 용으로만 사용할 수 있는 옵션보다 조금 비싸다고 옵션 정보를 제공하므로 정답은 (B).

3.　남자는 다음으로 무엇을 하겠는가?

(A) 설명서 읽기

(B) 다른 매장 방문하기

(C) 혼자서 계속 쇼핑하기

해설　남자의 다음 행동

❶ 남자의 말 'I'll ~'에 유의.

❷ I'll look around and let you know if I need any more help ~에서 남자가 둘러본다고 한 말은 혼자서 계속 쇼핑을 한다고 볼 수 있으므로 정답은 (C).

paraphrasing

look around ▶ continue to shop (둘러보다 → 계속 쇼핑하다)

[4-6]

> 남　⁽⁴⁾안녕하세요, 저는 오후 4시 30분 오스틴행 비행기를 탈 예정인데요. 좀 더 빠른 항공편을 탈 수 있나요?
>
> 여　확인해 보겠습니다… 2시 30분 항공편에 좌석이 있습니다.
>
> 남　그것보다 빠른 항공편이 있나요?
>
> 여　⁽⁵⁾12시 30분에 출발하는 항공편이 있습니다만, 그걸 타시려면 서두르셔야 할 거예요.
>
> 남　⁽⁵⁾그걸 탈게요. ⁽⁶⁾게이트로 가는 가장 빠른 길이 뭐죠?
>
> 여　⁽⁶⁾안내해 드리겠습니다.

4.　남자는 무엇을 하고 싶어 하는가?

(A) 더 늦은 항공편으로 변경하기

(B) 더 빠른 항공편으로 변경하기

(C) 좌석 배정 업그레이드하기

해설　남자가 요청하는 것

❶ 남자의 말에서 요청문 'can I ~?'에 유의.

❷ I'm on the 4:30 P.M. flight to Austin, but can I take an earlier flight?에서 남자는 좀 더 빠른 항공편을 탈 수 있는지를 묻고 있으므로 정답은 (B).

5.　남자는 언제 출발하는 항공편을 이용하겠는가?

(A) 12:30 항공편

(B) 2:30 항공편

(C) 4:30 항공편

해설　남자가 이용할 항공편

❶ 여자의 말에서 시간 표현에 유의.

❷ There's one leaving at 12:30, but you'll have to hurry to make that one.에서 여자가 12시 30분에 출발하는 항공편이 있지만 그걸 타려면 서둘러야 한다고 말하자, 남자가 I'll take it(그걸로 탈게요)으로 답하므로 정답은 (A).

6.　여자는 다음으로 무엇을 하겠는가?

(A) 탑승 게이트로 가기

(B) 안내 데스크로 가기

(C) 남자에게 탑승 게이트로 가는 길 알려 주기

해설　여자의 다음 행동

❶ 여자의 말 'Let me ~'에 유의.

❷ 남자가 게이트로 가는 가장 빠른 길을 묻자 여자는 Let me show you the way.(안내해 드리겠습니다.)로 답하므로 탑승 게이트로 안내하는 것임을 알 수 있다. 따라서 정답은 (C).

paraphrasing

show … the way ▶ direct (길을 안내하다)

토익 실전 감각 익히기　　본책 p. 88

| **1.** (C) | **2.** (A) | **3.** (B) | **4.** (B) | **5.** (D) | **6.** (B) |
| **7.** (B) | **8.** (A) | **9.** (B) | **10.** (B) | **11.** (B) | **12.** (A) |

[1-3]

> w　⁽¹⁾Hello, I'll be in London from March 7th to the 12th and have reserved my flights through your partner airline, Trans Airways. ⁽²⁾I was told to ask about the discount at your Hotel.
>
> M　Yes, travelers on Trans Airways can get a 10% discount on a regular room.
>
> w　⁽³⁾They also gave me a one-night stay voucher. Is that still valid?
>
> M　Of course. Can I have your full name and passport number to make your reservation?
>
> 여　⁽¹⁾안녕하세요. 저는 3월 7일부터 12일까지 런던에 머무를 예정이고 협력 항공사인 트랜스 항공을 통해 항공편을 예약했어요. ⁽²⁾호텔에서 할인에 대해 문의하라고 들었어요.
>
> 남　네, 트랜스 항공 승객들은 일반 객실 10퍼센트 할인을 받습니다.
>
> 여　⁽³⁾그들이 1박 숙박권도 주었는데요. 아직 유효한가요?
>
> 남　물론입니다. 예약을 위해 성함과 여권 번호를 알려 주시겠어요?

어휘 reserve 예약하다 flight 항공편 regular 일반적인, 보통의 valid 유효한 make a reservation 예약하다

1. 여자는 어떤 정보를 제공하는가?

(A) 이름
(B) 항공편 번호
(C) 여행 일자
(D) 여권 번호

해설 여자가 제공하는 정보

❶ 초반부 여자의 말에 유의.

❷ I'll be in London from March 7th to the 12th ~.에서 여자는 런던 여행 날짜를 알려 주므로 정답은 (C).

2. 남자는 어디에서 일하는가?

(A) 호텔
(B) 공항
(C) 여행사
(D) 광고 회사

해설 남자의 근무처

❶ 여자의 말에서 'at your ~'에 유의.

❷ I was told to ask about the discount at your Hotel.에서 your hotel이라는 여자의 말을 통해 남자가 호텔에서 근무한다는 것을 알 수 있으므로 정답은 (A).

3. 여자는 트랜스 항공에서 무엇을 제공받았는가?

(A) 비즈니스 클래스 무료 업그레이드
(B) 무료 숙박 쿠폰
(C) 다음 번 항공료 할인
(D) 수하물 할인

해설 여자가 트랜스 항공으로부터 제공받은 것

❶ 여자의 말 'They also gave me ~'에 유의.

❷ They also gave me a one-night stay voucher.에서 여자가 1박 숙박권을 받았다고 하므로 정답은 (B).

paraphrasing

voucher ▶ coupon (쿠폰)

어휘 baggage 수하물

[4-6]

M Hi, Cathy? This is Hank Taylor from building repairs. (4)I just got your message about the air conditioning in your house.

W Oh, right. The air conditioner in my bedroom is leaking water. Can you come by and fix it?

M (5)Why don't you call the service center? It's still under warranty, (6)so they can fix it free of charge.

W OK, then. I'll do that.

남 안녕하세요, 캐시? 저는 건물 수리부의 행크 테일러입니다. (4)댁의 에어컨에 대한 메시지를 방금 받았습니다.

여 아, 네. 침실 에어컨에 누수가 생겼어요. 오셔서 수리해 주실 수 있나요?

남 (5)서비스 센터에 전화하시는 게 어떨까요? 아직 보증 기간이 남아 있습니다. (6)그러니 무료로 수리해 드릴 겁니다.

여 아, 알겠습니다. 그렇게 할게요.

어휘 repair 수리 leak 새다 fix 고치다 under warranty (상품이) 보증 기간 중인 free of charge 무료로

4. 남자가 전화를 건 목적은?

(A) 전기 문제에 대해 이야기하기 위해
(B) 여자의 전화에 회답하기 위해
(C) 가전제품 작동법을 설명하기 위해
(D) 사무실로 가는 길을 묻기 위해

해설 남자가 전화를 건 목적 [추론 문제]

❶ 남자의 말 'I just ~'에 유의.

❷ I just got your message about the air conditioning in your house.에서 에어컨에 대한 메시지를 방금 받았다고 하며 이는 여자의 전화 메시지에 회답하기 위함을 알 수 있으므로 정답은 (B).

어휘 electricity 전기 return a call 답신 전화를 하다 operate 작동시키다 appliance 가전제품 directions 길 안내

5. 남자는 여자에게 무엇을 하라고 제안하는가?

(A) 다른 가전제품의 전원 끄기
(B) 남자가 도착하기를 기다리기
(C) 품질 보증서 요청하기
(D) 서비스 센터에 전화하기

해설 남자가 제안하는 것

❶ 남자의 말에서 제안문 'Why don't you ~'에 유의.

❷ Why don't you call the service center?에서 서비스 센터에 전화할 것을 제안하므로 정답은 (D).

paraphrasing

call ▶ phone (전화를 하다)

어휘 turn off 끄다 request 요청하다 warranty 품질 보증(서)

6. 남자가 "아직 보증 기간이 남아 있습니다."라고 말한 의도는 무엇인가?

(A) 가전제품을 수리할 수 없다.
(B) 가전제품을 무료로 수리할 수 있다.
(C) 여자는 가전제품을 수리하는 데 시간을 더 들여야 한다.
(D) 제품을 추천하고 있다.

해설 남자가 아직 보증 기간이 남아 있다고 말하는 의미 [의도 파악 문제]

❶ 남자의 말 'It's still under warranty' 이하 내용에 유의.

❷ they can fix it free of charge에서 무료로 수리해 줄 수 있다고 하므로 정답은 (B).

paraphrasing

air conditioner ▶ appliance (에어컨 → 가전제품)
free of charge ▶ for free (무료로)

어휘 for free 무료로   recommend 추천하다

[7-9]

> W (7)Hi, I bought this DX-3 Robot cleaner here at your store, but I'm having problems with it. Can I return it for a credit or refund?
>
> M Oh, what exactly is the problem?
>
> W (8)Well, the remote control doesn't work at all.
>
> M OK, then. (9)Let me run some tests – it may just need to be reset.
>
> 여 (7)안녕하세요. 이 매장에서 DX-3 로봇 클리너를 샀는데 문제가 있어요. 적립금으로 바꾸거나 환불할 수 있나요?
>
> 남 아, 문제가 정확히 무엇인가요?
>
> 여 (8)음, 리모컨이 전혀 작동이 안 돼요.
>
> 남 네. (9)그럼 제가 시험 작동을 해 볼게요. 아마 리셋해야 할 겁니다.
>
> 어휘 return 돌려주다   refund 환불   exactly 정확히   not ~ at all 전혀 ~ 않다

7. 대화는 어디에서 이루어지겠는가?
(A) 녹음실
(B) 전자제품 매장
(C) 수하물 찾는 곳
(D) 차량 대여 업체

해설 대화 장소
❶ 초반부 'I bought ~'에 유의.
❷ I bought this DX-3 Robot cleaner here at your store ~ 에서 로봇 청소기를 이곳 매장에서 샀다고 하므로 정답은 (B).

어휘 recording studio 녹음실   electronic 전자의   baggage claim 수하물 찾는 곳   rental 대여

8. 여자는 어떤 문제를 언급하는가?
(A) 결함이 있는 제품
(B) 없어진 부대용품
(C) 틀린 설명서
(D) 자신의 자제력 부족

해설 여자가 언급하는 문제점
❶ 여자의 말에서 부정적인 표현에 유의.
❷ the remote control doesn't work at all에서 리모컨이 전혀 작동되지 않는다고 하므로 정답은 (A).

paraphrasing
not work ▶ defective (작동하지 않다 → 결함 있는)
remote control ▶ item (리모컨 → 제품)

어휘 defective 결함이 있는   missing 없어진   incorrect 부정확한   lack 결핍   self-control 자제력

9. 남자는 다음으로 무엇을 하겠는가?
(A) 환불해 주기
(B) 기기 시험하기
(C) 수리 기술자에게 전화하기
(D) 할인 쿠폰 출력하기

해설 남자가 다음에 할 일
❶ 남자의 마지막 말 'Let me ~'에 유의.
❷ Let me run some tests에서 남자는 리모컨을 테스트해 보겠다고 말하므로 정답은 (B).

paraphrasing
remote control ▶ device (리모컨 → 기기)

어휘 offer 제공하다   device 기기   technician 기술자

[10-12]

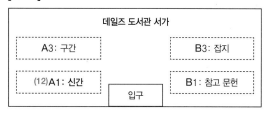

> M (10)Hi, can I borrow all of these books for three weeks?
>
> W Let's see. (11)You can have those older books for two weeks, but this one, *Photography for Life*, is a new book. All new books have to be returned within one week.
>
> M OK, I'll just take the older books. (12)One moment, I'll go put the new one back on the shelf over there.
>
> W Sure, no problem.
>
> 남 (10)안녕하세요. 이 책들을 전부 3주간 빌릴 수 있을까요?
>
> 여 한 번 보죠. (11)오래된 책들은 2주 동안 빌릴 수 있지만 이 〈일생의 사진〉은 신간입니다. 모든 신간은 1주 이내에 반납하셔야 합니다.
>
> 남 네, 그럼 오래된 책들만 가져갈게요. (12)잠시만요, 신간은 저쪽 책꽂이에 꽂아 두겠습니다.
>
> 여 네, 그러세요.
>
> 어휘 entrance 입구   reference 참고 문헌   borrow 빌리다   return 반납하다

10. 남자는 무엇에 대해 질문하는가?
(A) 책 위치
(B) 책 반납 기일
(C) 체크인 서비스
(D) 도서관 카드

해설 남자의 질문 내용

❶ 초반부 남자의 질문에 유의

❷ Hi, can I borrow all of these books for three weeks?에서 책을 3주간 빌릴 수 있는지 대여 기간을 묻고 있으므로 정답은 (B).

paraphrasing

for three weeks ▶ the due date (3주간 → 반납 기일)

어휘 location 위치 due date 만기일

11. 여자가 〈일생의 사진〉에 대해 말한 것은?

(A) 잡지 근처에 꽂혀 있다.

(B) 1주일간 대여할 수 있다.

(C) 도서관에서 가지고 나갈 수 없다.

(D) 복사기 뒤편 책꽂이에 있다.

해설 〈일생의 사진〉에 대한 여자의 언급 내용

❶ 여자의 말 Photography for Life 이하 내용에 유의.

❷ Photography for Life, is a new book. All new books have to be returned within one week.에서 〈일생의 사진〉은 신간이며 모든 신간은 1주 이내에 반납해야 한다고 하므로 정답은 (B).

paraphrasing

within one week ▶ for one week

(일주일 이내 → 일주일 동안)

어휘 display 진열하다 remove 없애다, 제거하다 photocopier 복사기

12. 도표에 따르면, 남자는 어떤 구역에 가려고 하는가?

(A) A1

(B) A3

(C) B1

(D) B3

해설 남자가 가려는 구역 [시각 정보 연계 문제]

❶ 남자의 말 'I'll ~'에 유의.

❷ I'll go put the new one back on the shelf over there.에서 신간을 책꽂이에 꽂아 두러 간다고 하므로 도표의 신간 구역인 (A)가 정답.

어휘 intend 작정하다, 의도하다

Unit ⑩ 전화 메시지, 공지, 안내

전화 메시지   본책 p. 90

정답   **1.** (B) **2.** (A) **3.** (B)
받아쓰기 (1) complaints (2) delivered
          (3) free weekend

[1-3]

안녕하세요, 구즈만 고객님! 저는 빌링스 호텔의 매니저인 테런스 마이클슨입니다. (1)어제 고객님께서 저희 웹사이트에 접수하신 불만 사항 관련해서 전화 드렸습니다. (2)주문하신 식사가 늦게 나와서 죄송합니다. (3)이러한 불편함을 겪으신 데 대한 보상으로, 저희 호텔에서의 주말 1박 무료 숙박을 제공해 드리고자 합니다. 예약을 위해 저희에게 전화만 주시면 됩니다.

1. 화자가 전화를 건 목적은?

(A) 일정을 변경하기 위해

(B) 불만 사항에 응대하기 위해

2. 어떤 문제가 언급되고 있는가?

(A) 식사가 늦게 나왔다.

(B) 행사가 취소됐다.

3. 청자에게 무엇이 제공되는가?

(A) 회원 할인   **(B) 무료 숙박**

공지   본책 p. 91

정답   **1.** (A) **2.** (A) **3.** (B)
받아쓰기 (1) heavy snow (2) exchange (3) full refund

[1-3]

(1)폭설로 참플레인 노선의 모든 열차가 지연되었습니다. (2)해당 열차의 승차권을 소지하신 승객들은 매표소로 가셔서 이후에 출발하는 열차의 승차권으로 교환하셔도 됩니다. 그렇지만 적어도 두 시간 동안은 선로가 정리되지 않을 것으로 예상됩니다. (3)이렇게 오래 기다릴 수 없으신 고객은 전액 환불 요청을 할 수 있습니다. 불편을 드리게 된 데 대해 사과드립니다.

1. 지연이 발생한 이유는?

(A) 악천후   (B) 혼잡한 교통

2. 승차권 소지자를 위한 첫 번째 제안은?

(A) 이후 일정의 승차권으로 교환 (B) 다른 종류의 교통편 이용

3. 회사는 기다릴 수 없는 고객에게 무엇을 제공하는가?

(A) 새로운 승차권   **(B) 전액 환불**

안내   본책 p. 92

정답   **1.** (B) **2.** (B) **3.** (A)
받아쓰기 (1) tour (2) ice cream (3) sample
          (4) take pictures

[1-3]

(1)안녕하세요. 밀브룩 유제품 농장 투어에 참여해 주셔서 감사합니다. 밀브룩은 국내에서 가장 큰 유제품 회사 중 하나입니다. 이 회사의 제품군은 우유와 요구르트를 포함하며, 최근에 다른 맛의 아이스크림을 목록에 추가했습니다. (2)투어 후에는 제품 중 몇 가지를 시식하실 수 있습니다. (3)아, 그리고 관광 중에는 사진을 찍지 말아주세요.

1. 화자는 누구이겠는가?

(A) 농부　　　　　　　　　　**(B) 투어 가이드**

2. 청자들은 견학 이후 무엇을 할 수 있는가?

(A) 요구르트 만들기　　　　**(B) 아이스크림 시식하기**

3. 견학 중 허용되지 않는 것은?

(A) 사진 촬영　　　　　　(B) 음식물 섭취

Check Up　　　　　　　　　　본책 p. 93

1. complaint	2. exhibit	3. designated
4. guarantee	5. demonstration	6. alternative
7. temporarily	8. respond	9. weather
10. photography	11. extension	12. restrictions

토익 감잡기　　　　　　　　　　본책 p. 94

Step 1

정답　　1. (B)　2. (A)　3. (B)　4. (B)
받아쓰기　[1-2] (1) restaurants (2) eat here (3) ride
　　　　　　　　(4) boats
　　　　　[3-4] (1) Tuesday (2) information
　　　　　　　　(3) find it

[1-2] 공지

해변으로 가기 전에 알려 드리고자 합니다. 여러분께서도 이미 아시는 대로, 해변 근처에 음식점이 없습니다. (1)그래서 이후에 여기 다시 와서 식사를 하겠습니다. 지금 저희가 갈 햄린 비치는 낚시 장소로 인기가 많습니다. (2)5유로를 내면 낚싯배를 탈 수 있는데, 적극 추천합니다.

1. 청자들은 어디에 있겠는가?

(A) 해변　　　　　　　　　　**(B) 음식점**

2. 화자는 청자들에게 무엇을 하라고 권유하는가?

(A) 배 타기　　　　　　　(B) 낚시 장비 대여하기

paraphrasing

ride the fishing boats ▶ take a boat ride
(낚싯배를 타다 → 배를 타다)

[3-4] 녹음 메시지

스노우 카운티 관광부입니다. (3)오늘과 금요일, 그리고 월요일은 휴무이며 화요일에 다시 문을 엽니다. 저희 정상 영업 시간은 월요일에서 금요일, 오전 8시부터 오후 5시까지입니다. 지역 행사 및 축제에 관한 정보는 1번을 누르십시오. (4)해당 정보는 저희 웹사이트 www.sncounty.gov에서도 확인하실 수 있습니다. 감사합니다.

3. 사무실은 언제 다시 문을 열 예정인가?

(A) 월요일　　　　　　　　　**(B) 화요일**

paraphrasing

be back ▶ open again (돌아오다 → 다시 열다)

4. 청자들은 웹사이트에서 무엇을 할 수 있는가?

(A) 행사 신청하기　　　　　**(B) 정보 확인하기**

Step 2

정답　　1. (A)　2. (B)　3. (C)　4. (C)　5. (A)　6. (B)
받아쓰기　[1-3] (1) run (2) business (3) go over
　　　　　　　　(4) plans (5) handouts
　　　　　[4-6] (1) taller (2) your height
　　　　　　　　(3) belongings (4) baskets

[1-3] 안내

오늘 비즈니스 석세스 워크숍에 참석해 주셔서 감사합니다. 저는 메리 머피이고, (1)소규모 우편 주문 업체를 운영하고 있어요. 이번 시간에는 통신 서비스 선택이 회사에 미치는 영향에 대해 이야기하고자 합니다. (2)여러분께서 결정을 내리기 전, 인터넷 서비스 요금제를 꼼꼼하게 검토해야 합니다. (3)이제 인쇄물을 나눠 드리고 더 말씀 드리겠습니다.

1. 화자는 누구이겠는가?

(A) 업체 소유주
(B) 소프트웨어 고안자
(C) 워크숍 기획자

해설　화자의 신분 [추론 문제]
❶ 초반부 자기 소개 부분에 유의
❷ I run a small mail-order business.에서 소규모 우편 주문 업체를 운영하고 있다고 하므로 정답은 (A).

paraphrasing

run a small mail-order business → a business owner
(소규모 우편 주문 업체를 운영하다 → 업체 소유주)

2. 청자들은 무엇을 하라는 조언을 들었는가?

(A) 전문적인 조언 구하기

(B) 선택 사항을 꼼꼼히 살펴보기

(C) 인터넷 검색하기

해설 청자들이 받은 조언

❶ 제안문 'you should ~'에 유의.

❷ Before you make your decision, you should carefully go over the Internet service plans.에서 인터넷 서비스 요금제를 꼼꼼하게 검토할 것을 제안하므로 정답은 (B).

paraphrasing

go over ▸ look at (검토하다 → 보다)

the Internet service plans ▸ the options
(인터넷 서비스 요금제 → 선택 사항)

3. 화자는 다음에 무엇을 하겠는가?

(A) 문서 읽기

(B) 신청서 출력하기

(C) 문서 나눠주기

해설 화자가 다음에 할 행동 [추론 문제]

❶ 마지막 부분 'I'll ~'에 유의.

❷ I'll pass out some handouts and tell you more about this.에서 이제 인쇄물을 나눠주겠다고 하므로 정답은 (C).

paraphrasing

pass out ▸ distribute (배부하다)

handouts ▸ documents (인쇄물 → 서류)

[4-6] 공지

턴블러에 오신 것을 환영합니다! (4)(5)이 놀이 기구는 152센티미터 이상인 분이 탈 수 있습니다. 놀이 기구에 탑승하기 전, 입구 옆에서 본인의 키를 확인해 주십시오. (6)아울러 개인 소지품은 이 바구니에 넣어 두십시오. (4)계속 앉아 계시고 팔을 놀이 기구 안쪽으로 두셔야 합니다. 물에 젖긴 하겠지만, 분명 즐거우실 겁니다!

4. 안내의 목적은?

(A) 새로운 놀이 기구를 광고하기 위해

(B) 방문객들의 길 찾기를 돕기 위해

(C) 탑승객들에게 안전 규칙을 알려 주기 위해

해설 안내의 목적

❶ 지문의 전반적인 흐름을 파악.

❷ So please check your height … You need to remain seated at all times and keep your arms inside the car.에서 명령문을 사용하여 본인의 키를 확인하고 계속 앉아 있어야 하며 팔을 놀이 기구 안쪽으로 두어야 한다는 안전 수칙에 대해 설명하고 있으므로 정답은 (C).

5. 턴블러에 대해 언급된 것은?

(A) 탑승자의 신장 제한이 있다.

(B) 최근에 다시 칠을 했다.

(C) 다음 주에 임시 폐쇄한다.

해설 턴블러에 대해 언급된 것

❶ 초반부 'Welcome to the Tumbler!' 이하 내용에 유의.

❷ This ride is for those who are taller than 5 feet.에서 놀이 기구는 152센티미터 이상이라는 신장 제한이 있음을 알 수 있으므로 정답은 (A).

paraphrasing

for those who are taller than 5 feet → a height restriction
(신장 152센티미터 이상인 분들을 위한 것 → 신장 제한)

6. 청자들은 개인 소지품을 어떻게 해야 하는가?

(A) 사물함에 보관하기

(B) 바구니에 넣기

(C) 놀이 기구 내에 두기

해설 개인 소지품 보관 방법

❶ 'personal belongings' 이하 내용에 유의.

❷ please leave your personal belongings in the baskets here 에서 개인 소지품은 바구니에 넣어 두라고 하므로 정답은 (B).

paraphrasing

personal belongings ▸ personal items
(개인 소지품 → 개인 물품)

leave ▸ place (두다 → 넣다)

토익 실전 감각 익히기   본책 p. 96

| 1. (D) | 2. (A) | 3. (C) | 4. (D) | 5. (B) | 6. (C) |
| 7. (A) | 8. (A) | 9. (B) | 10. (D) | 11. (C) | 12. (C) |

[1-3] 안내

(1)If you don't have much luggage to carry, the best way to get to the airport is to take the subway. (2)From this hotel to the station is a five-minute walk. (3)Once you get to the station, take the train headed for City Hall. When you reach that station, just transfer to Line 6. Then, take it all the way to the airport.

(1)가지고 다닐 짐이 많지 않으시면 공항으로 가는 가장 좋은 방법은 지하철을 타는 것입니다. (2)이 호텔에서 역까지는 걸어서 5분 거리입니다. (3)역에 도착하면 시청으로 가는 열차를 타십시오. 시청역에 도착하면 6호선으로 갈아타시면 됩니다. 그리고 공항까지 죽 가세요.

어휘 luggage 짐 head for ~로 향하다 reach 도착하다 transfer 갈아타다, 환승하다

1. 화자는 주로 무엇에 대해 이야기하고 있는가?

(A) 수하물 찾는 곳

(B) 건물 안내

(C) 호텔 룸서비스

(D) 장소 길 안내

해설　지문 주제

❶ 지문 초반부에 유의.

❷ the best way to get to the airport is to take the subway에서 공항으로 가는 가장 좋은 방법은 지하철을 타는 것이라고 하므로 정답은 (D).

paraphrasing

the best way to get to the airport ▶ directions
(공항으로 가는 가장 좋은 방법 → 길 안내)

the airport ▶ a place (공항 → 장소)

어휘　baggage claim 수하물 찾는 곳　directions 길 안내

2. 화자는 어디에 있겠는가?

(A) 호텔 로비

(B) 시청

(C) 공항

(D) 지하철역

해설　화자가 있는 장소 [추론 문제]

❶ 'From this ~'에 유의.

❷ From this hotel to the station is a five-minute walk.에서 화자는 호텔에 있을 것으로 판단되므로 정답은 (A).

3. 시청에 대해 언급된 것은?

(A) 도서관 옆에 있다.

(B) 공사 중이다.

(C) 지하철로 갈 수 있다.

(D) 다른 곳으로 이전했다.

해설　시청에 대해 언급된 것

❶ City Hall이 포함된 문장에 유의.

❷ Once you get to the station, take the train headed for City Hall.에서 시청 가는 열차를 타라고 하므로 정답은 (C).

paraphrasing

train ▶ subway (열차 → 지하철)

어휘　under construction 공사 중인　move 이사하다, 옮기다

[4-6] 공지

Good morning, everyone. (4)As you know, our technical support team members are currently enjoying their summer vacation, except John Singer, who is sick today. Luckily, one of our interns, Moira Kelly, has been assisting him for a few months. (5)Although she is currently doing an internship in the graphic design department, she is a trained computer programmer. (6)So, if you need technical assistance today, call Ms. Kelly at extension 275.

안녕하세요, 여러분. (4)아시다시피, 저희 기술 지원팀의 팀원들은 오늘 결근한 존 싱어를 제외하고 현재 여름 휴가 중입니다. 다행히 인턴 사원인 모이라 켈리가 몇 개월을 그를 도왔는데요. (5)현재 그래픽 디자인 부서에서 인턴으로 일하고는 있지만 그녀는 숙련된 컴퓨터 프로그래머입니다. (6)따라서 오늘 기술 지원이 필요하시면 내선 번호 275번으로 켈리 씨에게 전화하시기 바랍니다.

어휘　technical support 기술 지원　currently 현재
　　　assist 돕다　trained 훈련된, 숙달된　extension 내선

4. 존 싱어는 어느 부서에서 근무하겠는가?

(A) 그래픽 디자인부

(B) 고객 서비스부

(C) 인사부

(D) 기술 지원부

해설　존 싱어의 근무 부서

❶ John Singer가 포함된 문장의 부서명에 유의.

❷ our technical support team members are currently enjoying their summer vacation, except John Singer에서 기술 지원팀의 팀원들은 존 싱어를 제외하고 현재 휴가 중이라고 말하므로 정답은 (D).

어휘　human resources 인적 자원, 인사

5. 모이라 켈리에 대해 언급된 것은?

(A) 오늘 아프다.

(B) 숙련된 프로그래머이다.

(C) 기술 지원 부서에서 일한다.

(D) 현재 휴가 중이다.

해설　모이라 켈리에 대해 언급된 것

❶ Moira Kelly 이하 내용에 유의.

❷ she is a trained computer programmer ~에서 그녀가 숙련된 프로그래머임을 알 수 있으므로 정답은 (B).

6. 안내의 목적은?

(A) 휴가 계획을 논의하기 위해

(B) 신입 직원을 소개하기 위해

(C) 임시 대체 인력에 대해 설명하기 위해

(D) 프로젝트 지원을 요청하기 위해

해설　안내 목적

❶ 지문 후반부에 유의.

❷ So, if you need technical assistance today, call Ms. Kelly at extension 275.에서 오늘 기술 지원이 필요하면 켈리 씨에게 전화하라는 것은 그녀가 대체 인력임을 알 수 있으므로 정답은 (C).

어휘　introduce 소개하다　temporary 임시의, 일시적인
　　　replacement 대체물, 후임자　assistance 도움

[7-9] 전화 메시지

(7)Hi Ms. Sanders, this is Tom from the maintenance department. (8)I'm calling to let you know that we'll be doing some repairs on the second floor next week. (9)I heard that you had reserved some of those rooms for interviews. I'd suggest that you use the seminar rooms on the third floor instead. If you have any questions or concerns, please call me at extension 217.

(7)안녕하세요, 샌더스 씨. 유지 보수부의 톰입니다. (8)다음 주에 2층에서 몇 가지 보수 작업을 한다는 사실을 알려 드리려고 전화했습니다. (9)면접을 위해 회의실 몇 개를 예약하셨다고 들었습니다. 대신 3층에 있는 세미나실을 이용하실 것을 제안합니다. 궁금한 내용이나 염려되는 것이 있으시면 저에게 내선 번호 217번으로 연락 주십시오.

어휘 maintenance 유지, 관리 repair 수리, 보수 reserve 예약하다 suggest 제안하다 concern 우려

---

7. 화자는 어떤 부서에서 일하는가?

(A) 유지 보수
(B) 고객 서비스
(C) 인사
(D) IT

해설 화자의 근무 부서
❶ 지문 초반부 'department' 앞 어휘에 유의.
❷ Hi Ms. Sanders, this is Tom from the maintenance department.에서 유지 보수 팀임을 알 수 있으므로 정답은 (A).

8. 다음 주에 어떤 일이 있을 예정인가?

(A) 일부 보수 작업이 시행될 것이다.
(B) 교육이 시작될 것이다.
(C) 신입 직원 채용이 있을 것이다.
(D) 일부 직원이 휴가를 갈 것이다.

해설 다음 주에 있을 일
❶ next week이 포함된 문장에 유의.
❷ I'm calling to let you know that we'll be doing some repairs on the second floor next week.에서 다음 주에 2층에서 보수 작업이 있음을 알 수 있으므로 정답은 (A).

paraphrasing

do some repairs ▶ some repair work
(일부 보수를 하다 → 일부 보수 작업)

어휘 carry out 실행하다 employee 직원 hire 채용하다 go on vacation 휴가 가다

9. 샌더스 씨는 무엇을 하도록 요청받는가?

(A) 즉시 고객에게 연락하기
(B) 다른 곳에서 면접 진행하기
(C) 지원자의 이력서 검토하기
(D) 점심 시간을 줄이기

해설 샌더스 씨가 요청받은 일
❶ 제안문 'I'd suggest that ~'에 유의.
❷ I heard that you had reserved some of those rooms for interviews. I'd suggest that you use the seminar rooms on the third floor instead.에서 면접을 위해 회의실 몇 개를 예약했다고 들었으며 보수 예정인 2층 대신 3층에 있는 세미나실을 이용할 것을 제안하므로 정답은 (B).

paraphrasing

the seminar rooms on the third floor instead ▶ in a different place (대신 3층에 있는 세미나실 → 다른 곳에서)

어휘 contact 연락하다 immediately 즉시, 바로 conduct 실시하다 review 검토하다 résumé 이력서

[10-12] 공지 & 안내도

할리 백화점

Attention, Holley Department Store customers. (10)Our spring sale is being held on the 10th floor. (11)But unfortunately, the elevators to the 10th floor are temporarily unavailable at the moment. (12)Instead, the elevator next to the restroom on the north end of the building is operational. The repair is expected to be completed soon and we'll let you know when it's over. We apologize for any inconvenience this may cause.

할리 백화점 고객 여러분께 알려 드립니다. (10)봄 맞이 할인 행사가 10층에서 열리고 있습니다. (11)그런데 유감스럽게도 10층으로 가는 엘리베이터를 현재 일시적으로 사용하실 수 없습니다. (12)대신 건물 북단 화장실 옆에 위치한 엘리베이터를 가동 중입니다. 수리 작업이 곧 완료될 예정이며, 수리가 끝나면 알려 드리겠습니다. 불편을 끼쳐 드려 죄송합니다.

어휘 attention 주목 be held 개최되다, 열리다 unfortunately 유감스럽게도 temporarily 일시적으로 unavailable 이용할 수 없는 at the moment 지금 operational 가동하는 be expected to ~할 것으로 예상되다 apologize for ~에 대해 사과하다 inconvenience 불편

10. 할인 행사는 몇 층에서 열리는가?

(A) 7층

(B) 8층

(C) 9층

(D) 10층

해설 할인 행사가 열리는 층

❶ sale이 포함된 문장에서 floor 앞 숫자에 유의.

❷ Our spring sale is being held on the 10th floor.에서 봄
맞이 할인 행사가 10층에서 열린다고 하므로 정답은 (D).

11. 화자는 어떤 문제를 언급하는가?

(A) 일부 제품의 재고가 없다.

(B) 매장이 곧 문을 닫을 것이다.

(C) 일부 엘리베이터가 작동하지 않는다.

(D) 매장은 새 엘리베이터를 설치하고 있다.

해설 화자가 언급하는 문제점

❶ 'But unfortunately ~'에 유의.

❷ But unfortunately, the elevators to the 10th floor are
temporarily unavailable at the moment.에서 10층으로 가
는 엘리베이터를 일시적으로 사용할 수 없다고 하므로 정답은 (C).

paraphrasing

the elevators to the 10th floor ▶ some elevators
(10층으로 가는 엘리베이터 → 일부 엘리베이터)

unavailable ▶ not working
(이용할 수 없는 → 작동하지 않는)

어휘 out of stock 재고가 없는, 품절된 install 설치하다

12. 도표에 따르면, 청자들은 어떤 엘리베이터 이용을 요청받는가?

(A) A 엘리베이터

(B) B 엘리베이터

(C) C 엘리베이터

(D) D 엘리베이터

해설 청자들이 이용하도록 안내받은 엘리베이터 [시각 정보 연계]

❶ 'Instead, ~'에 유의.

❷ Instead, the elevator next to the restroom on the north
end of the building is operational.에서 건물 북단의 화장실
옆에 위치한 엘리베이터를 대신 가동한다고 하므로 정답은 (C).

paraphrasing

use ▶ be operational (사용하다 → 가동 중이다)

Unit ⑪ 방송, 광고, 연설

방송 본책 p. 98

정답 **1.** (B) **2.** (A) **3.** (B)
받아쓰기 (1) director (2) Transportation
(3) instead of (4) one hour

[1-3]

KLS 라디오 교통부의 리사 할스테드입니다. 네, 오늘 아침에는 차량
흐름이 원활합니다. (1)제프 데이비스 시 교통 국장에 따르면, 일요일
에 메이플 드라이브에서 가을 자전거 경주를 개최할 예정이라고 합
니다. (2)따라서 메이플 드라이브 대신 쇼어 하이웨이를 이용해 주시
기 바랍니다. (3)정확히 한 시간 후에 다음 교통 상황을 전해 드리겠
습니다.

1. 제프 데이비스는 누구이겠는가?

(A) 일기 예보관　　　　**(B) 교통 공무원**

2. 화자는 청자들에게 무엇을 하라고 요청하는가?

(A) 특정 노선 피하기

(B) 곧 있을 사이클 대회에 참가하기

3. 다음 교통 상황 보도는 언제 있을 예정인가?

(A) 30분 후　　　　**(B) 1시간 후**

광고 본책 p. 99

정답 **1.** (A) **2.** (A) **3.** (B)
받아쓰기 (1) celebrating (2) anniversary
(3) computers (4) 20 (5) 10 (6) weekends

[1-3]

(1)리의 컴퓨터는 10주년 기념 특별 할인 판매를 실시합니다. 할인
판매는 7일 동안만 진행됩니다. (2)조립된 데스크톱 컴퓨터는 모두
20퍼센트, 부속품은 40퍼센트, 프린터 카트리지는 무려 50퍼센트
할인됩니다. 저희 매장은 (3)월요일부터 금요일까지는 오전 10시부
터 오후 9시까지, 주말에는 오전 10시부터 자정까지 영업합니다.

1. 매장에서 할인을 진행하는 이유는?

(A) 매장의 기념일을 축하하기 위해

(B) 신제품을 위한 공간을 마련하기 위해

2. 컴퓨터는 얼마나 할인될 예정인가?

(A) 20퍼센트　　　　(B) 50퍼센트

3. 매장 운영 시간에 대해 언급된 것은?

(A) 매주 일요일은 휴무이다.

(B) 항상 10시에 문을 연다.

연설 본책 p. 100

정답 **1.** (B) **2.** (A) **3.** (A)
받아쓰기 (1) director (2) department
(3) documentary (4) four weeks

U N I T 1 1

[1-3]

> 오리엔테이션 첫날에 오신 것을 환영합니다. (1)제 이름은 헤더원이고 인사부장입니다. 오늘 일정을 알려드리겠습니다. (2)먼저, 여러분은 이 회사의 역사에 대한 다큐멘터리를 보실 것입니다. 그런 다음, 시설을 견학하겠습니다. (3)마지막으로, 여러분은 앞으로 4주 동안 함께 훈련할 팀에 배정될 것입니다.

1. 화자는 누구인가?
(A) 회사 부회장
(B) 부서장

2. 일정상의 첫 번째 항목은?
(A) 동영상 시청하기
(B) 시설 견학하기

3. 교육 기간은 얼마 동안인가?
(A) 1개월
(B) 4개월

Check Up
본책 p. 101

1. launch 2. present 3. complimentary/free
4. previous 5. loyalty 6. break
7. advantage 8. strategy 9. sign up/register
10. volunteers 11. professional 12. conclude

토익 감잡기
본책 p. 102

Step 1

정답 **1.** (B) **2.** (A) **3.** (A) **4.** (B)
받아쓰기 [1-2] (1) refrain from (2) east coast (3) rain
[3-4] (1) weighs (2) store card (3) save

[1-2] 방송

> WFS 라디오에서 날씨를 전해 드리겠습니다. 네, 평소와 달리 따뜻하고 건조한 날씨가 목요일까지 지속되겠습니다. 곧 비가 내리지 않는다면 일부 지역에서 물 사용이 제한될 수 있겠습니다. (1) 현재로선 우리 지역 주민들은 정원에 물 주는 것을 삼가 주시기 바랍니다. (2)그러나 금요일에는 동부 해안 일부 지역에 약간의 비가 내리겠습니다.

1. 화자는 청자들에게 무엇을 하라고 권유하는가?
(A) 생수 더 마시기
(B) 정원에 물 주지 않기

paraphrasing
refrain from ▶ avoid (삼가다 → 피하다)

2. 금요일에 어떤 일이 있을 것인가?
(A) 일부 해안 지역에 비가 내릴 것이다.
(B) 사람들이 여행을 떠날 것이다.

paraphrasing
east coast ▶ some coastal areas
(동해안 → 일부 해안 지역)

[3-4] 광고

> 가벼운 최신형 노트북 컴퓨터를 찾고 계십니까? 메드포드 인더스트리즈의 신제품 G-100이 저희 노트북 중 최신 모델입니다. 이 제품의 특징으로는 (3)무게가 겨우 2파운드라는 것입니다. G-100에 대해 더 자세히 알아보시려면 www.medford.org를 방문하세요. (4)메드포드 매장에서 매장 카드를 잊지 말고 챙기세요. 메드포드 전 제품에 대해 5퍼센트 할인을 받을 수 있습니다.

3. 광고에 따르면, G-10의 특징은 무엇인가?
(A) 크기에 비해 가볍다.
(B) 해당 카테고리 내에서 가장 저렴한 기기이다.

paraphrasing
it weighs only 2 pounds ▶ lightweight
(무게가 겨우 2파운드이다 → 가벼운)

4. 구매자들이 G-10을 할인 받는 방법은 무엇인가?
(A) 웹사이트 방문하기
(B) 회사 매장 카드 받기

paraphrasing
obtain ▶ get (얻다)

Step 2

정답 **1.** (A) **2.** (B) **3.** (C) **4.** (B) **5.** (C) **6.** (A)
받아쓰기 [1-3] (1) award (2) designing (3) policy
(4) energy (5) the president
(6) speak more
[4-6] (1) novel (2) bestseller (3) tell us

[1-3] 연설

> 연례 직원 표창 연회에 오신 것을 환영합니다. (1)자, 오늘밤에는 올해의 상을 낸시 스웬슨 씨에게 드리겠습니다. (2)정책을 꼼꼼하게 만드는 일에 헌신하셨습니다. 이 정책이 에너지 소비량을 줄이는 데 도움이 될 것으로 기대합니다. (3)이제 잭 텔포드 회장님께 마이크를 넘기겠습니다. 회장님께서 스웬슨 씨의 계획에 대해 더 설명해 주실 겁니다.

1. 연설의 주요 목적은?
(A) 시상하기
(B) 새로운 복장 규정 설명하기
(C) 판매 보너스 프로그램에 대해 논의하기

해설 목적
❶ 'I'd like to ~'에 유의.

❷ Well, tonight I'd like to give out this year's award to Ms. Nancy Swenson.에서 올해의 상을 낸시 스웬슨 씨에게 수여하겠다고 하므로 정답은 (A).

paraphrasing

give out this year's award ▶ present an award
(올해의 상을 주다 → 시상하다)

2. 화자에 따르면, 스웬슨 씨가 해 온 일은 무엇인가?

(A) 회사 웹사이트 제작
(B) 에너지 사용 정책 고안
(C) 새로운 상품권 프로그램 개발

해설 스웬슨 씨가 이미 한 일
❶ 현재완료 시제 'She has ~'에 유의.
❷ She has devoted herself to designing a carefully-made policy. We expect the policy will help to decrease our energy consumption.에서 정책을 꼼꼼하게 만드는 일에 헌신하였고 이 정책이 에너지 소비량을 줄이는 데 도움이 될 것으로 기대한다고 하므로 정답은 (B).

paraphrasing

energy consumption ▶ energy-use
(에너지 소비 → 에너지 사용)

3. 청자들은 다음에 무엇을 하겠는가?

(A) 행사 신청하기
(B) 시 공무원 만나기
(C) 담화 듣기

해설 다음에 할 행동
❶ 후반부 'I will ~'에 유의.
❷ Now, I will hand the microphone over to Jack Telford, the president of our company. He will speak more on Ms. Swenson's plan.에서 잭 텔포드 회장님께 마이크를 넘기고 그가 스웬슨 씨의 계획에 대해 더 설명해 줄 것이라고 하므로 정답은 (C).

[4-6] 방송

여러분은 '내셔널 퍼블릭 라디오의 더 런치 포럼'을 듣고 계십니다. 저는 진행을 맡은 아비가일 커틀러입니다. (4)오늘 특별 게스트로 제이슨 리딩스를 모셨습니다. (4)(5)리딩스 씨의 최신 소설 〈스파크스〉가 현재 〈뉴욕 데일리 타임즈〉의 베스트셀러 목록에 올라 있습니다. 많은 분들이 경험한 오늘날의 잃어버린 "20대"에 관한 이야기를 다룬 소설인데요. (6)먼저 어떻게 개인 경험을 통해 〈스파크스〉를 쓰시게 되었는지에 대해 말씀해 주시겠습니다. 자, 시작하겠습니다.

4. 제이슨 리딩스는 누구이겠는가?

(A) 도서 비평가
(B) 저자
(C) 라디오 진행자

해설 제이슨 리딩스의 신분 [추론 문제]
❶ Jason Readings 이하 내용에 유의.

❷ Today we have a special guest, Jason Readings. His recent novel, *Sparks*, is on the *New York Daily Times* bestseller list at the moment.에서 리딩스의 최신 소설이라는 표현이 있어 그가 저자임을 알 수 있으므로 정답은 (B).

5. 〈스파크스〉에 대해 언급된 것은?

(A) 출판되지 않은 상태이다.
(B) 작가가 20대이다.
(C) 인기가 매우 높다.

해설 〈스파크스〉에 대해 언급된 것
❶ 'Sparks' 이하 내용에 유의.
❷ His recent novel, *Sparks*, is on the *New York Daily Times* bestseller list at the moment.에서 〈스파크스〉가 현재 〈뉴욕 데일리 타임즈〉의 베스트셀러 목록에 올라 있다고 하므로 정답은 (C).

paraphrasing

on the *New York Daily Times* bestseller list ▶ very popular
(〈뉴욕 데일리 타임즈〉의 베스트셀러 목록에 오른 → 매우 인기 있는)

6. 다음에 어떤 일이 있겠는가?

(A) 인터뷰
(B) 책 낭독
(C) 영화평

해설 다음에 일어날 일
❶ 후반부 'First, he will ~'에 유의.
❷ First, he will tell us about how his personal experiences led him to write the novel, *Sparks*.에서 어떻게 개인 경험을 통해 〈스파크스〉를 쓰게 되었는지에 대해 말해 주겠다고 하여 인터뷰가 이어짐을 알 수 있으므로 정답은 (A).

토익 실전 감각 익히기 본책 p. 104

1. (D)	2. (C)	3. (C)	4. (B)	5. (B)	6. (A)
7. (D)	8. (C)	9. (B)	10. (C)	11. (B)	12. (D)

[1-3] 방송

This is the KWN TV news update. (1)Today, city officials proudly announced plans to build a new concert hall for music and dance performances. It will be located right here along the waterfront. (2)It will join other attractions such as the Rockport Baseball Stadium, shopping malls and the recently expanded Sea Life Aquarium. (3)Officials say the hall will bring more tourists into the city. I'm Amy Green, for KWN TV.

KWN TV 뉴스 최근 소식입니다. (1)오늘 시 공무원들은 음악 및 춤 공연을 위한 새 콘서트홀 건립 계획을 자신 있게 발표했습니다. 이곳은 해안을 따라 위치할 예정인데요. (2)락포트 야구 경기장, 쇼핑몰, 최근 확장한 씨 라이프 수족관 등의 기타 명소와 함께하게 될 것입니다. (3)관계자들은 콘서트홀로 인해 더 많은 관광객이 시를 찾을 것이라고 밝혔습니다. KWN TV, 에이미 그린이었습니다.

어휘 city official 시 공무원 announce 알리다, 발표하다
performance 공연 waterfront 해안가 attraction
명소 recently 최근 expand 확장하다

1. 화자에 따르면, 무엇이 건설될 것인가?
(A) 공장
(B) 야구 경기장
(C) 쇼핑몰
(D) 콘서트홀

해설 건설 예정 시설
❶ 'to build ~' 이하 내용에 유의.
❷ Today, city officials proudly announced plans to build a new concert hall for music and dance performances.에서 새 콘서트홀 건립 계획을 발표했다고 하므로 정답은 (D).

paraphrasing

build ▶ construct (건설하다)

2. 수족관에 대해 언급된 것은?
(A) 건립 예정이다.
(B) 해안가와 거리가 멀다.
(C) 최근에 개선되었다.
(D) 붐비지 않는다.

해설 수족관에 대해 언급된 것
❶ Aquarium 앞 부분에 유의.
❷ It will join other attractions such as the Rockport Baseball stadium, shopping malls and the recently expanded Sea Life Aquarium.에서 최근 확장한 씨 라이프 수족관에 대해 언급하므로 정답은 (C).

paraphrasing

expanded ▶ improved (확장된 → 개선된)

어휘 improve 개선하다 crowded 붐비는

3. 공사가 끝나면 어떤 일이 있을 것으로 예상되는가?
(A) 인구가 줄어들 것이다.
(B) 고속도로가 새로 건설될 것이다.
(C) 더 많은 사람들이 이 도시를 방문할 것이다.
(D) 일부 공장이 폐쇄될 것이다.

해설 공사가 끝나면 예상되는 일
❶ 'the hall will ~'에 유의.
❷ Officials say the hall will bring more tourists into the city.에서 콘서트홀로 인해 더 많은 관광객이 시를 찾을 것이라고 하므로 정답은 (C).

paraphrasing

bring more tourists into the city ▶ More people will visit the city. (더 많은 관광객이 시를 찾을 것이다 → 더 많은 사람들이 이 도시를 방문할 것이다.)

어휘 population 인구 decrease 감소하다 close down 폐쇄하다

[4-6] 광고

Westfield Industries is proud to announce the release of a series of toys—Learning Plus. Learning Plus will help your children learn new words and phrases in a fun and fast way. (4)(5)Suzanne Kim, a professor at the Language Institute of Central University, calls this the "best designed educational toy" of the year. Your child will also be no exception. Order it online at www.westfield.com. (6)A free digital camera will be offered for the first 50 buyers.

웨스트필드 인더스트리즈는 러닝 플러스 완구 시리즈의 출시를 알리게 되어 무척 기쁩니다. 러닝 플러스는 여러분의 자녀가 새로운 단어와 어구를 재미있고 빠른 방식으로 배울 수 있도록 도와줍니다. (4)(5)센트럴 대학교 어학원의 수잔 킴 교수는 러닝 플러스를 가리켜 올해 "최고의 교육용 완구"라고 칭한 바 있습니다. 귀하의 자녀도 예외는 아닙니다. www.westfield.com에서 온라인으로 주문하세요. (6)최초 구매 고객 50분께 디지털 카메라를 무료로 드립니다.

어휘 announce 알리다, 발표하다 release 출시
phrase 어구 in a ~ way ~한 방식으로 professor
교수 educational 교육의, 교육적인 be no
exception 예외가 아니다

4. 킴 씨는 누구이겠는가?
(A) 제품 디자이너
(B) 교육자
(C) 매장 주인
(D) 전문 가수

해설 킴 씨의 신분 [추론 문제]
❶ Suzanne Kim 뒷 부분 어휘에 유의.
❷ Suzanne Kim, a professor at the Language Institute of Central University, calls this the "best designed educational toy" of the year.에서 센트럴 대학교 어학원의 수잔 킴 교수라고 하므로 정답은 (B).

paraphrasing

a professor ▶ an educator (교수 → 교육자)

어휘 educator 교육자 professional 전문적인, 직업의

5. 화자가 "귀하의 자녀도 예외는 아닙니다."라고 말한 의도는 무엇인가?

(A) 가격에 만족한다.

(B) 해당 완구가 자녀에게 도움을 줄 것이라고 확신한다.

(C) 시연을 하고 싶다.

(D) 카메라를 추천하고 있다.

해설 귀하의 자녀도 예외는 아니라고 말하는 의미 [의도 파악 문제]

❶ 'Your child will also be no exception'의 앞 문장에 유의.

❷ Suzanne Kim, a professor at the Language Institute of Central University, calls this the "best designed educational toy" of the year.에서 킴 교수는 러닝 플러스를 가리켜 올해 최고의 교육용 완구라고 칭했다고 하므로 정답은 (B).

어휘 be pleased with ~에 기뻐하다 benefit 혜택을 주다, 이익이 되다 give a demonstration 시범을 보이다 recommend 추천하다

6. 청자들이 무료로 디지털 카메라를 받을 수 있는 방법은 무엇인가?

(A) 빠르게 구입하기

(B) 제품을 온라인으로 주문하기

(C) 매장 상품권 신청하기

(D) 특정 개수의 제품 주문하기

해설 무료로 디지털 카메라를 받을 수 있는 방법

❶ 'A free digital camera ~' 이하 내용에 유의.

❷ A free digital camera will be offered for the first 50 buyers.에서 최초 구매 고객 50분께 디지털 카메라를 무료로 준다고 하므로 정답은 (A).

어휘 purchase 구입하다 register for ~을 신청하다, 등록하다 a certain amount of 특정한 양의

[7-9] 연설

Welcome to the trade show. I'm Fred Colsen from MR Industries. (7)MR Industries is a leading manufacturer of energy-efficient products for lighting your home or business. In just a moment, I will demonstrate our new power-saving D-6 lighting fixtures. (8)And then, I'd like to ask everyone to fill out our short feedback survey about this demonstration. (9)I will also pass out product brochures to all of you. Now, let's get started.

무역 박람회에 오신 것을 환영합니다. 저는 MR 인더스트리즈의 프레드 콜슨입니다. (7)MR 인더스트리즈는 가정이나 회사를 위한 에너지 효율성 높은 조명 제품을 선도하는 제조 업체입니다. 잠시 후 절전 효과가 있는 저희 신제품 D-6 조명 기구를 보여 드리겠습니다. (8)그런 다음, 여러분께 시연에 관한 짧은 피드백 설문지 작성을 요청드리겠습니다. (9)아울러 여러분께 제품 안내책자도 나눠 드릴 것입니다. 그럼 시작할까요.

어휘 trade show 무역 박람회 leading 선두의 manufacturer 제조 업체 energy-efficient 에너지 효율적인 demonstrate 시연하다 power-saving 절전하는 lighting fixture 조명 기구 fill out a survey 설문에 기입하다 pass out 나눠주다 brochure 안내책자

7. MR 인더스트리즈는 어떤 종류의 제품을 제조하는가?

(A) 사무용 가구

(B) 공업용 기계

(C) 조경 장비

(D) 조명 제품

해설 MR 인더스트리즈가 만드는 제품 종류

❶ 'manufacturer of ~' 이하 내용에 유의

❷ MR Industries is a leading manufacturer of energy-efficient products for lighting your home or business. 에서 MR 인더스트리즈는 가정이나 회사를 위한 에너지 효율성 높은 조명 제품을 선도하는 제조 업체라고 하므로 정답은 (D).

paraphrasing

manufacturer ▶ make (제조 업체 → 만들다)

어휘 furniture 가구 industrial 산업용의, 공업용의 machinery 기계 gardening 조경 equipment 장비

8. 청자들은 무엇을 해 달라고 요청받았는가?

(A) 휴대전화 전원 끄기

(B) 자기 소개하기

(C) 설문지 작성하기

(D) 다른 방에 들어가기

해설 청자들이 요청받은 사항

❶ 요청문 'I'd like to ask everyone to ~'에 유의.

❷ I'd like to ask everyone to fill out our short feedback survey about this demonstration.에서 시연에 관한 짧은 피드백 설문지 작성을 요청하므로 정답은 (C).

paraphrasing

fill out ▶ complete (작성하다)

어휘 turn off 끄다 self-introduction 자기 소개 complete a survey 설문에 기입하다

9. 모든 청자들은 무엇을 받을 것인가?

(A) 상

(B) 안내책자

(C) 신청서

(D) 할인 쿠폰

해설 청자들이 받게 될 것

❶ 'I will also pass out ~'에 유의.

❷ I will also pass out product brochures to all of you.에서 제품 안내책자도 나눠준다고 하므로 정답은 (B).

월요일	(10)화요일	(10)수요일	목요일
비	맑음	흐림	비

This is Jake Stevenson, with your morning commute update. (10)Well, traffic is flowing smoothly on most area roadways, due to the clear weather today. Starting tomorrow, however, three weeks of construction work around the Stadium Avenue may begin. (11)The work may face more delays if there's rain in our region. (12)It is expected to be completed before next month's bicycle race.

여러분의 출근길 소식을 전할 제이크 스티븐슨입니다. (10)네, 맑은 날씨 덕분에 대부분의 도로에서 교통이 원활합니다. 그러나 내일부터 스태디엄 애비뉴 근처에서 3주간의 공사가 시작됩니다. (11)우리 지역에 비가 올 경우 공사가 더 지연될 것입니다. (12)이 작업은 다음 달 자전거 경주 대회 이전에 완료될 것으로 예상됩니다.

어휘 commute 통근 smoothly 순조롭게 due to ~ 때문에 construction work 건설 공사 face 직면하다 delay 지연 region 지역

10. 도표에 따르면, 스태디엄 애비뉴 근처 보수 작업은 무슨 요일에 시작될 것인가?
(A) 월요일
(B) 화요일
(C) 수요일
(D) 목요일

해설 스태디엄 애비뉴 근처 보수 작업의 시작 요일 [시각 정보 연계 문제]
❶ 날씨 표현과 'construction work'이 포함된 문장 표현에 유의.
❷ Well, traffic is flowing smoothly on most area roadways, due to the clear weather today. Starting tomorrow, however, three weeks of construction work around the Stadium Avenue may begin.에서 맑은 날씨 덕분에 대부분 도로의 교통이 원활한 것에서 오늘이 화요일임을 알 수 있으며 내일부터 스태디엄 애비뉴 근처에서 3주간의 공사가 시작된다고 하므로 정답은 (C).

paraphrasing
construction work ▶ repair work (공사 → 보수 작업)

11. 화자에 따르면, 공사 일정에 영향을 줄 수 있는 것은 무엇인가?
(A) 교통량 증가
(B) 날씨 변화
(C) 자재 부족
(D) 가용 작업자 수

해설 공사 일정에 영향을 줄 수 있는 것
❶ 지문 후반부 'The work may face more delays ~'에 유의.
❷ The work may face more delays if there's rain in our region.에서 비가 올 경우 공사가 더 지연될 것이라고 하므로 정답은 (B).

paraphrasing
if there's rain ▶ a change in weather
(비가 오면 → 날씨의 변화)

어휘 affect 영향을 주다 shortage 부족, 결핍 material 재료, 자재 available 시간이 되는

12. 화자에 따르면 다음 달에 무슨 일이 있을 것인가?
(A) 회의
(B) 도로 폐쇄
(C) 매장 개점
(D) 스포츠 행사

해설 다음 달에 예정된 일
❶ 지문 후반부 'next month' 이하 내용에 유의.
❷ It is expected to be completed before next month's bicycle race.에서 해당 작업이 다음 달 자전거 경주 대회 이전에 완료될 것으로 예상한다고 하므로 정답은 (D).

paraphrasing
bicycle race ▶ A sporting event
(자전거 경주 대회 → 스포츠 행사)

어휘 conference 회의 closure 폐쇄, 봉쇄

Unit 12 회의록, 설명, 소개

회의록 본책 p. 106

정답 **1.** (B) **2.** (A) **3.** (B)
받아쓰기 (1) purchased (2) land (3) shoes (4) June (5) next year

[1-3]

좋은 소식으로 회의를 시작하려고 합니다. (1)(2)우리는 최근에 새로운 신발 공장을 위해 토지를 구입했습니다. (3)두 달 후에 착공 예정이며, 내년 6월까지 완공할 예정입니다. 일단 완공되면, 새 공장은 우리의 생산율을 50퍼센트까지 높일 것으로 예상합니다.

1. 회사가 최근에 한 일은 무엇인가?
(A) 장비 구입   **(B) 토지 구입**

2. 화자가 언급한 공장의 종류는?
(A) 신발   (B) 주방용품

3. 공장에 대해 명시된 것은 무엇인가?

(A) 공사가 다음 달에 시작된다.

(B) 시설이 내년 6월에 완료되어야 한다.

설명
본책 p. 107

> 정답   **1.** (B)   **2.** (A)   **3.** (B)
> 받아쓰기   (1) restaurant (2) bonus card (3) accept
>   (4) old

[1-3]

> (1)지역 최고의 해산물 음식점인 포터스 비스트로에 오신 것을 환영합니다. (2)우리의 새로운 보너스 카드 프로그램에 대해 말씀드리겠습니다. 포터스 비스트로의 새 카드는 방문하실 때마다 스캔되며, 10회 방문 시 메인 요리가 무료입니다. (3)10월 1일부터 고객님의 구종이 카드는 더 이상 받지 않습니다.

1. 청자들은 누구이겠는가?

(A) 식당의 서빙 직원   **(B)** 식당의 식사 손님

2. 대화에 따르면, 포터스 비스트로에 새로 도입된 것은?

(A) 고객 보상 프로그램   (B) 메뉴 항목

3. 10월 1일부터 포터스 비스트로에서 어떤 일이 있을 것인가?

(A) 식당이 개점일을 기념할 것이다.

(B) 구 카드는 더 이상 유효하지 않을 것이다.

소개
본책 p. 108

> 정답   **1.** (A)   **2.** (B)   **3.** (A)
> 받아쓰기   (1) economist (2) ninth (3) raise (4) hands

[1-3]

> (1)저명한 작가이자 경제학자이신 에밀 골드스타인과의 인터뷰에 참석해 주셔서 감사합니다. 골드스타인 씨는 〈데일리 비즈니스 리포트〉의 시장 분석가입니다. 또한, 그는 많은 책을 출판했습니다. (2)지난주 서점에서 판매되기 시작한 그의 아홉 번째 책의 제목은 〈제4세계 경제〉입니다. (3)골드스타인 씨에게 하실 질문이 있으시면 연설이 끝난 후에 손을 들어 주세요.

1. 화자에 따르면, 에밀 골드스타인은 누구인가?

(A) 경제학자   (B) TV 프로그램 진행자

2. 에밀 골드스타인이 저술한 책은 총 몇 권인가?

(A) 8권   **(B)** 9권

3. 청자들은 질문이 있을 때 어떻게 하면 되는가?

(A) 손 들기   (B) 서면으로 제출하기

Check Up
본책 p. 109

> **1.** native   **2.** innovative   **3.** bestselling
> **4.** architect   **5.** analysts   **6.** psychology
> **7.** suggestion   **8.** release   **9.** competitors
> **10.** inventory   **11.** speaker   **12.** inspection

토익 감잡기
본책 p. 110

Step 1

> 정답   **1.** (A)   **2.** (B)   **3.** (A)   **4.** (A)
> 받아쓰기   **[1-2]** (1) market research (2) one hour
>   **[3-4]** (1) novel (2) party (3) volunteers

[1-2] 설명

> 서밋 사에 오신 것을 환영합니다. (1)저희는 고객을 위한 시장 조사 서비스를 선도하는 기업입니다. 오늘 여러분은 저희 라운지에서 세 가지 식품의 견본을 테스트하시게 됩니다. 각 테스트는 15분이 소요되며 이어지는 설문 조사 작성을 위해 15분을 더 드립니다. (2)여러분은 라운지 테스트 구역에서 총 1시간 정도를 보내게 되실 것으로 예상됩니다.

1. 서밋 사는 어떤 종류의 회사인가?

(A) 시장 조사 업체   (B) 식품 제조 업체

paraphrasing

the leading provider of market research services
▶ a market research company
(시장 조사 서비스를 선도하는 기업 → 시장 조사 업체)

2. 청자들은 라운지에서 얼마 동안 있을 것인가?

(A) 약 15분   **(B)** 약 1시간

paraphrasing

roughly ▶ about (대략 → 약)

[3-4] 회의록

> 네, 다음 회의 주제는 수 라슨의 미스터리 추리 소설 홍보에 관한 것입니다. (3)대규모 광고 캠페인을 진행 중이고, 해당 소설은 3주 후 서점에 출시될 예정입니다. 지역 신문에는 메이필드 서점에서 열릴 우리 책 출시 기념 파티를 광고하는 기사를 이미 게재했습니다. (4)기념 파티에 자원해서 도움을 주실 분들을 찾고 있습니다. 어떤 도움이든 좋습니다.

3. 화자는 3주 후에 어떤 일이 있을 것이라고 말하는가?

(A) **소설이 출시될 것이다.**

(B) 홍보가 종료될 것이다.

paraphrasing

hit the bookstores ▶ be released (서점에 출시되다)

4. 화자는 무엇에 관해 도움을 요청하는가?

(A) **기념 파티 준비**　　　(B) 회의 주제 작성

paraphrasing

help out with this party ▶ preparing for a party
(이 파티 준비를 돕다 → 파티 준비하기)

Step 2

[1-3] 소개

(1)오늘 여러분께 바이런 고든 교수님을 소개하고자 합니다. 고든 교수는 우리 대학교 출신 중 가장 유명한 동문입니다. (2)언어학 박사 학위를 받으셨고 4년간 미국 언어학 연맹의 회장직을 맡고 계십니다. (3)오늘 여러분께 최근 스위스 제네바에서 열린 국제 소통 위원회에 참석하신 경험을 들려주실 것입니다.

1. 바이런 고든은 누구인가?

(A) **교수**

(B) 대학원생

(C) 대학 총장

해설　바이런 고든의 신분

❶ Byron Gordon의 앞뒤 어휘에 유의.

❷ Today I'd like to introduce Professor Byron Gordon to you.에서 바이런 고든 교수를 소개한다고 하므로 정답은 (A).

2. 바이런 고든은 어떤 분야에서 박사 학위를 받았는가?

(A) 법학

(B) 심리학

(C) **언어학**

해설　바이런 고든이 박사 학위를 받은 분야

❶ 'Ph.D in ~'에 유의.

❷ He obtained his Ph.D. in linguistics, and has been the president of the American Linguistics League for 4 years.에서 언어학 박사 학위를 받았다고 하므로 정답은 (C).

paraphrasing

obtain ▶ get (얻다)

3. 바이런 고든에 대해 언급된 것은?

(A) 회의에 참석할 것이다.

(B) **최근에 스위스에 머물렀다.**

(C) 컴퓨터 언어를 많이 알고 있다.

해설　바이런 고든에 대해 언급된 것

❶ 지문 후반부에 유의.

❷ Tonight he will be speaking to us about his recent trip to the International Communication Council in Geneva, Switzerland.에서 최근 스위스 제네바에서 열린 국제 소통 위원회에 참석한 경험을 들려줄 것이라고 했으므로 정답은 (B).

paraphrasing

his recent trip to the International Communication Council in Geneva, Switzerland. → He was recently in Switzerland.
(최근 스위스 제네바에서 열린 국제 소통 위원회에 참석 → 최근에 스위스에 머물렀다.)

[4-6] 설명

오늘 교육에 오신 것을 환영합니다. 새로운 파워 리콜 소프트웨어 프로그램에 관한 내용으로 시작하겠습니다. (4)이것은 고객 선호도와 행동 데이터를 저장하도록 고안된 것입니다. (5)프로그램 로그인을 위해 운영 부서에서 사용자 ID와 패스워드를 제공해 드립니다. (6)아울러 여러분 대다수가 처음 오셨기 때문에 준비된 양식에 휴대전화 번호와 이메일 주소를 적어 주시기 바랍니다.

4. 소프트웨어 프로그램은 무엇에 사용되겠는가?

(A) 신입 직원 교육

(B) 웹사이트 디자인

(C) **고객 데이터 저장**

해설　소프트웨어 프로그램이 사용 될 곳[추론 문제]

❶ 지문 초반부 'It is designed to ~'에 유의.

❷ It is designed to store customer preferences and behavior data.에서 고객 선호와 행동 데이터를 저장하도록 고안된 것이라고 하므로 정답은 (C).

paraphrasing

store customer preferences and behavior data
→ storing customer data
(고객 선호도와 행동 데이터를 저장하다 → 고객 데이터 저장하기)

5. 운영 부서는 무엇을 할 것인가?

(A) 퀴즈 만들기

(B) **패스워드 제공하기**

(C) 교육 세미나 운영하기

해설　운영 부서가 할 일

❶ 'the operations department will ~'에 유의.

❷ To login to the program, the operations department will provide a user ID and password.에서 운영 부서가 사용자 ID와 패스워드를 제공한다고 하므로 정답은 (B).

paraphrasing

provide ▶ offer (제공하다)

6. 청자들은 다음으로 무엇을 하겠는가?

(A) 컴퓨터 로그인하기

(B) 소프트웨어 프로그램 설치하기

(C) 연락처 적기

해설 청자들이 다음에 할 일

❶ 지문 후반부에서 청유문 'please ~'에 유의.

❷ Also, most of you are new here, so please write down your cell phone number and e-mail address on the form provided.에서 준비된 양식에 휴대전화 번호와 이메일 주소를 적어 달라고 하므로 정답은 (C).

paraphrasing

your cell phone number and e-mail address ▶ their contact information

(휴대전화 번호와 이메일 주소 → 연락처)

토익 실전 감각 익히기   본책 p. 112

1. (B)	**2.** (C)	**3.** (B)	**4.** (B)	**5.** (D)	**6.** (C)
7. (B)	**8.** (D)	**9.** (B)	**10.** (B)	**11.** (B)	**12.** (C)

[1-3] 설명

> Good afternoon. (1)I'd like to thank all of you for your interest in the professional internship program here at the McCall College's pharmacy department. (2)Our six-month program gives graduates exciting research opportunities and job experience. Requirements for the application include a GPA of at least 3.6, two letters of recommendation, and a statement of purpose. (3)Previous job experience is preferred.
>
> 안녕하세요. (1)이곳 맥콜 대학 약학부에서 열리는 전문 인턴십 프로그램에 관심을 보여 주셔서 감사합니다. (2)6개월간 진행되는 저희 프로그램은 대학 졸업생들에게 흥미로운 연구 기회와 직업 체험을 마련해 드립니다. 신청 요건은 평점 3.6 이상, 추천서 2부, 학업 계획서입니다. (3)이전 경력이 있으면 더 좋습니다.
>
> 어휘   interest 관심   professional 전문적인   pharmacy 약학   graduate 대학 졸업자   research 연구, 조사   opportunity 기회   requirement 요건, 요구사항   application 신청, 지원   GPA 평점   letter of recommendation 추천서   statement of purpose 학업계획서   previous 이전의

1. 청자들은 어떤 분야에 관심이 있겠는가?

(A) 농업

(B) 약학

(C) 조경

(D) 컴퓨터 프로그래밍

해설   청자들이 관심 있는 분야 [추론 문제]

❶ 지문 초반부 'your interest in ~'에 유의.

❷ Good afternoon. I'd like to thank all of you for your interest in the professional internship program here at the McCall College's pharmacy department.에서 이곳 맥콜 대학 약학부에서 열리는 전문 인턴십 프로그램에 관심을 보여 주어 감사하다고 하므로 정답은 (B).

2. 프로그램은 얼마 동안 진행되는가?

(A) 1개월

(B) 2개월

(C) 반년

(D) 1년

해설   프로그램 진행 기간

❶ program 앞의 기간을 나타내는 시간 표현에 유의.

❷ Our six-month program gives graduates exciting research opportunities and job experience.에서 6개월간 진행되는 프로그램이라고 하므로 정답은 (C).

paraphrasing

six-month ▶ Half a year (6개월 → 반년)

3. 신청 필수 요건으로 열거되지 않은 것은?

(A) 글

(B) 이전 업무 경력

(C) 추천서

(D) 좋은 학업 성적

해설   신청 필수 요건이 아닌 것

❶ 'preferred' 앞 부분에 유의.

❷ Previous job experience is preferred.에서 이전 경력은 선호 사항이지 필수 요건은 아님을 알 수 있으므로 정답은 (B).

paraphrasing

job experience ▶ work experience (업무 경력)

a statement of purpose ▶ an essay (학업 계획서 → 글)

[4-6] 회의록

> (4)This month's sales figures still need to be improved. (5)The goal we have set is 1,000 new subscribers in one month. We already have 700 new customers because of you. We're so close. (5)However, we only have one week left to get 300 more subscribers. (6)As an added motivation to bring in those sales, for this whole week you will receive double your regular pay. Now let's get back to the telephones.

(4)이번 달 매출액은 여전히 향상되어야 할 수준입니다. (5)우리가 내세운 목표는 한 달에 1,000명의 신규 구독자 영입이었는데요. 여러분 덕분에 이미 700명의 신규 구독자를 확보했습니다. 목표에 매우 근접했어요. (5)하지만 300명의 구독자를 더 모집하는 데 1주일밖에 남지 않았습니다. (6)이만큼의 구독자 영입을 위한 동기 부여로, 이번 주에는 여러분께 평소 급여의 2배를 드릴 것입니다. 이제 다시 전화 업무로 복귀합시다.

> 어휘 sales figures 매출액 improve 향상시키다, 개선하다
> set a goal 목표를 세우다 subscriber 구독자, 가입자
> motivation 동기 부여 bring in 데려오다, 가져오다
> receive 받다 regular 보통의

4. 담화는 누구를 대상으로 하겠는가?
(A) 관리자들
(B) 영업 사원들
(C) 고객들
(D) 기자들

해설 청자들의 신분 [추론 문제]
❶ 지문 초반부에 유의.
❷ This month's sales figures still need to be improved.에서 이번 달 매출액은 여전히 향상되어야 할 수준이며 매출 관련하여 논의하고 있으므로 정답은 (B).

5. 화자가 "목표에 매우 근접했어요."라고 말한 의도는 무엇인가?
(A) 일찍 도달할 것으로 기대한다.
(B) 긴밀히 협력한다고 생각한다.
(C) 여지가 충분하다고 생각한다.
(D) 곧 목표를 달성할 수 있다고 생각한다.

해설 목표에 매우 근접했다고 말하는 이유 [의도 파악 문제]
❶ 'We're so close.' 앞뒤 문장에서 숫자 표현에 유의.
❷ The goal we have set is 1,000 new subscribers in one month. We already have 700 new customers because of you. However, we only have one week left to get 300 more subscribers.에서 한 달에 1,000명의 신규 구독자 영입을 목표로 삼고 있으며 이미 700명의 신규 구독자를 확보했고 300명의 구독자를 더 모집하는 데 1주일밖에 남지 않아 목표치에 곧 근접하였다는 것을 의미하므로 정답은 (D).

paraphrasing

one week left ▶ soon (1주일 남은 → 곧)

어휘 room 여지, 공간 reach one's target ~의 목표에 도달하다

6. 청자들은 어떤 장려책을 제공받는가?
(A) 휴가
(B) 상품권
(C) 더 높은 급여
(D) 회사 야유회

해설 청자들이 제공받는 장려책
❶ 후반부 'you will receive ~'에 유의.
❷ As an added motivation to bring in those sales, for this whole week you will receive double your regular pay.에서 이번 주에는 평소 급여의 2배를 줄 것이라고 하므로 정답은 (C).

paraphrasing

double your regular pay ▶ Higher pay
(평소 급여의 2배 → 더 높은 급여)

[7-9] 소개

> Thank you for attending the Worldwide Hotel Development Conference. I'm the organizer Kim Johnson, and I'd now like to introduce our first guest speaker, Ms. Debbie Clark. (7)(8) A native of Cape Town, Ms. Clark is a noted architect whose designs are a mixture of varied architectural styles. (9)Ms. Clark is currently working on a new hotel project in New York, where she now lives. Please help me welcome Ms. Debbie Clark!

세계 호텔 개발 회의에 참석해 주셔서 감사합니다. 저는 조직 위원 킴 존슨입니다. 첫 번째 객원 연사인 데비 클락 씨를 소개하고자 합니다. (7)(8)케이프타운 출신의 클락 씨는 다양한 건축 양식을 혼합한 디자인을 선보이는 저명한 건축가입니다. (9)현재 거주하고 계신 뉴욕의 새 호텔 프로젝트를 담당하고 있습니다. 저와 함께 데비 클락 씨를 맞아 주십시오!

> 어휘 worldwide 전 세계적인 development 개발
> organizer 조직자 native of ~ 출신인 사람 noted
> 유명한, 잘 알려져 있는 architect 건축가 mixture 혼합
> varied 다양한 architectural 건축의 currently 현재

7. 데비 클락 씨는 누구인가?
(A) 조직 위원
(B) 건축가
(C) 호텔 관리자
(D) 연기자

해설 데비 클락 씨의 신분
❶ 'Ms. Clark' 앞뒤 부분의 어휘에 유의.
❷ A native of Cape Town, Ms. Clark is a noted architect whose designs are a mixture of varied architectural styles.에서 클락 씨가 저명한 건축가라고 소개하므로 정답은 (B).

8. 화자가 클락 씨에 대해 말한 것은?
(A) 연설을 거의 하지 않는다.
(B) 프로 골퍼이다.
(C) 클락 씨의 회사는 회의를 조직한다.
(D) 클락 씨의 디자인은 다양한 스타일이 혼합되어 있다.

해설 클락 씨에 대해 언급한 것
❶ 클락 씨 소개 부분에 유의.
❷ A native of Cape Town, Ms. Clark is a noted architect whose designs are a mixture of varied architectural styles.에서 클락 씨가 다양한 건축 양식을 혼합한 디자인을 선보인다고 하므로 정답은 (D).

paraphrasing

a mixture of ▶ mixed (혼합된)

varied ▶ various (다양한)

어휘 rarely 좀처럼 ~하지 않는 give a speech 연설하다

9. 클락 씨는 현재 어디에 거주하는가?

(A) 케이프타운

(B) 뉴욕

(C) 런던

(D) 싱가포르

해설 클락 씨의 현재 거주지

❶ 'where she now lives'의 앞부분에 유의.

❷ Ms. Clark is currently working on a new hotel project in New York, where she now lives.에서 현재 거주하고 있는 뉴욕에서 프로젝트를 진행하고 있다고 하므로 정답은 (B).

[10-12] 설명 & 약도

전시장 약도

부스 1 그린 쉴드	문	**(12)**부스 3 스타 인더스트리즈
부스 2 글로벌 메디신		부스 4 퓨렉스 2000

어휘 exhibition 전시

Thank you for stopping by our booth. **(10)**My name is Lisa Davidson, production manager at Star Industries. We are proud to introduce our newest product, the Purex 2000. This tiny water-purifying unit can be fitted to any water bottle. **(11)**What makes the Purex 2000 unique is this innovative, adjustable seal. **(12)**For more details, please pick up one of our brochures at the Star Industries booth.

저희 부스에 들러 주셔서 감사합니다. **(10)**저는 스타 인더스트리즈의 생산 관리자인 리사 데이비드슨입니다. 저희 신제품 퓨렉스 2000을 소개하게 되어 기쁩니다. 이 작은 정수 장치는 어떤 물병에나 잘 맞습니다. **(11)**퓨렉스 2000의 특이점은 이 혁신적이고 조절 가능한 밀폐 장치에 있습니다. **(12)**더 자세한 사항은 스타 인더스트리즈 부스에 있는 안내책자를 가져가셔서 확인하세요.

어휘 stop by ~에 잠시 들르다 production 생산 tiny 작은
water-purifying 정수 be fitted to ~에 들어맞다
unique 독특한 innovative 혁신적인 adjustable
조절 가능한 seal 밀봉, 밀폐

10. 화자는 누구인가?

(A) 호텔 관리자

(B) 공장 관리자

(C) 건물 관리자

(D) 인사 담당 임원

해설 화자의 신분

❶ 지문 초반부 'Lisa Davidson' 뒤에 유의.

❷ My name is Lisa Davidson, production manager at Star Industries.에서 스타 인더스트리즈의 생산 관리자임을 알 수 있으므로 정답은 (B).

paraphrasing

production manager ▶ factory manager
(생산 관리자 → 공장 관리자)

11. 화자가 퓨렉스 2000의 특이사항으로 언급한 것은?

(A) 플라스틱으로 만들어졌다.

(B) 밀폐 장치를 조절할 수 있다.

(C) 배송이 무료이다.

(D) 재료를 재활용할 수 있다.

해설 화자가 퓨렉스 2000의 특이 사항으로 언급 한 것.

❶ 'What makes the Purex 2000 unique is ~'에 유의.

❷ What makes the Purex 2000 unique is this innovative, adjustable seal.에서 퓨렉스 2000의 특이점은 혁신적이고 조절 가능한 밀폐 장치에 있다고 하므로 정답은 (B).

어휘 shipping 배송 material 재료, 자재 recyclable 재활용
가능한

12. 도표에 따르면, 안내책자는 어떤 부스에서 볼 수 있는가?

(A) 부스 1

(B) 부스 2

(C) 부스 3

(D) 부스 4

해설 안내책자가 있는 부스 [시각 정보 연계 문제]

❶ 'brochures'에 이어지는 부스명에 유의.

❷ For more details, please pick up one of our brochures at the Star Industries booth.에서 스타 인더스트리즈 부스에 있는 안내책자를 가져가라고 하며 약도에서 스타 인더스트리즈는 부스 3이므로 정답은 (C).

UNIT 12

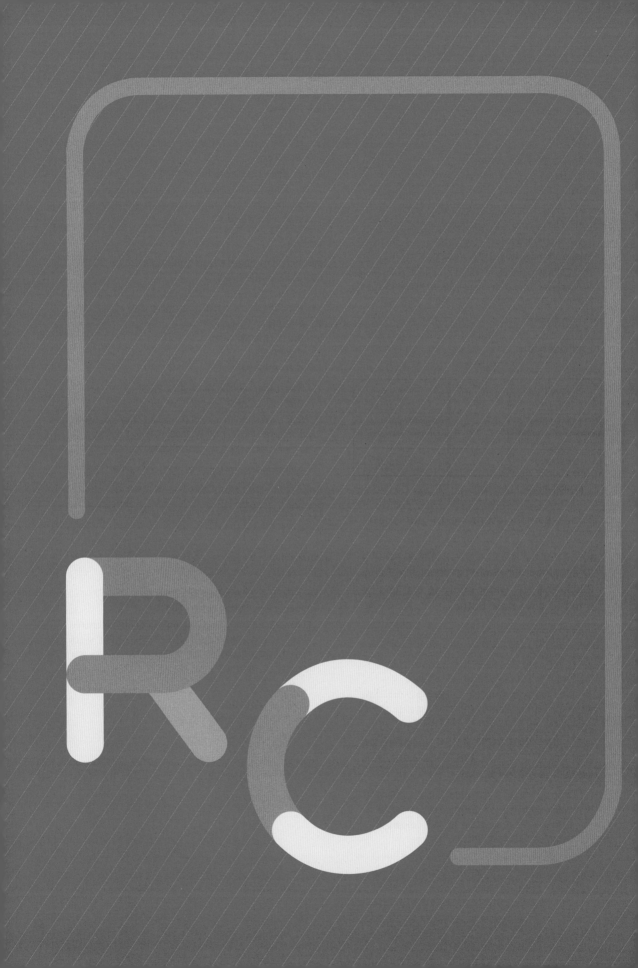

Unit ① 명사와 대명사

1. 명사의 역할과 자리

Check Up　　　　　　　　　　본책 p. 119

1. Employees 직원들	**2.** safety 안전
3. directors 관리자들	**4.** consideration 고려, 배려
5. decision 결정	**6.** security 보안
7. satisfaction 만족	**8.** appointment 예약, 약속

1. 직원들은 오늘 일찍 갈 수도 있다.
2. 그 공장은 엄격한 안전 규정이 있다.
3. 관리자들은 자선 행사를 조직했다.
4. 깊은 배려에 진심으로 감사드립니다.
5. CEO가 회사의 결정을 발표했다.
6. 매장은 보안을 위해 CCTV 카메라를 설치했다.
7. 고객 만족이 회사의 성공에 있어 핵심 요소이다.
8. 브룩 씨는 자신의 치과 예약을 미뤘다.

2. 명사의 형태

Check Up　　　　　　　　　　본책 p. 120

1. journalist 기자	**2.** variety 다양성
3. inspection 감독	**4.** proposals 제안서들
5. Participation 참여	**6.** applicants 지원자들
7. visitors 방문객들	**8.** assistance 도움, 지원

1. 화이트 씨는 기자로 일한다.
2. 식사 손님들은 다양한 음식들을 즐길 것이다.
3. 검사하실 수 있도록 견본을 준비해 두었습니다.
4. 책임자는 모든 제안을 검토할 것이다.
5. 오리엔테이션 참석은 필수이다.
6. 입사 지원자는 최소 2개 언어를 구사해야 한다.
7. 그 디저트 메뉴는 계절마다 수백 명의 방문객을 이끈다.
8. 기술적 지원을 받으시려면 저희 고객 지원팀에 연락하십시오.

3. 가산명사와 불가산명사

Check Up　　　　　　　　　　본책 p. 121

1. costs 비용	**2.** equipment 장비
3. furniture 가구	**4.** merchandise 상품
5. Advice 충고	**6.** refunds 환불
7. an invitation 초대장	**8.** Receipts 영수증

1. 수리비가 매년 증가하고 있다.
2. 일부 장비가 작동하지 않는다.
3. 사무용 가구가 고객들에게 배송되었다.
4. 현재 다양한 상품을 할인 판매하고 있다.
5. 저희 식사 서비스에 대한 조언을 환영합니다.
6. 일부 제품은 현금으로 환불되지 않습니다.
7. 관리자는 파티 초대를 수락했다.
8. 영수증은 회계팀 수지에게 제출해야 합니다.

4. 인칭대명사

Check Up　　　　　　　　　　본책 p. 122

1. your (소유격)	**2.** himself (재귀대명사)
3. hers (소유대명사)	**4.** its (소유격)
5. They (주격)	**6.** you (목적격)
7. herself (재귀대명사)	**8.** them (목적격)

1. 귀하의 청구서를 받았습니다.
2. 라이언 씨는 기금 조성에 전념했다.
3. 홀 씨는 노트북이 자신의 것이 아니라고 말했다.
4. 그 차는 창의적인 디자인으로 잘 알려져 있다.
5. 그들은 봄에 거리 축제를 준비할 것이다.
6. 다음 주 월요일에 저희 결정을 알려드리겠습니다.
7. 아들러 씨는 환불을 받기 위해 직접 매장을 방문했다.
8. 고객들은 설문지를 작성해서 제출하면 됩니다.

5. 지시대명사와 부정대명사

Check Up　　　　　　　　　　본책 p. 123

1. those	**2.** another	**3.** those
4. that	**5.** the others	**6.** others
7. the others	**8.** others	

1. 온라인 판매량이 작년 판매량을 넘어섰다.
2. 원하시면 다른 것으로 교환하실 수 있습니다.
3. 야간 근무를 한 사람들에게 보너스가 지급된다.
4. 올해 영업 보고서는 작년 것보다 더 길다.
5. 고객 중 한 명은 빨리 도착했지만 다른 사람들은 늦었다.
6. 일부 직원들은 정장을 선호하지만 다른 직원들은 편안한 복장을 좋아한다.
7. 제안서 하나는 수락됐지만 다른 것들은 거부되었다.
8. 존은 주말에 다른 사람들과 야외 활동 하는 것을 좋아한다.

1. (B)	2. (A)	3. (B)	4. (A)	5. (A)
6. (A)	7. (A)	8. (B)	9. (A)	10. (B)

1. 목적어 자리 – 명사

해석 세미나 목표는 업무 환경에 대한 인식을 제고하는 것이다.

해설 빈칸은 타동사 raise의 목적어 자리이므로 명사인 (B)가 정답. (A)는 형용사.

2. 주어 자리 – 명사

해석 모든 고객 정보를 기밀로 유지하십시오.

해설 customer information(고객 정보)는 복합명사이기도 하지만, 빈칸은 동사 is의 주어 자리이므로 명사 (A)가 정답. (B)는 형용사.

3. 〈관사(a/an/the) + 형용사 + 명사〉

해석 영업팀 팀원들은 윌리엄스 씨를 자질 있는 관리자라고 생각한다.

해설 빈칸은 관사 a와 형용사 qualified(자격을 갖춘)의 수식을 받으며 동사 consider의 목적격 보어 자리이기도 하므로 정답은 (B). (A)는 동사 또는 형용사.

4. 복합명사 〈safety equipment〉

해석 인부들은 작업 중 필요한 안전 장비를 항상 착용해야 한다.

해설 safety equipment(안전 장비)는 복합명사이기도 하지만, 빈칸은 형용사 necessary와 함께 동사 wear의 목적어 자리이므로 명사인 (A)가 정답. (B)는 형용사.

5. 소유격 인칭대명사 her + 명사구

해석 스미스 씨는 인도에 있는 자신의 새 회사를 위한 새로운 공급 업체를 찾고 있다.

해설 빈칸은 명사구 new business를 수식하는 자리이므로 소유격 인칭대명사인 (A)가 정답.

6. 지시대명사 – that

해석 우리 제품은 선도 경쟁 업체 제품보다 더 효과적인 것 같다.

해설 빈칸에 들어갈 지시대명사가 받는 것이 단수형인 product이므로 정답은 (A). (B)는 복수형.

7. 가산명사 – permit

해석 일부 건축 허가 규정은 더 나은 도시 계획으로 이어졌다.

해설 가산명사 permit는 관사(a/an/the)의 수식이 없이 단독으로 쓰이지 못하므로 복수형인 (A)가 정답.

8. 〈전치사 on + 형용사 + 명사〉

해석 경영진은 마침내 해외 투자에 대한 합의를 이뤘다.

해설 빈칸은 형용사 overseas(해외의)의 수식을 받으며 전치사 on의 목적어 자리이기도 하므로 명사인 (B)가 정답. (A)는 동사의 3인칭 단수형.

9. 사람 명사와 일반 명사의 구분

해석 본 조사에 참여한 모든 참가자는 무료 상품권을 받을 것이다.

해설 의미상 무료 상품권을 받을 것이라고 하므로 빈칸 주어 자리에는 사람 명사인 (A)가 정답.

10. 〈those who〉 ～하는 사람들

해석 주말 고객들은 쇼핑과 여흥을 위해 그곳을 방문하는 사람들이다.

해설 빈칸에는 '～하는 사람들'이라는 뜻을 가진 those who의 지시대명사 those가 어울리므로 (B)가 정답.

1. (C)	2. (C)	3. (D)	4. (A)	5. (C)	6. (A)
7. (C)	8. (B)	9. (B)	10. (D)	11. (B)	12. (C)

1. 목적어 자리 – 복수 명사

해석 오늘 세미나는 관리자들이 팀원들과 효율적으로 소통할 수 있도록 도와줄 것이다.

해설 빈칸은 타동사 help의 목적어 자리이며, 앞에 관사도 없이 단독으로 쓰였으므로 복수 형태의 명사인 (C)가 정답.

2. 〈those who + 복수 동사〉

해석 지도자 과정에 참여를 원하는 사람들은 미리 등록해야 한다.

해설 빈칸에는 '～하는 사람들'이라는 뜻을 가진 those who의 지시대명사 those가 어울리므로 (C)가 정답. anyone who는 단수 동사와 함께 쓰이므로 (D)는 오답.

3. 〈전치사 for + 명사〉

해석 2월 중에는 수리 때문에 폐관될 것이다.

해설 빈칸은 전치사 for의 목적어 자리이므로 명사인 (D)가 정답.

4. 주격 인칭대명사

해석 직원들은 자신들에게 3일의 주말 연휴가 주어져서 기뻤다.

해설 빈칸은 동사 had been given의 주어 자리이므로 주격 인칭대명사인 (A)가 정답.

5. 주어 자리 - 복합명사 〈customer loyalty〉

해석 고객 충성도는 뛰어난 제품 품질과 훌륭한 서비스에서 나온다.

해설 customer loyalty(고객 충성도)는 복합명사이기도 하지만, 빈칸은 3인칭 단수 동사 comes의 주어 자리이므로 단수 명사인 (C)가 정답. (D)는 복수 명사이므로 오답.

6. 소유격 인칭대명사 - 인칭

해석 골드 전자는 연말에 뉴욕으로 본사를 이전할 예정이다.

해설 빈칸은 명사구 head office를 수식하는 자리이며, 골드 전자의 본사를 의미하므로 단수형의 사물을 지칭하는 (A)가 정답.

7. 〈관사(a / an / the) + 명사〉

해석 어린이 축제 기획자들은 행사를 미루기로 결정했다.

해설 빈칸은 동사 have decided의 주어 자리이며 관사 the의 수식을 받는 복수 명사 자리이므로 (C)가 정답. (D)는 단수 명사이므로 오답.

8. 부정대명사 - another

해석 노던 항공 승객들은 비행기를 쉽게 환승할 수 있다.

해설 하나의 비행기에서 또 다른 비행기로 환승하는 것이 문맥상 자연스러우므로 정답은 (B).

9. 목적격 인칭대명사 - 인칭

해설 빈칸은 앞 문장에서 언급한 some questions 중 일부를 답변하기를 바라는 것으로 복수형의 사물 questions를 지칭하는 (B)가 정답.

10. 소유격 인칭대명사 + 명사

해설 빈칸은 소유격인 managers'의 수식을 받으므로 명사인 (D)가 정답.

11. 문맥에 맞는 문장 고르기

해석 (A) 노트북은 퇴근 후 회사에 반납해야 합니다.
(B) **직원들은 바이러스 방지를 위해 노트북을 정기적으로 업데이트해야 합니다.**
(C) 회사는 여러분에게 모든 정책 변경 사항을 알려드릴 것입니다.
(D) 여러분은 원하는 노트북 모델을 받으실 것입니다.

해설 빈칸 앞 문장은 노트북에서 적절한 소프트웨어 일체가 구동된다고 말하고 있다. 이어지는 내용으로 적절한 소프트웨어 구동을 유지하기 위한 조치의 필요성을 언급하는 것이 문맥상 어울리므로 (B)가 정답.

12. 복합명사 〈training manual〉

해설 training manual(교육 매뉴얼)은 복합명사이므로 (C)가 정답.

[9-12] 회람 _ 노트북 정책 알림

> **회람**
>
> 수신: 전 직원
>
> 발신: 제니 메이슨, 인사부장
>
> 날짜: 3월 14일 수요일
>
> 제목: 노트북 정책
>
> 최근 직원 노트북 컴퓨터 관련 정책에 관한 질문을 몇 가지 받았습니다. 이 공지가 일부 (9)질문에 답변이 되길 바랍니다. 노트북은 관리자 (10)승인 후 직원에게 제공될 예정입니다. 각 노트북에서 적절한 소프트웨어 일체가 구동됩니다. (11)직원들은 바이러스 방지를 위해 노트북을 정기적으로 업데이트해야 합니다. 직원 노트북에 관한 더 자세한 정보는 (12)교육 매뉴얼을 참조하세요.
>
> 제니
> 인사부장
> 헨드릭스 앤 선즈 기계 제조사

Unit ② 형용사와 부사

1. 형용사의 역할과 자리

본책 p. 129

Check Up

1. successful 성공적인	2. accessible 접근 가능한
3. eligible 자격 있는	4. simple 간단한
5. affordable 적절한	6. ideal 이상적인
7. unable ~할 수 없는	8. familiar 익숙한

1. 제인 카슨은 요리사로 성공했다.
2. 주차장은 모든 입주민이 사용할 수 있다.
3. 전 직원이 유급 휴가를 받을 자격이 있다.
4. 그 관리자는 채용 절차를 간단하게 만들었다.
5. 비행기표가 현재 적당한 가격에 판매되고 있다.
6. 제이슨 씨는 영업직에 매우 적합한 지원자이다.
7. 우리는 모든 제품을 진열할 수는 없다.
8. 제프리는 우리 프린터의 기능을 잘 알고 있다.

2. 형용사 한눈에 알아보기

본책 p. 130

Check Up

1. various 다양한
2. affordable 적절한
3. confident 확신하는
4. considerate 배려심 있는
5. dependent 의존적인
6. eligible 자격 있는
7. considerable 상당한
8. responsible 책임 있는

1. 신형 모델은 다양한 형태와 크기로 나온다.
2. 모든 컴퓨터는 온라인에서 적절한 가격에 구할 수 있다.
3. 그 지원자는 자신이 그 직책에 채용될 것이라고 확신한다.
4. 제임스 씨는 항상 자신의 직원들을 배려한다.
5. 많은 자동차 제조 업체들이 해외 시장에 의존한다.
6. 이 할인 상품은 VIP 카드 소지자에게는 할인 혜택이 없다.
7. 험슨 제조사는 상당한 판매량 증가를 경험했다.
8. 아키타가 퇴직 기념 파티 기획을 담당할 것이다.

3. 명사와 함께 쓰이는 수량 형용사

본책 p. 131

Check Up

1. little
2. Most
3. each
4. Some
5. Many
6. every
7. little
8. All

1. 이번 분기에는 채용이 거의 없을 것 같다.
2. 도시 내 거의 모든 호텔이 만실이다.
3. 우리 대리인은 모든 종류의 일을 처리할 것이다.
4. 첫째 줄 일부 좌석이 아직 남아 있다.
5. 많은 안내 표지판이 영어로 되어 있다.
6. 그 팀은 계약을 따내기 위해 모든 노력을 기울이고 있다.
7. 승객들은 서비스에 차이가 거의 없다는 것을 알아차릴 것이다.
8. 모든 공연이 메인 극장에서 상연될 예정이다.

4. 부사의 역할과 자리

본책 p. 132

Check Up

1. heavily 크게
2. just 방금
3. extremely 극도로
4. carefully 조심스럽게
5. Hopefully 희망컨대
6. temporarily 일시적으로
7. specially 특별히
8. shortly 곧

1. 그 도시는 관광에 크게 의존하고 있다.
2. 그 도서관은 개조를 막 끝마쳤다.
3. 모든 양탄자가 매우 저렴한 가격에 제공됩니다.
4. 모든 안전 수칙을 주의 깊게 읽으십시오.
5. 호텔이 걸을 수 있는 거리 내에 있으면 좋겠네요.

6. 모든 엘리베이터는 유지 보수로 인해 일시적으로 폐쇄된다.
7. 그 창문들은 비 피해를 막기 위해 특별히 고안되었다.
8. KL 산업의 새로운 투자 계획이 곧 발표될 것이다.

5. 부사 한눈에 알아보기

본책 p. 133

Check Up

1. soon 곧
2. highly 매우
3. always 항상
4. especially 특히
5. usually 자주
6. nearly 거의, 대략
7. increasingly 점점
8. greatly 대단히, 크게

1. 건물 개조 공사가 곧 시작될 것이다.
2. 몇몇 지원자들은 충분한 자격을 갖추고 있었다.
3. 여기서는 무선 인터넷 접속이 항상 무료다.
4. 나는 새로운 직책에 특히 관심이 있다.
5. 배송은 보통 최소 3~4일이 걸린다.
6. 그 공장은 거의 1,300명의 직원을 고용할 수 있다.
7. 성인들 사이에 이모티콘이 점점 인기를 끌고 있다.
8. 새로운 시스템은 우리의 에너지 효율을 크게 향상시킬 것이다.

토익 감잡기

본책 p. 134

1. (A)	2. (B)	3. (A)	4. (B)	5. (B)
6. (B)	7. (A)	8. (B)	9. (A)	10. (B)

1. 명사 수식 – 형용사

해석 창도 베버리지는 다양한 차와 과일 음료를 제공한다.

해설 빈칸은 명사 selection을 수식하는 형용사 자리이므로 정답은 (A).

2. 조동사와 동사 사이 – 부사

해석 온라인 고객들은 이메일을 통해 확정 페이지를 자동으로 받게 된다.

해설 빈칸은 조동사(will)와 동사(receive) 사이에 위치해 동사를 꾸며 주는 부사 자리이므로 정답은 (B).

3. 목적격 보어 자리 – 형용사

해석 스팀 청소는 카펫을 청결하게 유지하는 효율적인 방법이다.

해설 빈칸은 5형식 동사 keep의 목적어 your carpets를 보충 설명하는 목적격 보어 자리이므로 형용사인 (A)가 정답.

4. 수량 형용사 – every

해석 덴버 미술관은 매월 특별 전시회를 개최한다.

해설 빈칸은 단수 명사 month를 수식하는 수량 형용사 자리이므로 정답은 (B). a few는 복수 명사를 수식함.

5. 동사 수식 – 부사

해석 음악 공연은 내일 오전 10시 정각에 정확히 시작될 것이다.

해설 빈칸은 동사 start를 수식하는 부사 자리이므로 (B)가 정답.

6. 문장 전체 수식 – 부사

해석 유감스럽게도 이번에는 귀하의 주문을 완료할 수 없습니다.

해설 빈칸은 문장 전체를 꾸며 주는 부사 자리이므로 (B)가 정답.

7. 형용사 어휘

해석 **(A) 상당한** (B) 사려 깊은, 배려하는
신규 프로젝트는 상당한 시간과 돈을 필요로 한다.

해설 빈칸 뒤의 시간과 돈을 수식하는 형용사로 '상당한'이라는 의미가 더 잘 어울리므로 정답은 (A).

8. 부사 어휘

해석 (A) 가까이 **(B) 긴밀히, 면밀히**
마룬 건설은 항상 고객과 긴밀히 협력하고자 노력한다.

해설 빈칸 앞의 동사 work와 '긴밀히'라는 의미가 더 잘 어울리므로 정답은 (B).

9. 주격 보어 자리 – 형용사

해석 자세한 정보는 도시 내 모든 관광 정보 센터에서 얻을 수 있다.

해설 빈칸은 주격 보어 자리이므로 형용사인 (A)가 정답.

10. 동사 수식 – 부사

해석 새로운 카드를 받으시려면 운전면허증이나 사진이 부착된 신분증을 제시하세요.

해설 빈칸은 동사 present를 수식하는 부사 자리이므로 (B)가 정답.

토익 실전 감각 익히기   본책 p. 135

1. (C)	**2.** (C)	**3.** (B)	**4.** (D)	**5.** (B)	**6.** (A)
7. (C)	**8.** (C)	**9.** (B)	**10.** (D)	**11.** (C)	**12.** (B)

1. 동사 수식 – 부사

해석 새 일자리 면접 시에는 전문가답게 옷을 입는 것이 중요하다.

해설 빈칸은 동사 dress를 수식하는 부사 자리이므로 (C)가 정답.

2. 명사 수식 – 형용사

해석 잇따른 일련의 협상 끝에 구로사와 씨는 팀장으로 승진했다.

해설 빈칸은 명사 negotiations을 수식하는 형용사 자리이며, 의미상 '성공적인 협상'이 어울리므로 정답은 (C). (D)는 '연속적인'의 의미로 오답.

3. 부사 어휘 – finally

해석 (A) 곧 **(B) 마침내** (C) 항상 (D) 대단히
그녀는 종일 기다린 끝에 마침내 케이블 업체에서 전화를 받았다.

해설 '그녀는 종일 기다린 끝에 ＿＿＿ 케이블 업체에서 전화를 받았다'에서 문맥상 빈칸에 어울리는 말로 (B)가 정답.

4. 형용사 어휘 – available

해석 (A) 할 수 있는 (B) 알고 있는 (C) 익숙한 **(D) 이용 가능한**
노트북 컴퓨터는 고객이 선착순으로 이용할 수 있다.

해설 빈칸 뒤의 전치사 for와 어울리는 형용사는 (D)이므로 정답.

어휘 be able to 동사원형 ~할 수 있다   be aware of ~을 알다
be familiar with ~에 익숙하다   be available for ~을 이용 가능하다

5. 수량 형용사 〈all + 불가산명사〉

해석 직원들은 모든 전자 기기를 사용한 후 반드시 꺼야 한다.

해설 빈칸은 불가산명사 equipment를 수식하는 수량 형용사 자리이므로 (B)가 정답. (A)는 단수 가산명사를 수식하며, (C)와 (D)는 복수 명사를 수식하므로 오답.

6. 명사 수식 – 형용사

해석 일부 직원들은 다가오는 무역 박람회에서 기기의 알맞은 사용법을 시연할 예정이다.

해설 빈칸은 명사 use를 수식하는 형용사 자리이므로 정답은 (A).

7. 숫자 수식 – 부사

해석 메이어 테크놀로지 제품은 전 세계 거의 20개국에 유통되고 있다.

해설 숫자를 수식하는 부사 자리이므로 정답은 (C).

8. 목적격 보어 자리 – 형용사

해석 세미나는 귀사의 웹사이트를 보고 싶어 하는 사람이라면 누구나 이용할 수 있도록 만들 것입니다.

해설 빈칸은 5형식 동사 make의 목적격 보어 자리이므로 형용사인 (C)가 정답.

> 카이국립대학교에서 기록 관리팀과 함께 일할 기록 관리 정규직 직원을 (9)현재 모집합니다. 해당 직원은 학생 기록 관리에 관한 (10)모든 업무를 수행합니다. (11)합격자는 1~3년의 전자 기록 관리 경험을 갖추고 있어야 합니다. (12)독립적인 업무 능력이 반드시 필요합니다. www.knationaluniversity.com에서 온라인 지원서를 작성하세요. 적임자께는 면접을 위해 연락 드리겠습니다.

9. 부사 어휘 – currently

해석 (A) 최근에 **(B) 현재** (C) 마침내 (D) 거의

해설 '카이국립대학교에서 기록 관리 정규직 직원을 _____ 모집합니다'에서 문맥상 빈칸에 어울리는 말로 (B)가 정답.

10. 수량 형용사 〈all + 복수 명사〉

해설 빈칸은 복수 명사 duties를 수식하는 수량 형용사 자리이므로 (B)와 (D)가 정답 후보이지만 (B)는 '적은'의 의미를 나타내기에 어울리지 않으므로 정답은 (D). (A)는 단수 가산명사를 수식하며, (C)는 불가산명사를 수식하므로 오답.

11. 명사 수식 – 형용사

해설 빈칸은 명사 candidates를 수식하는 형용사 자리이므로 정답은 (C).

어휘 successful candidate 합격자

12. 문맥에 맞는 문장 고르기

해석 (A) 회원 페이지에서 개인 정보를 입력하세요.
(B) 독립적인 업무 능력이 반드시 필요합니다.
(C) 선발된 지원자는 4월 1일에 업무를 시작하게 됩니다.
(D) 등록하시려면 결제 관련 세부 정보가 필요합니다.

해설 빈칸 앞 문장에서 자격 요건을 설명하고 있으므로 이어지는 내용으로 자격 요건을 추가하는 (B)가 오는 것이 문맥상 자연스럽다.

Unit ③ 동사의 형태·종류 및 수 일치

1. 동사 한눈에 알아보기

Check Up 본책 p. 139

1. review 2. agreed 3. noticed 4. released
5. host 6. remained 7. planning 8. requested

1. 수리 견적서를 꼼꼼히 검토하세요.
2. 주주들은 합병에 동의했다.
3. 우리는 최근 사용 설명서에서 오류들을 발견했다.
4. 제임스 모로우의 첫 소설이 지난주 발간되었다.
5. 우리는 그랜드 호텔에서 시상식을 개최할 예정이다.
6. 금값이 수년간 저가를 유지하고 있다.
7. 나는 내일 영화표를 살 계획이다.
8. 제임슨 씨는 이메일에 대한 빠른 회신을 요청했다.

2. 자동사와 타동사

Check Up 본책 p. 140

1. reply 응답하다   2. arrive 도착하다
3. refer 참고하다   4. rise 오르다
5. dealt 다루다 (deal의 과거분사)
6. attend 참석하다   7. result 결과가 ~이다(in)
8. mentioned 언급하다

1. 24시간 이내에 본 이메일에 회신해 주세요.
2. 장비는 3일 이내에 도착할 것이다.
3. 더 자세한 정보는 일정을 참조하세요.
4. 박물관 방문자 수가 점점 늘어날 것이다.
5. 일반적인 질문은 서비스팀에서 처리한다.
6. 나는 세미나 중 현장 상담에 참석할 예정이다.
7. 새 노트북은 판매량이 상당히 증가하게 될 것이다.
8. 교수는 강의 중 자신의 연구 결과를 언급했다.

3. 주어와 동사의 수 일치

Check Up 본책 p. 141

1. are   2. seems   3. was   4. is
5. is   6. provide   7. are   8. expect

1. 이번 달 판매량은 평균 이상이다.
2. 이윤 창출은 불가능해 보인다.
3. 예산 검토가 어제 시행되었다.
4. 그 고객이 원하는 것은 전액 환불이다.
5. 안내책자에 나온 은행 정보는 맞지 않다.
6. 대부분의 지역 매장은 기술 지원 서비스를 제공한다.
7. 우리 회사의 주요 투자자는 모두 동남아시아에 있다.
8. 축제 기획자들은 지역 예술가들이 많이 참여하기를 기대한다.

토익 감잡기 　　　　　본책 p. 142

1. (A)	2. (B)	3. (A)	4. (B)	5. (A)
6. (B)	7. (B)	8. (A)	9. (B)	10. (A)

1. 수 일치 〈every + 단수 명사 + 단수 동사〉

해석　전시 중인 모든 제품은 할인된 가격에 구입 가능하다.

해설　주어가 Every product로 단수 명사이므로 빈칸에는 단수 동사인 (A)가 정답.

2. 타동사 + 목적어 〈address + 명사〉

해석　회의에서는 다가오는 겨울 축제 준비를 다룰 예정이다.

해설　목적어 the preparations가 있으므로 빈칸은 타동사인 (B)가 정답. (A)는 자동사로 전치사 with가 필요함.

3. 동사의 형태 - 〈be동사 + 과거분사〉

해석　5월은 수영복을 판매하기에 매우 좋은 달임이 입증되고 있다.

해설　주어인 5월이 입증 당하는 입장을 나타내므로 〈be동사 + 과거분사〉 형태인 (A)가 정답.

4. 수 일치 〈동명사 주어 + 단수 동사〉

해석　성공적인 회사를 운영하는 데는 어느 정도의 사업 기술이 필요하다.

해설　동명사구 Running a successful company는 단수 주어이므로 3인칭 단수 동사인 (B)가 정답.

5. 자동사 + 전치사 + 목적어 〈result in + 명사〉

해석　올해 비가 부족해 많은 농부들의 수확이 저조했다.

해설　빈칸 뒤에 전치사 in이 있으므로 빈칸은 자동사인 (A)가 정답. (B)는 타동사.

어휘　result in ~을 초래하다

6. 수 일치 - 〈All of the 복수 명사 + 복수 동사〉

해석　모든 휴가 요청서는 최소 한 달 전에 미리 제출되어야 한다.

해설　주어 자리에 〈all of the + 명사〉가 있을 경우, 명사의 단·복수에 따라 동사의 수가 결정되는데 vacation requests가 복수 명사이므로 복수 동사인 (B)가 정답.

7. 자동사 + 전치사 + 명사 〈respond to + 명사〉

해석　많은 사람들이 임박해서 초대에 응답했다.

해설　빈칸 뒤에 전치사 to가 있으므로 빈칸은 자동사인 (B)가 정답. (A)는 타동사.

어휘　respond to ~에 응답하다

8. 동사의 형태 - 명령문

해석　쿠폰을 작성해서 안내 데스크의 접수원에게 맡겨 두세요.

해설　문장에 주어와 동사가 없으므로 빈칸은 명령문을 나타내는 동사원형으로 정답은 (A).

9. 수 일치 〈단수 주어 + 단수 동사〉

해석　새로운 배송 추적 시스템은 온라인 구매자들에게 배송 지연을 알려 준다.

해설　주어가 The new delivery track system으로 단수 명사이므로 빈칸에는 3인칭 단수 동사인 (B)가 정답.

10. 동사의 형태 - 과거형

해석　브룩스 씨는 관리자 직책의 모든 요건을 충족시키는 유일한 지원자다.

해설　that 앞의 명사 candidate가 단수 명사이므로 빈칸은 3인칭 단수 동사인 (A)가 정답. 동사 자리에 -ing 형태는 올 수 없으므로 (B)는 오답.

토익 실전 감각 익히기 　　　본책 p. 143

1. (A)	2. (D)	3. (B)	4. (D)	5. (C)	6. (D)
7. (A)	8. (B)	9. (C)	10. (D)	11. (B)	12. (B)

1. 수 일치 〈복수 주어 + 복수 동사〉

해석　그 기기의 새로운 특징에는 음성 인식 시스템이 포함되어 있다.

해설　동사의 자리이기 때문에 우선 동사 자리에 쓰일 수 없는 (C)와 (D)는 제거한다. The new features가 복수 주어이므로 동사원형 (A)가 정답. (B)는 단수 동사.

2. 조동사 + 동사원형

해석　로봇의 설치는 생산 시간을 30퍼센트 이상 단축할 것이다.

해설　빈칸 앞에 조동사 will이 있으므로 동사원형인 (D)가 정답.

3. 동사의 형태 〈have + 과거분사〉

해석　주문하신 넥타이 중 하나를 받지 못하셨다니 유감입니다.

해설　빈칸 앞에 haven't가 있으므로 과거분사 형태의 (B)가 정답.

4. 수 일치 〈단수 주어 + 단수 동사〉

해석　캐롤라이나 보안 협회는 6주마다 지역 공장의 정기 검사를 실시한다.

해설　동사의 자리이므로 우선 동사 자리에 쓰일 수 없는 (A)와 (B)는 제거한다. 주어가 고유명사, 즉 단수이므로 3인칭 단수 동사인 (D)가 정답.

5. 동사의 형태 〈be동사 + 현재분사〉

해석 행사는 하버 파크 옆 주민센터에서 개최되고 있다.

해설 빈칸 앞에 be동사 is가 있으므로 우선 함께 쓰일 수 없는 (A)와 (B)는 제거한다. take place는 자동사로 과거분사형으로 쓰일 수 없으므로 정답은 (C).

6. 수 일치 - 〈Each of the 복수 명사 + 단수 동사〉

해석 영업팀의 각 팀원은 월말에 월간 중간 보고서를 제출한다.

해설 동사의 자리이므로 우선 동사 자리에 쓰일 수 없는 (B)와 (C)는 제거한다. 주어 〈Each of the 복수 명사〉는 단수 취급하므로 빈칸에는 단수 동사인 (D)가 정답.

7. 동사의 형태 – 〈have + 과거분사〉

해석 어린이 축제 주최자들은 행사를 다음 주 토요일까지 연기하기로 결정했다.

해설 빈칸 뒤에 과거분사인 decided가 있으므로 현재완료 시제를 완성하는 have 또는 has가 정답인데 The organizers가 복수 주어이므로 (A)가 정답.

8. 타동사 + 명사 〈attracted + 명사〉

해석 데일 머드 축제 첫날은 많은 방문객을 유치했다.

해설 목적어 a number of visitors가 있으므로 빈칸은 타동사인 (B)가 정답. (A), (C), (D)는 모두 자동사로 전치사가 필요함.

[9-10] 회람 _ 채용 박람회

> **회람**
>
> 발신: 피터 두빈스키, 인사부장
>
> 수신: 전 직원
>
> 날짜: 6월 9일 수요일
>
> 제목: 채용 박람회
>
> 이번 주말 채용 박람회에 도움을 주겠다고 (9)자원하신 모든 분들에게 감사의 말씀을 전합니다. 부회장님과 얘기를 나누었는데, 여러분의 노고에 대해 약간의 보상이 (10)주어질 것이라고 말씀하셨습니다. (11)하지만 아직 자원 봉사자가 더 필요합니다. 현재까지 21명이 도움을 주기로 되어 있는데 최소한 19명이 더 필요합니다. 이번 주 일정이 비어 있으시면 함께해 주세요. (12)원하는 일정을 받으시려면 일찍 등록해 주십시오. 감사합니다.

9. 동사의 형태 〈have + 과거분사〉

해설 빈칸 앞에 have already가 있으므로 과거분사 형태의 (C)가 정답.

10. 동사의 형태 〈be동사 + 과거분사〉

해설 빈칸 앞에 be동사가 있으므로 우선 함께 쓰일 수 없는 (A)와 (B)는 제거한다. 주어 some compensation은 제공을 받는 대상이므로 과거분사 형태의 (D)가 정답.

11. 문맥에 맞는 문장 고르기

해석 (A) 가능한 한 빨리 회신해 주십시오.
(B) 하지만 아직 자원 봉사자가 더 필요합니다.
(C) 위치 안내가 필요하시면 알려 주십시오.
(D) 다른 절차는 그대로 유지될 것입니다.

해설 빈칸 뒤 문장에서 '최소한 19명이 더 필요합니다.'라고 하므로 아직 자원 봉사자가 더 필요하다는 (B)가 문맥상 가장 자연스럽다.

12. 형용사 어휘

해석 (A) 폭넓은 **(B) 바람직한, 원하는** (C) 잠재력 있는 (D) 다양한

해설 '_____ 일정을 받으시려면 일찍 등록해 주십시오.'라고 하므로 '바람직한, 원하는'이라는 의미의 (B)가 정답.

Unit ④ 동사의 시제 및 태

1. 단순 시제

Check Up   본책 p. 147

1. stayed	**2.** will	**3.** run
4. will take	**5.** complete	**6.** conduct
7. received	**8.** will attend	

1. 토니는 가든사이드 호텔에 한 번 투숙했다.

2. 브렌트는 다음 주 목요일 저녁까지 돌아오지 않을 것이다.

3. 우리 공장은 보통 3교대로 운영된다.

4. 시상식은 내일 열릴 예정이다.

5. 그들은 금요일에 주문을 완료한다.

6. 우리는 연구를 위한 설문조사를 자주 실시한다.

7. 마티나는 지난주에 제품 견본을 받았다.

8. 제이슨은 다가오는 사진 전시회에 참석할 것이다.

2. 진행 시제

Check Up   본책 p. 148

1. was	**2.** is	**3.** will be	**4.** was
5. is	**6.** are	**7.** are	**8.** will be

1. 벤은 그때 로마행 비행기를 예약하고 있었다.

2. 취업률이 현재 점차 상승하고 있다.

3. 톰즈 스테이크는 올 연말에 문을 닫을 것이다.

4. 조는 전화를 받았을 때 영업 보고서를 준비하고 있었다.

5. 영업 관리자는 내일 연회에 참석할 것이다.

6. 우리는 내년에 7개의 지점으로 확장할 것이다.

7. 관리자들이 지금 그 제안에 대해 토의하고 있다.

8. 회사는 다음 달에 새 태블릿 PC를 홍보할 것이다.

3. 완료 시제

본책 p. 149

Check Up

1. has been	**2.** will have	**3.** have
4. has	**5.** had	**6.** will have
7. had	**8.** will have	

1. 최근 판매량이 상당히 감소했다.

2. 우리는 다음 달까지는 새 사무실로 이전할 것이다.

3. 주가가 2주 동안 안정세를 유지하고 있다.

4. 그 식당은 최근 새 메뉴로 인기를 끌고 있다.

5. 우리가 도착했을 때는 작업자들이 나무를 모두 베어낸 뒤였다.

6. 월요일까지는 계좌로 할인 금액을 환불해 드리겠습니다.

7. 앤디는 대학에 입학하기 전 경제학에 관심이 있었다.

8. 월말까지 우리는 20명 이상의 지원자에 대해 면접을 볼 것이다.

4. 능동태와 수동태

본책 p. 150

Check Up

1. be served	**2.** was found
3. was renovated	**4.** has been
5. award	**6.** are offered
7. receive	**8.** being reviewed

1. 후식은 식사 후에 제공됩니다.

2. 세미나가 유익하다는 것을 알았다.

3. 직원 라운지는 최근 개조되었다.

4. 각 재무 보고서는 주의 깊게 검토되어야 한다.

5. 시장은 우승자들에게 상을 수여할 것이다.

6. 고객들은 정수기 설치를 무료로 제공받는다.

7. 참석자 몇 명은 워크숍 후 피드백을 받을 것이다.

8. 입사 지원서들은 채용 위원회에 의해 검토된다.

5. 능동태와 수동태의 구별

본책 p. 151

Check Up

1. satisfied	**2.** qualified
3. is expected	**4.** pleased
5. been determined	**6.** be exchanged
7. equipped	**8.** receive

1. 우리는 당신의 업무에 매우 만족합니다.

2. 관리자 직책에 자격을 갖춘 사람이 아무도 없다.

3. 보석 시장에서 치열한 경쟁이 예상된다.

4. 연구원들은 시험 결과에 꽤 만족했다.

5. 봄 축제 날짜는 결정되지 않았다.

6. 하자가 있는 물건은 같은 물건으로만 교환 가능하다.

7. 새 스마트폰은 첨단 기술을 장착하고 있다.

8. 마리아는 영업팀으로부터 재무 자료를 아직 받지 못했다.

토익 감잡기

본책 p. 152

1. (A)	**2.** (A)	**3.** (B)	**4.** (B)	**5.** (A)
6. (A)	**7.** (B)	**8.** (B)	**9.** (A)	**10.** (A)

1. 수동태

해석 그 직책의 최종 후보자 3명은 월말에 전화 연락을 받을 것이다.

해설 빈칸 뒤에 동사 contact의 목적어가 없으므로 수동태인 (A)가 정답.

2. 현재완료 시제 〈since + 주어 + 동사 과거형〉

해석 아시안 크루즈는 5년 전 항해를 시작한 이래 첫 이윤을 남겼다

해설 현재완료 시제를 나타내는 〈since + 주어 + 동사 과거형〉 부사절이 있으므로 현재완료 시제 형태의 (A)가 정답.

3. 수동태

해석 주방과 식사 공간은 항상 청결하게 유지되어야 한다.

해설 빈칸 뒤에 동사 keep의 목적어가 없으므로 수동태인 (B)가 정답.

4. 단순과거 시제 〈last Monday〉

해석 빅토리 산업은 지난 월요일에 리뷰론 보트업체의 인수를 발표했다.

해설 과거의 시간을 나타내는 last Monday가 있으므로 과거 시제를 나타내는 (B)가 정답.

5. 능동태

해석 우리 보험은 다음 달부터 더 이상 치과 진료를 보장하지 않을 것입니다.

해설 빈칸 뒤에 동사 cover의 목적어 dental care가 있으므로 능동태인 (A)가 정답.

6. 단순현재 시제 〈every two weeks〉

해석 유지 관리 감독관들은 2주마다 조립 라인을 확인한다.

해설 현재의 시간을 나타내는 every two weeks가 있으므로 현재 시제를 나타내는 (A)가 정답.

7. 수동태 〈be located in〉

해석 우리 회사 주요 투자자의 절반 이상은 중동에 위치해 있다.

해설 빈칸 뒤에 타동사 locate의 목적어가 없으므로 수동태인 (B)가 정답.

8. 미래진행 시제 〈on Monday〉

해석 관리자들이 월요일에 일부 공장 장비를 검사할 것이다.

해설 미래의 시간을 나타내는 on Monday가 있으므로 미래 시제를 나타내는 (B)가 정답.

9. 능동태

해석 그레이슨 씨는 자신의 회사 신관 디자인에 대해 최고의 혁신상을 받았다.

해설 빈칸 뒤에 동사 accept의 목적어 the award가 있으므로 능동태인 (A)가 정답.

10. 미래완료 시제 〈by the time + 주어 + 단순현재 시제〉

해석 델라 카페가 개업할 때 쯤이면 웹사이트가 런칭될 것이다.

해설 미래의 시간을 나타내는 〈by the time+주어+단순현재 시제〉가 있으므로 미래완료 시제인 (A)가 정답.

토익 실전 감각 익히기   본책 p. 153

1. (A)	2. (D)	3. (C)	4. (D)	5. (B)	6. (B)
7. (D)	8. (C)	9. (D)	10. (B)	11. (B)	12. (B)

1. 능동태 + 단순현재 시제 〈every month〉

해석 이글 서플라이즈는 매월 폴즈 비스트로 식당에서 특별 오찬을 연다.

해설 빈칸 뒤에 동사 host의 목적어 a special luncheon이 있고, 단순 현재의 시간을 나타내는 every month가 있으므로 단순 현재 시제의 능동태인 (A)가 정답.

2. 수동태 + 현재완료 시제 〈for the last 20 years〉

해석 왕 씨는 지난 20년간 신제품 개발 관리에 전념했다.

해설 빈칸 뒤에 동사 dedicate의 목적어가 없고, 현재완료의 시간을 나타내는 for the last 20 years가 있으므로 현재완료 시제의 수동태인 (D)가 정답.

3. 능동태 + 현재진행 시제 〈throughout the year〉

해석 스카이 투어는 일년 내내 아시아 관광객들에게 다양한 유럽 관광 패키지를 합리적인 가격으로 제공한다.

해설 빈칸 뒤에 동사 offer의 간접목적어 Asian tourists와 직접목적어 a variety of tour packages to Europe이 있고, 현재의 시간을 나타내는 throughout the year(일년 내내)가 있으므로 현재 시제의 능동태인 (C)가 정답.

4. 단순과거 시제 〈five years ago〉

해석 도슨 씨는 5년 전 퀘벡 시 인도차이나 식당에 주방장으로 임시 고용되었다.

해설 과거의 시간을 나타내는 five years ago가 있으므로 과거 시제를 나타내는 (D)가 정답.

5. 과거완료 시제 〈by the time + 주어 + 동사의 과거형〉

해석 턴스턴 레인의 화재가 신고될 무렵, 불은 몇 채의 다른 집으로 번져 있었다.

해설 과거완료 시제 had spread와 어울리는 것은 〈by the time+주어+동사의 과거형〉이므로 동사 과거형인 (B)가 정답.

6. 수 일치 〈Most of the 복수 명사 + 복수 동사〉 + 현재완료 시제 〈since 2015〉

해석 KGU 그룹의 보험료 대부분은 2015년 이래 변동 없이 그대로 유지되었다.

해설 주어 자리에 〈Most of the+명사〉가 있을 경우, 명사의 단·복수에 따라 동사의 수가 결정되는데 insurance rates가 복수 명사이므로 복수 동사를 써야 한다. 따라서 단수 동사인 (A)는 제거한다. 현재완료의 시간을 나타내는 since 2015가 있으므로 현재완료 시제인 (B)가 정답.

7. 수동태

해석 장비 사용에 대한 모든 지침이 피트니스 센터 곳곳에 게시되어 있었다.

해설 빈칸 뒤에 타동사 post의 목적어가 없으므로 수동태인 (D)가 정답.

8. 과거진행 시제 〈when + 주어 + 동사의 과거형〉

해석 브라운 씨는 월요일에 여행에서 돌아왔을 때 시차에 따른 피로를 겪었다.

해설 과거 시간을 나타내는 〈when + 주어 + 동사의 과거형〉은 과거 진행 시제와 잘 어울리므로 정답은 (C).

[9-10] 광고 _ 워크숍

라운드빌 대학 연례 인터뷰 워크숍

올해 면접 워크숍은 6월 10~15일에 (9)개최될 예정입니다. 5년 전 면접 워크숍을 처음 (10)시작한 이래, 그것은 참석자들 가운데 꾸준히 인기를 모아 왔습니다. (11)워크숍은 항상 큰 성공을 거뒀습니다. 우리 대학의 졸업 후 취업률은 지난 5년간 20퍼센트 상승했습니다. 다양한 활동 및 연설이 매일 오후 3시부터 6시까지 이뤄질 예정입니다.

일정을 (12)참조하시고 행사별로 자리를 예약하시려면 메리 히긴스 (mhiggins@roundville.edu)에게 이메일을 보내 주십시오.

9. 수동태

해설 빈칸 뒤에 타동사 hold의 목적어가 없으므로 수동태인 (D)가 정답.

10. 동사의 과거형 〈since + 주어 + 동사의 과거형〉

해설 빈칸은 동사의 자리이므로 동사의 형태가 아닌 (D)는 제거한다. 과거의 시간을 나타내는 five years ago가 있고, 또한 현재완료 시제의 형태인 has steadily become과 잘 어울리는 것은 〈since + 주어 + 동사의 과거형〉이므로 빈칸은 동사의 과거형인 (B)가 정답.

11. 문맥에 맞는 문장 고르기

해석 (A) 주말까지 반드시 주문하십시오.
(B) 워크숍은 항상 큰 성공을 거뒀습니다.
(C) 파트너를 선택하실 수 있습니다.
(D) 이력서와 추천서를 지참하세요.

해설 빈칸 앞 문장에서 참석자들 가운데 꾸준히 인기를 모아 왔다고 하며, 빈칸 뒤 문장에서 졸업 후 취업률은 지난 5년간 20퍼센트 상승했다고 하므로 워크숍은 항상 큰 성공을 거뒀다는 표현이 문맥상 자연스럽다. 따라서 정답은 (B).

12. 동사 어휘

해석 (A) 가리키다 **(B) 참조하다** (C) 재배치하다 (D) 수정하다

해설 빈칸 뒤에 목적어가 있기 때문에 빈칸은 타동사 자리이므로 자동사인 (A)는 제거한다. 의미상 '일정을 참조하다'가 가장 잘 어울리므로 정답은 (B).

Unit ⑤ to부정사와 동명사

1. to부정사의 역할: 명사

본책 p. 157

Check Up

1. arrive	2. to improve	3. respond
4. to clean	5. expand	6. to schedule
7. to extend	8. develop	

1. 이번 주 내로 모든 배송품이 도착해야 한다.
2. 업무 효율성을 향상시키는 것이 중요하다.
3. 윈스턴 씨의 임무는 고객 우려 사항에 응대하는 것이다.
4. 매장 관리자는 로라에게 필터를 정기적으로 청소하라고 요청했다.
5. 회사는 해외 사업을 확장할 계획이었다.
6. 월요일 오후 3시로 회의를 잡고 싶습니다.
7. 관리자는 마감 기한을 이틀 연장하기로 결정했다.
8. 요리사는 계속해서 신메뉴 개발에 힘쓰고 있다.

2. to부정사의 역할: 형용사와 부사

본책 p. 158

Check Up

1. renew	2. to find	3. discuss
4. to confirm	5. apologize	6. to interview
7. to expand	8. to address	

1. 구독을 갱신하시려면 이메일을 저희에게 보내 주십시오.
2. 그랜드 호텔은 접수 담당을 모집하는 광고를 낼 것이다.
3. 귀하의 제안을 논의할 시간을 마련할 수 있습니다.
4. 참석을 확정하시려면 초대장에 회신해 주십시오.
5. 지연에 대한 사과로 항공사에서 쿠폰을 제공했다.
6. 그 기자는 터너 시장을 인터뷰할 기회를 가졌다.
7. 이사회는 해외로 확장하겠다는 CEO의 결정을 지지했다.
8. 경영진은 문제를 해결할 적절한 방법을 찾고 있다.

3. 동명사의 역할: 명사

본책 p. 159

Check Up

1. Raising	2. travelling	3. designing
4. being	5. washing	6. Being
7. entering	8. dealing	

1. 애완동물을 기르는 것은 막중한 책임을 필요로 한다.
2. 그 치과 의사는 밴쿠버로 여행 가는 것을 미뤘다.
3. 티모시는 기획 설계하는 일을 맡고 있다.
4. 박 씨의 주요 관심사는 관리자로 승진하는 것이다.

5. 의사들은 손을 제대로, 그리고 자주 씻는 것을 권장한다.

6. 자신감을 갖는 것은 면접에 합격하는 데 중요하다.

7. 회사는 외부 사람들이 자사 건물에 들어오지 못하게 한다.

8. 로렌스 씨는 고객 불만 처리를 책임지고 있다.

4. 동명사 vs. 명사

Check Up 본책 p. 160

1. receiving　　2. donations　　3. shopping
4. accepting　　5. visiting　　6. Attending
7. attendance　　8. upgrading

1. 이 메시지를 받는 대로 저에게 다시 전화해 주십시오.

2. 어떤 사람들은 정기적으로 기부를 한다.

3. 페테라는 보통 주말마다 장을 보러 간다.

4. 존스 씨는 그 고객의 주장을 받아들이는 데 어려움을 겪었다.

5. 민속촌은 여름철에 방문할 만하다.

6. 신입 사원들은 오리엔테이션에 참석해야 한다.

7. 킵슨 씨는 월요일 워크숍에 참석할 것이다.

8. 우리는 난방 시스템을 업그레이드하는 데 많은 돈을 썼다.

5. to부정사와 동명사 빈출 표현

Check Up 본책 p. 161

1. hear　　2. work　　3. serving　　4. lowering
5. draw　　6. improving　　7. working　　8. submit

1. 저희는 귀하의 최종 결정을 무척 듣고 싶습니다.

2. 브래디 씨는 기꺼이 추가로 근무할 의향이 있다.

3. 귀하를 소중한 고객으로 모시게 되기를 고대합니다.

4. 대다수의 관리자들은 출장 경비를 줄이는 것을 반대했다.

5. 새 극장은 많은 청중을 모을 것으로 예상된다.

6. 베이커 씨는 우리의 업무 환경 개선에 전념한다.

7. 애덤은 신규 프로그램 출시를 위해 초과 근무를 하는 데 익숙하다.

8. 전 직원은 매일 자신들의 출근부를 제출해야 한다.

토익 감잡기
본책 p. 162

1. (A)　　2. (B)　　3. (A)　　4. (B)　　5. (A)
6. (A)　　7. (B)　　8. (A)　　9. (A)　　10. (A)

---

1. to부정사 〈aim to ⓥ〉

해석 저희는 방문객들에게 기억에 남을 식사를 제공하는 것을 목표로 합니다.

해설 빈칸은 aim의 목적어 자리이므로 to부정사인 (A)가 정답.

2. 동명사 〈suggest + -ing〉

해석 소매업자는 공간이 더 넓어 보일 수 있도록 소파를 재배치할 것을 제안했다.

해설 빈칸은 suggest의 목적어 자리이므로 동명사인 (B)가 정답.

3. to부정사 – 주격 보어〈be + to ⓥ〉

해석 우리의 목표는 새로운 전화기가 모든 고객이 구매할 수 있는 가격이 되도록 하는 것이다.

해설 빈칸은 주어 Our goal을 보충 설명하는 보어 자리이므로 to부정사인 (A)가 정답.

4. 동명사 〈be busy + -ing〉

해석 메이슨 씨는 채용 박람회 중에 구직자들을 응대하느라 바빴다.

해설 be busy 다음에 동명사가 와야 하므로 (B)가 정답.

5. to부정사 〈effort to ⓥ〉

해석 회계부는 업무 효율성을 높이려는 노력으로 자신들의 컴퓨터를 교체했다.

해설 앞에 있는 명사구 an effort를 수식하여 '~하려는 노력'이라는 뜻이 자연스러우므로 형용사 역할을 하는 to부정사 (A)가 정답.

6. to부정사 – 부사 역할

해석 영업 부장은 향후 몇 개월 동안의 영업 목표를 논의하기 위해 회의를 소집했다.

해설 빈칸은 앞의 to와 함께 '~을 위하여'라는 의미의 to부정사를 나타내므로 동사원형인 (A)가 정답.

7. 동명사 – 명사 역할

해석 소비자 최신 동향을 분석하는 것은 우리 회사에 있어 중요한 단계이다.

해설 빈칸은 주어 자리이므로 명사의 역할을 할 수 있는 동명사 (B)가 정답.

8. to부정사 – 목적격 보어

해석 주최자는 청중에게 회의 중 잡담을 삼가 달라고 요청했다.

해설 빈칸은 5형식 동사 ask의 목적어 the audience를 수식하는 목적격 보어 자리이므로 to부정사인 (A)가 정답.

9. 동명사 〈 + 명사구〉

해석 그 식당은 최상급 요리를 만들어 내는 것으로 좋은 평판을 얻었다.

해설 빈칸은 전치사의 목적어 자리이며, 뒤에 명사구 top-quality meals를 목적어로 가지므로 동명사인 (A)가 정답.

10. to부정사 〈be delighted to ⓥ〉

해석 저희는 고객에게 최상의 회계 서비스를 제공하는 것을 기쁘게 생각합니다.

해설 be delighted 다음에 to부정사가 와야 하므로 정답은 (A).

토익 실전 감각 익히기　　　　본책 p. 163

1. (C)	2. (D)	3. (C)	4. (D)	5. (C)	6. (B)
7. (C)	8. (B)	9. (C)	10. (C)	11. (D)	12. (A)

1. to부정사 〈plan to ⓥ〉

해석 우리는 승진과 전근을 통해 대부분의 공석을 채울 계획이다.

해설 빈칸은 plan의 목적어 자리이므로 to부정사인 (C)가 정답.

2. 동명사 〈consider + -ing + 명사구〉

해석 모튼 산업은 캘리포니아에 있는 소규모 의류 제조 업체 인수를 고려하고 있다.

해설 빈칸은 consider의 목적어 자리이며, 뒤에 명사구 a small clothing manufacturer를 가지므로 동명사인 (D)가 정답.

3. to부정사 〈ways to ⓥ〉

해석 본 세미나에서는 고객들이 귀사의 웹사이트를 쉽게 이용할 수 있는 몇 가지 효과적인 방법을 소개해 드릴 것입니다.

해설 앞에 있는 명사구 ways를 수식하여 '~할 수 있는 방법'이라는 뜻이 자연스러우므로 형용사 역할을 하는 to부정사 (C)가 정답.

4. 동명사 〈have difficulty + -ing〉

해석 그 영화감독은 베테랑 배우인 에드윈 마틀을 대신할 사람을 찾는 데 어려움을 겪었다.

해설 have difficulty 다음에 동명사가 와야 하므로 (D)가 정답.

5. in order to + ⓥ

해석 이번 분기 수익을 향상시키기 위해 예산이 일부 변경될 것이다.

해설 빈칸 뒤에 동사원형 improve가 있으므로 '~하기 위하여'라는 의미의 (C)가 정답.

어휘 in the order 순서대로　in time for ~ 시간에 맞추어 in order to ⓥ ~하기 위하여　instead of ~ 대신에

---

6. 동명사 〈avoid + -ing + 명사구〉

해석 공연 중에는 모든 휴대전화의 전원을 꺼 주시고 카메라 플래시 사용을 삼가 주십시오.

해설 빈칸은 avoid의 목적어 자리이며, 뒤에 목적어 your flash를 가지므로 동명사인 (B)가 정답. (A)는 동사와 명사로 쓰임.

7. to부정사 – 부사 역할

해석 센트럴 시티는 다음 주말 가든 쇼 동안 방문객을 도울 자원 봉사자를 급히 필요로 한다.

해설 빈칸은 '~을 위하여'라는 의미의 목적을 나타내는 부사 자리이므로 정답은 (C).

8. 동명사 〈contribute to + -ing + 명사구〉

해석 소프트웨어 프로그램 'PC 업데이터'는 여러분의 컴퓨터 성능을 향상시키는 데 기여할 것입니다.

해설 contribute to에서 to는 전치사이고, 빈칸 뒤에 명사구 your computer's performance를 가지므로 동명사인 (B)가 정답.

[9-12] 이메일 _ 회사 야유회

수신: jenner@grandensildehotel.com
발신: tdawson@soloftconsul.co.uk
날짜: 4월 20일
제목: 회사 야유회

제너 씨께,

저는 솔로프트 컨설팅 주식회사의 파크힐 지점에 근무하는 타마라 도슨입니다. 저희 지점 25주년을 (9)기념하기 위해 직원들을 위한 야외 나들이를 기획하고자 합니다. (10)저희 행사 일정은 아직 유동적입니다. 기념식은 5월 24일이지만 5월 또는 6월 중 어떤 날짜이든 괜찮습니다. 야유회를 (11)기획하는 데 저희를 도와주실 행사 기획 자가 직원 중에 있나요? 만약 있다면 제가 그분들과 연락이 닿을 수 있게 해 주십시오. 자세한 내용은 논의 (12)할 수 있습니다. 귀하의 회신을 기다리겠습니다.

타마라 도슨
업무 지원
솔로프트 컨설팅 주식회사

9. to부정사 – 부사 역할

해석 빈칸은 '~을 위하여'라는 의미의 목적을 나타내는 부사 자리이므로 정답은 (C).

10. 문맥에 맞는 문장 고르기

해석 (A) 귀하의 피드백을 듣고 싶어서 메일을 씁니다.
　　(B) 저희에게 선택할 수 있는 메뉴를 알려 주십시오.
　　(C) 저희 행사 일정은 아직 유동적입니다.
　　(D) 그 방은 회의하기에 이상적인 장소입니다.

해설 빈칸 뒤 문장에서 기념식은 5월 24일이지만 5월 또는 6월 중 어떤 날짜든 괜찮다고 하며 비교적 유동적임을 알 수 있으므로 (C)가 정답.

11. 동명사 〈전치사 in + -ing + 명사구〉

해설 빈칸은 전치사 in의 목적어 자리이며, 뒤에 명사구 this outing을 가지므로 동명사인 (D)가 정답.

12. 형용사 어휘

해석 (A) ~할 수 있는 (B) 자격 있는 (C) 노출된 (D) 전념하는

해설 빈칸 뒤에 to부정사를 가질 수 없는 보기 (C)와 (D)는 제거한다. 문맥상 자세한 내용은 논의할 수 있다고 하는 것이 자연스러우므로 정답은 (A).

어휘 be able to ⓥ ~을 할 수 있다　be eligible to ⓥ ~을 할 자격이 있다　be exposed to ~에 노출되다　be committed to ~에 전념하다

Unit ⑥ 분사와 분사구문

1. 분사의 역할

Check Up 　　　　　　　　　본책 p. 167

1. revised 수정된　　2. qualified 자격을 갖춘
3. damaged 파손된　　4. existing 기존의
5. detailing ~을 자세히 열거하는
6. leading 선도하는　　7. impressed 감명 받은
8. delivering ~을 말하는

1. 수정된 청구서가 동봉되어 있다.
2. 아서 친은 자격을 갖춘 회계사이다.
3. 나는 소포가 심하게 파손된 것을 알았다.
4. 이사회는 기존 공장들을 폐쇄하기로 결정했다.
5. 저희 전 제품에 대해 자세히 열거한 안내책자가 여기 있습니다.
6. 유니언 은행은 미국의 주요 금융 기관 중 하나다.
7. 저희 고객들은 귀하의 아름다운 정원에 깊은 감명을 받았습니다.
8. 기조 연설을 한 사람은 샌더스 씨의 관리자이다.

2. 현재분사와 과거분사의 구별

Check Up 　　　　　　　　　본책 p. 168

1. confusing 혼란스럽게 하는
2. frustrating 좌절하게 하는
3. remaining 남은　　　4. promising 유망한
5. required 필요한　　　6. listed 열거된
7. Interested 관심이 있는　8. challenging 힘든

1. 헌트 씨는 판매 자료가 헷갈린다는 것을 알았다.
2. 협상 결과는 좌절감을 주었다.
3. 남은 참가자들은 곧 옮겨질 것이다.
4. 출장 연회 업체의 미래는 매우 유망하다.
5. 온라인 견적서에서 필수 정보를 기입하세요.
6. 카드들은 주소록에 열거된 주소로 발송될 것이다.
7. 관심이 있는 사람들은 본 조사에 참여할 수 있습니다.
8. 우리 일정은 첫 주에 약간 힘들 것이다.

3. 분사구문

Check Up 　　　　　　　　　본책 p. 169

1. Hoping　　2. depending　　3. Compared
4. Opened　　5. shipping　　　6. Based
7. entering　　8. Located

1. 프랭크는 그 일자리를 얻기를 원했기 때문에 이력서를 제출했다.
2. 급여는 업무 경력에 따라 협상이 가능하다.
3. 다른 회사와 비교해서 우리는 더 많은 복지 혜택을 제공한다.
4. 그 슈퍼마켓은 2005년에 문을 연 이후 여러 개의 체인점을 갖고 있다.
5. 귀하의 주문 물품을 배송하면서 할인 쿠폰을 동봉해 드릴 것입니다.
6. 김 씨는 뛰어난 업무 실적을 바탕으로 승진할 자격이 있다.
7. 고객들은 회관에 들어오기 전 안내 데스크에 등록해야 한다.
8. 파웰 공원 근처에 위치한 그 건물은 3년 후 완공될 것이다.

토익 감잡기 　　　　　　　　　본책 p. 170

1. (B)　　2. (A)　　3. (A)　　4. (B)　　5. (A)
6. (B)　　7. (A)　　8. (B)　　9. (A)　　10. (B)

1. 감정분사 – 사람 수식

해석 요가 강좌에 관심 있는 그랜드 호텔 고객은 무료로 참여할 수 있다.

해설 빈칸은 명사 guests를 수식하는 형용사 자리이다. interest는 감정을 나타내는 동사이고 guests가 관심 있는 감정을 느끼는 쪽이므로 과거분사 (B)가 정답.

2. 분사구문 – 능동의 의미

해석 우리는 주문 물품을 배송하기 전에 항상 손상된 물품이 있는지 확인한다.

해설 문장의 주어 We와 빈칸에 들어갈 분사와의 의미상 관계를 보면 We가 '주문물품을 배송하는' 것은 능동의 의미이므로 현재분사 (A)가 정답.

3. 감정분사 – 사물 수식

해석 저희는 항상 모든 식사 손님께 놀라운 식사 경험을 제공합니다.

해설 빈칸은 복합명사 dining experience를 수식하는 형용사 자리이다. surprise는 감정을 나타내는 동사이고 dining experience가 감정을 느끼게 하는 원인을 제공하므로 현재분사 (A)가 정답.

4. 과거분사 〈experienced engineers〉

해석 저희 숙련된 기술자들이 수리를 위해 귀사에 방문할 예정입니다.

해설 빈칸은 뒤의 engineers를 수식하는 형용사 자리이며, 문맥상 '숙련된 기술자들'의 의미를 나타내므로 과거분사 (B)가 정답.

5. 현재분사 – 목적어 있는 자리

해석 최초 구매 고객은 전체 구매 금액의 10퍼센트 할인을 받을 것이다.

해설 빈칸은 앞의 명사 Customers를 뒤에서 수식하는 자리이다. 빈칸 뒤에 목적어 their first purchase를 가지므로 현재분사 (A)가 정답.

6. 현재분사 〈challenging decisions〉

해석 경영진은 합병에 있어 많은 어려운 결정에 직면했다.

해설 빈칸은 뒤의 decisions를 수식하는 형용사 자리이며, 문맥상 '어려운 결정'의 의미를 나타내므로 현재분사 (B)가 정답.

7. 감정분사 – 사람 수식

해석 여행객 몇 명은 우리 새 패키지 투어에 실망한 것 같다.

해설 빈칸은 주격 보어 자리이며 여행객이 실망하는 감정을 느끼는 쪽이므로 과거분사 (A)가 정답.

8. 과거분사 – 목적어 없는 자리

해석 팀 회의에서 검토된 보몽 씨의 제안은 수락될 것이다.

해설 빈칸은 앞의 명사 proposal을 뒤에서 수식하는 자리이며, 문맥상 '팀 회의에서 검토된'의 수동의 의미를 나타내며 뒤에 목적어가 없다. 따라서 과거분사 (B)가 정답.

9. 현재분사 – 목적어 있는 자리

해석 그 직책에 지원하는 사람들은 석사 학위가 있어야 한다.

해설 빈칸은 명사 people을 뒤에서 수식하는 자리이다. apply는 자동사며 뒤의 전치사 for와 함께 쓰여 목적어 the position을 가지므로 현재분사 (A)가 정답.

10. 분사구문 – 수동의 의미

해석 별도의 명시가 없으면 표준 수준에서 유지 보수를 제공한다.

해설 문장의 주어 maintenance와 빈칸에 들어갈 분사와의 의미상 관계를 보면 maintenance가 '달리 명시되는' 것은 수동의 의미이므로 과거분사 (B)가 정답.

토익 실전 감각 익히기

본책 p. 171

1. (A)	2. (B)	3. (C)	4. (B)	5. (D)	6. (C)
7. (D)	8. (B)	9. (B)	10. (B)	11.(B)	12.(D)

1. 현재분사 〈rising fuel costs〉

해석 많은 현지 배송 업체들은 상승한 연료비 때문에 서비스 요금을 올렸다.

해설 빈칸은 뒤의 fuel costs를 수식하는 형용사 자리이며, 문맥상 '상승한 연료비'의 의미를 나타내므로 현재분사 (A)가 정답.

어휘 local 현지의 shipping firm 배송 업체 fuel cost 연료비 rise 오르다(rise-rose-risen) raise 올리다(raise-raised-raised)

2. 분사구문 – 수동의 의미

해석 온라인 구매 시 노트북 컴퓨터는 스스로 설치해야 한다.

해설 문장의 주어 the laptop computer와 빈칸에 들어갈 분사와의 의미상 관계를 보면 '구매되다'가 수동의 의미이므로 과거분사 (B)가 정답.

3. 현재분사 – 목적어 있는 자리

해석 관광 비자를 받으려면 여권에 최소 6개월의 기간이 남아 있어야 한다.

해설 빈칸은 앞의 복합명사 time period를 뒤에서 수식하는 자리이다. remain은 자동사이므로 뒤의 전치사 on과 함께 쓰여 목적어 your passport를 가지므로 현재분사 (C)가 정답.

어휘 obtain 얻다 at least 최소한 time period 기간

4. 분사구문 – 능동의 의미

해석 메디나 씨는 영업 보고서를 살펴보다가 매년 봄에 참가자가 점점 늘어나고 있다는 것을 발견했다.

해설 문장의 주어 Mr. Medina와 빈칸에 들어갈 분사와의 의미상 관계를 보면 '살펴보다'가 능동의 의미이므로 현재분사 (B)가 정답.

5. 분사구문 – 수동의 의미

해석 뛰어난 서비스와 독특한 메뉴로 잘 알려진 바치는 빠르게 지역에서 가장 사랑받는 이탈리아 식당이 되었다.

해설 문장의 주어 Baci와 빈칸에 들어갈 분사와의 의미상 관계를 보면 '알려지다'가 수동의 의미이므로 과거분사 (D)가 정답.

6. 감정분사 – 사람 수식

해석 저희 모두는 귀하가 대학에서 진행한 에너지 절약 캠페인 결과를 듣게 되어 들떠 있습니다.

해설 빈칸은 주격 보어 자리이며 주어인 We가 신나는 감정을 느끼는 쪽이므로 과거분사 (C)가 정답.

어휘 outcome 결과   energy-saving 에너지를 절약하는

7. 과거분사 – 목적어 없는 자리

해석 로열 테라피는 이제 모든 연령대의 고객에게 인정받는 세계적인 브랜드이다.

해설 빈칸은 앞의 명사구 an international brand를 뒤에서 수식하는 자리이며, 문맥상 '인정받는 세계적인 브랜드'가 수동의 의미를 나타내며 뒤에 목적어가 없다. 따라서 과거분사 (D)가 정답.

8. 감정분사 – 사물 수식

해석 리치몬드 전자는 지난 한 해 동안 유럽 시장에서 놀라운 성장을 이루었다.

해설 빈칸은 명사 growth를 수식하는 형용사 자리이다. surprise는 감정을 나타내는 동사이고 growth가 감정을 느끼게 하는 원인을 제공하므로 현재분사 (B)가 정답.

어휘 growth 성장

[9-12] 기사 _ 역사 영화

> **역사 영화, 도시를 살리다**
>
> 그랜트 웨버
>
> 세컨드 사이트 스튜디오는 밀러 크릭으로 오면서 지역 호텔과 음식점에 일자리를 가져다주었다. 새 영화 '하우스 인 더 글렌'은 작년에 (9)개봉된 이후 크게 인기를 모았고 여러 개의 상을 받았다. 밀러 크릭은 영화 덕분에 (10)유명세를 탔다. (11)이에 따라 관광 산업이 폭발적으로 성장했다. 현재 전국에서 모여드는 수많은 관광객을 받기 위해 새 호텔이 건설 중이다. 시장은 (12)인터뷰에서 "이런 일이

있을 줄은 정말 몰랐습니다. 영화는 우리 시의 경제에 큰 상승을 가져다 주었습니다."라고 말했다.

9. 동사의 형태 〈be동사 + 과거분사〉

해설 주어인 a new film이 개봉되는 입장을 나타내므로 〈be동사 + 과거분사〉 형태인 (B)가 정답.

10. 형용사 어휘

해석 (A) 많은 돈이 드는 (B) 유명한 (C) 친숙한 (D) 관대한

해설 앞 문장에서 새 영화가 크게 인기를 모았고 문맥상 밀러 크릭은 영화 덕분에 유명해졌다고하는 것이 자연스러우므로 정답은 (B).

11. 문맥에 맞는 문장 고르기

해석 (A) 시에서는 많은 관광객을 유치하고자 노력했다.
(B) 이에 따라 관광 산업이 폭발적으로 성장했다.
(C) 현재 두 편의 영화가 개봉될 예정이다.
(D) 스튜디오는 흥미진진한 영화를 다수 진행하고 있다.

해설 빈칸 뒤 문장에서 현재 전국에서 모여드는 수많은 관광객을 받기 위해 새 호텔이 건설 중이라고 하므로 문맥상 가장 어울리는 정답은 (B).

12. 분사구문 – 수동의 의미

해설 문장의 주어 the mayor와 빈칸에 들어갈 interview의 의미상 관계를 보면 the mayor가 인터뷰를 받는 수동의 의미이므로 과거분사 (D)가 정답.

Unit ⑦ 전치사

1. 시간 전치사

본책 p. 175

Check Up

1. at	**2.** after	**3.** as of	**4.** within
5. during	**6.** by	**7.** prior to	**8.** throughout

1. 열차는 정확히 오후 4시에 출발한다.
2. 다이앤은 졸업한 직후에 채용되었다.
3. 새 교통 법규는 다음 달 기준으로 시행된다.
4. 귀하의 물품은 영업일 기준 3일 이내로 도착할 것입니다.
5. 투자자들은 방문 기간 동안에 공장 작업장을 둘러볼 것이다.
6. 금요일까지 귀하의 계약서 서명본을 돌려 주십시오.
7. 예행 연습은 예정된 공연에 앞서 열릴 것이다.
8. 그 달 내내 많은 콘서트가 완전히 매진되었다.

2. 장소 전치사

Check Up 본책 p. 176

1. across　2. on　3. at　4. in
5. above　6. behind　7. around　8. between

1. 복도를 지나서 저희 연구실로 가십시오.
2. 그 카페는 전략적으로 메인 스트리트에 자리를 잡았다.
3. 귀하를 회의에서 만나 뵙기를 고대합니다.
4. 상업 지구의 교통은 월요일마다 매우 혼잡하다.
5. 관리자는 복사기 위쪽에 공지를 게시했다.
6. 그 항공편은 악천후로 인해 일정보다 늦어졌다.
7. 그 회사 로고는 전국에서 널리 눈에 띈다.
8. 두 나라 사이에 몇몇 환경 문제들이 증가하고 있다.

3. 그 밖의 전치사

Check Up 본책 p. 177

1. by　2. without　3. due to
4. regardless　5. Except for　6. for
7. from　8. aside from

1. 표는 예약을 통해서만 구할 수 있다.
2. 영수증 없이는 환불이 불가능하다.
3. 플로레스 씨는 무엇보다도 낮은 가격 때문에 그 프린터를 선택했다.
4. 그 상은 국적에 상관없이 작가들에게 수여된다.
5. 몇 가지 사소한 문제들을 제외하고 그 축제는 큰 성공을 거뒀다.
6. 덴버 미술관은 보수 공사 때문에 일시적으로 문을 닫는다.
7. 모든 물품은 브루클린에 있는 우리 창고에서 바로 배송된다.
8. 소파는 작은 긁힌 자국 몇 개를 제외하고는 상태가 좋다.

토익 감잡기 본책 p. 178

1. (B)　2. (A)　3. (A)　4. (B)　5. (A)
6. (B)　7. (A)　8 (B)　9. (A)　10. (A)

1. 장소 전치사 〈at + 호텔〉
해석 고객은 금요일에 스프링필드 호텔에서 회의할 것을 요청했다.
해설 특정한 지점인 Springfield Hotel과 함께 '호텔에서'라는 의미를 나타내므로 전치사 (B)가 정답.

2. 시간 전치사 – within
해석 페리 씨는 마감 기한 내에 지출 품의서를 완료했다.
해설 빈칸 뒤에 the deadline이라는 기간을 나타내는 명사구가 왔고, '마감 기한 이내에 완료했다'라는 의미가 적절하므로 정답은 (A).

3. 주제 전치사 – on
해석 저희 자문위원이 다양한 재무 사항에 관해 귀하에게 조언해 드릴 수 있습니다.
해설 '다양한 재무 사항에 관해 조언하다'가 의미상 적절하므로 주제를 제시하는 전치사 (A)가 정답.
어휘 consultant 자문위원　a wide range of 다양한 ~
financial 금융의, 재정적인

4. 이유 전치사 – because of
해석 그 리조트는 마린 공항과 가까워서 인기가 많다.
해설 공항과 가까운 것이 리조트의 인기의 원인이기 때문에 이유를 나타내는 전치사 (B)가 정답.
어휘 proximity 근접

5. 양보 전치사 – in spite of
해석 노력에도 불구하고 영업팀은 계약 갱신에 실패했다.
해설 문맥상 '노력에도 불구하고 계약 갱신에 실패했다'가 어울리므로 양보를 나타내는 전치사 (A)가 정답.
어휘 renew 갱신하다　contract 계약

6. 수단 전치사 – without
해석 사무직 근로자들은 인터넷을 이용하지 않으면 일하는 데 어려움을 겪을 것이다.
해설 문맥상 '인터넷을 이용하지 않으면 일하는 데 어려움을 겪을 것이다'가 어울리므로 수단을 나타내는 전치사 (B)가 정답.

7. 시간 전치사 〈on + 요일〉
해석 직원들은 수요일에 30분 일찍 출근해야 한다.
해설 요일 앞에는 전치사 on을 쓰므로 정답은 (A).
어휘 report to work 출근하다

8. 전치사 – among
해석 주민들 사이에 차량 소음에 대한 불만이 증가하고 있다.
해설 문맥상 '주민들 사이에'가 의미가 자연스럽고 주민이 두 명이라는 표현이 없으므로 정답은 (B).
어휘 complaint 불만　increase 증가하다　resident 주민

9. 전치사 – 〈above average〉
해석 서비스 산업의 고용 성장은 평균을 넘을 것으로 예상된다.
해설 문맥상 '평균을 넘을 것'이 자연스러우므로 정답은 (A).

어휘 employment growth 고용 성장 average 평균 industry
산업

10. 수단/방법 전치사 – 〈by + -ing〉

해석 저희 웹사이트를 방문하시면 지역 축제 행사에 대해 더 자세한 사항을 알 수 있습니다.

해설 더 자세한 사항을 알 수 있는 방법으로 웹사이트를 방문하는 방법을 제시하므로 정답은 (A).

┌───┐
│ **토익 실전 감각 익히기**   본책 p. 179 │
└───┘

1. (C) **2.** (A) **3.** (D) **4.** (C) **5.** (B) **6.** (D)
7. (D) **8.** (B) **9.** (A) **10.** (C) **11.** (C) **12.** (B)

1. 시간 전치사 – by

해석 가격에는 숙박이 포함되며 4월 30일까지 유효하다.

해설 지속의 의미를 나타내는 be valid와 함께 쓰여 '4월 30일까지 유효하다'를 의미하므로 정답은 (C).

어휘 accommodation 숙박 valid 유효한

2. 수단 전치사 – without

해석 교환이나 환불은 구매 시점으로부터 1주일 이내에 지체 없이 이루어집니다.

해설 문맥상 '지체 없이'가 어울리므로 수단을 나타내는 전치사 (A)가 정답.

어휘 exchange 교환 refund 환불 delay 지연 purchase 구매

3. 구 전치사 – in addition to

해석 오피스플러스 공급 업체는 스테레오 장비 외에도 다양한 TV를 취급한다.
(A) ~ 때문에 (B) ~의 옆에 (C) ~의 경우에 **(D) ~ 이외에도**

해설 문맥상 '스테레오 장비 외에도'가 어울리므로 정답은 (D).

4. 양보 전치사 – despite

해석 탠모어 전자는 가전제품 판매 하락에도 불구하고 판매 증가를 경험했다.

해설 문맥상 '가전제품 판매 하락에도 불구하고 판매 증가를 경험했다'가 어울리므로 양보를 나타내는 전치사 (C)가 정답.

어휘 decline 하락 home appliance 가전제품 experience 경험하다

5. 구 전치사 – according to

해석 저희 기록에 따르면 귀하의 거주지는 워크숍 장소에서 가까운 거리에 있습니다.
(A) ~ 전에 (B) ~에 따르면 (C) ~부터 (D) ~에도 불구하고

해설 문맥상 '저희 기록에 따르면'이 어울리므로 구 전치사 (B)가 정답.

어휘 record 기록 residence 주택, 거주지 distance 거리

6. 주제 전치사 – concerning

해석 켈빈 씨는 11월호에 현재 경제에 관한 기사를 기고했다.

해설 '현재 경제에 관한 기사'가 의미상 적절하므로 주제를 제시할 수 있는 전치사 (D)가 정답.

어휘 contribute 기고하다 article 기사 current 현재의 issue 호

7. 장소 전치사 – 〈throughout + 장소〉

해석 운동 장비 사용에 관한 모든 안내문이 피트니스 센터 곳곳에 게시되어 있다.

해설 빈칸 뒤에 장소를 나타내는 피트니스 센터가 왔고, 문맥상 '피트니스 센터 곳곳에'가 의미상 적절하므로 장소를 나타내는 전치사 (D)가 정답.

어휘 guideline 지침, 안내 regarding ~에 관한 equipment 장비

8. 시간 전치사 – 〈over the next three months〉

해석 세계은행은 향후 3개월 동안 20명의 직원을 추가로 채용할 계획이다.

해설 문맥상 '향후 3개월 동안'이 어울리므로 정답은 (B).

어휘 hire 채용하다 additional 추가의

[9-12] 광고 _ 도서 기증

┌───┐
│ 플레전트빌 공공 도서관은 9월 12일부터 17일 주간 (9)동안 연례 │
│ 도서 운동을 위한 기증을 받을 예정입니다. 한 주 내내 지역의 모 │
│ 든 학교 및 (10)참여 업체 로비에 대형 수집 상자가 비치될 것입니 │
│ 다. (11)해당 장소 전체 목록은 저희 도서관 웹사이트를 확인하십시 │
│ 오. 금요일까지 해당 장소로 (12)가실 수 없는 경우, 9월 16일 토요 │
│ 일에 도서관으로 기부 물품을 가져오십시오. 작가 카밀 마에스터와 │
│ 특별 낭독회를 열 예정입니다. │
└───┘

9. 시간 전치사 – during

해석 '9월 12일부터 17일까지 한 주 기간 중에'라는 기간을 제시하고 있으므로 전치사 during이 적절하다. 따라서 정답은 (A).

10. 현재분사 – 능동의 의미

해설 빈칸은 뒤의 명사 businesses를 수식하는 분사 자리이다. 동사 participate는 자동사이며 능동의 의미를 가지므로 현재분사 (C)가 정답.

11. 문맥에 맞는 문장 고르기

해석 (A) 이러한 노력은 불필요한 비용을 줄이는 데 도움이 될 것입니다.
(B) 도서관은 휴일을 포함해 매일 오전 9시부터 오후 6시까지 운영됩니다.
(C) 해당 장소 전체 목록은 저희 도서관 웹사이트를 확인하십시오.
(D) 주민 여러분은 이 굉장한 판매 행사에 참여하실 수 있습니다.

해설 빈칸 뒤 문장에서 금요일까지 해당 장소로 갈 수 없는 경우에 대해 말하고 있으므로 해당 장소의 위치를 알려 주는 (C)가 정답.

어휘 cut down on ~을 줄이다 unnecessary 불필요한 attend 참석하다

12. 형용사 어휘

해석 (A) 기꺼이 할 (B) ~할 수 없는 (C) 기쁜 (D) 예정된

해설 '금요일까지 해당 장소로 갈 수 없는 경우, 9월 16일 토요일에 도서관으로 기부 물품을 가져오세요.'라고 하므로 부정의 의미를 나타내는 (B)가 정답.

어휘 be willing to ⓥ 기꺼이 ~하다 be unable to ⓥ ~할 수 없다 be pleased to ⓥ ~하게 되어 기쁘다 be scheduled to ⓥ ~하기로 예정되다

Unit ⑧ 접속사

1. 등위접속사와 상관접속사

> **Check Up** 본책 p. 183
>
> **1.** and **2.** or **3.** and **4.** nor
> **5.** read **6.** or **7.** requires **8.** so

1. 이 카메라는 저렴하고 사용하기에 쉽다.
2. 세부 내용은 저희에게 전화하시거나 설명서를 읽으십시오.
3. 이 신발은 가볍고 내구성도 좋다.
4. 그 스마트폰은 믿을 만하지도, 가격이 적정하지도 않다.
5. 김 씨와 그의 상관은 직무 기술서를 읽었다.
6. 내일까지 보고서를 제출하십시오. 그렇지 않으면 마감 기한을 놓칠 것입니다.
7. 객실뿐만 아니라 로비도 약간의 수리가 필요하다.
8. 출장 연회 업체는 우리가 있는 곳과 가까워서 그곳까지 걸어갈 수 있다.

2. 명사절 접속사

> **Check Up** 본책 p. 184
>
> **1.** how **2.** that **3.** What **4.** that
> **5.** whether **6.** that **7.** when **8.** whether

1. 그것은 당신이 상황을 어떻게 보는지에 달려 있다.
2. 구독 취소를 원하신다니 안타깝습니다.
3. 당신이 해주셔야 할 일은 지역 내에서 새 공급 업체를 찾는 것입니다.
4. 고객들의 유일한 불만 사항은 믹서기가 너무 무겁다는 점이다.
5. 다른 사무용품이 필요한지 여부를 알려 주십시오.
6. 모든 물품은 영수증 없이 환불이 불가하다고 저희 정책에서 명시하고 있습니다.
7. 귀하의 노트북이 언제 발견되어 돌아올지 알아내는 것은 불가능합니다.
8. 부사장은 오늘밤 연회에 참석할지의 여부를 결정하지 않았다.

3. 시간/조건의 부사절 접속사

> **Check Up** 본책 p. 185
>
> **1.** if **2.** until **3.** once **4.** before
> **5.** as long as **6.** after **7.** Since **8.** provided

1. 연료비가 많이 오르면 항공사들은 티켓 가격을 올릴 것이다.
2. 전액 지불이 될 때까지 귀하의 주문은 처리되지 않습니다.
3. 계약서에 날인하면 한 달 임대료를 지불해야 한다.
4. 새 디자인은 생산에 들어가기 전에 승인을 받아야 한다.
5. 고객들은 사진이 부착된 신분증을 가지고 있으면 은행 계좌를 개설할 수 있다.
6. 그 시설은 보수 공사가 완료된 후에 물을 사용할 것이다.
7. 미술관이 2010년에 개관한 이래 방문자 수가 꾸준히 증가했다.
8. 모든 지원서는 5월 1일 이전에 제출된다면 검토될 것이다.

4. 양보/이유의 부사절 접속사

> **Check Up** 본책 p. 186
>
> **1.** Although **2.** even though **3.** that
> **4.** as **5.** now **6.** Since
> **7.** though **8.** While

1. 네스 씨는 곧 퇴직할 예정이지만 아직도 밤 늦게까지 일한다.
2. 레이시는 명품을 구입할 여력이 있지만 사지 않는다.
3. 우리의 새 기계는 너무 조용히 작동해서 켜져 있다는 사실을 잊어버릴지도 모른다.
4. 홉킨스 씨는 운전면허증이 다음 달 만료되기 때문에 갱신해야 한다.
5. 조립 라인은 수리가 되었기 때문에 원활히 가동되고 있다.

6. 아무도 프린터 고치는 법을 몰라서, 우리는 기술자에게 연락해야
   했다.

7. 캐린은 청바지 품질이 실망스러웠지만 반품하지 않았다.

8. 사람들 대다수가 주간 근무를 선호하는 반면, 몇몇은 야간 근무를
   더 좋아한다.

5. 접속사 vs. 전치사

본책 p. 187

Check Up

1. as soon as	2. upon	3. in case
4. During	5. in case of	6. Due to
7. Despite	8. Although	

1. 소식을 듣는 대로 연락하겠습니다.

2. 모든 문서는 요청 시 이용할 수 있다.

3. 구입 물품이 고장 날 경우에 대비해서 영수증을 보관하십시오.

4. 입찰 기간 동안 입찰 금액은 종종 비밀에 부쳐진다.

5. 비상시를 대비해서 귀하의 휴대전화 번호를 저에게 말씀하십시오.

6. 잦은 오작동 때문에 우리는 현재 시스템을 교체할 계획이다.

7. 대부분의 고객들은 높은 가격에도 불구하고 우리 서비스에 만족한다.

8. 그 회사는 도쿄에 근거지를 두고 있지만 유럽으로 제품을 수출한다.

토익 감잡기

본책 p. 188

1. (B)	2. (B)	3. (B)	4. (A)	5. (B)
6. (B)	7. (B)	8. (A)	9. (B)	10. (A)

1. 등위접속사 – but

해석 그 물건은 현재 재고가 없지만 다음 주 내로 구해 드릴 수 있습니다.

해설 문맥상 '현재 재고가 없지만 다음 주 내로 구할 수 있다'는 의미
가 어울리므로 정답은 (B).

어휘 currently 현재   out of stock 품절이 되어, 재고가 없는

2. 명사절 접속사 – whether

해석 나는 회의실에 필요한 물품이 있는지의 여부를 확인해야 한다.

해설 빈칸 앞 동사 have to make sure(확인해야 한다)의 목적어
자리에 쓰이는 명사절 접속사로 '~인지'라는 뜻이 어울리므로 정
답은 (B).

어휘 conference room 회의실   supplies 용품

3. 부사절 접속사 (시간) – as soon as

해석 계약서 초안을 받는 대로 수정하셔야 합니다.

해설 빈칸 뒤에 절(you receive the draft of the contract)이
왔으므로 부사절 접속사인 (B)가 정답. (A)는 전치사이므로 오답.

어휘 revision 수정, 변경   draft 초안   contract 계약서

4. 부사절 접속사 (목적) – 〈so that + 주어 + can ~ 〉

해석 갖고 계신 우려 사항에 대해 논의할 수 있도록 가급적 빨리 제게
전화해 주십시오.

해설 문맥상 '우려 사항에 대해 논의할 수 있도록' 전화를 빨리 해달라
고 하는 것이 의미가 자연스러우므로 목적을 나타내는 부사절 접
속사 (A)가 정답. so that은 조동사 can/could와 잘 호응하
여 쓰인다.

어휘 at your earliest convenience 상황이 되는 대로 빨리, 가급적
빨리   concern 우려

5. 상관접속사 – 수 일치

해석 행사 중에는 수영복과 고글 모두 40퍼센트 할인된 가격으로 판매
된다.

해설 상관접속사 both A and B는 복수 취급하므로 복수 동사인
(B)가 정답.

6. 부사절 접속사 – until

해석 방문객들은 별도로 통고를 받을 때까지는 건물로 들어갈 수 없다.

해설 문맥상 '방문객들은 달리 통고를 받을 때까지'가 어울리므로
(B)가 정답. until은 부정어 not과 잘 호응하여 쓰인다.

어휘 notify 알리다   otherwise 달리

7. 등위접속사 – and

해석 그 피트니스 센터는 6월 1일에 서비스 가격을 올리고 할인을 낮
출 것이다.

해설 빈칸은 동사구 raise service prices와 lower discounts를
대등하게 연결하는 등위접속사이며, '그리고'의 의미가 자연스러
우므로 정답은 (B).

어휘 raise 올리다

8. 명사절 접속사 – when

해석 대다수의 직원들은 카페테리아 확장이 언제 완료될지 궁금해
한다.

해설 빈칸 앞 동사 wonder(궁금하다)의 목적어 자리에 쓰이는 접속
사이며, 빈칸 뒤에 완전한 절이 왔으므로 의문부사인 (A)가 정
답. (B)는 의문대명사이고 뒤에 주어나 목적어가 비어 있어야 하
므로 오답.

어휘 expansion 확장, 확대   complete 완료하다

9. 상관접속사 –〈B as well as A〉

해석 일정에는 숙소 정보뿐 아니라 여행 일자가 포함되어야 한다.

해설 빈칸 앞의 여행일자와 빈칸 뒤의 숙소정보를 연결하는 접속사 자리이다. 문맥상 '숙소 정보뿐 아니라 여행 일자'가 어울리므로 정답은 (B). (A)는 부사이므로 오답.

어휘 itinerary (여행) 일정 accommodation 숙소

10. 부사절 접속사 (양보) – even though

해석 공석은 한정되어 있지만 직원을 추가로 채용할 준비가 되어 있다.

해설 문맥상 '공석은 한정되어 있지만 추가로 채용할 준비가 되다'가 어울리므로 양보 의미의 부사절 접속사 (A)가 정답. (B)는 시간이나 조건을 나타내는 부사절 접속사이므로 오답.

어휘 hire 채용하다 additional 추가적인 job opening 공석, 결원

토익 실전 감각 익히기   본책 p. 189

| 1. (C) | 2. (D) | 3. (A) | 4. (C) | 5. (C) | 6. (D) |
| 7. (B) | 8. (D) | 9. (C) | 10. (B) | 11. (D) | 12. (A) |

1. 부사절 접속사 (양보) – Although

해석 (A) ~이기 때문에 (이유), ~이래로 (시간) (B) ~하는 한 (조건) (C) 비록 ~이지만 (양보) (D) ~인 반면 (대조)
컨벤션 센터에는 자체 푸드 코트가 있지만 많은 방문객들은 근처 음식점에서 식사하는 것을 선호한다.

해설 선택지가 모두 부사절 접속사이므로 해석을 통해 정답을 찾도록 한다. 문맥상 '자체 푸드 코트가 있지만'이 어울리므로 양보를 나타내는 부사절 접속사 (C)가 정답.

2. 전치사 – because of

해석 그 광고 회사는 예산 삭감 때문에 일부 직원을 해고해야 했다.

해설 빈칸 뒤에 복합명사 budget cuts가 있으므로 전치사 자리이다. 문맥상 '예산 삭감 때문에'가 어울리므로 이유를 나타내는 전치사 (D)가 정답. 부사절 접속사 (C)와 to부정사구 (B)는 오답.

어휘 advertising 광고 lay off 해고하다 budget 예산

3. 명사절 – what

해석 제이콥슨 씨의 발표에서 우리가 배운 것은 직원 생산성을 향상시키는 데 도움이 될 수 있다.

해설 동사 can help의 주어 자리에 절이 있으므로 빈칸은 명사절 접속사 자리이다. 명사절 〈주어(we)＋동사(learned)＋전치사구〉에서 타동사 learned 뒤에 목적어가 없으므로 명사절 접속사 (A) What이 정답. 전치사 (C)와 부사절 접속사 또는 전치사인

(D)는 오답. (B)는 〈주어(we)＋동사(learned)＋목적어＋전치사구〉 형태의 완전한 절이 와야 하므로 오답.

어휘 presentation 발표 improve 향상시키다 productivity 생산성

4. 상관접속사 –〈either A or B〉

해석 개업일에 방문하는 식당 고객들은 무료 디저트나 무료 음료를 받게 될 것이다.

해설 상관접속사 either A or B로 호응하므로 (C)가 정답.

어휘 diner 식당 손님 complimentary 무료의 beverage 음료

5. 부사절 접속사 (조건) – once

해석 5년 근속을 채우면 추가 휴가를 얻을 것이다.

해설 빈칸 뒤에 절이 있고 특히 빈칸 앞 문장이 완전한 절이므로 빈칸은 부사절 접속사 자리이다. 문맥상 '5년 근속을 채우면'이 어울리므로 조건을 나타내는 부사절 접속사 (C)가 정답. 전치사 (B)와 (D)는 오답. 부사적 접속사 (A)는 양보의 의미를 가지므로 오답.

어휘 earn 얻다, 벌다 additional 추가적인 vacation 휴가 employment 고용, 직장

6. 부사절 접속사 (목적) –〈so that + 주어 + can ~〉

해석 팀장들이 판매 보고서를 완료할 수 있도록 모든 회의를 금요일까지 연기할 것이다.

해설 빈칸 뒤에 절이 있고 특히 빈칸 앞 문장이 완전한 절이므로 빈칸은 부사절 접속사 (D)가 정답. 전치사 (A)와 (B)는 오답.

어휘 postpone 연기하다 complete 완료하다

7. 명사절 접속사 – whether

해석 관리팀은 재택 근무가 회사에 좋은 해법일지 생각하고 있다.

해설 빈칸은 타동사 wonders(궁금해하다)의 목적어 자리에 쓰이는 명사절 접속사 자리이므로 부사절 접속사 (A)와 (D)는 오답. 문맥상 '~인지'의 뜻이 어울리므로 정답은 (B).

어휘 management 관리 telecommuting 재택 근무

8. 부사절 접속사 (시간) – before

해석 세입자는 계약서에 서명하기 전에 계약 조건을 충분히 검토해야 한다.

해설 빈칸 뒤에 절이 있고 특히 빈칸 앞 문장이 완전한 절이므로 빈칸은 부사절 접속사 자리이다. 따라서 부사 (C)는 오답. 문맥상 '세입자는 계약서에 서명하기 전에'가 어울리므로 시간을 나타내는 부사절 접속사 (D)가 정답.

어휘 tenant 세입자, 임차인 thoroughly 철저히 terms 조건 agreement 계약

독감철이 또다시 다가오면서, 바이러스를 막기 위해 할 수 있는 일이 무엇인지 모두가 (9)궁금해하고 있다. 독감 백신을 맞는 것이 가장 좋은 해결책이긴 (10)하지만 바이러스를 예방할 다른 방법들이 있다. 손을 제대로 자주 씻을 것을 기억하라. 비타민 C를 충분히 섭취하라. 비타민 C의 효능을 얻으려면 증상이 시작될 때만이 아니라 매일 섭취해야 한다. (11)몸에 이상이 있다고 느끼면 집으로 돌아가 휴식을 취하라. 아직은 너무 심하게 아프지 않다 (12)하더라도 이는 독감을 퍼뜨릴 수 있는 질병의 최초 단계이기 때문이다.

9. 동사 어휘 – wonders

해석 (A) 알다 (B) 말하다, 명시하다 **(C) 궁금해하다** (D) 추천하다

해설 빈칸의 뒤에 what 의문사로 시작한 명사절이 왔으므로 문맥상 '궁금해하다'라는 의미의 (C)가 정답. (A), (B), (D)는 뒤에 that 절을 가지므로 오답.

10. 등위접속사 – but

해설 문맥상 '독감 백신을 맞는 것이 가장 좋은 해결책이긴 하지만 바이러스를 예방할 다른 방법들이 있다'가 어울리므로 정답은 (B).

11. 문맥에 맞는 문장 고르기

해석 (A) 독감이 걸린 사람들은 최소 24시간 동안 집에 있어야 한다.
(B) 독감철은 보통 10월에서 5월까지다.
(C) 심한 증상을 보이는 사람들은 의사에게 연락해야 한다.
(D) 몸에 이상이 있다고 느끼면 집으로 돌아가 휴식을 취하라.

해설 빈칸 뒤 문장에서 '이는 독감을 퍼뜨릴 수 있는 질병의 최초 단계이기 때문이다.'라고 하므로 빈칸에는 최초 단계를 언급한 (D)가 정답.

어휘 at least 최소한 typically 일반적으로, 보통 severe 심각한

12. 부사절 접속사 (양보) – Even if

해설 빈칸 뒤에 절이 있고 특히 빈칸 앞 문장이 완전한 절이므로 빈칸은 부사절 접속사 자리이다. 따라서 전치사 (C)는 오답. 문맥상 '아직은 너무 심하게 아프지 않다 하더라도'가 어울리므로 양보를 나타내는 부사절 접속사 (A)가 정답.

Unit **9** 관계사

1. 주격 관계대명사

Check Up   본책 p. 193

1. who	**2.** which	**3.** that	**4.** who
5. who	**6.** which	**7.** who	**8.** which

1. 그 프로젝트를 감독할 조정자가 채용될 것이다.
2. 나는 이번 주에 할인 중인 복사기에 관심이 있다.
3. 100달러 이상의 주문 건은 무료 배송을 받을 수 있습니다.
4. 디아즈 씨는 어제 불만을 제기한 고객에게 사과했다.
5. 영어와 스페인어에 능통한 지원자가 선호된다.
6. 북쪽 입구 가까이에 있는 엘리베이터는 탑승객용이 아니다.
7. 힐러리는 한 달에 한 번 독서 토론을 하는 책 동호회 회원이다.
8. 조는 작년에 천만 관객을 동원한 영화를 추천했다.

2. 목적격 관계대명사

Check Up   본책 p. 194

1. that	**2.** which	**3.** which	**4.** whom
5. who	**6.** whom	**7.** who	**8.** which

1. 보고서에는 수정해야 할 여러 개의 오류가 포함되어 있다.
2. 내가 잘 알지 못하는 다양한 장비가 있다.
3. 저희 웹사이트에서 볼 수 있는 설문 조사에 답변해 주십시오.
4. 내가 언급한 화가는 파리에서 전시회를 개최할 예정이다.
5. 사토 씨는 내가 항공권을 사기 위해 전화했던 여행사 직원이다.
6. 한 씨는 우리가 찾고 있는 바로 그 디자이너이다.
7. 그 은행은 기업 보안을 전문으로 하는 전문가를 채용했다.
8. 당신이 기다리고 있는 엘리베이터는 탑승객용이 아니다.

3. 소유격 관계대명사

Check Up   본책 p. 195

1. who	**2.** whose	**3.** whose	**4.** who
5. whose	**6.** whose	**7.** whose	**8.** which

1. 나와 카풀을 하는 여성은 나의 관리자이다.
2. 나는 디자인이 간단하지만 독특한 시계를 샀다.
3. 호앙 씨는 따라 하기 쉬운 조리법을 가진 유명 요리사이다.
4. 콘웨이 씨는 데이터 분석가로 일했던 회계사이다.
5. 귀하가 계신 곳과 위치가 가까운 자동차 수리 매장 목록이 여기 있습니다.

6. 판매량이 두 배가 된 의류업체에 대해 설문 조사가 실시되었다.

7. 리버스 씨는 작년에 파트너가 퇴사한 모건 씨와 함께 일한다.

8. 신입 사원이 수행해야 하는 업무들이 그들의 이메일에 포함되어 있다.

4. 관계대명사 what

Check Up   본책 p. 196

1. what	2. What	3. that	4. what
5. that	6. that	7. what	8. what

1. 안내책자에는 귀하의 직책에 어떤 일이 수반되는지 나와 있습니다.

2. 우리를 걱정시키는 것은 소프트웨어의 잦은 오작동이다.

3. 시 공무원들은 공사가 일정대로 진행 중이라고 확인해 주었다.

4. 관리자는 그 인도 음식점이 무엇을 전문으로 하는지 물었다.

5. 우리에게는 소비자를 끌어당길 수 있는 광고 캠페인이 필요하다.

6. 설문 조사는 대다수의 직원들이 스트레스를 받고 있음을 보여 주었다.

7. 그 건물의 관리인이 어젯밤에 일어난 일에 대해 상세히 알 수도 있다.

8. 신제품은 우리 고객들이 필요로 하는 사항을 반영하여 고안될 것이다.

5. 관계부사

Check Up   본책 p. 197

1. where	2. when	3. way	4. why
5. how	6. when	7. where	8. which

1. 이곳은 그 사고가 발생한 구역이다.

2. 나는 내 첫 번째 차를 구입한 날을 잊을 수가 없다.

3. 전문가는 우리가 입찰을 따낼 수 있는 방법을 제안했다.

4. 지난달 우리 판매량이 감소한 이유는 아무도 모른다.

5. 회원이 되는 방법을 확인하시려면 저희 웹사이트를 방문하세요.

6. 12월은 우리 회사의 회계 연도가 끝나는 달이다.

7. 조 씨는 자신이 임원으로 일하는 회의에 참석했다.

8. 아릴 씨가 추천했던 장소에는 다양한 회의 공간이 있다.

토익 감잡기   본책 p. 198

1. (A)	2. (B)	3. (B)	4. (A)	5. (A)
6. (A)	7. (B)	8. (A)	9. (B)	10. (B)

1. 주격 관계대명사 – who

해석 이것은 디저트를 사랑하는 모든 사람을 위한, 놓쳐서는 안 될 행사이다.

해설 빈칸은 사람 명사 everyone을 수식하며, 뒤에 불완전한 절(동사 loves의 주어가 없음)을 이끌기 때문에 주격 관계대명사 자리이므로 주격 관계대명사인 (A)가 정답. (B)는 목적격 관계대명사이므로 오답.

2. 소유격 관계대명사 – whose

해석 그 회사는 직무에 기금 조성이 포함되는 직원을 채용하고 있다.

해설 빈칸은 뒤의 절을 이끄는 선행사 an employee를 수식하는 관계대명사 자리이다. 빈칸 뒤의 명사와 '직원의 책무'라는 소유 관계를 가지므로 정답은 소유격 관계대명사 (B).

어휘 responsibility 책무, 의무 fundraising 기금 조성

3. 목적격 관계대명사 – that

해석 나는 다음 주로 했던 몇 가지 약속들을 변경해야 할 것이다.

해설 빈칸은 사물 명사구 some appointments를 수식하며 뒤에 불완전한 절(타동사 make의 목적어가 없음)을 이끌기 때문에 목적격 관계대명사 자리이다. 따라서 정답은 (B). (A)는 사람 명사구를 수식하므로 오답.

어휘 appointment 약속

4. 관계대명사 – what

해석 저희는 귀사가 제공하고자 하는 내용에 관해 세부 사항을 논의할 수 있습니다.

해설 빈칸은 뒤에 불완전한 절(타동사 offer의 목적어가 없음)을 이끄는 관계대명사 자리이지만 선행사가 없으므로 정답은 (A). (B)는 관계부사이므로 오답.

어휘 be willing to ⓥ 기꺼이 ~하다 offer 제공하다

5. 관계부사 – why

해석 김 씨가 자신의 은퇴 기념 연회에 참석하지 않은 이유는 아무도 모른다.

해설 선행사가 the reason이고 빈칸 뒤에 완전한 절(Mr. Kim didn't attend his retirement reception)이 위치하고 있으므로 빈칸은 관계부사 자리이다. 따라서 정답은 (A).

어휘 retirement 퇴직, 은퇴 reception 연회

6. 주격 관계대명사 – which

해석 내일 시작할 예정이었던 세미나는 2주 미뤄졌다.

해설 빈칸은 사물 명사구 The seminar를 수식하며, 뒤에 불완전한 절(동사구 was scheduled의 주어가 없음)을 이끌기 때문에 주격 관계대명사 자리이므로 주격 관계대명사인 (A)가 정답. (B)는 관계부사이므로 오답.

어휘 be scheduled to ⓥ ~할 예정이다 postpone 연기하다

7. 관계부사 – how

해석 요한슨 씨는 마케팅 전략으로 언론을 활용하는 방법을 알려 줄 것이다.

해설 빈칸 뒤에 완전한 절이 오기 때문에 빈칸은 관계부사 자리이므로 (B)가 정답. (A)는 관계대명사로 불완전한 절을 이끌기 때문에 오답.

어휘 strategy 전략

8. 소유격 관계대명사 – whose

해석 포드 씨는 컴퓨터를 제대로 조립하기에 충분한 설명이 있는 안내서를 요청했다.

해설 빈칸은 뒤의 절을 이끄는 선행사 a manual을 수식하는 관계대명사 자리이다. 빈칸 뒤의 명사와 함께 '안내서의 설명'이라는 소유 관계를 가지므로 정답은 소유격 관계대명사 (A).

어휘 manual 안내서, 설명서 instruction 설명 properly 제대로 assemble 조립하다

9. 관계부사 – where

해석 더 트윙클 리조트는 우리가 작년에 회사 야유회를 했던 곳이다.

해설 선행사가 the venue이고 빈칸 뒤에 완전한 절(we had a company picnic last year)이 위치하고 있으므로 빈칸은 관계부사 자리이다. 따라서 정답은 (B). (A)는 관계대명사로 불완전한 절을 이끌기 때문에 오답.

10. 관계대명사 – what

해석 오스만 씨는 구인 공고에 무엇이 포함될지 검토하기 위해 인사부를 찾을 것이다.

해설 빈칸은 뒤에 불완전한 절(will be included의 주어가 없음)을 이끄는 관계대명사 자리이지만 선행사가 없으므로 정답은 (B).

어휘 department 부서 review 검토하다 job posting 구인 공고

토익 실전 감각 익히기   본책 p. 199

1. (A)	2. (D)	3. (B)	4. (B)	5. (D)	6. (C)
7. (B)	8. (C)	9. (C)	10. (A)	11. (B)	12. (C)

1. 주격 관계대명사 – who

해석 어제 워크숍에 참석했던 관리자들은 이미 피드백을 제출했다.

해설 빈칸은 사람 명사 Supervisors를 수식하며, 뒤에 불완전한 절(동사 attended의 주어가 없음)을 이끌기 때문에 주격 관계대명사 자리이므로 (A)가 정답.

2. 주격 관계대명사 – which

해석 5월 30일에 만료되는 귀하의 구독을 갱신해야 함을 알려 드립니다.

해설 빈칸은 사물 명사구 your subscription을 수식하며, 뒤에 불완전한 절(동사 expires의 주어가 없음)을 이끌기 때문에 주격 관계대명사 자리이므로 (D)가 정답.

어휘 reminder 상기시키는 것, 편지 subscription 구독 expire 만료되다

3. 관계부사 – where

해석 멜튼 씨가 일하는 공단에는 많은 자동차 부품 제조 업체가 있다.

해설 선행사가 The industrial complex이고 빈칸 뒤에 완전한 절(Mr. Melton works)이 위치하고 있으므로 빈칸은 관계부사 자리이다. 따라서 정답은 (B). (A)는 시간을 나타내는 관계부사이므로 오답. (C)와 (D)는 관계대명사로 불완전한 절을 이끌기 때문에 오답.

어휘 industrial complex 공단 house 수용하다 part 부품 manufacturer 제조 업체

4. 소유격 관계대명사 – whose

해석 지원서를 완성하지 않은 지원자는 인정되지 않습니다.

해설 빈칸은 뒤의 절을 이끄는 선행사 candidates를 수식하는 관계대명사 자리이다. 빈칸 뒤의 명사와 '지원자들의 지원서'라는 소유 관계를 가지므로 정답은 소유격 관계대명사 (B).

어휘 be aware 알다 candidate 지원자, 후보자 application 지원서 incomplete 미완성의

5. 주격 관계대명사 – which

해석 푸드 프로 도매점은 지역 음식점에 주력하는 소규모 업체이다.

해설 빈칸은 사물 명사구 a small business를 수식하며, 뒤에 불완전한 절(동사 focuses의 주어가 없음)을 이끌기 때문에 주격 관계대명사 자리이므로 (D)가 정답.

어휘 wholesale 도매의 focus on ~에 주력하다

6. 관계부사 – when

해석 법무팀이 다른 사무실로 이전하는 두 달의 기간이 있었다.

해설 선택지 보기가 모두 관계부사이다. 선행사가 a two-month period로 시간을 나타내므로 정답은 (C).

어휘 period 기간 legal 법과 관련된 be relocated to ~로 이전하다

7. 관계대명사 – what

해석 금융 전문가들은 무엇이 이윤을 30퍼센트 감소시켰는지 정확히 파악하고자 노력하고 있다.

86

해설 빈칸은 뒤에 불완전한 절(동사 caused의 주어가 없음)을 이끄
는 관계대명사 자리이지만 선행사가 없으므로 정답은 (B).

어휘 financial 금융의 expert 전문가 exactly 정확히 profit
이윤

8. 목적격 관계대명사 – that

해석 포장 재료는 아틀라스 리사이클링이 재생 용지로 제조하는 주요
제품이다.

해설 빈칸은 사물 명사구 the chief product를 수식하며 뒤에 불완
전한 절(타동사 manufactures의 목적어가 없음)을 이끌기 때
문에 목적격 관계대명사 자리이다. 따라서 정답은 (C).

어휘 packing 포장 material 재료 recycled 재활용된

[9-12] 회람 _ 보육 서비스 안내

> 퍼스트 얼라이언스 은행 직원 여러분께:
>
> 여러분께서 근무하는 동안 보육을 (9)맡기는 데 어려움이 있으신
> 가요? 퍼스트 얼라이언스 은행에서는 우리 직원 중 (10)부모들
> 을 위해 믿을 만한 보육 서비스를 제공하게 되어 자랑스럽게 생각
> 합니다. 우리는 지역 내 보육 서비스를 제공하는 유일한 은행입니
> 다. (11)관심 있는 직원들은 레이첼 라슨(rlarsen@1stalliance.
> com)에게 답신을 보내 주세요. (12)반드시 등록을 원하는 자
> 녀의 연령을 기재해 주세요. 프로그램에 대해 궁금한 내용
> 은 보육 담당자인 멜라니 셰파드에게 질문을 보내 주세요.
> (mshephard@1stalliance.com).
>
> 레이첼 라슨
> 인사부 담당자

9. 동명사 – 〈have trouble + -ing〉

해설 have trouble 다음에 동명사가 와야 하므로 (C)가 정답.

10. 주격 관계대명사 – who

해설 빈칸은 사람 명사구 the parents를 수식하며, 뒤에 불완전한
절(동사 are의 주어가 없음)을 이끌기 때문에 주격 관계대명사
자리이므로 (A)가 정답.

11. 분사 어휘

해석 (A) 걱정하는 **(B) 관심 있는** (C) 낙담한 (D) 초청된

해설 문맥상 '관심 있는 직원들은 레이첼 라슨에게 답신을 보내 주세
요.'가 어울리므로 정답은 (B).

---

12. 문맥에 맞는 문장 고르기

해석 (A) 회원은 본 특가 판매를 이용할 수 있습니다.
(B) 설문을 기입하셔서 가능한 한 빨리 저희에게 보내 주십시오.
(C) 반드시 등록을 원하는 자녀의 연령을 기재해 주세요.
(D) 필요한 선택 사항에 대해 생각해 보세요.

해설 빈칸 앞 문장에서 '관심 있는 직원들은 답신을 보내 주세요.'라
고 요청하고 있기 때문에 답신에 추가로 등록을 원하는 자녀의
연령을 포함시킬 것을 요청하는 내용이 문맥상 어울리므로 정답
은 (C).

어휘 special offer 특가품, 특가 판매 complete a survey 설문
조사에 답변하다 enroll 등록하다

Unit ⑩ 비교·가정법·도치

1. 원급

본책 p. 203

Check Up

1. crowded	2. as	3. considerate
4. high	5. generously	6. frequently
7. smoothly	8. soon	

1. 한국에서 서울만큼 붐비는 도시는 없다.
2. 사토 씨는 내가 참석했던 것과 같은 여름 축제에 참여했다.
3. 나의 상관만큼 사려 깊은 사람은 거의 없다.
4. 소피의 급여는 다른 정규직 직원들의 것과 같다.
5. 아무도 베이커 씨만큼 후하게 기부하지 않았다.
6. 사용자 설명서는 필요한 만큼 자주 수정될 것이다.
7. 협상은 우리가 기대했던 것만큼 원활히 진행되지 않았다.
8. 모든 제품은 가능한 한 빨리 안전 검사를 거쳐야 한다.

2. 비교급

본책 p. 204

Check Up

1. wider	2. later	3. larger
4. comfortable	5. thoroughly	6. efficiently
7. much	8. quickly	

1. 세계적인 은행들은 더욱 광범위한 서비스를 제공한다.
2. 등록 서류는 늦어도 이번 주 금요일까지는 도착해야 한다.
3. 그 회사는 예상보다 큰 이윤을 냈다.
4. 저희 호텔은 귀하의 숙박이 더욱 편안하도록 해드릴 것입니다.
5. 제안서는 더 철저히 검토해야 한다.

6. 사람들은 여러 가지 일을 한 번에 처리할 때 덜 효율적으로 일하는 경향이 있다.
7. 노트북 컴퓨터는 데스크톱보다 훨씬 더 편리하다.
8. 새 프린터는 이전 모델보다 더 빨리 작동한다.

3. 최상급

본책 p. 205

Check Up

1. among   2. most   3. valuable
4. finest   5. economical   6. highest
7. least   8. competent

1. 히말라야 그릴은 사람들이 가장 많이 찾는 음식점 중 한 곳이다.
2. 이것은 이 분야에서 가장 앞선 기술이다.
3. 직원들은 언제나 우리의 가장 귀중한 자산일 것이다.
4. 그 CEO는 자신의 고객을 시에서 가장 좋은 음식점으로 데려갔다.
5. 강 씨는 가장 경제적인 항공편을 택했다.
6. 새로운 메뉴는 식당 고객들 사이에서 가장 높은 순위를 받았다.
7. 출발 시간 적어도 2시간 전까지 체크인하세요.
8. 모든 직원들 중에서, 에드워드가 가장 유능한 사람으로 여겨진다.

4. 가정법

본책 p. 206

Check Up

1. would   2. had   3. would be
4. should   5. have been raised
6. had   7. extended   8. should have

1. 눈이 멈추면 교통이 원활해질 것이다.
2. 자금이 충분하다면 우리는 메뉴 선택을 확대할 것이다.
3. 우리에게 노트북이 있다면 일부 문서 작업이 더 쉽게 이뤄질 것이다.
4. 출장을 간다면 경비 환급을 위해 영수증을 보관하세요.
5. 콜리어 테크가 입찰을 따냈다면 투자 기금이 조성되었을 것이다.
6. 콘서트 홍보가 더 이루어졌다면 더 많은 관중을 모았을 것이다.
7. 그 카페가 영업 시간을 연장한다면 더 많은 손님이 올 것이다.
8. 주문하는 데 문제가 있을 경우 저희 고객 서비스팀으로 연락하시면 됩니다.

5. 도치

본책 p. 207

Check Up

1. are   2. deliver   3. Attached   4. Never
5. do   6. Should   7. were   8. Had

1. 요청하신 저희 견본품들의 사진이 들어 있습니다.
2. 박 씨는 소포를 거의 제때 배달하지 않는다.
3. 고용 계약서 사본이 첨부되어 있습니다.
4. 그 감독관은 저녁 근무를 감독한 적이 없다.
5. 임원들은 좀처럼 회사 정책을 비판하지 않는다.
6. 더 자세한 정보가 필요하시면 저희에게 연락하세요.
7. 날씨가 좋으면 바깥 테이블이 다 찰 것이다.
8. 택시를 탔다면 당신은 일정보다 빨리 도착할 수 있었을 것이다.

토익 감잡기

본책 p. 208

1. (B)   2. (B)   3. (A)   4. (A)   5. (B)
6. (B)   7. (B)   8. (B)   9. (B)   10. (A)

1. 원급 〈as + much 불가산명사 + as〉
해석 새로 개봉한 그 영화는 다른 영화들만큼 많은 관심을 끌지 못했다.
해설 빈칸 뒤에 much attention as가 있으므로 빈칸은 '~만큼 많은'이라는 의미의 (B)가 정답.

2. 비교급 – worse
해석 합병 이후 복리 후생 제도는 이전보다 나빠졌다.
해설 빈칸 뒤에 있는 than they had been previously와 함께 '이전보다'라는 의미를 나타내므로 비교급 (B)가 정답.
어휘 merger 합병   benefits package 복리 후생 제도   previously 이전에

3. 도치 – 〈부정어(Never) do + 주어 + 동사원형〉
해석 인터넷 통신 회사들은 기본 요금을 절대 인하하지 않는다.
해설 빈칸 뒤의 do동사가 주어(Internet telecom companies) 앞에 위치하여 도치를 이끌 수 있는 부정부사 (A)가 정답.
어휘 mark down 인하하다   basic rates 기본 요금

4. 비교급 강조 부사 – 〈much + 비교급〉
해석 인공지능 기술 시장의 성장은 예상보다 훨씬 더 크다.
해설 빈칸은 비교급 larger를 수식하는 부사 자리이므로 비교급 강조 부사인 (A)가 정답.
어휘 growth 성장

5. 최상급 관용 표현 – 〈at the latest〉
해석 물품은 늦어도 이틀 안에 매장에 도착할 것이다.
해설 at the latest는 '늦어도'라는 의미로 쓰이므로 (B)가 정답.

6. 원급 - 〈as quickly as possible〉

해석 인사부는 가능한 한 빨리 채용 절차를 완료했다.

해설 as와 as 사이에 위치하며 일반동사 complete를 수식하므로 부사 원급 (B)가 정답.

어휘 HR department 인사부 hiring process 채용 절차

7. 최상급 - the widest

해석 데이비드의 토이월드는 이 지역에서 가장 다양한 종류의 장난감을 제공한다.

해설 빈칸이 명사 selection 앞에 위치해 있으며 in the area가 있으므로 최상급을 의미하는 (B)가 정답.

8. 가정법 - 과거

해석 우리가 소비자 피드백을 받을 수 있다면 다양한 맛의 케이크를 만들 수 있을 것이다.

해설 주절의 동사 could make로 가정법 과거 문장임을 알 수 있으므로 정답은 (B).

어휘 flavor 맛

9. 비교급 - 부사

해석 신입 인턴 사원들은 다른 사람들과 더욱 긴밀하게 협력해야 한다.

해설 빈칸은 동사 work를 수식하는 부사 자리이므로 (B)가 정답.

10. 가정법 - 과거완료의 도치

해석 그 출장 연회 업체가 공급 업체를 바꿨더라면 더 큰 이윤을 냈을 것이다.

해설 if가 생략되어 도치된 가정법 과거완료 〈Had+주어+p.p. ~, 주어+would have p.p. ...〉 문장으로 (A)가 정답.

토익 실전 감각 익히기   본책 p. 209

1. (C)	2. (C)	3. (A)	4. (D)	5. (A)	6. (D)
7. (C)	8. (D)	9. (A)	10. (D)	11. (C)	12. (A)

1. 비교급 〈more + 복수 명사 + than〉

해석 일반적으로, 교외나 시골 지역보다 도시에 구직 기회가 더 많다.

해설 빈칸 뒤에 than이 있고 복수 명사 job opportunities를 수식하므로 빈칸은 복수 명사를 수식하는 수량 형용사 many의 비교급인 (C)가 정답.

어휘 generally 일반적으로, 대개 opportunity 기회 suburb 교외 rural 시골의

2. 가정법 - 미래의 도치

해석 이번 주 금요일에 저희 웹사이트를 방문하시면 업데이트된 행사 일정을 보실 수 있습니다.

해설 가정법 미래에서 if가 생략되어 〈should+주어+동사원형〉으로 쓰이므로 정답은 (C)가 정답.

3. 원급 - 형용사

해석 이사회는 헌신적인 직원들에게 상여금을 지급하는 것에 대해 CEO만큼 긍정적이다.

해설 as와 as 사이에 위치하여 주격 보어 자리이므로 형용사인 (A)가 정답.

어휘 incentive 상여금 dedicated 헌신적인

4. 최상급 - the most qualified

해석 아템비 씨는 관리직 지원자 중 가장 자질을 갖췄다고 여겨진다.

해설 빈칸 앞에 관사 the가 있고 빈칸 뒤에 among the candidates가 있으므로 빈칸은 최상급 자리이다. 따라서 정답은 (D).

어휘 qualified 자격이 있는 candidate 지원자, 후보자 managerial position 관리직

5. 비교급 강조 부사 - 〈even + 비교급〉

해석 그 미술 전시회는 미술관에서 예상했던 것보다 훨씬 더 성공을 거뒀다.

해설 빈칸은 비교급 more successful을 수식하는 부사 자리이므로 비교급 강조 부사인 (A)가 정답.

어휘 exhibition 전시회 successful 성공적인

6. 도치 - attached

해석 3월 중 모든 근무 요일과 시간을 명시한 일정표가 첨부되어 있습니다.

해설 빈칸 뒤에 동사 is가 주어(the calendar) 앞에 위치하므로 도치를 이끌 수 있는 보어 (D)가 정답.

7. 비교급 - 형용사

해석 SG 전자는 새로 개발한 에어컨을 출시할 예정인데, 그 에어컨은 에너지 절약에 있어 더 효율적이다.

해설 빈칸 앞에 be동사 is가 있으므로 형용사 자리이며, 빈칸 앞에 관사 the가 없으므로 비교급을 나타내는 (C)가 정답. (D)는 관사 the나 소유격과 함께 쓰이므로 오답.

어휘 release 공개하다, 발표하다 newly developed 새로 개발된

8. 가정법 - 과거완료

해석 제이디 사가 프로젝트에 투자하지 않았다면 도로 확장 계획은 취소될 수도 있었다.

해설 if절의 동사가 〈had+p.p.〉이므로 가정법 과거완료 문장임을 알 수 있으며, 빈칸 뒤에 목적어가 없고 주어(The road expansion plan)와 동사 cancel은 수동의 관계이므로 정답은 (D).

어휘 expansion 확장, 확대 invest 투자하다

[9-12] 안내문 _ 공원 장소 대여

> **던컨 공원을 대여할 수 있습니다!**
>
> 던컨 공원은 힐 시티에서 (9)가장 인기 있는 피크닉 장소 중 하나입니다. 공원 내 피크닉 구역은 모두 대규모 인원을 (10)수용할 수 있습니다. 가장 큰 피크닉 구역은 약 300명을 수용할 수 있습니다. 대여료를 내면 오전 7시부터 오후 9시까지 피크닉 구역을 하루 종일 사용할 수 있습니다. 여러분이 속한 단체의 (11)편의를 위해 해당 피크닉 장소는 행사 당일 일반에게 개방되지 않을 것입니다. (12)최대 6개월 전까지 미리 장소를 예약할 수 있습니다. 정보 확인 및 예약을 위해서는 공원 구역에 555-PARK로 연락 주세요. 온라인 예약은 불가합니다.

9. 최상급 - 〈one of the / 소유격 + 형용사 최상급 + 복수 명사〉

해설 〈one of+소유격〉 뒤의 빈칸은 형용사 자리이므로 정답은 (A). (B)는 부사, (C)는 명사, (D)는 동사이므로 오답.

어휘 popularize 많은 사람에게 알리다, 대중화하다

10. 동사의 태 - 능동태

해설 조동사 can 뒤에는 동사원형이 와야 하며, 주어 picnic areas와 동사 accommodate의 관계는 능동의 관계이고 빈칸 뒤에 목적어 large groups of people이 있으므로 빈칸은 능동태 자리이다. 따라서 정답은 (D).

어휘 accommodate 수용하다

11. 명사 어휘

해석 (A) 고려, 배려 (B) 지원, 도움 (C) 편리함 (D) 흥미

해설 빈칸 뒤 문장에서 해당 피크닉 장소는 행사 당일 일반에게 개방되지 않을 것이라고 있으며 문맥상 '편의'를 위한 것임을 알 수 있으므로 정답은 (C).

12. 문맥에 맞는 문장 고르기

해석 **(A) 최대 6개월 전까지 미리 장소를 예약할 수 있습니다.**
　　 (B) 피크닉 대여 양식을 작성하셔서 adia@duncanpark.com으로 이메일을 보내 주세요.
　　 (C) 행사 후 귀하의 단체가 대여 장소를 정리하셔야 합니다.
　　 (D) 모든 차량은 지정된 주차 구역에 주차해야 합니다.

해설 빈칸 뒤 문장에서 정보 확인 및 예약은 공원 구역으로 연락하라고 하므로 앞 문장에서 예약 관련한 정보를 제공하는 (A)가 정답.

어휘 reserve 예약하다 up to ~까지 in advance 미리
designated 지정된

Unit ⑪ 문제 유형

1. 주제·목적 문제

Check Up 본책 p. 212

Q. (A)

해설 주제/목적 찾기
❶ 글의 목적은 초반부에 언급되는 경우가 많으며, I'm writing to ~에 유의.
❷ 초반부 I'm writing to express interest in Dreamseat, your company's newest line of ER-chairs.에서 ER-chairs 제품인 드림시트에 관심이 있어서 편지를 쓴다고 하므로 정답은 (A).

<u>paraphrasing</u>

your company's newest line of ER-chairs ▶ a line of products (최신 ER-chairs 제품 → 제품군)

2. 세부 사항 문제

Check Up 본책 p. 213

Q. (A)

해설 세부 사항
❶ 질문에서 주요 키워드(larger price increase)와 보기에서 '양배추'와 '감자'를 확인하고 지문의 가격 정보에서 가격 인상이 더 많이 된 것을 찾는 것이 중요하다.
❷ Cabbage and lettuce have risen four times their regular prices. Even potatoes and carrots are double the amount they were last year at this time.에서 양배추는 정가의 네 배, 감자는 두 배나 된다는 내용으로부터 양배추의 상승폭이 더 크다는 것을 알 수 있으므로 정답은 (A).

<u>paraphrasing</u>

risen four times their regular prices / double the amount ▶ price increase
(정가의 네 배가 오르다 / 금액이 두 배가 되다 → 가격 인상)

3. Not/True 문제와 추론 문제

본책 p. 214

Check Up

(B)

해설 **Not/True**

❶ 보기와 지문의 정보를 대조하여 지문의 내용과 일치하는 보기는 소거한다.

❷ This means that between the hours of 10 A.M. and 6 P.M., neither the trains of Line 4 nor Line 7 will stop at this station.에서 (A)의 키워드 4호선과 7호선 두 개의 지하철이 언급되므로 (A)는 소거. 그러므로 정답은 (B).

paraphrasing

the trains of Line 4 nor Line 7 ▶ Two subway lines
(4호선과 7호선 → 두 개의 지하철 노선)

4. 동의어 문제와 문장 삽입 문제

본책 p. 215

Check Up

Q. (A)

해설 **동의어 찾기**

❶ 명사 capacity가 들어간 문장에서 capacity를 가리고 의미를 추측해 본다.

❷ '그녀는 당신의 일을 매우 긍정적으로 기술하였고, 우리는 당신이 주방장의 -------로 일할 수 있는 자격이 충분하다고 생각한다'고 하므로 '역할'의 의미가 문맥상 가장 적절하다. 따라서 정답은 (A).

토익 감잡기

본책 p. 216

1. (B)   **2.** (A)   **3.** (B)   **4.** (B)

1. 공지 _ 해변가 안내

주니퍼 비치에 오신 것을 환영합니다

공지

– (1)본 부두 동쪽 해변에는 근무 중인 인명 구조원이 없습니다.

– (1)적합한 옷과 장비를 착용하세요.

– (1)일행에게 행선지와 돌아오는 시간을 알리세요.

비치에 관한 더 자세한 정보는 방문객 서비스 센터 555-1987로 전화하세요. 즐거운 시간이 되시기 바랍니다!

콜링스우드 시 의회

어휘 lifeguard 인명 구조원 on duty 근무 중인, 당번인
pier 부두 suitable 적합한 equipment 장비
city council 시 의회

해석 공지의 주 목적은?

(A) 해변으로 가는 길 알려 주기

(B) 해변 방문객들에게 안전에 관한 조언하기

해설 **주제/목적 찾기**

❶ 여러 가지 단서 어휘들을 종합하여 목적을 찾는다.

❷ 인명 구조원 비치 여부, 적합한 옷과 장비, 일행에게 행선지와 돌아오는 시간을 알려 주라는 내용에서 안전에 관해 언급하고 있음을 알 수 있으므로 정답은 (B).

2. 안내문 _ 전시

드로잉 댄포스

눈길을 끄는 삽화 특별 전시회

10월 8일 – 12월 17일

스트림우드 미술관

(2)린다 댄포스의 판타지 소설 삽화를 그렸던 작가들이 상상력의 지평을 넓히는 놀라운 세계를 만들어 냈습니다. 전시회에서는 거의 공개된 적 없는 잊지 못할 그림이 200점 이상 전시됩니다. 관람 기회를 놓치지 마세요!

정보 – (010) 555-0885 (미술관 대표 번호)

www.streamwoodmuseum.com

어휘 drawing 그림 eye-catching 눈길을 끄는
illustration 삽화 expand 확장하다 imagination 상상력
feature 특별히 포함하다 rarely 좀처럼 ~하지 않는, 드물게

해석 린다 댄포스는 누구이겠는가?

(A) 작가

(B) 사진작가

해설 **추론**

❶ 질문 속의 키워드 Linda Danforth에 이어지는 어휘에 유의.

❷ Linda Danforth's fantasy novels에서 린다 댄포스는 소설가임을 알 수 있으므로 정답은 (A).

3. 공지 _ 환불 정책

V&A 아웃피터즈 – 환불 정책

(3)매장 구입 물품은 구매 30일 이내에 구입한 매장에서 환불 또는 교환됩니다. 모든 라벨이 부착되어 있어야 하며 영수증을 제시해야 합니다.

UNIT 11

온라인 구입 물품은 제품 수령 30일 이내에 위의 절차에 따라 저희 매장 어느 곳에서나 환불 받을 수 있습니다. (3)우편으로도 온라인 구입 물품을 환불할 수 있습니다. 다양한 배송 시간으로 인해 환불 물품은 45일 이내에 도착해야 합니다.

어휘 policy 정책 in-store 매장 내의 exchange 교환하다 purchase 구입 attach 부착하다 present 제시하다 according to ~에 따라 procedure 절차 due to ~ 때문에 various 다양한

해석 매장 정책으로 맞는 것은?
(A) 매장에서 구입한 물품만 매장에서 환불할 수 있다.
(B) 온라인으로 구입한 물품만 우편으로 환불할 수 있다.

해설 Not/True
❶ 선택지의 보기와 지문의 정보를 대조하여 지문의 내용과 일치하는 보기를 찾는다.
❷ You may also return online purchases by mail.에서 우편으로도 온라인 구입 물품을 환불할 수 있다고 하고 있으며, In-store purchases may be returned or exchanged in the store where they were bought within 30 days of purchase.에서 매장 구입 물품은 구매 30일 이내에 구입한 매장에서 환불 또는 교환된다고 하므로 정답은 (B).

---

4. 편지 _ 무료 입장권 사용

블레이크 씨께,

버논 시의 예술 활동을 계속 지원해 주셔서 감사합니다. 버논 시립 극장 회원권을 갱신하시면 올 한 해 동안 매월 한 편의 공연을 무료로 관람하실 수 있습니다. 무료 입장권 사용을 원하시면 저희 웹사이트 회원 부분에 로그인하세요. 좌석 배정이 포함된 확인 이메일을 받으실 것입니다. (4)출력된 티켓을 받기 위해서는 공연 관람일에 회원 번호만 제시해 주시면 됩니다.

니나 그랜트
고객 서비스 담당자
버논 시립 극장

어휘 continued 지속된 renew 갱신하다 be eligible to ⓥ ~할 자격이 있다 performance 공연

해석 [1]과 [2] 중 다음 문장이 들어가기에 적합한 곳은?
"좌석 배정이 포함된 확인 이메일을 받으실 것입니다."
(A) [1]
(B) [2]

해설 문장 삽입
❶ 주어진 문장의 키워드 a confirmation e-mail과 관련된 부분에 들어가야 한다.
❷ 주어진 문장에서 좌석 배정이 포함된 확인 이메일을 받을 것이라고 말하고 있고, To get a printed ticket, just mention your membership number on the day of the performance. 에서 공연 관람일에 회원 번호를 제시하라고 하므로 자연스러운 문

맥이 될 수 있다는 것을 알 수 있다. 따라서 정답은 (B).

토익 실전 감각 익히기　　본책 p. 218

1. (B)	**2.** (D)	**3.** (D)	**4.** (A)	**5.** (A)
6. (B)	**7.** (A)	**8.** (B)	**9.** (B)	**10.** (B)

[1-2] 회람 _ 견학 일정

수신: 참가자 여러분
발신: 사라 랄스턴, 홍보
날짜: 10월 29일

(1)새로 문을 연 케드베일 버스 조립 공장의 곧 있을 견학 일정에 대해 알려 드리고자 합니다. 공장은 완전히 가동되고 있으며 거의 1,500명의 직원을 고용하고 있습니다. 대규모 직원 교육 시설, 대형 체육관을 갖춘 건강 센터, 그리고 2개의 카페테리아가 있습니다. 저희는 생산 작업장을 비롯해 이러한 구역들을 모두 돌아볼 예정입니다. 공장이 완전히 자동화되어 있으므로 내부에서 휴대전화 및 기타 전자 기기를 사용할 수 없습니다. 공장장인 프랭크 뮤노즈가 작업장 견학을 안내하고 수석 기술자인 (2)데보라 사바가 공장 연구소에 관해 개략적으로 설명해 줄 것입니다.

어떤 이유로든 견학에 참석할 수 없으시면 가능한 한 빨리 행사 기획 부서의 헥터 오티즈에게 알려 주십시오.

어휘 upcoming 다가오는, 앞으로 있을 facility 시설 assembly 조립 fully 완전히 operational 가동 중인 personnel 인원, 직원들 production floor 생산 작업장 completely 완전히 automated 자동화된 brief 간단한 overview 개요 laboratory 실험실

1. 회람을 쓴 목적은?
(A) 직원들을 특별 행사에 초대하기 위해
(B) 시설 견학 지침을 알려 주기 위해
(C) 견학을 준비한 자원 봉사자들에게 감사 인사를 하기 위해
(D) 새 시설의 구인 광고를 공지하기 위해

해설 주제/목적 찾기
❶ 초반부 I'm writing to inform you about ~에 유의한다.
❷ 첫 문장 I'm writing to inform you about the upcoming facility tour of the newly-opened Kedvale bus assembly plant.에서 곧 있을 조립 공장 견학 일정을 알리고 있으므로 정답은 (B).

paraphrasing

the upcoming facility tour ▶ a facility visit
(곧 있을 시설 견학 → 시설 방문)

2. 누가 연구 시설에 대해 설명하겠는가?

    (A) 프랭크 뮤노즈

    (B) 사라 랄스턴

    (C) 헥터 오티즈

    (D) 데보라 사바

해설 세부 사항

❶ 질문에서 키워드(research facility)와 관련하여 보기의 이름을 찾는 것이 중요하다.

❷ Deborah Sabbagh, the chief engineer, will give a brief overview of the plant's research laboratory.에서 데보라 사바가 공장 연구소에 관해 개략적으로 설명할 것이라고 하므로 정답은 (D).

paraphrasing

the plant's research laboratory ▶ research facility
(공장 연구소 → 연구 시설)

[3-5] 웹페이지 _ 가구점 소개

http://www.masterwoodfurnture.com/handmade furniture

홈	소개	제품	구입

저희 가구는 모두 수작업으로 만들어지며 수주 생산 방식이므로 (3)항상 주문 제작을 선택할 수 있습니다. 자주 받는 몇 가지 질문들에 대한 답변입니다.

(5)주문 비용에는 배송비가 포함되나요?

네, 포함됩니다. 저희가 할인 배송비로 부과하는 금액보다 실제 배송비가 높은 경우가 많습니다. 이렇게 하는 이유는 제품 포장 비용이 높기 때문입니다.

웹사이트에 모든 제품이 있나요?

아닙니다. (4-B)저희 전시관에는 웹사이트에 없는 수십 가지의 목재 침대, 탁자, 화장대가 있습니다(화요일~일요일, 오전 9시부터 오후 5시까지 영업 시간 내 방문 또는 예약 방문 가능). (4-C)수작업한 가정용 또는 식당용 나무 부스와 (4-D)광범위한 소매점용 진열대 및 캐비닛도 갖추고 있습니다.

가구는 언제 도착하나요?

가구가 배송되는 데는 보통 7주~10주가 소요됩니다. 저희 숙련된 장인들이 각각의 우수한 품질의 제품을 만드는 데 최소 6주가 걸리기 때문입니다.

어휘 hand-crafted 수공예품인 customizing 주문 제작 shipping cost 배송비 charge (요금을) 부과하다 dozens of 수십의, 많은 appointment 예약 a wide range of 광범위한 retail store 소매점 a minimum of 최소 skilled 숙련된, 노련한 craftspeople 장인

3. 회사에 대해 명시된 것은?

    (A) 가구를 수리한다.

    (B) 제품을 무료로 배송한다.

    (C) 예약이 있을 때만 매장을 연다.

    (D) 가구를 주문 제작할 수 있다.

해설 Not/True

❶ 보기의 키워드를 지문에 있는 단서들과 대조해 나가면서 푸는 것이 중요하다. 지문에서 찾기 어렵거나 반대되는 내용을 제시한 경우는 소거하면서 푼다.

❷ 첫 문장 customizing is always an option에서 항상 주문 제작을 선택할 수 있다고 하므로 정답은 (D).

4. 정보에서 언급하지 않은 가구의 종류는?

    (A) 소파

    (B) 침대

    (C) 부스

    (D) 소매점용 진열대

해설 Not/True

❶ 보기와 지문의 정보를 대조하여 내용과 일치하는 보기는 소거한다.

❷ We have dozens of wooden beds, tables, and dressers in our showroom ~에서 (B)를, We also have a wide range of display counters and cabinets for retail stores, as well as handmade wooden booths for homes or restaurants.에서 (C)와 (D)를 언급하였으므로 정답은 (A).

paraphrasing

a wide range of display counters … for retail stores
▶ Retail displays (광범위한 소매점용 진열대 → 소매 진열대)

5. [1], [2], [3], [4]로 표시된 곳 중에서, 다음 문장이 들어가기에 가장 적합한 곳은?

    "이렇게 하는 이유는 제품 포장 비용이 높기 때문입니다."

    (A) [1]

    (B) [2]

    (C) [3]

    (D) [4]

해설 문장 삽입

❶ 주어진 문장의 키워드 the high cost of packaging the products와 관련된 부분에 들어가야 한다.

❷ 주어진 문장에서 이렇게 하는 이유는 제품 포장 비용이 높기 때문이라고 하고 있으므로, 배송 비용과 관련하여 언급한 [1]의 문장 뒤에 오는 것이 자연스럽다. 그러므로 정답은 (A).

[6-10] 이메일 _ 협상

수신: 마티나 앤드로바 〈martinaand@busmail.com〉

발신: 김승빈 〈seungbinkim@busmail.com〉

날짜: 11월 23일

제목: 협상

안녕하세요 마티나,

말레이시아에서의 협상에 관해 여쭤 봐야 할 질문이 있습니다. (6)저희 CEO께서 특정 사안에 대한 최근 상황을 알고 싶어 하십니다. 첫째, 그들이 저희 제품 중 어떤 것을 자국 내수 판매용으로 생산하고 싶어 합니까? 둘째, 우리가 공장 근로자들에게 임금을 얼마나 지불해야 합니까? 셋째, 매일 24시간 공장을 가동하는 데 그들이 필요한 직원 수는 얼마나 됩니까? (7)저희 다른 공장들은 3교대로 완전히 가동하는데 그쪽도 동일하게 진행했으면 합니다. 그리고 넷째, 해당 국가에서 우리가 직원들에게 제공해야 하는 복지는 무엇입니까? 바쁘신 것은 알지만 가능한 질문에 답변 부탁드립니다. 감사합니다.

김승빈

어휘 negotiation 협상 specific 구체적인 wage 임금 facility 시설 at full capacity 완전 가동 중인 benefits 복지 혜택 be required to ~해야 하다

수신: 김승빈 〈seungbinkim@busmail.com〉
발신: 마티나 앤드로바 〈martinaand@busmail.com〉
날짜: 11월 24일
제목: Re: 협상

안녕하세요 승빈 씨,

CEO의 관심 사항에 대해 대부분 제가 (10)답변해 드릴 수 있을 것 같습니다. (8)(9-A)말레이시아 측은 돼지고기 제품을 제외하고 저희 내수 판매용 통조림 제품 대부분을 생산하고 싶어 합니다. (9-C)공장을 24시간 가동하는 것은 무리가 없습니다. 공장을 완전히 가동하기 위해 250명 근로자로 3교대 운영이 필요할 것으로 추산합니다. (9-D)말레이시아 의무 복지 혜택은 퇴직금 3개월분과 기본 건강보험입니다. 이번에 드릴 수 있는 정보는 이것이 전부입니다.

마티나 앤드로바

어휘 address 다루다 concern 관심사 canned 통조림의 domestic 국내의 excluding ~을 제외하고 estimate 추정하다, 추산하다 mandatory 의무적인 severance pay 퇴직금 insurance 보험

6. 첫 번째 이메일을 쓴 목적은?
(A) 정보 업데이트를 위해
(B) 진행 상황을 문의하기 위해
(C) 약속을 하기 위해
(D) 논의를 시작하기 위해

해설 주제/목적 찾기
❶ 첫 번째 이메일 초반부에 유의한다.
❷ I have a few questions that I need to ask you about the negotiations in Malaysia. Our CEO wants an update on some specific issues.에서 말레이시아에서의 협상에 관해 질문이 있고 CEO가 특정 사안에 대한 최근 상황을 알고 싶어 한다고 하므로 정답은 (B).

paraphrasing

ask you about ▶ inquire about (~에 대해 문의하다)
an update ▶ progress (최근 상황 → 진행 상황)

7. 첫 번째 이메일에서 명시된 것은?
(A) 회사의 현 공장들은 24시간 가동한다.
(B) 부사장은 답변을 듣고 싶어 하는 질문들이 있다.
(C) 협상은 만족스럽게 완료되었다.
(D) 마티나는 일련의 회의를 위해 인도네시아로 파견되었다.

해설 Not/True
❶ 보기를 지문의 정보와 대조하여 사실 여부를 확인해야 한다.
❷ We operate three shifts at full capacity at our other factories.에서 회사의 다른 공장들은 현재 3교대로 완전 가동한다는 것을 알 수 있으므로 정답은 (A).

paraphrasing

at our other factories ▶ The company's current factories (우리의 다른 공장들 → 회사의 현 공장들)
three shifts at full capacity ▶ operate 24 hours a day (3교대로 완전 가동 중인 → 하루 24시간 가동하다)

8. 앤드로바 씨에 따르면 해당 공장은 다른 공장들과 어떻게 다를 것인가?
(A) 2교대로만 운영할 것이다.
(B) 돼지고기 제품을 생산하지 않을 것이다.
(C) 매주 금요일에는 가동하지 않을 것이다.
(D) 교대 근무 시간당 200명의 근로자가 필요할 것이다.

해설 세부 사항
❶ 두 번째 이메일에서 excluding 이하 내용에 유의.
❷ The Malaysians want to produce most of the canned food line for domestic sales — excluding any pork products.에서 말레이시아 측은 돼지고기 제품을 제외하고 우리의 내수 판매용 통조림 제품 대부분을 생산하고 싶어 한다고 하므로 정답은 (B).

9. 마티나는 어떤 질문에 답변하지 않았는가?
(A) 첫 번째 질문
(B) 두 번째 질문
(C) 세 번째 질문
(D) 마지막 질문

해설 세부 사항 [연계]
❶ 첫 번째 지문의 질문 내용과 두 번째 지문의 답변 내용을 대조하여 푸는 연계 문제이다.
❷ 첫 번째 질문은 The Malaysians want to produce most of the canned food line for domestic sales — excluding any pork products에서, 세 번째 질문은 They have no problem with the factory operating 24 hours. To operate at full capacity, we estimate that three shifts of 250 workers will be needed에서, 마지막 질문은 The mandatory benefits in this country are three months severance pay and basic health insurance에서 답변했다. 공장 근로자들에게 임금을 얼마나 지불해야 하는지 문의한 두 번째 질문에 대해서는 언급하지 않았으므로 정답은 (B).

10. 두 번째 이메일의 1행에 쓰인 "address"와 의미가 가장 가까운 것은?

(A) 찾아내다

(B) 답변하다

(C) 소중히 생각하다

(D) 결정하다

해설 동의어 찾기

❶ 동사 address가 들어간 문장에서 address를 가리고 의미를 추측해 본다.

❷ 'CEO의 관심 사항에 대해 대부분 ------ 드릴 수 있을 것 같다'고 하므로 '답변하다'의 의미가 문맥상 가장 적절하다. 따라서 정답은 (B).

Unit ⑫ 지문 유형

1. 편지/이메일

Check Up 본책 p. 224

Q. (B)

해설 주제/목적 찾기

❶ 글의 초반부에 유의.

❷ As for your question about the winter tours, there is some good news.에서 겨울 투어에 대한 질문에 대해 좋은 소식이 있다고 답변하고 있으므로 정답은 (B).

paraphrasing

your question ▶ an inquiry (질문 → 문의)

2. 광고/공지/회람

Check Up 본책 p. 225

Q. (B)

해설 Not/True

❶ 질문에서 자격 필수 요건에 대해 묻기 때문에 자격 요건이 언급된 문장에 유의한다. 보기에서 '학위'와 '경험'을 확인하고 지문에서 관련 정보를 찾아서 확인하는 것이 중요하다.

❷ Applicants should have a bachelor's degree in Library Sciences and at least two years of experience working with children.에서 지원자는 도서관학 석사 학위 및 어린이와 함께 일한 최소 2년 이상의 경력이 있어야 한다고 하므로 정답은 (B).

paraphrasing

should have ▶ is required (반드시 있어야 한다 → 필요하다)

3. 기사/안내문

Check Up 본책 p. 226

Q. (B)

해설 세부 사항

❶ 질문 속의 키워드 festival에 유의한다.

❷ This coming Saturday will mark the 12th anniversary of Hamilton Yacht Club's summer festival.에서 해밀턴 요트 클럽의 여름 축제 12주년을 기념한다고 하므로 해밀턴 요트 클럽이 주최한다는 것을 알 수 있으며, HAMILTON, NY(11 June)에서 해밀턴 지역임을 확인할 수 있으므로 정답은 (B).

paraphrasing

Yacht Club ▶ boating club (요트 클럽 → 보트 클럽)

Hamilton Yacht Club's summer festival ▶ hosting the festival (해밀턴 요트 클럽의 여름 축제 → 축제를 주최하다)

4. 문자 메시지 /온라인 채팅/ 웹 페이지

Check Up 본책 p. 227

Q. (A)

해설 추론 – 의도 파악

❶ 의도를 파악하는 추론 문제이므로 4시 36분의 인용 어구 '그녀는 확실히 최선의 선택이다'가 언급된 문장의 앞뒤 흐름을 파악한다.

❷ 인용 어구 앞 문장 Actually, we needed someone to supervise a small team of sales people in our new Queen's Road office there.에서 새로운 직책을 소개하고 뒤 문장 Mary knows the region well.에서 매리가 그 지역을 잘 안다고 하므로 그녀가 새로운 직책에 적격이라는 의미의 (A)가 정답.

토익 감잡기 본책 p. 228

1. (A) **2.** (B) **3.** (A) **4.** (A)

1. 기사 _ 농업 박람회

(1)이번 주에 애버만 홀에서 농업 박람회가 열린다. 농장 생산성 향상을 위한 방법과 토지 질 저하를 막는 방법에 초점을 둘 예정이다. 전시회 참가 업체 중 일부는 기업에 의해 운영되는 더 큰 농장들을 위한 것이지만, 이들 대부분은 더 작은 농장 경영주들을 위한 다양한 농업용 장비도 판매한다. 이번 박람회는 지역 사람들에게 이윤 및 생산성 증대를 위한 수많은 잠재적 가능성을 제공할 전망이다.

어휘 agricultural 농업의 exhibition 전시 improve 향상시키다 productivity 생산성 prevent 막다 degrade (질적으로) 저하시키다 cater to ~에 영합하다, ~의 구미에 맞다 corporation 회사, 기업 potential 가능성이 있는, 잠재적인 boost 상승시키다

해석 기사의 주 목적은?
(A) 전시회 홍보
(B) 기업 비판

해설 주제/목적 찾기
❶ 글의 초반부에 유의.
❷ 첫 문장 This week, an agricultural exhibition will be held in Aberman Hall.에서 농업 박람회에 대해 소개하고 있으므로 정답은 (A).

2. 회람 _ 청소

회람

수신: 전 직원

제목: 청소

골드 클리닝 서비스 기술자들이 다음 주 화요일 저녁 7시부터 8시까지 우리 사무실 카펫을 청소할 예정임을 여러분께 알려 드립니다. 관리자인 페트론 씨는 카펫이 마르는 데 약 11시간이 걸릴 것이라고 합니다. (2-B)업체 직원들이 우리 환기구와 책상의 먼지도 제거할 예정입니다. (2-A)우리가 이 업체를 처음 이용하는 것이므로, 서비스에 대한 여러분의 만족도를 알려 주십시오. 안전을 위해, 모두 평소 업무 시작 시간인 오전 9시 대신 오전 10시에 출근해 주십시오. 감사드리며, 즐거운 주말 되시기 바랍니다.

재니스 머피

총무부

텔맥 주식회사

어휘 remind 상기시키다 technician 기술자 crew 직원, 승무원 dust 털어내다 vent 환기구 level of satisfaction 만족도 safety 안전 instead of ~ 대신

해석 골드 클리닝 서비스에 대해 명시된 것은?
(A) 전에 텔맥 주식회사의 카펫을 청소한 적이 있다.
(B) 카펫 청소 서비스에는 먼지 제거가 포함된다.

해설 Not/True
❶ 보기와 지문의 정보를 대조하여 지문의 내용과 일치하는 보기를 찾는다.
❷ It's our first time using them, so please let me know about your level of satisfaction with their service.에서 이 업체를 처음 이용하는 것이라고 하므로 (A)는 오답. Their crew will also dust our air vents and desks.에서 환기구와 책상의 먼지도 제거할 예정이라고 하므로 정답은 (B).

---

paraphrasing

dust our air vents ▶ dusting
(우리 환기구의 먼지를 제거하다 → 먼지 제거)

3. 온라인 채팅 _ 안내책자 상자

제니 산체스 (1:20 P.M.)
안녕하세요, 헨리. 프린터 옆에 상자 몇 개가 있는 것을 봤는데요. 인쇄소에서 온 안내책자 견본 상자 아닌가요?

헨리 그루 (1:23 P.M.)
아, 아닙니다. 그 상자들은 사무용품점에서 온 겁니다.

갤런 배닛 (1:25 P.M.)
(3)제니, 인쇄소에서 당신의 안내책자를 우편물실에 두었는데요. 제가 내려가서 가져다 드릴 수 있어요.

제니 산체스 (1:28 P.M.)
그럼 좋겠네요.

어휘 beside ~ 옆에 office supply 사무용품 mailroom 우편물실

해석 오후 1시 28분에 산체스 씨가 "그럼 좋겠네요."라고 쓸 때, 그 의도는 무엇인가?
(A) 인쇄소에서 온 소포를 곧 받을 것이다.
(B) 자신의 동료에게 도움을 줄 것이다.

해설 추론 - 의도 파악
❶ 의도를 파악하는 추론 문제이므로 1시 28분의 인용 어구 '그럼 좋겠네요.'가 언급된 문장 앞부분의 흐름을 파악한다.
❷ 앞 문장 Jenny, the print shop left your brochures in the mailroom. I can go down and pick them up for you.에서 인쇄소에서 두고 간 안내책자를 가져다 줄 수 있다고 하므로 (A)가 정답.

paraphrasing

your brochures ▶ a package (당신의 안내책자 → 소포)

4. 양식 _ 주문 내역

시큐어 스토리지 주식회사

고객명: *티나 사마르카스* (4)프로모션 코드: *AX711 (온라인 할인)*

물품 번호	물품 상세	수량	단가	총 금액
A26	상자 소	50	$2.00	$100.00
A64	상자 대	25	$4.00	$100.00
			소계	$200.00
			(4)프로모션	AX711(−10%)
			배송비	$20.00
			총계	$200.00

비고: 주문 금액이 250달러 이상이거나 본사의 무빙 라이프 키트 I, II를 구매하신 분께 무료로 배송해 드립니다.

어휘 quantity 수량 unit price 단가 free delivery 무료 배송

해석 사마르카스 씨는 주문 건에 대해 어떻게 할인을 적용받았겠는가?
(A) 온라인으로 주문해서
(B) 물품을 직접 수령해서

해설 세부사항
❶ 질문의 키워드(discount) 관련 정보를 지문에서 찾는 것이 중요하다.
❷ Promotions – AX711(-10%)에서 프로모션을 통하여 10 퍼센트 할인을 받았고, Promotion code: AX711 (online discount)에서 온라인 할인을 받았다는 것을 알 수 있으므로 정답은 (A).

토익 실전 감각 익히기   본책 p. 230

1. (B)	**2.** (B)	**3.** (C)	**4.** (C)	**5.** (C)
6. (D)	**7.** (B)	**8.** (A)	**9.** (D)	**10.** (C)

[1-2] 편지 _ 세미나

4월 12일 화요일

헨리 배닛, 홍보부장
서브콘티넨트 대학교 대학 센터
3287 칼리마 스트리트, 뭄바이, 마하라스트라, 인도

타마라 라왈 씨
9834 시바나 로드
뭄바이, 마하라스트라, 인도

라왈 씨께,

앞으로 있을 "무역의 이론" 세미나를 신청해 주셔서 감사합니다. 이 유용한 연속 강좌를 수강함으로써 귀하는 분명 귀중한 지식을 얻게 될 것입니다. 그러나 귀하에게 중요할 수도 있는 작은 변동 사항들이 있습니다. (1)5월 10일에 있을 닐라 파트와리의 강의는 참석자들이 저녁 식사 시간을 더 충분히 가질 수 있도록 오후 6시에서 오후 7시로 미루어졌습니다. (2)찰스 마르와트 교수는 최근, 5월 12일 오후 3시에 강연을 하는 데 동의하셨습니다. 이로써 해당 날짜에 4개의 강연이 열리게 됩니다. 향후 변동이 생기면 귀하에게 알려 드리겠습니다.
감사합니다.

헨리 배닛
홍보부장
서브콘티넨트 대학교

어휘 register for ~에 등록하다, ~를 신청하다 upcoming 앞으로 있을, 다가오는 theory 이론 trade 무역 valuable 소중한, 귀중한 attend 참석하다 push back (회의 등의 시간·날짜를 뒤로) 미루다 attendee 참석자 professor 교수 give a lecture 강연하다

1. 파트와리 씨는 언제 강연할 것인가?
(A) 5월 9일
(B) 5월 10일
(C) 5월 11일
(D) 5월 12일

해설 세부 사항
❶ 질문에서 키워드 Mr. Patwari와 보기에서 날짜를 확인하면서 지문에서 관련 정보를 찾는 것이 중요하다.
❷ Neelah Patwari's lecture on May 10 has been pushed back from 6 P.M. to 7 P.M. to allow more time for attendees to have dinner.에서 5월 10일에 있을 닐라 파트와리 씨의 강의는 오후 6시에서 오후 7시로 미루어졌다고 하므로 정답은 (B).

2. 마르와트 교수의 강연에 대해 추론할 수 있는 것은?
(A) 취소되었다.
(B) 일정에 없었다.
(C) 장소가 변경되었다.
(D) 등록이 제한되어 있다.

해설 추론
❶ 질문의 키워드 Professor Marwat 관련 정보를 지문에서 찾는 것이 중요하다.
❷ Professor Charles Marwat has recently agreed to give a lecture on May 12 at 3 P.M. This means that there will be four lectures on that day.에서 찰스 마르와트 교수는 최근, 5월 12일 오후 3시에 강연을 하는 데 동의해서 해당 날짜에 4개의 강연이 열리게 된다고 한다. 따라서 원래의 일정에 없었다는 것을 알 수 있으므로 정답은 (B).

[3-5] 안내문 _ 여객선

서펀트강 여객선

서펀트강 여객선은 1935년 이래로 보일스턴 시와 스틸버그 시를 연결하고 있습니다. (3)부두 건설 및 사업으로 인해 필요한 많은 일자리가 제공되었으며 여객선은 통근을 용이하게 했습니다. 오늘날에도 통근자와 관광객들 모두 여객선을 계속 이용하고 있습니다. 여객선은 약 30분마다 두 도시의 항구에서 출발합니다.

두 도시 사이에는 서펀트강이 약 1킬로미터 너비로 흐르며 여정 자체는 약 15분이 소요됩니다. (5)그러나 예측 불가능한 요인들로 인해 전체 소요 시간이 달라질 수 있습니다. 지연이 발생할 수 있는 데 대해 사과드리며, 여러분의 인내와 양해 부탁드립니다.

표 요금은 계절별로 달라집니다. 봄과 가을에는 1인당 2달러이며, 여름과 겨울에는 각각 3달러와 1달러입니다. (4)차량은 연중 내내 승용차 1대당 5달러, 트럭이나 밴은 1대당 10달러입니다.

어휘 ferry 여객선 construction 건설, 공사 much-needed 많이 필요한 commuting 통근 alike 비슷하게 depart 출발하다 approximately 대략 unpredictable 예측할 수 없는 vary 서로 다르다, 달라지다 whereas 반면에 respectively 각각

---

3. 여객선 서비스에 대해 명시된 것은?
(A) 1925년에 운행을 시작했다.
(B) 다리를 대신하기 위해 만들어졌다.
(C) 많은 일자리를 창출했다.
(D) 화물 수송을 위해 사용된다.

어휘 replace 대신하다 transport 수송하다 freight 화물

해설 **Not/True**
❶ 보기와 지문의 정보를 대조하여 지문의 내용과 일치하는 보기를 찾는다.
❷ The construction of the ports and the service provided much-needed jobs에서 부두 건설 및 사업으로 인해 많은 일자리가 제공되었다고 하므로 정답은 (C).

paraphrasing
provided much-needed jobs ▶ created many jobs
(필요한 많은 일자리를 제공했다 → 많은 일자리를 창출했다)

4. 여름철에 승용차 이용권의 가격은?
(A) 1달러
(B) 3달러
(C) 5달러
(D) 10달러

해설 세부 사항
❶ 질문의 키워드(car)와 보기의 가격 정보를 지문에서 찾는 것이 중요하다.
❷ Vehicles cost $5 per car and $10 per truck or van all year round.에서 차량은 연중 내내 승용차 1대당 5달러, 트럭이나 밴은 1대당 10달러라고 하므로 정답은 (C).

5. [1], [2], [3], [4]로 표시된 곳 중에서, 다음 문장이 들어가기에 가장 적합한 곳은?
"지연이 발생할 수 있는 데 대해 사과드리며, 여러분의 인내와 양해 부탁드립니다."
(A) [1]
(B) [2]
(C) [3]
(D) [4]

해설 문장 삽입
❶ 주어진 문장의 키워드 delays와 관련된 부분에 들어가야 한다.
❷ 주어진 문장에서 지연이 발생할 수 있는 데 대해 사과하며 양해를 구하고 있고, [3]의 앞 문장 However, due to certain unpredictable factors, the total trip time may vary.에서 예측 불가능한 요인들로 인해 전체 소요 시간이 달라질 수 있다고 하므로 자연스러운 문맥이 될 수 있다는 것을 알 수 있다. 따라서 정답은 (C).

[6-10] 이메일과 웹페이지 _ 자전거 여행

수신: (6)브루스 버넷, 콜리야 투어 〈kolyatour@ml.com〉
발신: 사라 메드포드 〈medf@ml.com〉
날짜: 6월 23일
제목: 자전거 여행
첨부: 📎 사진 (스캔 #1)

버넷 씨께,

(6)저는 이제 귀사와 함께 사할린으로 다시 여행을 떠날 준비가 됐습니다. 자전거 여행을 제공하실 계획이라면 이번에는 그중 하나에 참여해 보고 싶습니다. 자전거로 노바타 폭포를 한 번 더 보고 싶습니다만, 저는 자전거 초보자이고, (9-B)'도전적인' 여행을 할 준비가 되어 있지 않습니다. (9-A/C)그리고 올해 후허하오터로 돌아올 때는 비행기보다 기차를 타고 싶습니다. 제가 이번 가을에 참여할 적당한 여행 상품이 있을까요? (7)사할린 관광 비자를 위한 최근 사진을 동봉하였으니 제가 여행을 신청할 때를 위해 파일로 보관해 두시면 됩니다.

답변 기다리겠습니다.

사라 메드포드

어휘 have another look at ~를 다시 보다 cyclist 자전거 타는 사람, 사이클리스트 rather than ~보다는 suitable 적합한, 알맞은 enclose 동봉하다 have ~ on file ~를 서류철에 보관하다 apply for ~를 신청하다 look forward to ~를 고대하다

수신: 사라 메드포드 〈medf@ml.com〉
발신: 브루스 버넷, 콜리야 투어 〈kolyatour@ml.com〉
날짜: 6월 24일
제목: Re: 자전거 여행

사라 메드포드 씨께,

문의해 주시고 근황을 알려 주셔서 감사합니다. 다행히 사할린에 있는 저희 협력 업체들이 우리 여행사가 올 가을에 더 많은 자전거

여행을 (8)운영할 수 있도록 허가해 주었습니다. 저희 웹사이트에 나온 여름 소식지를 참고하세요. 분명 마음에 드는 여행 상품을 찾으실 수 있을 겁니다.

올 가을에 다시 뵙기를 고대합니다.

브루스 버넷
콜리야 투어

어휘 inquiry 문의 fortunately 다행히 permission 허가

---

http://www.kolyatours.com/updates

사할린에서 새로운 자전거 여행을 즐길 기회

(10-A)저희는 지난주의 국경일 여행 중 아지무스 호텔에서 20주년을 기념했습니다. (10-B)콜리야 투어는 사할린 지역에서 자전거 여행 상품을 제공하는 세계 유일의 여행사로서 다시 한 번 입지를 굳혔습니다. 저희 여행 상품은 1,100유로로 훌륭한 품질을 갖추고 있으며 식사 일체와 후허하오터를 오가는 항공편 또는 기차 요금, (10-D)산악 자전거 이용료가 포함됩니다. 현재 채식주의 식단 요청을 수용할 수 있다는 것을 알아 두시기 바랍니다.

날짜 및 일정:
여행 상품 A 10월 3일~8일 금양 – 레나 – 슬라코토브 – 금양
난이도: 하 (9-A)(후허하오터 출발 시 항공편으로 금양에서만 가능)
여행 상품 B 10월 9일~14일 금양 – 레나 – 노바타 폭포 – 금양
(9-B)난이도: 상 (후허하오터 출발 시 항공편 또는 기차로 금양에서 출발)
여행 상품 C 10월 19일~25일 금양 – 노바타 폭포 – 노보라스크
난이도: 중 (9-C)(후허하오터 출발 시 항공편으로 노보라스크에서만 가능)
여행 상품 D 10월 26일~31일 금양 – 노바타 폭포 – 금양
(9-D)난이도: 하 (후허하오터 출발 시 항공편 또는 (8)기차로 금양에서 출발)

어휘 celebrate 축하하다 anniversary 기념일 secure 확보하다 region 지역 accommodate 수용하다 vegetarian 채식주의자 dietary 음식물의, 식이 요법의 request 요청 itinerary (여행) 일정표, 일정

---

6. 메드포드 씨에 대해 추론할 수 있는 것은?
(A) 여행사 직원이다.
(B) 사할린 지역에 산다.
(C) 주로 여름철에 여행한다.
(D) 전에 콜리야 투어를 이용한 적이 있다.

해설 추론
❶ 질문에서 키워드(Ms. Medford)와 관련하여 첫 번째 지문에서 관련 정보를 찾는 것이 중요하다.
❷ Well, I'm ready to travel with you again to Sahklin.에서 사할린으로 귀사와 함께 다시 여행을 떠날 준비가 되었다고 하는데 여기서 you는 콜랴야 투어의 직원을 말하므로 콜랴야 투어를 이용한 적이 있다는 것을 알 수 있으므로 정답은 (D).

7. 메드포드 씨는 자신의 이메일에 무엇을 포함시켰는가?
(A) 여행 기사
(B) 비자용 사진
(C) 일정 목록
(D) 여행 신청서

어휘 article 기사 application form 신청서

해설 세부 사항
❶ 질문에서 키워드(included with her e-mail) 관련 정보를 첫 번째 지문에서 찾는 것이 중요하다.
❷ I've enclosed an updated photo for the Sahklin travel visa에서 사할린 관광 비자를 위한 최근 사진을 동봉했다고 하므로 정답은 (B).

paraphrasing

enclosed ▶ included with ... e-mail
(동봉하다 → 이메일에 포함하다)

8. 두 번째 이메일의 2행에 쓰인 "run"과 의미가 가장 가까운 것은?
(A) 운영하다
(B) 도망가다
(C) 경쟁하다
(D) 문의하다

해설 동의어 찾기
❶ 동사 run이 들어간 문장에서 run을 가리고 의미를 추측해 본다.
❷ '더 많은 자전거 여행을 -----할 수 있다'에서 '운영하다'의 의미가 문맥상 가장 적절하다. 따라서 정답은 (A).

9. 메드포드 씨는 어떤 여행 상품을 선택하겠는가?
(A) 여행 상품 A
(B) 여행 상품 B
(C) 여행 상품 C
(D) 여행 상품 D

해설 추론 – 연계
❶ 첫 번째 지문의 질문과 세 번째 지문을 비교하며 오답 보기를 소거하면서 푸는 연계 문제이다.
❷ 첫 번째 질문에서 메드포드 씨는 I am a beginner cyclist and am not ready for any "challenging" tours에서 자전거 초보자이고 도전적인 여행을 할 준비가 되어 있지 않다고 하므로 난이도가 challenging인 (B)는 소거한다. 또한 I would also like to take the train rather than the plane back to Hohhot this year에서 후허하오터로 돌아올 때는 비행기보다 기차를 타고 싶다고 하므로 비행기만 가능한 (A)와 (C)는 소거. 따라서 정답은 (D).

10. 콜리야 투어에 대해 명시되지 않은 것은?

(A) 20년간 운영되고 있다.
(B) 일부 여행 상품에 대한 독점권이 있다.
(C) 호텔 체인을 운영한다.
(D) 일부 여행 상품에서 자전거를 제공한다.

어휘 exclusive 독점적인

해설 Not/True

❶ 보기와 지문의 정보를 대조하여 지문의 내용과 일치하는 보기는 소거한다.

❷ 마지막 지문의 We celebrated our 20th anniversary at the Azimuth Hotel에서 콜리야 투어가 20주년을 기념했다고 하므로 (A)는 소거. Kolya Tours once again secured the rights to become the world's only tour company offering cycle tours in the Sahklin region.에서 사할린 지역에서 자전거 여행 상품을 제공하는 세계 유일의 여행사로서 다시 한 번 입지를 굳혔다는 것은 독점권을 갖고 있다는 의미이므로 (B)도 소거. Our tours are a good value at 1,100 Euros, and include all meals, plane or train transport to and from Hohhot, and the use of our mountain bikes.에서 여행 상품에 산악 자전거 이용료가 포함된다고 하므로 (D)도 소거. 따라서 정답은 (C).

paraphrasing

We celebrated our 20th anniversary ▶ has been operating for 20 years
(우리는 20주년을 기념했다 → 20년간 운영 중이다)

once again secured the rights to become the world's only tour company ▶ has exclusive rights to some tours
(세계 유일의 여행사로서 다시 한 번 입지를 굳혔다 → 일부 여행 상품의 독점권을 가지다)

mountain bikes ▶ bicycles (산악 자전거 → 자전거)